DAS TIBETANISCHE TOTENBUCH

W

DAS TIBETANISCHE TOTENBUCH

ODER

DIE NACHTOD-ERFAHRUNGEN AUF DER BARDO-STUFE

Nach der englischen Fassung des
LAMA KAZI DAWA-SAMDUP
herausgegeben von
W. Y. EVANS-WENTZ
Im Auftrag des Herausgebers
für die siebte Auflage
neu bearbeitet, kommentiert und eingeleitet von
LAMA ANAGARIKA GOVINDA
Übersetzt von
Louise Göpfert-March
Mit einem Geleitwort
und einem psychologischen Kommentar von
C. G. Jung
und einer Abhandlung von
Sir John Woodroffe

WALTER-VERLAG
OLTEN UND FREIBURG IM BREISGAU

Der Titel der Originalausgabe lautet:
The Tibetan Book of the Dead
erschienen in der Oxford University Press, London

8. Auflage der Sonderausgabe 1985

Gesamtherstellung in den grafischen Betrieben
des Walter-Verlags
Printed in Switzerland

ISBN 3-530-88001-9 (kart.)
ISBN 3-530-88000-0 (Ln.)

Zum Gedächtnis
meiner verstorbenen Eltern
widme ich dieses Buch
meinen weltlichen und geistlichen Lehrern
in Europa und Amerika und im
ganzen Orient

W. Y. EVANS-WENTZ

«Du mußt verstehen, daß sterben zu lernen eine sehr nützliche Wissenschaft ist, die alle anderen Wissenschaften übertrifft. Daß man sterben muß, ist jedermann bekannt; wie denn auch niemand ewig leben darf, er habe denn die Hoffnung oder das Vertrauen darauf: aber du wirst gar wenige finden, die die Klugheit haben, sterben zu lernen ... Ich werde dir das Geheimnis dieser Lehre geben; das soll dir sehr zugute kommen zu geistiger Gesundung und zu einer gesicherten Grundlage aller Tugenden.»

Orologium Sapientiae

«Gegen seinen Willen stirbt, wer nicht zu sterben gelernt hat. Lerne zu sterben und du wirst lernen zu leben, denn niemand wird lernen zu leben, der nicht gelernt hat zu sterben.» – '

Weg aller Wege: er lehrt den Menschen das Sterben.

The Book of the Craft of Dying

(Comper's Edition)

«Alles, was hier ist, ist auch dort; was dort ist, dasselbe ist auch hier. Wer das Hier als etwas anderes ansieht, trifft Tod nach dem Tode.

Nur im Geiste läßt sich das begreifen, und [dann] gibt es hier keinen Unterschied. Von Tod zu Tod geht, wer meint, daß hier ein Unterschied bestände.»

Katha Upanishad, IV. 10–11

INHALT

ERSTES BUCH

DER TSCHIKHAI-BARDO UND DER TSCHÖNYI-BARDO

ZWEITES BUCH

DER SIPA-BARDO

NACHTRAG

DER PFAD DER GUTEN WÜNSCHE

(Rituale und Gebete)

ANHANG

ZUSAMMENGEFASSTE VORWORTE ZU DREI ENGLISCHEN AUFLAGEN

In diesem Buch suche ich soweit als möglich meine eigenen Ansichten zu unterdrücken und einfach als Sprachrohr eines tibetischen Weisen aufzutreten, dessen anerkannter Schüler ich war.

Es entsprach ganz seinem Wunsch, daß ich seine Auslegung der höheren Lama-Lehren und der subtilen Esoterik, die dem Bardo Thödol zugrunde liegt, bekanntmachen sollte, den persönlich und mündlich übermittelten Anweisungen nach, die er als junger Mann empfangen hatte, während er als Asket bei seinem verstorbenen Eremiten-Guru in Bhutan lebte. Selbst mit einem beträchtlichen Maß westlicher Gelehrsamkeit ausgestattet, gab er sich große Mühe, mir zu ermöglichen, die orientalischen Ideen in einer Form wiederzugeben, die dem Europäer verständlich ist. Wenn ich zusätzlich oft auf abendländische Parallelen zu verschiedenen im Orient umlaufenden mystischen oder okkulten Lehren verweise, so tue ich das zumeist, weil ich bei meinen Wanderungen, hauptsächlich im hohen Himalaja und an den Grenzen von Tibet gegen Kaschmir, Garhwal und Sikkim, gelehrten Philosophen und heiligen Männern begegnet bin, die wirklich oder vermeintlich Glaubenssätze und religiöse Bräuche gefunden haben – manche in Büchern niedergelegt, manche nur durch mündliche Tradition erhalten –, die nicht nur ihren eigenen entsprechen, sondern denen des Abendlandes so nahe verwandt sind, daß man auf einen historischen Zusammenhang schließen muß. Ob nun der vermutete Einfluß vom Osten nach dem Westen oder vom Westen nach dem Osten gegangen ist, war ihnen nicht ganz klar. Immerhin scheint eine gewisse Ähnlichkeit der Kultur diesen geographisch so weit voneinander getrennten Lebensräumen anzuhaften.

Mehr als fünf Jahre habe ich an solche Forschung gewendet, während ich von den palmenumkränzten Küsten von Ceylon und dann durch das Wunderland der Hindus bis zu den vergletscherten Höhen der Himalajaketten wanderte und dabei Ausschau hielt nach weisen Männern des Ostens. Manchmal lebte ich zwischen Stadtbewohnern, manchmal in Dschungel- oder Bergeinsamkeit unter Yogis, manchmal in Klöstern mit Mönchen; manchmal ging ich auf Pilgerfahrten als einer aus der Menge der Erlösung

Suchenden. Die Einleitung – die in ihrer ungewöhnlichen Länge dazu dienen soll, einen nötigen Kommentar zur Übersetzung zu bilden – und die Anmerkungen zum Text verzeichnen die wichtigeren Ergebnisse dieser Forschung, besonders in bezug auf den Nördlichen oder *Mahâyâna*-Buddhismus.

Trotzdem bin ich in Wirklichkeit wenig mehr als der Zusammensteller und Herausgeber des «Tibetanischen Totenbuches». Dem verstorbenen Übersetzer, der eine größere Kenntnis des okkulten Wissens von Tibet und der Wissenschaft des Westens in sich vereinte als irgendein tibetischer Gelehrter seiner Zeit, gebührt natürlich das Hauptverdienst an diesem Werk[1].

Die Botschaft dieses Buches ist, daß die Kunst des Sterbens ebenso wichtig ist wie die Kunst zu leben (oder zur Geburt zu gelangen) und daß sie diese ergänzt und krönt; ferner daß das künftige Dasein vielleicht sogar ganz abhängt von einem richtig gemeisterten Tod, wie es der zweite Teil dieses Bandes betont, der die Kunst der Reinkarnation darlegt.

Wie das Tibetanische Totenbuch lehrt, sollte der Sterbende dem Tod nicht nur ruhig und klaren Geistes und mutig entgegensehen, sondern mit recht geübtem und recht geführtem Bewußtsein; er sollte wenn nötig körperliche Leiden und Gebrechen geistig überwinden, wozu er fähig wäre, hätte er während seiner aktiven Lebenszeit die Kunst zu leben und, dem Tode nahe, die Kunst des Sterbens wirksam geübt. Als Milarepa, Tibets heiliger Yoga-Meister, sich auf das Sterben vorbereitete, wählte er nicht nur eine günstige äußere Umgebung, in der Höhle von Brilche in Chubar, Tibet, sondern auch einen inneren Zustand seelischen Gleichgewichts, indem er sich an Nirvâṇa als das nahende Ziel hielt. Eisern seinen Körper beherrschend, der, durch Feindeshand vergiftet, krankheitsgeschwächt und schmerzzerrüttet war, begrüßte er den Tod mit Gesang als natürlich und unvermeidlich. Nachdem er seinen versammelten Schülern seine letzten testamentarischen Unterweisungen und Abschiedsmahnungen übergeben hatte, erfand er aus dem Stegreif eine bemerkenswerte Hymne zum dankbaren Preise seines Guru Marpa, die in seiner Biographie noch erhalten ist. Dann, als Milarepa den Gesang der Hymne vollendet hatte, trat er ein in den ruhenden Zustand des *Samâdhi* und verließ seine körperliche Hülle. So starb Milarepa triumphierend, wie die Heiligen und Weisen jedes erlösenden Glaubens zu allen Zeiten[2].

[1] Aus dem Vorwort zur ersten englischen Auflage (Ostern 1927).

[2] Siehe W. Y. Evans-Wentz, *Tibet's Great Yogi Milarepa*, Oxford University Press, London 1928, S. 244–304. (Deutsch: Otto Wilh. Barth Verlag, Weilheim.)

Die Kunst des Sterbens, wie sie mit dem Totenritus bei der Einweihung in die Mysterien des Altertums verbunden war und auf die der Neuplatoniker Apuleius, selbst ein Eingeweihter, sowie viele andere bedeutende Eingeweihte hinweisen und wie auch das «Ägyptische Totenbuch» vermuten läßt, scheint den alten Völkern der Mittelmeerländer weit besser bekannt gewesen zu sein als jetzt ihren Nachkömmlingen in Europa und Amerika.

Das Ägyptische Totenbuch heißt genau betitelt «Das Weg-Kommen vom Tag», mit Hinweis auf die heilige ägyptische Kunst, aus diesem Leben in ein anderes Leben zu gelangen, oder, in der Sprache des Ägyptens der Pharaonen, das «Per em hru»[3]. Ähnlich heißt das Tibetanische Totenbuch im tibetischen Original «Bardo Thödol», d.h. «Befreiung durch Hören auf der Nachtod-Ebene»; es enthält eine Yoga-Methode, die Befreiung im Nirvâṇa zu erlangen, über den Kreislauf von Geburt und Tod hinaus. Jedes dieser beiden Bücher lehrt auf die ihm besondere Art eine Kunst des Sterbens und das Erlangen eines neuen Lebens, aber in einer mehr symbolischen und esoterisch tieferen Weise als die Traktate des mittelalterlichen christlichen Europa; für diesen gegensätzlichen Unterschied mag die «Ars moriendi» (Kunst des Sterbens) als typisch und bezeichnend gelten.

Es war die inständige Hoffnung des verstorbenen Übersetzers Lama Kazi Dawa-Samdup und anderer gelehrter Lamas, die des Herausgebers tibetische Forschungen lenkten – und diese Hoffnung teilt auch der Herausgeber –, daß das Abendland mit Hilfe der Lehren der Mysterien und den davon herrührenden eigenen christlichen Versionen eine Kunst des Sterbens und damit auch eine Lebenskunst neu formulieren und praktizieren lernen möge[4].

Keine größere Ehre hätte die westliche Welt dieser Abhandlung über die Wissenschaft vom Tode und von der Wiedergeburt erweisen können als die, welche ihr durch den großen westlichen Psychologen Prof. Dr. C. G. Jung in seinem «Psychologischen Kommentar zum Bardo Thödol» widerfahren ist. Und keine Darstellung der überragenden Bedeutung der in diesem Buch enthaltenen Lehren könnte mit größerem Wissen geschrieben sein als die des gelehrten Lama Anagarika Govinda.

So, wie die Mysterien des Altertums und die Upanischaden, macht Lama Govinda es klar, daß die Unerleuchteten unaufhörlich einen Tod nach dem anderen erfahren. Das Argument der unerleuchteten Men-

[3] Vgl. H. M. Tirard, The Book of the Dead, London 1910, S. 48–49.

[4] Aus dem Vorwort zur zweiten englischen Auflage (Ostern 1948).

schen, daß – bloß weil er selbst keine bewußte Erinnerung seiner vielen Geburten und Tode hat – diese Lehren unwahr seien, ist wissenschaftlich unhaltbar. Das Gebiet der Sinneswahrnehmungen eines normalen Menschen ist äußerst begrenzt. Es gibt Objekte und Farben, die er nicht sehen, Töne, die er nicht hören, Gerüche, die er nicht riechen, Geschmäcke, die er nicht schmecken, und Empfindungen, die er nicht spüren kann. Und jenseits seines Alltagsbewußtseins, das er für sein einziges Bewußtsein hält, gibt es andere Bewußtseinsformen, die Yogis und Heiligen bekannt sind und von denen die Psychologen einiges, wenn auch noch wenig, zu begreifen beginnen. Wie Lama Govinda zusammenfassend erklärt, ist in einem potentiell verwirklichungsfähigen Bewußtsein die Gesamtheit aller Erinnerungen einer vergessenen Vergangenheit enthalten, einer Vergangenheit, an der jeder von uns jetzt Lebenden Anteil hat.

In seinem psychologischen Kommentar weist C.G. Jung darauf hin, daß Freud zwar mit seiner Lehre den ersten abendländischen Versuch machte, gewissermaßen von unten her, d.h. von der animalischen Triebsphäre aus, jenes seelische Gebiet zu erkunden, das im tantrischen Lamaismus dem *Sipa-Bardo* oder dem «Zustand der Wiederverkörperung» entspricht, daß aber «eine allerdings nur zu berechtigte Metaphysikangst Freud daran gehindert» habe, in die okkulte Sphäre vorzustoßen.

C.G. Jung ist aber tatsächlich weit über diese Begrenzungen seines Vorgängers hinausgegangen. «Es ist daher gar nicht anders möglich, als daß die Freudsche Voraussetzung mit einer wesentlich negativen Bewertung des Unbewußten abschließt.» Im Unbewußten sind nach Jungs Ansicht die Erinnerungen der Menschheitsvergangenheit in ihrer Ganzheit und, wie es scheint, unvergänglich aufgespeichert. Lama Govinda kam zu einer mit der westlichen Wissenschaft parallel laufenden Schlußfolgerung auf dem Wege östlicher Wissenschaft.

C.G. Jung berichtet, daß Psychoanalytiker sogar behaupten, bis zu Erinnerungen intrauterinen Ursprungs vorgestoßen zu sein, und wenn es der Freudschen Psychoanalyse gelungen wäre, diese sogenannten intrauterinen Erfahrungen noch weiter zurückzuverfolgen, wäre sie «über den *Sipa-Bardo* hinaus von hinten in das letzte Kapitel des vorangehenden *Tschönyi-Bardo* eingedrungen». Jung fährt fort: «Mit dem Rüstzeug unserer biologischen Vorstellungen allerdings wäre einer solchen Unternehmung kein Erfolg beschieden gewesen, denn dazu bedürfte es einer ganz anderen Vorbereitung als derjenigen der naturwissenschaftlichen Voraussetzung. Die konsequente Rückwärtsverfolgung hätte ja zum Postulat eines pränatalen Vorlebens, eines richtigen Bardo-Lebens geführt, wenn es möglich gewesen wäre, wenigstens Spuren eines erlebenden Subjektes zu entdecken.»

Es ist somit von weitreichender historischer Bedeutung, daß die tiefgründige Lehre der Präexistenz und der Wiedergeburt, die von vielen erleuchteten Menschen in allen uns bekannten Zeitaltern als erfahrbar gelehrt wurde, jetzt von unseren eigenen westlichen Wissenschaftlern untersucht wird. Und einige dieser Wissenschaftler scheinen sich auch jener Stelle auf dem Pfade wissenschaftlichen Fortschritts zu nähern, an der Ost und West sich in gegenseitigem Verstehen begegnen werden – insbesondere im Hinblick auf jene Entdeckungen, welche die Weisen des Ostens lange vor dem Beginn westlicher Wissenschaft machten[5].

W.Y.EVANS-WENTZ

[5] Aus dem Vorwort zur dritten englischen Auflage (Ostern 1955).

I. VERZICHT

Mach dich frei von Lebenslust, von Dünkel,
Von Unwissenheit und der Zerstreuung Wirrsal;
Zerreiß die Bande; so nur erreichst du
Wirklich das Ende der Pein. Wirf von dir die Kette
Von Geburt und Tod – du weißt, was sie bedeuten.
So, von Verlangen befreit, sollst du im Erdenleben
Ruhig und heiter ziehn deines Weges.

Der Buddha
Psalmen der frühen Buddhisten
I, lvi

II. SIEG

Doch Angst beschlich mich, mich sogar,
Als ich so grübelte in meiner Zelle:
Weh mir, wie kam ich auf den Teufelsweg –
In der Begierde Macht bin ich geraten!
Kurz ist die Spanne Zeit, die mir noch bleibt;
Alter und Krankheit drohn mich zu erdrücken.
Eh' dieser Körper hier zerfällt – vergeht,
Nutz' ich die Zeit; vergeude keine Stunde.
Den wahren Inbegriff des Lebens, wie es kommt und geht,
Bedenkend, erhob ich mich und stand befreiten Geistes!
Des Buddha Worte waren wahr in mir geworden.

Mittakalî
eine Bhikkhunî (brahmanische
Nonne)
Psalmen der frühen Buddhisten I, xliii

EINLEITENDE ABHANDLUNGEN UND KOMMENTARE

1. Die Bedeutung des Bardo Thödol vom religiösen, historischen und textkritischen Standpunkt aus

Die meisten Menschen stehen auf dem Standpunkt, daß niemand, der nicht selber schon gestorben ist, authentisch über den Tod sprechen kann und daß es, da noch niemand von den Toten zurückgekehrt ist, unmöglich sei, über den Tod oder den Zustand nach dem Tode etwas auszusagen.

Die Weisen Tibets antworten: Es gibt keinen einzigen Menschen, der *nicht* von den Toten zurückgekehrt ist. In der Tat, wir alle sind viele Tode gestorben, ehe wir in dieses Leben traten. Denn was wir Geburt nennen, ist nichts als die andere Seite des Todes, ein anderer Name für denselben Vorgang, vom entgegengesetzten Standpunkt aus gesehen, so wie wir dieselbe Tür als Eingang oder Ausgang bezeichnen, je nachdem wir sie von außen oder vom Inneren eines Raumes oder Hauses betrachten.

Man mag sich mit Recht wundern, daß nicht jeder sich seines letzten Todes erinnert; und dies ist der Grund, warum die meisten Menschen nicht glauben, ihn erfahren zu haben. Aber in gleicher Weise erinnern sie sich auch nicht ihrer Geburt – und dennoch zweifeln sie nicht einen Augenblick, daß sie geboren wurden! Sie übersehen die Tatsache, daß das aktive Erinnerungsvermögen (d.h. das unserem bewußten Willen unterliegende Gedächtnis) nur einen kleinen Teil unseres normalen Bewußtseins ausmacht und daß unser «unterbewußtes Gedächtnis» alle Eindrücke und Erfahrungen, die unserem Wachbewußtsein längst entglitten sind, registriert und aufbewahrt.

Es gibt Menschen, die auf Grund ihrer Konzentration und anderer Yoga-Praktiken imstande sind, die Inhalte des Unterbewußtseins oder des über ihre individuelle Erfahrung hinausgehenden Tiefenbewußtseins in den Bereich des aktiven, unterscheidenden Wachbewußtseins zu erheben, so daß es ihnen möglich ist, von dem unerschöpflichen Reichtum jenes Tiefengedächtnisses Gebrauch zu machen, in dem nicht nur unsere vergangenen Existenzen, sondern die Vergangenheit unserer Rasse, die Vergangenheit der Menschheit und aller vormenschlichen Lebensformen – wenn nicht gar jenes Bewußtseins, welches erst alles Leben dieses Universums möglich macht – aufgespeichert sind.

Wenn durch irgendeinen Zufall der Natur die Pforten des Tiefenbewußtseins eines Individuums sich plötzlich öffneten, so würde der bewußte Geist zermalmt und zerstört werden. Darum werden die Pforten des Tiefenbewußtseins von allen Eingeweihten bewacht und hinter dem Schleier von Mysterien und Symbolen verborgen.

Diejenigen aber, welche die Kraft und die innere Reife besitzen, diesen Schleier zu lüften und die Pforte zu öffnen, sind imstande, die Identität von Geburt und Tod zu durchschauen und die Kontinuität und Verbundenheit alles Lebens zu erkennen. Für sie ist die Wiedergeburt nicht eine bloße Theorie, sondern eine Tatsache der Erfahrung, die von jedem ernsthaft Strebenden und Forschenden erhärtet werden kann. – Die anderen aber, die noch nicht imstande sind, die unverschleierte Wirklichkeit zu sehen, werden auf dem Wege des Symbols, der Initiationsrituale und der mit ihnen verbundenen geistigen Übungen stufenweise zur Erkenntnis und zum eigenen Erleben geführt.

Dies ist der Grund, warum der *Bardo Thödol,* das tibetische Buch der «spontanen Befreiung *(thos-grol)* vom Zwischenzustand *(bardo)*» – zwischen Leben und Wiedergeburt –, den wir «Tod» nennen, in symbolische Sprache gekleidet ist. Es ist ein Buch, das mit den sieben Siegeln des Schweigens verschlossen ist – nicht weil sein Wissen dem Uneingeweihten vorenthalten werden soll, sondern um ihn vor seinem eigenen Unwissen zu schützen, das ihn durch Mißverständnisse in die Irre führen oder durch Voreiligkeit vernichten könnte. Aber die Zeit ist gekommen, die Siegel des Schweigens zu brechen; denn die Menschheit ist zu jener Wegscheide gelangt, wo sie sich entscheiden muß, ob sie sich mit der Unterwerfung der materiellen Welt begnügen will oder zur Eroberung der geistigen Welt fortschreiten möchte, die nur durch Überwindung selbstischer Wünsche und Transzendierung selbstgeschaffener Begrenzungen erreicht werden kann.

Die Lehren des Bardo Thödol werden dem großen buddhistischen Apostel Padmasambhava zugeschrieben, der in der Mitte des 8. Jahrhunderts nach Christus auf Einladung des Königs Thî-Srong-Detsan den Buddhismus nach Tibet brachte und das erste Kloster *(Samye)* dort gründete. Seine außergewöhnliche Persönlichkeit machte einen so tiefen Eindruck auf seine Zeitgenossen, daß noch heute, nach zwölf Jahrhunderten, die Erinnerung an sein Leben und seine Taten im tibetischen Volke lebendig ist.

Er war, nach allem, was wir über ihn hören, ein Mann, in dem praktisches Wissen und Gelehrsamkeit mit ungewöhnlichen, aus tiefer Geistigkeit fließenden psychischen Kräften vereint waren. Anders wäre es ihm niemals gelungen, in wenigen Jahren die feindliche Priesterschaft eines barbarischen Landes, das auf der Höhe seiner kriegerischen Macht stand und dem selbst China in jenen Tagen tributpflichtig war, seinem Willen zu unterwerfen. Welche Schwierigkeiten, trotz der Sympathie des Königs, dieser Aufgabe im Wege standen, zeigt die Tatsache, daß der große Gelehrte und Heilige, Śantarakshita, der zuerst nach Tibet berufen worden war, das Land nach kurzer Zeit verlassen mußte und erst, nachdem Padmasambhava die Wege geebnet hatte, zurückkehren konnte.

Daß die wesentlichen Ideen, wenn nicht die ursprüngliche Fassung des Bardo Thödol, wie sie uns in den metrischen Teilen des Werkes erhalten sind, auf Padmasambhava zurückgehen, wird bestätigt durch die Huldigungsverse am Eingang des Buches, die nicht nur die Urheberschaft, sondern die grundlegende geistige Haltung des Werkes beleuchten:

«Amitâbha, dem Unendlichen Licht [als] Dharmakâya,
Den friedlichen und zornigen Erscheinungsformen [der Dhyâni-Buddhas] der Lotus-Ordnung [als] Sambhogakâya,
Padmasambhava, dem Beschützer lebender Wesen [als] irdische Verkörperung (Nirmâṇakâya):
Verehrung ihnen, den Gurus der Drei Körper.»

Diese Verse setzen die Kenntnis der *Maṇḍala-* und Schaubildsymbolik voraus sowie die Lehre von den «Drei Körpern» (skt. *Tri-kâya;* tib. *sku-gsum*), die sich hier nicht nur auf die Natur oder die Erscheinungsformen eines Buddha beziehen, wie wir sie z. B. in der tiefen Darlegung des *Mahâyâna-Śraddhotpâda-Śâstra* finden, sondern ebenso auf die drei Ebenen des Erlebens und der Verwirklichung, wie sie jedem menschlichen Geiste eignen. Dieses sind die Voraussetzungen, unter denen allein der Bardo Thödol verstanden werden kann. Wer diesen Vers versteht, hat den Schlüssel zum Bardo Thödol in der Hand. Es ist darum notwendig, wenn auch nur kurz, den Sinn dieser Worte anzudeuten.

Die Natur unseres innersten Wesens ist nicht verschieden von der Natur eines Buddha. Der Unterschied zwischen einem Buddha und einem Weltmenschen ist, daß ersterer sich dieser Natur bewußt ist, letzterer jedoch nicht infolge der verhüllenden Illusion seiner Ichheit. Diese innerste Natur ist ihrem Wesen nach *Śûnyatâ,* reine Potentialität – die reine Leere des Noch-nicht-Geformten, das die Voraussetzung aller Form ist –, die im Erleuchteten bewußt wird als «Dharma», als höchste Wirklichkeit, Soheit *(tathatâ)* und immanente Gesetzmäßigkeit. Sie bildet den geistigen Bestand eines Buddha, den *Dharmakâya,* den «Gesetzeskörper», das höchste universelle Prinzip der Buddhaschaft.

Das tibetische Rad des Gesetzes (Chos-ḥKhor)
[vgl. S. 326]

Der *Sambhogakâya,* der «Körper geistiger Verzückung» oder «Beseligung», ist das Erlebnis des *Dharmakâya* auf der Ebene intuitiver Schauung. Hier wird das Unsagbare zur schöpferischen Vision, zur geistigen Symbolform, zum beseligenden Erlebnis. Es ist die Erbschaft, welche die Erleuchteten durch ihr Wirken in der Welt uns hinterlassen haben. Sie selbst stellten die sichtbare Verkörperung dieses Erlebens dar, so wie jeder, der von solchem Geiste erfüllt ist, langsam seine körperliche Form zum Ausdruck inneren Erlebens verwandelt – ist doch der Körper, nach buddhistischer Anschauung, nichts anderes als materialisiertes, sichtbar gewordenes Bewußtsein. Darum wird der sichtbare Körper eines Erleuchteten *Nirmâṇakâya* oder «Verwandlungskörper» genannt, eine Bezeichnung, die auf den Körper jedes Menschen zutrifft, der den Weg geistiger Verwandlung bewußt beschreitet.
Unser Vers bedeutet also, daß Padmasambhava, als Guru und Beschützer all derer, die sich ihm anvertrauen, in den drei «Körpern» oder *Prinzipien* der «Lotus-Ordnung» verehrt wird, nämlich auf der Ebene universeller Wirklichkeit *(dharmakâya)* als das unbegrenzte Licht *Amitâ-*

bhas; auf der Ebene gesteigerter geistiger Erfahrung oder «Schauung» *(sambhogakâya)* als die friedlichen oder furchterregenden Erscheinungsformen der *Dhyâni-Buddhas* usw.; und auf der Ebene körperlicher Erscheinung *(nirmâṇakâya)* in seiner menschlichen Form, die nichts anderes ist als die Verkörperung der beiden vorgenannten Prinzipien.

Es wird also, auch in der menschlichen Form, nicht der Mensch, die historische Persönlichkeit, verehrt, sondern das innere Prinzip, das Unvergängliche, das durch sie zum Ausdruck kam. Es ist das, was ihn über seine einmalige Erscheinungsform hinaushebt und ihn mit allen vorhergehenden und nach ihm kommenden Buddhas verbindet, nämlich jenes überpersönliche, allumfassende Erleuchtungsbewußtsein *(bodhi-citta),* das potentiell in jedem lebenden Wesen vorhanden ist.

Solange dieses Bewußtsein als Ganzes nicht erlebt oder verwirklicht werden kann (was nur einem Buddha gelingt), müssen wir uns mit den in innerer Schauung erlebten Reflexen begnügen, in denen die Prinzipien und Qualitäten der Erleuchtung wie die Strahlen der Sonne durch ein Prisma in ihre Urbestandteile auseinandergelegt sind. Die Symbolformen dieser Schauungen sind nicht willkürliche Schöpfungen, sondern sozusagen *die leuchtenden Spuren, die Jahrtausende geistiger Erfahrung und Vervollkommnung in der menschlichen Psyche zurückgelassen haben:* sie sind der Strahlungskörper aller Erleuchteten, die je über unsere Erde geschritten sind.

So entstehen die in der Schauung erlebten *Dhyâni-Buddhas,* deren jeder einen gewissen Aspekt der Erleuchtung und somit des eigenen latenten Erleuchtungsbewußtseins darstellt. Um den Geist vor willkürlichem Schweifen zu bewahren, werden von den Lehrern der verschiedenen Schulen sogenannte *Maṇḍalas,* konzentrisch angeordnete geometrische Systeme, geschaffen, in denen die Positionen und gegenseitigen Beziehungen der einzelnen Symbole und Schaubilder festgelegt sind. Auf einen solchen Zusammenhang bezieht sich der Ausdruck «Lotus-Ordnung».

Ohne hier auf das Gesamt-*Maṇḍala* einzugehen, mag es an dieser Stelle genügen, darauf hinzuweisen, daß die *Dhyâni-Buddhas* und die ihnen zugeordneten *Bodhisattvas* und sonstigen Begleitfiguren (die unter dem tibetischen Ausdruck *Lha*[1] zusammengefaßt werden) in vier beziehungs-

[1] Das tibetische Wort «Lha» läßt sich nicht mit dem westlichen Begriff «Gott» gleichsetzen. Buddhas als «Götter» zu bezeichnen ist grotesk und irreführend. «Lha» kann, je nach dem Zusammenhang, folgendes bedeuten: 1. Bewohner höherer Daseinsebenen, die den «Devas» indischer Religionen und etwa den christlichen Engelshier-

weise fünf Ordnungen eingeteilt werden: die *Vajra*-Ordnung, die *Ratna*-Ordnung, die *Padma*-Ordnung und die *Karma*-Ordnung; während die Mitte, als Zusammenfassung all dieser ebengenannten Prinzipien, als *Buddha*-Ordnung bezeichnet und mit dem Gesetzesrad *(dharmacakra)* symbolisiert wird.

Der *Vajra* (das Diamantzepter) bedeutet die Unzerstörbarkeit und Unerschütterlichkeit des Erleuchtungsbewußtseins, das sich mit der «Großen Leere» identisch weiß *(śûnyatâ)* und im *Dhyâni-Buddha Aksobhya,* der in der Erdberührungsgeste *(bhûmisparśa-mudrâ)* dargestellt wird, personifiziert ist.

Das Juwel *(ratna)* steht für die Gabe der Drei Kostbarkeiten *(triratna),* in denen der Buddha sich selbst, seine Lehre und seine Gemeinde der Menschheit gibt, und ist in *Ratnasambhava,* der in der Geste des Gebens *(dâna-mudrâ)* dargestellt wird, personifiziert.

Der Lotus *(padma)* steht für die Entfaltung der Meditation, die in *Amitâbha,* der in Meditationshaltung *(dhyâna-mudrâ)* dargestellt wird, zum Ausdruck kommt.

Der Doppelvajra steht für *Karma,* was hier die Verwirklichung des Wissens durch tätige Nächstenliebe und Barmherzigkeit bedeutet, und durch *Amoghasiddhi,* in der Geste der Furchtlosigkeit *(abhâya-mudrâ)* symbolisiert wird.

Das indische Rad des Gesetzes (dharmacakra)

[vgl. S. 326]

Das Gesetzesrad *(dharmacakra)* steht für die potentielle Gegenwart der vier vorhergehenden Eigenschaften in der durch *Vairocana* dargestellten *Buddha*-Ordnung und der Geste des Inbewegungsetzens des Gesetzesrades *(dharmacakra-mudrâ).*

archien entsprechen; 2. erdgebundene Geister, Dämonen und Genien bestimmter Orte; 3. geistgeschaffene Erscheinungsformen, wie die der *Dhyâni-Buddhas,* die zwar göttliche Eigenschaften verkörpern, aber dennoch keine «Götter» sind.

Jede der vorgenannten Qualitäten kann sich auf verschiedenen Ebenen auswirken: auf der Ebene universeller Wirklichkeit als Potentialität, auf der Ebene geistigen Erlebens als schöpferische Idee, auf der Ebene körperlicher Erscheinung als Materialisierung oder Verkörperung der Idee.
Wenn also Padmasambhava als Verkörperung der Lotus-Ordnung betrachtet wird und, wie sein Name sagt, ein «aus dem Lotus Geborener» ist, so heißt das, daß er durch Ausübung der auf dem *Maṇḍala* des *Amitâbha* beruhenden Meditationen zur inneren Vollendung und somit zum Einswerden mit der Idee und den Qualitäten *Amitâbhas* gelangte.
Die Lehren eines solchen Mannes beruhen daher nicht auf der bloßen Wiedergabe philosophischer Theorien, sondern auf den Tatsachen meditativer Erfahrung, und was er der Nachwelt erhalten wollte, war nicht ein neues «System», sondern ein Weg zur eigenen Erfahrung und Verwirklichung des Zieles, eine Anweisung für Menschen, die unter der Leitung eines traditionskundigen geistlichen Lehrers den Weg beschreiten wollten oder als Eingeweihte diesen Weg verwirklichten.
Zur Zeit Padmasambhavas hatte der Buddhismus in Tibet noch nicht Wurzel geschlagen, und die Gefahr einer Verfolgung durch die noch sehr einflußreiche Priesterschaft des alttibetischen Bön-Schamanismus, im Falle eines politischen Umsturzes, war ständig gegenwärtig. Es galt daher, die Lehren, die bisher nur einem kleinen Kreis von Eingeweihten bekannt waren, für die Zukunft sicherzustellen, indem man die wichtigsten Lehrtexte vergrub oder in Höhlen und Mauerwerk versteckte.
Nach tibetischer Tradition ist der Bardo Thödol eines jener Werke Padmasambhavas, das lange geheimgehalten und verborgen wurde, um es späteren Generationen zukommen zu lassen, wenn die Zeit reif und aufnahmebereit wäre für seine Lehren. Wie dem auch sei, es ist eine historische Tatsache, daß während der Verfolgung des Buddhismus durch Langdarma (der für einige Jahre den Thron Tibets usurpiert hatte), am Anfang des 9. Jahrhunderts, unzählige Bücher der frühesten Epoche des tibetischen Buddhismus unter Felsen, in Höhlen und an anderen Orten verborgen wurden, um ihre Vernichtung zu verhüten. Da alle Angehörigen des buddhistischen Ordens wie auch diejenigen, die ihnen Unterstützung gewährten, entweder getötet oder aus Tibet vertrieben wurden, blieben die meisten dieser vergrabenen Schriften für lange Zeit unentdeckt. Viele von ihnen wurden in den folgenden Jahren ans Licht gebracht und als *Termas* bezeichnet, ein Ausdruck, der dem tibetischen Wort *gTer* (sprich: «ter») entstammt, das «Schatz» bedeutet. Diejenigen, welche diese geistigen Schätze entdeckten und propagierten, wurden

dementsprechend *Tertöns (gTer-bston),* das heißt «Schatzfinder» oder «Schatzenthüller», genannt.
Dies ist jedenfalls eine weitaus sinnvollere Erklärung für die Tradition der *Tertöns* – die auch von den ältesten Schulen des tibetischen Buddhismus, wie Nyingmapa und Kargyütpa, akzeptiert wird – als die von gewissen westlichen Gelehrten vertretene Theorie, derzufolge diese Schriften einfach «Fälschungen» wären, von Leuten verfaßt, die ihre eigenen Ideen unter dem Deckmantel altehrwürdiger Offenbarungen verbreiten wollten. Diese Gelehrten unterschätzen die religiöse Aufrichtigkeit und den tiefen Respekt für die Heiligkeit der geistigen Tradition, die jedem Tibeter eingeboren ist, gleichgültig, ob er Laie oder Geistlicher ist. Den heiligen Schriften auch nur ein einziges Wort oder einen einzigen Buchstaben hinzuzufügen oder willkürlich ein Wort oder einen Buchstaben auszulassen, wird von den Tibetern als eine der größten Sünden betrachtet, die ein Mensch begehen kann. Selbst der Ungläubigste würde sich scheuen, eine solche Sünde zu begehen.
Die selben Kritiker unterschätzen die Schwierigkeit, derartige Schriften zu fälschen und zu verbreiten, denn solche Fälschungen würden eine sachliche und kritische Kenntnis der Geschichte und der Sprachwissenschaft erfordern, die in Tibet nicht nur unbekannt war, sondern ein Genie für ihre Ausführung erfordert hätte. Ein solches Genie aber hätte es nicht nötig, zu derartigen Fälschungen Zuflucht zu nehmen; es könnte auf eigenen Füßen stehen, wie so viele große Gelehrte und Heilige Tibets, die in ihrem eigenen Namen lehrten. Ebensowenig ist es wahrscheinlich, daß Menschen, die imstande waren, so tiefe Gedanken und erhabene Ideale zu formulieren und zu propagieren, wie wir sie in den *Termas* finden, sich dazu erniedrigt hätten, ihre Mitmenschen zu betrügen. Und wenn wir bedenken, daß die in Frage stehende Literatur nicht nur eine Angelegenheit von ein paar vereinzelten Traktaten, sondern von mehr als hundert (der Tradition gemäß 108) dicken Bänden ist, die Zehntausende von Blättern umfassen, dann wird die Theorie absichtlicher Irreführung nicht nur unwahrscheinlich, sondern absurd.
Was nun den Einfluß der vorbuddhistischen Religion Tibets, nämlich derjenigen der *Bön-pos,* betrifft, so müssen wir die Tatsache in Betracht ziehen, daß alle jene *Termas,* die Padmasambhava zugeschrieben werden, klar ihre Zugehörigkeit zur Lehre und zur Persönlichkeit Padmasambhavas aussprechen, der mehr als irgendein anderer den Bön-pos entgegentrat und ihre Macht brach. Es ist wohl kaum möglich, einem solchen Mann die Propagierung von Bön-Ideen zuzuschreiben.

Selbst wenn Padmasambhava einige der lokalen oder nationalen Gottheiten Tibets in das buddhistische Pantheon aufnahm, so gab er dennoch keinen Finger breit von seinem buddhistischen Standpunkt auf, sondern handelte in völliger Übereinstimmung mit den Prinzipien und der Tradition des orthodoxen Buddhismus, in dem die Gottheiten der Erde und des Himmels (oder des Luftraumes) als Beschützer des *Dharma* (skt. *dharmapâla*) verehrt wurden. In diesem Sinne werden die folgenden *Pâli*-Verse noch heute von den Anhängern des *Theravâda*-Buddhismus in Ceylon, Burma, Siam, Kambodscha usw. im Laufe des regulären Verehrungszeremoniells *(pûjâ)* rezitiert:

«*Âkâsaṭṭhâ ca bhummaṭṭhâ, devâ nâgâ mahiddhikâ,*
Puññantaṃ anumoditvâ, ciraṃ rakkhantu sâsanaṃ.»
«Mögen die Wesen des Himmels und der Erde,
Devas und *Nâgas* [Götter und Schlangengeister] von großer Macht,
Nachdem sie an dem Verdienst [dieses Rituals] teilgenommen haben,
Immer die heilige Lehre beschützen.»

Wenn je irgendein kultureller Einfluß zwischen Buddhismus und Bönismus bestand, so lag er mehr in der Natur eines einseitigen Verkehrs als in einem gegenseitigen Austausch von Ideen; denn die Bön-pos besaßen keine eigene Literatur (das tibetische Alphabet und die Kunst des Schreibens wurde von den Buddhisten eingeführt); sie übernahmen buddhistische Begriffe und Symbole in solcher Menge, daß ihre so entstandenen Schriften und ihre Ikonographie von derjenigen der Buddhisten für den Laien kaum noch zu unterscheiden waren.
Auf der anderen Seite muß die gänzlich unberechtigte Behauptung vieler buddhistischen Apologeten zurückgewiesen werden, daß Bön eine Art schwarzer Magie gewesen sei und daß es der Bön-Einfluß war, der eine Vernachlässigung buddhistischer Mönchsregeln in Tibet ermutigte und ein Absinken von dem hohen Niveau buddhistischer Ethik und Gelehrsamkeit in Tibet herbeiführte. Jeder, der Gelegenheit hatte, auch nur für eine kurze Zeit in einem der noch existierenden Bön-Klöster Tibets zu verweilen, wird zu seiner Überraschung beobachtet haben, daß die Aufrechterhaltung des Zölibats und der mönchischen Disziplin strikter ist als in den meisten buddhistischen Klöstern und daß viele der wichtigsten Schriften des buddhistischen Kanons eine Parallele in den heiligen Schriften der Bön-pos haben. So haben sie zum Beispiel ihr eigenes *Prajñâpâramitâ-Sûtra,* ihren eigenen *Pratîtyasamutpâda* (in Form eines Le-

bensrades mit dreizehn statt zwölf Abteilungen), ihre eigenen Tantras und Mantras. Ihre Gottheiten entsprechen mehr oder weniger den verschiedenen Buddhas, Bodhisattvas, Devatâs und Dharmapâlas des Buddhismus.

Es mag paradox erscheinen, aber es ist eine Tatsache, daß, während die älteren Schulen des tibetischen Buddhismus, trotz ihrer toleranten Haltung den lokalen Gottheiten gegenüber, imstande waren, die Macht des Bönismus zu brechen, die Gelugpas es waren, d.h. die jüngste und gründlichst reformierte Schule, die eine der einflußreichsten Institutionen der Bön-pos, durch die staatlichen Orakel und Orakeltempel in allen bedeutenden Klöstern der gelben Sekte, wiederbelebte. Die Gottheiten, die in diesen Orakeltempeln angerufen werden, sind ausschließlich solche, die ihren Ursprung im Bön-Kult haben. In den Klöstern der älteren Sekten, insbesondere der Kargyütpas, sind keine derartigen Orakeltempel zu finden. Dies zeigt, daß die alten Schulen, entgegen der allgemein vertretenen Ansicht, weniger unter dem Einfluß des Bön stehen als die Gelugpas, trotz ihrer Reformen und ihrer strengeren monastischen Disziplin. Die letztere bringt sie in der Tat dem Puritanismus der Bön-pos näher.

Wir müssen uns daher vor verallgemeinernden Urteilen hüten betreffs dessen, was man dem Einfluß des Bön zuschreiben kann und was nicht – insbesondere da wir nicht wissen, worin die Bön-Lehren vor dem Eindringen des Buddhismus bestanden. Das einzige, was wir mit Sicherheit annehmen können, ist, daß es sich um eine Form des Animismus handelte, in der die vergeistigten Kräfte des Menschen und der Natur, vor allem in ihren schrecklichen und ehrfurchterregenden Aspekten, verehrt wurden und in der gewisse Rituale zur Führung der Toten und zur Beschwörung mächtiger Geister betätigt wurden. Dies sind Züge, die allen Frühkulturen gemeinsam sind und die in Indien ebenso zu finden waren (und noch sind) wie in Tibet. Dieser Animismus durchdringt alle buddhistischen Texte, in denen jeder Baum und Hain und jeder Ort seine Gottheiten hat und in denen der Buddha sich mit größter Selbstverständlichkeit mit Göttern und Genien unterhält, welche die Erde und die über ihr gelegenen Bereiche bewohnen. Nur ein vollkommen intellektualisierter und verwestlichter Buddhismus, der den rationalen Gedankeninhalt des Buddhismus von seinen ebenso tiefen mythologischen Elementen zu trennen sucht, kann diesen animistischen Hintergrund und mit ihm die metaphysischen Grundlagen des Buddhismus verleugnen.

Das buddhistische Universum ist durch und durch belebt. In ihm gibt es weder inerten Stoff noch bloße Mechanismen. Und was mehr ist: Der

Buddhist ist sich einer unendlichen Vielfalt von Existenzmöglichkeiten bewußt und einer ebenso unbegrenzten Anzahl von Wirklichkeitsaspekten. Wenn wir die Beschreibungen der schreckhaften Visionen lesen, die der Buddha im Ringen um die Erleuchtung erlebte, dann brauchen wir nicht nach Bön-Einflüssen zu suchen, um die Vorstellung tierköpfiger Ungeheuer zu erklären, die aus dem Abgrund des Unterbewußtseins in der Stunde des Todes oder in den Visionen der Meditation aufsteigen. Zornige Gottheiten, Dämonen in Tiergestalt und Götter in dämonischer Verkleidung sind gleichermaßen in indischer wie in tibetischer Tradition zu Hause. Es ist daher von geringer Bedeutung, wo eine Einzelform entstand, solange sie sich dem allgemeinen Gedankengang und den ihm zugrundeliegenden Erfahrungen sinngemäß einfügt.
Trotz der volkstümlichen Gebräuche und Anschauungen, denen der Bardo Thödol bei der Ausübung der Totenrituale (die wahrscheinlich die einzige Spur eines Bön-Einflusses sind) unterworfen wurde, sind die zentralen Ideen und die Symbolik dieses Buches durchaus im Einklang mit den Lehren des Buddhismus.
Die Tibeter selbst gaben sich die größte Mühe, ihre Schriften von Fehlern und Mißverständnissen freizuhalten und die Genauigkeit und Zuverlässigkeit ihrer Tradition sicherzustellen. Nachdem die Regeln für die Übersetzung von Sanskrittexten und die ihnen entsprechende tibetische Terminologie von den frühen tibetischen Übersetzern und Vorkämpfern des *Buddhadharma* festgelegt worden waren, «wurde es den Übersetzern ausdrücklich verboten, neue Ausdrücke zu prägen. Wenn dies aber unvermeidlich war, wurden sie angewiesen, die Angelegenheit einem besonderen Tribunal zu unterbreiten, das als das Tribunal der Lehre des Erhabenen bezeichnet wurde und dem königlichen Palast angegliedert war. Die Übersetzung tantrischer Werke konnte nur mit der Erlaubnis des Königs unternommen werden. Diese Regeln wurden von König Ti-de Song-tsen (Ral-pa-can, 817–836) promulgiert ... und sind seitdem von allen tibetischen Übersetzern befolgt worden.»[2]
Bei Einführung der Holzdrucke wurde eine ähnliche Vorsicht angewandt, und dies nicht nur in bezug auf Übersetzungen, sondern bezüglich der gesamten religiösen Literatur. So wurde es zur Regel, daß kein religiöses Buch veröffentlicht werden konnte ohne die Zustimmung der höchsten geistlichen Autoritäten, die qualifizierte Korrekturleser und Gelehrte damit betrauten, fehlerhafte Wiedergaben oder eigenmächtige

[2] Vgl. Dr. Georg Roerich, *Introduction of Buddhism into Tibet*, in: «Stepping Stones», Kalimpong 1951, Vol. II, No. 5, p. 135.

Zusätze bei der Herstellung der Druckstöcke zu verhindern. Dies stand jedoch nicht der Vielfältigkeit der Meinungen verschiedenartiger anerkannter Schulen und qualifizierter geistlicher Lehrer entgegen. Es handelte sich nur darum, die Degenerierung der bestehenden Traditionen durch die Leichtfertigkeit oder Unwissenheit inkompetenter Schreiber oder Interpreten zu verhindern.

Dies ist der Grund, warum die autorisierten Holzdrucke die zuverlässigsten Wiedergaben traditionell anerkannter religiöser Texte darstellen. Handgeschriebene Bücher, obwohl sie oft unter Schreibfehlern und sonstigen Irrtümern des Kopisten leiden (der manchmal die archaische oder klassische Sprache des Textes nicht versteht), können nichtsdestoweniger von großem Wert sein, insbesondere, wenn sie auf ein größeres Alter als das der Druckstöcke zurückgehen oder wenn sie eine weniger bekannte Tradition vertreten, die von Guru zu Cela durch Generationen weitergegeben wurde.

Wenn ich daher den Leser auf gewisse Unterschiede zwischen der offiziell anerkannten Version der Holzdrucke und dem von Lama Kazi Dawa-Samdup benutzten Manuskript aufmerksam mache, so will ich hiermit nicht den Wert dieser Handschrift in Frage stellen, sondern vielmehr Licht auf wesentliche Punkte der buddhistischen Tradition werfen, wodurch wir zu einem tieferen Verständnis nicht nur der historischen, sondern auch der geistigen Zusammenhänge gelangen.

Es sind insbesondere die letzteren, welche dieses Buch für uns so wertvoll machen. Wäre der Bardo Thödol nur als Folklore oder religiöse Spekulation über den Tod und einen hypothetischen Nachtod-Zustand zu betrachten, so wäre er nur für den Anthropologen oder den Religionsforscher von Bedeutung. Aber der Bardo Thödol ist weit mehr: Er ist ein Schlüssel zu den tiefsten Regionen des menschlichen Geistes, ein Führer für Eingeweihte und Suchende, die den Pfad der geistigen Befreiung beschreiten wollen.

Obwohl der Bardo Thödol heutzutage als ein Brevier betrachtet wird, das beim Sterben eines Menschen oder nach seinem Tode gelesen oder rezitiert wird, darf man nicht vergessen, daß es ursprünglich nicht nur als Führer für die Sterbenden und die Toten gedacht war, sondern mehr noch für die Lebenden.

Zwei Dinge haben vor allem zu den bestehenden Mißverständnissen beigetragen: das eine ist, daß die Lehren des Bardo Thödol an den Toten oder Sterbenden gerichtet zu sein scheinen; das andere, daß der Titel die Worte «Befreiung durch Hören» (bzw. «Hörbefreiung» – *thos-grol*) enthält. Dies hat dem Glauben Nahrung gegeben, daß es genügt, dieses Buch in Gegenwart des Sterbenden oder Toten zu lesen, um seine Befreiung zu bewirken. Solch ein Mißverständnis konnte nur unter Leuten entstehen, die nicht mit den Einweihungsriten des Bardo Thödol vertraut waren.

In der geistigen Schulung des Bardo Thödol, wie in den Mysterien des Altertums, müssen die Eingeweihten durch das Erlebnis des Todes gehen, um zur inneren Befreiung zu gelangen. Sie müssen ihrer Vergangenheit und ihrem «Ich» sterben, bevor sie in die geistige Gemeinschaft und in das höhere Leben eintreten und «Söhne der Buddhas» werden können.

Daß der Prosateil des Bardo Thödol sich an solche Eingeweihte richtet, wird bestätigt durch die sich ständig wiederholende Anrede: «*Rigs-kyi bu*» – «Sohn edler Familie», d.h. der Familie der Buddhas. Der Ausdruck «*rigs-lnga*», «die Familie der Fünf», ist die stehende Bezeichnung der fünf *Dhyâni-Buddhas,* deren *Maṇḍala* dem Bardo Thödol, wie den meisten tibetischen Meditationssystemen, zugrunde liegt.

Der Eingeweihte, der in aufrichtiger Hingabe der Schauung der *Dhyâni-Buddhas* teilhaftig geworden ist, ist hierdurch in die Gemeinschaft der Erleuchteten eingetreten, er ist ein geistiger Sohn der Buddhas, ein «*jina-putra*», ein «Sohn der Siegreichen», ein Sohn der «edlen Familie» geworden.

Derartige Ausdrücke gehen auf die frühesten Zeiten des Buddhismus zurück; heißt es doch schon in *Dîgha-Nikâya* XXVII, 9: «Vâsettha, in wem Glaube an den Tathâgata Eingang gefunden, in wem er Wurzel geschlagen und festen Stand gefunden hat, in wem er unerschütterlich geworden ist, und wem er von keinem Samâna, Brahmanen, Gott, Mâra, Brahma oder irgend jemandem in der Welt mehr geraubt werden kann, der darf sagen: ‹*Ich bin der eigene Sohn des Erhabenen,* aus seinem Munde geboren, aus der Lehre gezeugt, durch die Lehre geschaffen, Erbe der Lehre!› – Wieso? Weil man den Tathâgata bezeichnen kann als den, dessen Körper die Lehre ist (*dhamma-kâyo;* skt. *dharmakâya*), der dem Körper Brahmas, der mit der Lehre und mit Brahma wesensgleich ist.» (Übers. von O. Franke.)

Wenn weiterhin im Prosateil des Bardo Thödol augenscheinlich der «Tote» oder Sterbende angeredet wird (was zur Ursache späterer Mißverständnisse wurde und bezeichnenderweise in den metrischen Kernstükken des Werkes nicht vorkommt), so kann dies auf dreierlei Gründe zurückgeführt werden:

1. daß derjenige, der sich ernsthaft müht, die Lehren des Bardo Thödol

zu verwirklichen, jeden Augenblick seines Lebens mit dem gleichen Ernst betrachten soll, als wenn es der letzte seines Lebens wäre («Lebe, als müßtest du heute sterben; stirb, als wenn du unsterblich wärst!»);
2. daß, wenn die letzte Stunde eines Eingeweihten herannaht, man ihn an die Worte seines Guru erinnern und in ihm die Erlebnisse der Initiation und der Schauungen wachrufen soll, falls sein Geist im entscheidenden Augenblick getrübt ist;
3. daß man versuchen soll, den soeben aus diesem Leben Abgeschiedenen mit liebenden und helfenden Gedanken in den neuen Daseinszustand zu begleiten (solange sein Geist noch unsicher und mit der Vergangenheit verbunden ist), ohne zuzulassen, daß die eigene emotionelle Bindung zu einem Hindernis für ihn oder zu einem Zustand morbider Depression für einen selbst wird.

In diesem Sinne wird der dritte Punkt wahrscheinlich zu einer größeren Hilfe für den Zurückgebliebenen, indem sie seine eigene Stellung gegenüber dem Hingeschiedenen, wie auch gegenüber der Tatsache des Todes, läutert und klärt.

In jedem Fall kommt es darauf an, sich des rechten Dinges zur rechten Zeit zu erinnern. Um dieses möglich zu machen, muß man sich während seiner Lebenszeit geistig vorbereiten. Die Fähigkeiten, die man im Tode und darüber hinaus zu entscheidenden, richtunggebenden Einflüssen machen möchte, muß man im Leben hervorbringen, aufbauen und pflegen, so daß man, wenn die entscheidende Stunde kommt, nicht verwirrt und bestürzt ist, sondern *spontan* den richtigen Weg einschlägt, selbst wenn der bewußte Wille gelähmt ist.

Dies kommt klar in den Wurzelversen des Bardo Thödol zum Ausdruck:

«O Zögernder, der du nicht an das Kommen des Todes denkst,
Indem du dich den nutzlosen Dingen dieses Lebens widmest,
Leichtsinnig bist du, deine große Gelegenheit zu vergeuden;
Irrig ist dein jetziges Trachten, wenn du mit leeren Händen [aus diesem Leben] zurückkommst:
Da du die heilige Lehre als dein wahres Bedürfnis kennst,
Willst du dich nicht auch jetzt noch der heiligen Lehre widmen?»

Für jeden, der mit buddhistischer Philosophie vertraut ist, ist es klar, daß Geburt und Tod nicht einmalige Phänomene des menschlichen Lebens sind, sondern etwas, das sich ununterbrochen in uns vollzieht. In jedem Augenblick stirbt etwas in uns und wird etwas in uns wiedergeboren. Die verschiedenen Bardos sind nichts anderes als die verschiedenen Bewußtseinszustände unseres Lebens: der Zustand des Wachbewußtseins, d.h. das normale Bewußtsein eines in der Menschenwelt geborenen Wesens (tib. *skyes-nas bar-do*), der Zustand des Traumbewußtseins *(rmi-lam bar-do)*, der Zustand des Versenkungsbewußtseins *(bsam-gtan bar-do)*, der Zustand des Todeserlebnisses *(ḥChi-khaḥi bar-do)*, der Zustand des Erlebens der Wirklichkeit *(chos-ñid bar-do)*, der Zustand des Wiedergeburtsbewußtseins *(srid-paḥi bar-do)*[3].

All dies ist klar in den «Wurzelversen der Sechs Bardos», die zusammen mit den «Pfaden der Guten Wünsche» den ursprünglichen Kern des Bardo Thödol bilden (um den die Prosateile sich als Kommentare kristallisieren), beschrieben – was beweist, daß wir es hier mit der Wirklichkeit des Lebens und nicht nur mit einer Anweisung zum Sterben oder gar einer Totenmesse, zu der spätere Zeiten das Werk reduzierten, zu tun haben.

Es richtet sich nicht nur an Menschen, die das Ende ihres Lebens herannahen sehen oder unmittelbar vor ihm stehen, sondern ebenso an diejenigen, die das Leben noch vor sich haben und denen zum ersten Mal die volle Bedeutung ihres Daseins – insbesondere ihres Menschseins – zum Bewußtsein kommt. In menschlicher Daseinsform geboren zu sein, ist ein Privileg, das schon der Buddha als ein solches anerkannte, da es die

[3] In der *Einführung* des Herausgebers (S.146) wird erwähnt, daß Major W.L. Campbell über die «verschiedenen Versionen des *Bardo Thödol*» folgendes schrieb: «Die Gelbe Sekte hat sechs, die Rote Sekte sieben und die *Kargyütpas* fünf.» – Dies ist ein Mißverständnis. Es gibt nicht fünf, sechs oder sieben *Versionen* des *Bardo Thödol* in jeder dieser Sekten, sondern nur verschiedene Klassifizierungen der in den Wurzelversen erwähnten *Bardo*-Zustände. Der Unterschied zwischen dem von Lhasa autorisierten Blockdruck (dessen Klassifizierung auch von den Gelugpas akzeptiert wird) und der von Sarat Chandra Das in seinem Wörterbuch (S.867) erwähnten Tradition der Kargyütpas ist, daß der Blockdruck *ḥChi-khaḥi bar-do* (Nr.4) und *Srid-paḥi bar-do* (Nr.6) separat aufführt, während die Kargyütpas sie unter Nr.5 als *ḥChi-ba Srid-paḥi bar-do* zusammenfassen. – Außerdem ist es irreführend, von einer «Roten Sekte» im Unterschied von den Kargyütpas zu sprechen, da letztere ebenso wie die Nyingmapas, Sakyapas und unzählige Untersekten zu den Rotmützen gehören. Campbell scheint von der Auffassung auszugehen, daß «*Kar*» «weiß» *(dKar)* bedeutet, während es in Wirklichkeit «*bKaḥ*» geschrieben wird und somit «Wort, Rede, Verkündigung, Gebot usw.» bedeutet. Das gesprochene «r» gehört zur nächsten Silbe (*rgyud*, wörtlich «Faden»), die in diesem Zusammenhang die Übertragung der esoterischen Tradition in ununterbrochener Aufeinanderfolge von Meister *(guru)* und Schüler *(cela)* bedeutet. Aus diesem Beispiel wird ersichtlich, warum wir uns in der Wiedergabe tibetischer Worte nicht mit der Aussprache begnügen können, da nur die ursprüngliche Schreibweise den Sinn vieler gleichlautender Worte klarstellen kann.

seltene Gelegenheit der Schicksalsentscheidung, der Befreiung durch eigenen Entschluß und ernsthafte Bemühung oder, wie es im Lankâvatâra-Sûtra heißt, durch «innere Umkehr» bietet.
Dementsprechend beginnen die «Wurzelverse der Sechs Bardos» mit den Worten:

«O daß ich jetzt, wo mir der Bardo des Lebens[4] aufgeht,
Müßiggang aufgebe – da das Leben keine Zeit zum Verschwenden hat –
Den Pfad des Hörens, des Nachdenkens und der Meditation beschreite,...
So daß, nachdem ich nun einmal die menschliche Gestalt erlangt habe,
Keine Zeit durch nutzlose Zerstreuungen vergeudet werde.»

Hören, Nachdenken und Meditieren sind die drei Stufen der Jüngerschaft. Daß das tibetische Wort für «Hören» *(thos)* in diesem Zusammenhang – ebenso wie der Ausdruck «Thödol» *(thos-grol)* – nicht mit der bloß physischen Sinneswahrnehmung verwechselt werden darf, kann auch aus dem Beispiel des Ausdrucks «*nyan-thos*» ersehen werden, der dem Sanskritterminus «*śrâvaka*» entspricht und einen Jünger, und zwar einen direkten Jünger des Buddha, bezeichnet – also nicht einen bloßen Hörer der Lehre, sondern einen, der sich völlig dieser Lehre hingibt in gläubigem Vertrauen *(śraddha)*, sie «mit dem Herzen hört» und innerlich erfaßt. Dies ist die erste Stufe der Jüngerschaft. Auf der zweiten Stufe wird das intuitive Gefühl gedanklich verarbeitet und von der prüfenden Vernunft bestätigt, während auf der dritten Stufe das gefühlsmäßig Geahnte und intellektuell Erkannte durch unmittelbares Erleben zur Wirklichkeit wird. Aus verstandesmäßigem Wissen wird innere Gewißheit, in dem der Wissende eins wird mit dem Gewußten.
Dies ist die Stufe des Bardo Thödol, die den Jünger über den Bereich des Todes hinaushebt und ihn befähigt, die Illusion des Sterbens zu durchschauen und sich von der Furcht vor ihm zu befreien. Diese Illusion besteht in der Identifizierung des Individuums mit seiner temporären, vergänglichen Form, sei sie körperlich, seelisch oder mental, und führt zu

[4] Lama Kazi Dawa-Samdup übersetzt hier «Geburtsort-Bardo». Augenscheinlich enthielt seine Handschrift «*skyes-gnas*» anstatt «*skyes-nas*», wie die Blockdruck-Ausgabe es wiedergibt und was wörtlich «der Bardo des Geborenseins», d.h. des Lebens bedeutet. Der Ausdruck «Geburtsort-Bardo» würde zu dem Mißverständnis führen, daß es sich hier um den Mutterschoß, die «Stätte» *(gnas)* der Geburt handelte und somit um den im sechsten Vers erwähnten «Bardo der Wiedergeburt» *(srid-pa bardo)* – in welchem Falle man nur von fünf Bardos sprechen könnte, nicht aber von sechs.

der irrtümlichen Vorstellung einer persönlichen, für sich und in sich selbst bestehenden, gesonderten Ichheit und zu der Furcht, sie zu verlieren. Wenn jedoch der Jünger gelernt hat, sich mit dem Ewigen, dem Dharma, dem Unvergänglichen Licht der Buddhaschaft in seinem Inneren zu identifizieren, dann wird seine Todesfurcht wie eine Wolke vor der aufgehenden Sonne verschwinden. Dann weiß er, daß, was immer er sehen, hören oder fühlen mag in der Stunde seines Abscheidens von diesem Leben, nichts anderes ist als eine Spiegelung oder Projektion seines eigenen bewußten oder unterbewußten Geistesinhalts; und keine geistgeschaffene Illusion kann Macht über ihn gewinnen, wenn er ihren Ursprung kennt und imstande ist, ihre Natur zu durchschauen. Die illusorischen Bardo-Visionen wechseln je nach der religiösen oder kulturellen Tradition, in der der Wahrnehmende aufgewachsen ist; aber die ihnen zugrunde liegenden Motive und seelischen Triebkräfte sind dieselben in allen menschlichen Wesen. So kommt es, daß die tiefe Psychologie des Bardo Thödol einen wichtigen Beitrag zu unserem Wissen über den menschlichen Geist und den Pfad, der über ihn hinausführt, darstellt. *Als Wissenschaft vom Tode verkleidet, enthüllt der Bardo Thödol das Geheimnis des Lebens. Darin liegt sein geistiger Wert und seine universelle Bedeutung.*

Eine besondere Schwierigkeit für das Verständnis des Bardo Thödol und der tibetischen Weltauffassung bilden die den westlichen Menschen befremdenden Gestalten der furchtbaren und «bluttrinkenden» Erscheinungsformen göttlich-dämonischer Wesen, die aus den Abgründen des Tiefenbewußtseins oder des «Unbewußten», wie es heutzutage genannt wird, aufsteigen.

Professor Giuseppe Tucci, der wie kaum ein anderer in die Tiefen tibetischen Denkens eingedrungen ist, hat hier eine vom Standpunkt westlicher Psychologie aufschlußreiche Erklärung gegeben:

«Der erste Kampf zwischen Licht und Finsternis wird, nach den Lehren des Yoga – und die Buddhisten stimmen dem bei – nicht in der Fülle des Bewußtseins ausgefochten. Das Bewußtsein kann die fließende und mysteriöse Welt des Unterbewußten nicht erfassen. Es gibt keine Möglichkeit des Kontaktes zwischen den beiden. Wenn sie sich (scheinbar) berühren, überlagern sie einander. Das Unbewußte kann das Bewußte überschwemmen und es ersticken und auslöschen, aber das Bewußte hat keine solche Macht, das Unbewußte auszuschalten und zu zerstreuen. Es ist die Sache eines langen und schweren Kampfes, der nie aufhört und den das Bewußtsein direkt in das Lager des Feindes tragen muß. Dies ist nur auf *eine* Weise möglich, nämlich durch die Annahme einer zähen und furchtbaren Erscheinungsform, die den Mächten angepaßt ist, gegen die sich der Kampf richtet. – Dementsprechend emaniert jede der Gottheiten der höheren Bewußtseinsebene eine *Krodha*-Form, d.h. eine furchtbare *(rudra)* Erscheinung, eine ‹ zornige › Gottheit, die in monströsen Formen den gewaltsamen Einbruch bewußter Kräfte in die Schatten des Unbewußten symbolisiert, um den Rivalen an der Wurzel abzuschneiden oder zu zersetzen, um ihn unterwürfig und zahm dem Licht entgegenzuführen. – Solcherart ist die Bedeutung der ‹schrecklichen› Gottheiten, die als Wächter über die *Maṇḍalas* eingesetzt sind, um die verworrenen Schwärme der geheimnisvollen Welt, von der die Gefahren des Unsichtbaren hervorbrechen, zurückzuwerfen und schließlich zu beherrschen. Diese Wächter haben darum nicht nur eine defensive Rolle zu spielen, sondern auch eine offensive. Sie stehen an der Schwelle des Bewußtseins, um in das andere Reich einzufallen und dort Stellung zu beziehen, nachdem sie, wie ich sagte, eine Form angenommen haben, die sie befähigt, den Kräften gegenüberzutreten, die sie überwinden wollen.»[5]

Aber nicht nur die Kräfte des «Unbewußten» oder die ihnen gegenüberstehenden «Wächter der Schwelle» erscheinen in furchtbarer Form, sondern auch die Verkörperungen der höchsten Erkenntnis, die den Schleier der Täuschung uns von den Augen reißen und uns der nackten Wirklichkeit, der Immensität einer alle Begriffe überschreitenden metaphysischen «Leere» *(śûnyatâ)* gegenüberstellen, aus der die Fülle aller Erscheinung und alles Lebens unaufhörlich quillt und in die sie wieder eingeht nach dem Gesetz der ewigen Wandlung, des Entstehens und Vergehens. Die Mächte der Auflösung und Verwandlung erscheinen aber nur denen furchtbar und zerstörend, die an den Dingen der Welt und an ihrer eigenen beschränkten Daseinsform hängen, während sie für diejenigen, die ihre wahre Natur durchschauen, zu Kräften der Befreiung und Erlösung werden.

Die Erleuchteten erscheinen daher in dem uns vertrauten friedlichen Aspekt, als Verkörperung der Güte und Barmherzigkeit, in der heiteren Ruhe ihrer Vollendung, während sie in ihrem furchterregenden Aspekt die Verkörperung jener Erkenntnis sind, die im ekstatischen Durchbruch zur Transzendenz, in der Sprengung aller Ichheitsfesseln besteht. Dies ist der Sinn der tibetischen Symbolik, derzufolge jeder Buddha eine furchterregende Erscheinungsform in sich birgt.

[5] «*The Theory & Practice of the Mandala*», p. 59 f., Rider, London 1961.

Zur Übersetzung und Interpretierung des Bardo Thödol bedarf es mehr als eines nur philologischen Wissens, nämlich einer gründlichen Kenntnis seines traditionellen Hintergrundes und der religiösen Erfahrung eines in dieser Tradition Aufgewachsenen oder von einem kompetenten geistlichen Lehrer (Guru) Unterrichteten und Eingeweihten. In früheren Zeiten «wurde die bloße Kenntnis einer Sprache nicht als ausreichend angesehen, um einen Menschen zu einem ‹Übersetzer› im tieferen Sinne dieses Wortes zu machen. Niemand würde die Übersetzung eines Textes unternommen haben, sofern er nicht jahrelang zu Füßen eines traditionellen und autoritativen Exponenten der betreffenden Lehre studiert hätte; und noch weniger würde sich jemand für befähigt gehalten haben, ein Buch zu übersetzen, an dessen Lehren er nicht glaubte.»[6]

Unsere moderne Haltung ist leider das genaue Gegenteil hiervon: ein Gelehrter wird für um so kompetenter («wissenschaftlicher») gehalten, je weniger er an die Lehren glaubt – oder sich mit ihnen identifiziert –, die zu interpretieren er sich vorgenommen hat. Die traurigen Resultate sind nur allzu augenfällig, besonders im Gebiet der Tibetologie, an das solche Gelehrte in der Überzeugung ihrer eigenen Überlegenheit herangetreten sind, wodurch sie gerade dem Ziel ihrer Bemühungen im Wege standen.

Lama Kazi Dawa-Samdup und Dr. Evans-Wentz waren die ersten, welche die von altersher geübte Methode der *Lotsavas* (wie die Übersetzer heiliger Texte in Tibet genannt wurden) wieder anwandten. Sie widmeten sich ihrer Arbeit im Geiste echter Hingabe und Demut und betrachteten die von ihnen übersetzten Werke als ein heiliges, ihnen anvertrautes Gut, das durch Generationen von Eingeweihten in ihre Hände gelangt und mit höchstem Respekt, selbst für das geringste Detail, zu behandeln war. Gleichzeitig betrachteten sie ihre Übersetzung nicht als endgültig oder unfehlbar, sondern mehr im Sinne der ersten Bibelübersetzungen, d.h. als einen Ausgangspunkt für immer tiefere und vollkommenere Wiedergaben in Übereinstimmung mit unserer wachsenden Bekanntschaft mit den Quellen tibetischer Tradition.

Eine solche Haltung ist nicht nur ein Kennzeichen geistigen Verständnisses und echten Forschertums, sondern läßt auch den Leser fühlen, daß er auf heiligem Boden wandelt. Dies erklärt den tiefen Eindruck, den «Das Tibetanische Totenbuch» auf die Leser in allen Teilen der Welt gemacht

[6] Siehe Ananda K. Coomaraswami, *Hinduism and Buddhism*, Philosophical Library, New York, p. 49; und Marco Pallis «*Peaks and Lamas*», Cassell & Co., London 1946, eine lebendige Einführung in den tibetischen Buddhismus.

hat. Der außergewöhnliche Erfolg dieses Werkes beruht auf einer überzeugenden Aufrichtigkeit und der ernsthaften Hingabe an das höchste Ziel. Die Dankesschuld der Welt den zwei verdienten Gelehrten gegenüber ist wahrlich groß, denn: «die Gabe der Wahrheit ist die größte aller Gaben» – «*Sabbadânaṃ dhammadânaṃ jinâti*» (Dhammapada XXIV, 21).

LAMA ANAGARIKA GOVINDA

2. GELEITWORT UND PSYCHOLOGISCHER KOMMENTAR ZUM BARDO THÖDOL

Meinem einleitenden Kommentar möchte ich eine kurze Übersicht über den Text voranschicken. Der *Bardo Thödol* ist ein Buch der Belehrung des eben Gestorbenen. Es soll ihm als Führer durch die Zeit der *Bardo*-Existenz – ein Zwischenzustand von symbolischen 49 Tagen, Dauer zwischen Tod und Wiedergeburt – dienen, ähnlich etwa wie das *Ägyptische Totenbuch.* Der Text zerfällt in drei Teile. Der erste Teil, genannt *Tschikhai-Bardo,* schildert die seelischen Ereignisse im Moment des Todes. Der zweite Teil, der sogenannte *Tschönyi-Bardo,* beschäftigt sich mit dem nach erfolgtem, definitivem Tode eintretenden Traumzustand, den sogenannten karmischen Illusionen. Der dritte Teil, genannt *Sipa-Bardo,* betrifft das Einsetzen des Geburtstriebes und der pränatalen Ereignisse. Das Charakteristische ist, daß die höchste Einsicht und Erleuchtung und damit die größte Erlösungsmöglichkeit unmittelbar im Prozesse des Sterbens eintritt. Bald danach beginnen die «Illusionen», welche schließlich zur Wiederverkörperung führen, wobei die erleuchtenden Lichter immer trüber und mannigfaltiger werden und die Visionen an Schreckhaftigkeit zunehmen. Dieser Abstieg schildert die Entfremdung des Bewußtseins von der erlösenden Wahrheit und seine Wiederannäherung an die physische Existenz. Die Belehrung hat den Zweck, den Abgeschiedenen auf jeder Stufe der Verblendung und Verstrickung auf die jeweils vorhandene Erlösungsmöglichkeit aufmerksam zu machen und ihn über die Natur seiner Visionen aufzuklären. Die *Bardo*-Texte werden vom Lama in der Nähe der Leiche gelesen.

Ich glaube meine Dankesschuld an die beiden erstmaligen Übersetzer des *Bardo Thödol,* dem verstorbenen Lama Kazi Dawa-Samdup und Dr. Evans-Wentz, in keiner besseren Weise abzutragen, als daß ich mich bemühe, durch psychologische Kommentierung der deutschen Ausgabe die großartige Ideenwelt und Problematik dieses Werkes dem abendländischen Verständnis näherzurücken. Ich bin gewiß, daß jeder, der dieses Buch mit offenen Augen liest und es vorurteilslos auf sich wirken läßt, reichen Gewinn daraus ziehen wird.

Der *Bardo Thödol,* der von seinem Herausgeber W. Y. Evans-Wentz mit Recht als *Tibetanisches Totenbuch* bezeichnet wird, hat in den Ländern englischer Zunge bei seinem ersten Erscheinen im Jahre 1927 kein geringes Aufsehen erregt. Er gehört zu jenen Schriften, welche beileibe nicht nur den Spezialisten des Mahâyâna-Buddhismus interessieren, sondern vermöge ihrer tiefen Menschlichkeit und ihrer noch tieferen Einsicht in seelische Geheimnisse vor allem den Laien, der nach Erweiterung seiner Lebenserkenntnis strebt, angehen. Seit dem Jahre seines Erscheinens ist mir der *Bardo Thödol* sozusagen ein steter Begleiter gewesen, dem ich nicht nur viele Anregungen und Kenntnisse, sondern auch sehr wesentliche Einsichten verdanke. Unähnlich dem *Ägyptischen Totenbuch,* über das man nur allzu wenig oder allzu viel sagen kann, enthält der *Bardo Thödol* eine menschlich begreifbare Philosophie und spricht zum Menschen und nicht zu Göttern oder zu Primitiven. Seine Philosophie ist die Quintessenz buddhistischer, psychologischer Kritik und als solche – man kann wohl sagen – von unerhörter Überlegenheit. Nicht nur die «zornigen», auch die «friedlichen» Gottheiten sind saṃsârische Projektionen der menschlichen Seele; ein Gedanke, der dem aufgeklärten Europäer nur allzu selbstverständlich vorkommt, weil er ihn an seine eigenen banalisierenden Simplifikationen erinnert. Derselbe Europäer aber wäre nicht imstande, diese wegen Projektion als ungültig erklärten Götter doch zugleich als real zu setzen. Solches aber kann der *Bardo Thödol,* welcher einige der wesentlichsten metaphysischen Prämissen vor dem aufgeklärten sowohl wie dem unaufgeklärten Europäer voraus hat. Der antinomische Charakter jeder metaphysischen Aussage ist die überall vorhandene stillschweigende Voraussetzung des *Bardo Thödol,* ebenso wie die Idee der qualitativen Verschiedenheit der Bewußtseinsstufen und der durch sie bedingten metaphysischen Realitäten. Ein großartiges Sowohl-Als-auch ist der Hintergrund dieses seltenen Buches. Vielleicht ist es dem westlichen Philosophen unsympathisch, denn der Westen liebt die Klarheit und Eindeutigkeit, deshalb hält es der eine mit der Position: «Gott ist» und der andere ebenso inbrünstig mit der Negation: «Gott ist nicht». Was werden diese feindlichen Brüder anfangen mit einem Satze wie dem folgenden: «Indem du die Leere deines eigenen Sinnes erkennst als Buddhaschaft und indem du diese betrachtest als dein eigenes Bewußtsein, verharrst du im Zustand des göttlichen Geistes des Buddha»? Ich fürchte, daß solche Sätze sowohl unserer abendländischen Philosophie wie auch der Theologie unwillkommen sind. Der *Bardo Thödol* ist in höchstem Maße psychologisch, jene aber befinden sich noch im

mittelalterlichen vorpsychologischen Stadium, wo nur die Aussagen gehört, erklärt, verteidigt, kritisiert und argumentiert werden, wo die Instanz aber, welche die Aussagen macht, nach allgemeiner Vereinbarung, als nicht zum Programm gehörig, von der Tagesordnung abgesetzt ist.
Metaphysische Behauptungen sind *Aussagen der Seele,* und darum sind sie psychologisch. Dem abendländischen Geiste aber erscheint diese selbstverständliche Wahrheit entweder als zu selbstverständlich, indem er aus bekannten Ressentiments heraus der Aufklärung frönt, oder als unzulässige Negation der metaphysischen «Wahrheit». Ihm klingt das Wort «psychologisch» immer, wie wenn man gesagt hätte «nur psychologisch». Die «Seele» erscheint ihm irgendwie als etwas sehr Kleines, Minderwertiges, Persönliches, Subjektives und dergleichen mehr. Man braucht darum lieber das Wort «Geist», indem man sich dabei stets den Anschein gibt, daß eine vielleicht wirklich sehr subjektive Aussage vom «Geiste» gemacht sei, natürlich stets vom «allgemeinen», sogar – wenn irgend möglich – vom «absoluten» Geiste. Diese etwas lächerliche Anmaßlichkeit ist wohl eine Kompensation für die beklagenswerte Kleinheit der Seele. Es scheint fast, als ob Anatole France, indem er in seiner «*Ile des Pingouins*» Catherine d'Alexandrie dem lieben Gott den Rat geben läßt: «Donnez-leur une âme, mais une petite!», eine für das ganze Abendland verbindliche Wahrheit gesprochen hätte.
Die Seele ist es, die aus eingeborener göttlicher Schöpferkraft die metaphysische Aussage macht; sie «setzt» die Distinktionen der metaphysischen Wesenheiten. Sie ist nicht nur die Bedingung des metaphysisch Realen, sondern sie ist es selbst.
Mit dieser großen psychologischen Wahrheit beginnt der *Bardo Thödol,* der kein Begräbniszeremonial, sondern eine *Belehrung der Toten* ist, ein Führer durch die wechselnden Erscheinungen des *Bardo*-Lebens, d.h. jener Existenz, die sich 49 Tage lang vom Tode bis zur nächsten Inkarnation erstreckt. Sehen wir zunächst ab von der für den Osten selbstverständlichen Annahme der Überzeitlichkeit der Seele, so können wir uns als Leser des *Thödols* ohne Schwierigkeit in die Lage des Toten versetzen und andächtig die Lehre des ersten Paragraphen, die ich oben umrissen habe, betrachten. Hier wird uns folgendes gesagt – nicht anmaßend, sondern in höflicher Sprache:

«O Edelgeborener (Soundso), höre zu. Jetzt erfährst du die Strahlung des Klaren Lichtes Reiner Wirklichkeit. Erkenne sie. O Edelgeborener, dein jetziger Geist, seiner wirklichen Natur nach leer, nicht zu irgend etwas wie

Merkmalen oder Farbe geformt, natürlicherweise leer, ist die wahre Wirklichkeit, die allgute [Mutter]. Dein eigener Geist, der jetzt Leere ist, jedoch nicht als die Leere des Nichts zu betrachten ist, sondern vielmehr als reiner Geist, unbehindert, leuchtend, erregend und glückselig, ist das wahre Bewußtsein, der allgute Buddha.»

Diese Erkenntnis ist der *Dharmakâya*-Zustand der vollkommenen Erleuchtung; in unserer Sprache ausgedrückt: der schöpferische Urgrund aller metaphysischen Aussage ist das Bewußtsein als sichtbare und faßbare Erscheinung der Seele. Die «Leere» ist der Zustand vor aller Aussage, vor allem «Setzen». Die Fülle der unterschiedlichen Erscheinungen liegt noch latent in der Seele.

«Dein eigenes Bewußtsein», fährt der Text weiter, «leuchtend, leer und untrennbar von dem Großen Strahlungskörper, hat weder Geburt noch Tod und ist das Unveränderliche Licht – Buddha Amitâbha.»

Die Seele ist wahrlich nicht klein, sondern die leuchtende Gottheit selbst. Diese Aussage findet der Westen entweder sehr bedenklich, wenn nicht gar verwerflich, oder er eignet sie sich ebenso unbedenklich an und holt sich dabei eine theosophische Inflation. Irgendwie stehen wir zu diesen Dingen schief. Können wir uns aber so weit beherrschen, daß wir uns unseres Hauptirrtums, immer etwas mit den Dingen *machen* zu wollen, enthalten, so gelingt es vielleicht, daraus eine für uns wichtige Lehre zu ziehen oder wenigstens die Größe des *Bardo Thödol* zu ermessen, welcher dem Toten die letzte und höchste Wahrheit mitgibt, daß auch die Götter Schein und Licht der eigenen Seele sind. Damit ist dem östlichen Menschen keine Sonne untergegangen, wie dem Christen, welchem Gott dadurch geraubt würde, sondern seine Seele selber ist das Licht der Gottheit, und die Gottheit ist die Seele. Der Osten kann dieses Paradoxon besser ertragen, als es dem armen Angelus Silesius vergönnt war. (Letzterer wäre übrigens auch heute noch psychologisch unzeitgemäß.)

Es ist sinnvoll, dem Toten in allererster Linie den Primat der Seele klarzumachen, denn das Leben macht einem eher alles andere klar. Im Leben sind wir in eine Unzahl von sich stoßenden, bedrückenden Dingen eingezwängt, wo man schon gar nicht dazu kommt – vor lauter «Gegebenheiten» –, daran zu denken, wer eigentlich «gegeben» hat. Aus diesen Gegebenheiten befreit sich der Tote, und die Belehrung bezweckt, seine Befreiung zu unterstützen. Setzen wir uns selber an Stelle des Toten, so ziehen wir nicht minderen Gewinn aus der Belehrung, indem wir nämlich schon durch den ersten Paragraphen erfahren, daß der Geber aller

«Gegebenheiten» in uns selber wohnt, eine Wahrheit, die trotz aller Evidenz in den größten sowohl wie in den kleinsten Dingen *nie* gewußt wird, wo es doch nur zu oft so nötig, ja unerläßlich wäre, es zu wissen. Allerdings eignet sich solche Wissenschaft nur für besinnliche Leute, die es darauf abgesehen haben, zu verstehen, was sie leben, für eine Art Gnostiker aus Temperament, welche an einen Heiland glauben, der sich, wie derjenige der Mandäer, «Erkenntnis des Lebens» (Manda d'Hayyê) nennt. Es ist vielleicht nicht allzu vielen vergönnt, die Welt auch als eine «Gegebenheit» zu sehen. Es ist wohl eine große und opferreiche Umkehr nötig, um zu sehen, wie die Welt aus dem Wesen der Seele «gegeben» wird. Es ist so viel unmittelbarer, auffallender, eindrücklicher und darum überzeugender, zu sehen, wie es mir zustößt, als zu beobachten, wie ich es mache. Ja, das animalische Wesen des Menschen sträubt sich dagegen, sich als den Macher seiner Gegebenheiten zu empfinden. Deshalb waren Versuche dieser Art immer Gegenstand geheimer Initiationen, zu denen in der Regel ein figürlicher Tod gehörte, der den totalen Charakter der Umkehr symbolisierte. Tatsächlich bezweckt auch die Belehrung des *Thödol* die Initiationserlebnisse oder die Lehren des Guru dem Toten wieder in Erinnerung zu rufen, denn die Belehrung ist im Grunde nichts anderes als eine *Initiation des Toten* ins *Bardo*-Leben, wie auch die Initiation der Lebenden nichts anderes ist als eine Vorbereitung auf das Jenseits, wenigstens ist dies bei allen Kulturmysterien der Fall, angefangen mit den ägyptischen und eleusinischen Mysterien. Das «Jenseits» ist aber zunächst – bei der Initiation der Lebenden – keineswegs ein Jenseits des Todes, sondern eine Umkehr der Gesinnung, ein psychologisches Jenseits also, christlich ausgedrückt: eine «Erlösung» aus den Banden der Welt und der Sünde. Die Erlösung ist eine Ablösung und Befreiung aus einem früheren Zustande der Finsternis und Unbewußtheit zu einem Zustande der Erleuchtung, Losgelöstheit, Überwindung und des Triumphes über «Gegebenheiten».
Insofern ist der *Bardo Thödol,* wie auch Evans-Wentz fühlt, ein Initiationsvorgang mit dem Zweck, die durch die Geburt verlorene Gottheit der Seele wiederherzustellen. Es ist nun für den Osten schlechthin charakteristisch, daß die Belehrung immer mit dem Hauptstück, d.h. mit den letzten und höchsten Prinzipien beginnt, mit all dem, was bei uns zuletzt käme, etwa wie bei Apulejus, wo Lucius zum Schluß erst als Helios verehrt wird. Dementsprechend verläuft die Initiation im *Bardo Thödol* als eine climax a majori ad minus und endet mit der Wiedergeburt in utero. Der einzig noch lebendige und praktisch verwendete «Initiations-

prozeß» in der abendländischen Kultursphäre ist die von Ärzten verwendete «Analyse des Unbewußten». Dieses aus therapeutischen Rücksichten erfolgende Eingehen auf die Hintergründe und Wurzeln des Bewußtseins ist zunächst eine rationale Maieutik im sokratischen Sinne, eine Bewußtmachung des noch keimhaften, unterschwelligen, noch ungeborenen seelischen Inhaltes. Die ursprüngliche Form dieser Therapie ist, wie bekannt, die Freudsche Psychoanalyse, welche sich hauptsächlich mit sexuellen Phantasien beschäftigt. Dieses Gebiet entspricht dem letzten Abschnitt des *Sipa-Bardo,* wo der Abgeschiedene, unfähig, die Lehren des *Tschikhai-* und des *Tschönyi-Bardo* aufzunehmen, anfängt, sexuellen Phantasien zu verfallen und dadurch von kohabitierenden Paaren angezogen wird, wo er alsdann in einem Uterus gefangen und wieder in die Erdenwelt geboren wird. Dabei tritt auch, wie es sich gehört, der «Ödipuskomplex» in Funktion. Bestimmt das *Karma* den Toten zur Wiedergeburt als Mann, so wird er sich in seine Mutter in spe verlieben und den entsprechenden Vater eklig und hassenswert finden; umgekehrt wird die zukünftige Tochter den Vater in spe als höchst anziehend, die Mutter dagegen als widerwärtig empfinden. Dieses spezifisch Freudsche Gebiet durchläuft der Europäer beim analytischen Prozeß der Bewußtmachung unbewußter Inhalte in umgekehrtem Sinne. Er kehrt gewissermaßen zurück in die infantil-sexuelle Phantasiewelt usque ad uterum. Es wurde von psychoanalytischer Seite sogar die Auffassung ausgesprochen, daß das Trauma par excellence die Geburt selber sei, ja, man will sogar zu Erinnerungen intrauterinen Ursprungs vorgedrungen sein. Damit erreicht die abendländische Vernunft allerdings ihre Grenze – leider. Man hätte es nämlich der Freudschen Psychoanalyse gewünscht, daß sie die sog. intrauterinen Erlebnisspuren fröhlich noch weiter zurückverfolgt hätte; sie wäre nämlich bei dieser kühnen Unternehmung über den *Sipa-Bardo* hinaus von hinten in das letzte Kapitel des vorangehenden *Tschönyi-Bardo* eingedrungen. Mit dem Rüstzeug unserer biologischen Vorstellungen allerdings wäre einer solchen Unternehmung kein Erfolg beschieden gewesen, denn dazu bedürfte es einer ganz anderen Vorbereitung als derjenigen der naturwissenschaftlichen Voraussetzung. Die konsequente Rückwärtsverfolgung hätte ja zum Postulat eines pränatalen Vorlebens, eines richtigen *Bardo*-Lebens geführt, wenn es möglich gewesen wäre, wenigstens Spuren eines erlebenden Subjektes zu entdecken. Zu mehr als Vermutungen von intrauterinen Erlebnisspuren ist es nicht gekommen, und auch das sogenannte «Geburtstrauma» ist eine solche Binsenwahrheit geblieben, daß es schlechterdings nichts erklärt, so wenig

wie die Hypothese, daß das Leben eine Krankheit mit nefaster Prognose sei, denn es ende immer mit einem Todesfall.
So blieb die Freudsche Psychoanalyse im wesentlichen bei den Erlebnissen des *Sipa-Bardo* stehen, nämlich den sexuellen Phantasien und ähnlich «inkompatiblen» Neigungen, welche Angst und sonstige Affektzustände verursachen. Die Freudsche Theorie ist aber der erste abendländische Versuch, gewissermaßen von unten, d.h. von der animalischen Triebsphäre aus, jenes seelische Gebiet zu erkunden, welches im Tantrischen Lamaismus dem *Sipa-Bardo* entspricht. Eine allerdings nur zu berechtigte Metaphysikangst hat Freud daran gehindert, in die «okkulte» Sphäre vorzustoßen. Überdies – wenn wir der Psychologie des *Sipa-Bardo* Glauben schenken dürfen – ist der *Sipa*-Zustand charakterisiert durch den heftigen Wind des *Karma,* der den Abgeschiedenen umtreibt, bis er den Ort der Geburt gefunden; d.h. der *Sipa*-Zustand selbst erlaubt kein weiteres Zurückgehen, weil er gegen den *Tschönyi*-Zustand durch ein intensives Streben nach unten, nach der animalischen Triebsphäre und der physischen Wiedergeburt abgeriegelt ist. Mit anderen Worten gesagt: wer mit biologischer Voraussetzung ins Unbewußte eindringt, bleibt in der Triebsphäre stecken und kann nicht darüber hinaus, sondern nur immer wieder in die physische Existenz zurück. Es ist daher gar nicht anders möglich, als daß die Freudsche Voraussetzung mit einer wesentlich negativen Bewertung des Unbewußten abschließt. Es ist «nichts, als...». Zugleich aber ist diese Ansicht von der Seele die abendländische überhaupt, nur lauter, deutlicher, schonungs- und rücksichtsloser ausgedrückt, als es andere Leute gewagt hätten. Aber im Grunde genommen denken sie nicht viel anders. Und was der «Geist» in dieser Hinsicht meint, so muß man sich mit dem frommen Wunsche begnügen, daß es überzeugen möge. Daß es mit der Kraft dieses Geistes zum mindesten zweifelhaft bestellt ist, hat selbst Max Scheler mit Bedauern angemerkt. Man darf es wohl als eine Tatsache feststellen, daß der abendländische, rationalistische Geist mit der Psychoanalyse bis in den sozusagen neurotischen *Sipa*-Zustand vorgedrungen und dort an der unkritischen Voraussetzung, daß alle Psychologie eine subjektive und persönliche Angelegenheit sei, zum unvermeidlichen Stillstand gekommen ist. Immerhin haben wir mit diesem Vorstoß so viel gewonnen, daß wir wenigstens einen Schritt weit hinter unsere Bewußtseinsexistenz gekommen sind. Diese Erkenntnis gibt uns zugleich auch einen Wink, wie wir den *Thödol* zu lesen haben, nämlich von hinten. Wenn es uns gelungen ist, mit Hilfe abendländischer Wissenschaft den psychologischen Charakter des *Sipa-*

Bardo einigermaßen zu verstehen, so liegt uns jetzt die eigentliche Aufgabe ob, auch den vorausgehenden *Tschönyi-Bardo* dem Verständnis zu erschließen.

Der *Tschönyi*-Zustand ist derjenige der *karmischen Illusionen,* also jener Illusionen, die auf den psychischen Resten (oder Verdiensten) der Vorleben beruhen. Die östliche Anschauung des *Karma* ist eine Art psychischer Vererbungslehre, basiert auf der Hypothese der Reinkarnation, d.h. der Überzeitlichkeit der Seele in letzter Hinsicht. Weder unser Wissen noch unsere Vernunft kann mit dieser Anschauung Schritt halten. Für uns gibt es hier zu viele Wenn und Aber. Vor allem wissen wir verzweifelt wenig über eine mögliche Fortdauer der individuellen Psyche über den Tod hinaus, so wenig sogar, daß man gar nicht absehen kann, wie man in dieser Hinsicht irgend etwas zu beweisen vermöchte. Überdies wissen wir nur allzugut, daß dieser Beweis aus erkenntnistheoretischen Gründen ebenso unmöglich ist wie ein Gottesbeweis. Man kann also den *Karma*-Begriff vorsichtigerweise nur insofern annehmen, als er im weitesten Sinne als *psychische Vererbung* überhaupt verstanden wird. Es gibt psychische Vererbung, d.h. Vererbung von psychischen Eigentümlichkeiten, wie Krankheitsdispositionen, Charaktermerkmalen, Begabungen etc. Es sind essentielle Lebenserscheinungen, die sich hauptsächlich psychisch auswirken, wie es ja auch solche Erbeigentümlichkeiten gibt, die sich hauptsächlich physiologisch, d.h. physisch auswirken. Unter diesen psychischen Vererbungen gibt es nun eine besondere Klasse, die weder familiär noch durch Rasse wesentlich beschränkt ist. Es sind dies die allgemeinen, geistigen Dispositionen, worunter eine Art von *Formen* (Platons Ideen), nach denen der Geist seine Inhalte ordnet, zu verstehen sind. Man könnte diese Formen auch als *Kategorien* bezeichnen, analog den logischen Kategorien, welche stets und überall vorhandene, unerläßliche Voraussetzungen des Verstandes sind. Nur handelt es sich bei unsern «Formen» nicht um Kategorien des Verstandes, sondern um solche der *Einbildungskraft.* Da die Gebilde der Phantasie im weitesten Sinne stets anschaulich sind, so haben ihre Formen a priori den Charakter von *Bildern,* und zwar von *typischen* Bildern, welche ich deshalb auch, in Anlehnung an die Antike, als *Archetypen* bezeichne. Wahre Fundgruben sind die vergleichende Religions- und Mythenforschung und ebenso die Psychologie der Träume und der Psychosen. Der erstaunliche Parallelismus solcher Bilder und der durch sie ausgedrückten Ideen hat sogar häufig Anlaß zu den gewagtesten Wanderungshypothesen gegeben, wo es doch näher gelegen hätte, an eine bemerkenswerte

Ähnlichkeit der menschlichen Seele zu allen Zeiten und an allen Orte zu denken. Tatsächlich werden archetypische Phantasieformen jederzeit und überall spontan reproduziert, ohne daß die geringste direkte Überlieferung auch nur denkbar wäre. Die ursprünglichen Strukturverhältnisse der Psyche sind eben von der gleichen überraschenden Uniformität wie diejenigen des sichtbaren Körpers. Die Archetypen sind etwas wie Organe der prärationalen Psyche. Es sind ewig vererbte, identische Formen und Ideen ohne spezifischen Inhalt zunächst. Der spezifische Inhalt ergibt sich erst im individuellen Leben, wo die persönliche Erfahrung in ebendiesen Formen aufgefangen wird. Wären diese Archetypen nicht überall in identischer Form präexistent vorhanden, wie wäre es z.B. dann zu erklären, daß der *Bardo Thödol* fast durchwegs voraussetzt, daß die Toten nicht wissen, daß sie tot sind, und daß diese Behauptung ebenso häufig anzutreffen ist in der banalsten, ungebildetsten, spiritistischen Literatur Europas und Amerikas? Obschon wir dieser Behauptung schon bei Swedenborg begegnen, so ist die Kenntnis seiner Schriften doch nicht dermaßen allgemein verbreitet, daß jedes gewöhnliche Medium gerade über diese Geschichten gestolpert wäre. Vollends undenkbar ist ein Zusammenhang zwischen Swedenborg und dem *Bardo Thödol*. Es ist eine ursprünglichste, allgemein verbreitete Idee, daß die Toten ihr Erdenleben einfach fortsetzen und implizite darum häufig nicht wissen, daß sie abgeschiedene Geister sind. Es ist eine archetypische Idee, welche sofort in faßbare Erscheinung tritt, sobald jemand einen entsprechenden Spuk erlebt. Bemerkenswert ist auch, daß der Spuk auf der ganzen Erde gewisse gemeinsame Züge aufweist. Ich kenne natürlich die unbeweisbare spiritistische Hypothese, ohne sie mir zu eigen zu machen. Ich begnüge mich mit der Hypothese einer allgemein vorhandenen, differenzierten und in dieser Form vererbten psychischen Struktur, welche alle Erlebnisse in bestimmter Richtung und Form determiniert – ja sogar erzwingt. Denn wie die körperlichen Organe keine indifferenten und passiven Gegebenheiten, sondern vielmehr dynamische Funktionskomplexe sind, die ihr Dasein mit unabweisbarer Notwendigkeit bekunden, so sind auch die Archetypen als eine Art psychischer Organe dynamische (Trieb-) Komplexe, welche das seelische Leben in höchstem Maße determinieren. Daher habe ich die Archetypen auch als *Dominanten des Unbewußten* bezeichnet. Die Schicht der unbewußten Seele, welche aus diesen allgemein verbreiteten dynamischen Formen besteht, nannte ich das *kollektive Unbewußte*.

Soviel ich weiß, gibt es keine individuellen pränatalen Erinnerungsvererbungen, wohl aber gibt es vererbte Archetypen, die aber inhaltslos sind, da sie zunächst keine subjektiven Erlebnisse enthalten. Sie kommen, wie schon gesagt, erst dann zum Bewußtsein, wenn persönliche Erfahrungen sie sichtbar gemacht haben. Wie wir oben gesehen haben, besteht die *Sipa*-Psychologie im Leben- und Geborenseinwollen. (*Sipa* = «Bardo des Suchens der Wiedergeburt».) Dieser Zustand an sich erlaubt daher keine Erfahrung transsubjektiver psychischer Realitäten, es sei denn, daß das Individuum sich kategorisch weigerte, wieder in die Bewußtseinswelt zurück geboren zu werden. Nach der Lehre des *Thödol* besteht in jedem *Bardo*-Zustand die Möglichkeit, über den viergesichtigen Berg Meru zum *Dharmakâya* aufzusteigen, vorausgesetzt, daß der Tote seiner Neigung, den trüben Lichtern zu folgen, nicht nachgibt. In unsere Sprache übersetzt, würde dies nichts anderes heißen, als daß man dem rationalistischen Vorurteil verzweifelten Widerstand entgegensetzt und damit auf die vernunftgeheiligte Suprematie seiner Ichhaftigkeit verzichtet. Dies ist praktisch eine folgenschwere Kapitulation vor den objektiven Kräften der Seele, eine Art figürlichen Todes, welche dem Abschnitt des Totengerichtes im *Sipa-Bardo* entspricht. Er bedeutet das Ende der bewußten rationalen und sittlich verantwortlichen Führung des Lebens und eine freiwillige Unterordnung unter das, was der *Thödol* die *karmische Illusion* nennt. Die «karmische Illusion» bedeutet eine Überzeugung oder ein Weltbild von äußerst irrationaler Natur, welches nie und nirgends den Urteilen des Verstandes entspricht oder entspringt, sondern ausschließlich durch ungehemmte Einbildungskraft erzeugt wird. Es ist ein Traum oder eine «Phantasie» schlechthin, wovon jeder Wohlmeinende nicht umhin kann, sofort abzuraten, und in der Tat ist zunächst auch gar nicht einzusehen, was für ein Unterschied zwischen einer solchen Phantasie und dem Hirngespinst eines Verrückten bestehen sollte. Oft genügt allerdings nur ein kleines «abaissement du niveau mental», um diese Illusionswelt zu entfesseln. Die Angst und die Finsternis dieses Momentes entspricht den ersten Abschnitten des *Sipa-Bardo*. Die Inhalte dieses *Bardo* aber enthüllen die Archetypen, die karmischen Bilder, in ihrer zunächst schreckenerregenden Gestalt. Der *Tschönyi*-Zustand entspricht dem einer absichtlich herbeigeführten Psychose.

Man hört und liest oft von den Gefahren des Yoga, besonders des übelberüchtigten *Kuṇḍalinî-Yoga*. Der absichtlich erzeugte psychotische Zustand, der bei gewissen belasteten Individuen unter Umständen ohne weiteres in eine wirkliche Psychose übergeht, ist diese sehr ernst zu nehmende Gefahr. Es handelt sich hier in der Tat um gefährliche Dinge, mit denen man nichts *machen* sollte, trotzdem man sich dazu verpflichtet fühlt: es ist ein Eingriff in das Schicksal, welcher ins Tiefste der menschlichen Existenz trifft und eine Quelle von Leiden eröffnen kann, von denen man sich in gesunden Sinnen nichts hätte träumen lassen. Ihnen entsprechen die Höllentorturen des *Sipa*-Zustandes, welche der Text (S. 244f.) folgendermaßen schildert:

«Der Todesgott schlingt ein Seil um deinen Hals und zerrt dich weg; er schneidet deinen Kopf ab, nimmt dein Herz heraus, reißt deine Eingeweide heraus, leckt dein Hirn aus, trinkt dein Blut, ißt dein Fleisch und nagt an deinen Knochen; du aber bist unfähig zu sterben. Selbst wenn dein Körper in Stücke zerhackt wird, erholt er sich wieder. Das wiederholte Zerhacken bereitet furchtbaren Schmerz und Qual.»

Diese Tortur schildert den Charakter der Gefahr aufs trefflichste: es handelt sich um eine Desintegration der Ganzheit des *Bardo*-Körpers, welcher als ein sogenannter subtle body die Sichtbarkeit der Seele im abgeschiedenen Zustand ausmacht. Das psychologische Äquivalent dieser *Zerstückelung* ist die psychische Dissoziation, in ihrer deletären Form, die *Schizophrenie* (Geisteszerspaltung). Diese häufigste Geisteskrankheit besteht im wesentlichen in einem ausgesprochenen «abaissement du niveau mental», welches einerseits die normale Hemmung, die vom Bewußtsein ausgeht, aufhebt und damit anderseits das ungehemmte Spiel der unbewußten Dominanten auslöst.
Der Übergang vom *Sipa*- zum *Tschönyi*-Zustand ist also eine gefährliche Umkehrung der Strebungen und Absichten des bewußten Zustandes, eine Opferung der Sicherheit der bewußten Ichhaftigkeit und ein Sichhingeben an die äußerste Unsicherheit eines chaotisch erscheinenden Spiels phantastischer Figuren. Als Freud den Ausdruck prägte, daß das Ich «die wahre Angststätte» sei, hat er damit einer sehr wahren und tiefen Intuition Ausdruck verliehen. Die Angst vor dem Selbstopfer lauert in und hinter jedem Ich, denn diese Angst ist der oft nur mühsam zurückgehaltene Anspruch der unbewußten Mächte, zur völligen Auswirkung zu kommen. Keiner Selbstwerdung (Individuation) ist dieser gefährliche Durchgang erspart, denn zur Ganzheit des Selbst gehört auch das Gefürchtete, die Unter- oder Überwelt der seelischen Dominanten, aus der sich das Ich einst mühsam und nur bis zu einem gewissen Grade zu einer mehr oder weniger illusionären Freiheit emanzipiert hat. Diese Befreiung ist eine gewiß notwendige heroische Unternehmung, aber nichts Endgül-

tiges, denn es ist erst die Erschaffung eines *Subjektes,* dem zur Erfüllung noch das *Objekt* gegenüber treten muß. Dies scheint zunächst die Welt zu sein, die auch zu diesem Zwecke durch Projektionen aufgebauscht wird. Man sucht und findet seine Schwierigkeiten, man sucht und findet seinen Feind, man sucht und findet das Geliebte und Kostbare, und es ist gut zu wissen, daß all das Böse und Gute jenseits im sichtbaren Objekt ist, wo man es überwinden, strafen, vernichten oder beglücken kann. Die Natur selber aber läßt diesen paradiesischen Unschuldszustand des Subjektes auf die Dauer nicht immer zu. Es gibt Leute und hat es immer gegeben, welche die Einsicht nicht hindern können, daß Welt und Welterleben von Gleichnisnatur sind und eigentlich etwas abbilden, was tief im Subjekte selber verborgen liegt, in der eigenen transsubjektiven Wirklichkeit. Diese tiefste Ahnung meint nach der lamaistischen Lehre den *Tschönyi*-Zustand, deshalb führt der *Tschönyi-Bardo* auch den Titel: «*Bardo des Erlebens der Wirklichkeit*».

Die Wirklichkeit, welche im *Tschönyi*-Zustand erfahren wird, ist, wie der Text im letzten Abschnitt des *Tschönyi-Bardo* lehrt, die *Wirklichkeit der Gedanken.* Die «Gedankenformen» erscheinen als Wirklichkeiten, Phantasie nimmt reale Gestalt an und der durch das *Karma,* die unbewußten Dominanten, gespielte, schreckenerregende Traum hebt an. Zunächst erscheint als Summe aller Schrecken der vernichtende Todesgott und darauf folgen (wir lesen den Text von rückwärts) 28 mächtige und grauenhafte Göttinnen und 58 «bluttrinkende Gottheiten». Trotz ihres dämonischen Anblickes, der ein verwirrendes Chaos von beängstigenden Attributen und Monstrositäten darstellt, wird schon hier eine gewisse Ordnung sichtbar. Es sind Götterkompanien, die nach den vier Himmelsgegenden geordnet und durch typische mystische Farben gekennzeichnet sind. Es wird allmählich deutlicher, daß die Gottheiten zu *Maṇḍalas* (Kreisen) geordnet sind, welche das Kreuz der vier Farben enthalten. Die Farben beziehen sich auf vier Weisheitsformen:

1. Weiß = der Lichtpfad der spiegelgleichen Weisheit.
2. Gelb = der der Weisheit der Wesensgleichheit.
3. Rot = der der unterscheidenden Weisheit.
4. Grün = der der alles wirkenden Weisheit.

Auf höherer Stufe der Einsicht weiß der Abgeschiedene, daß die realen Gedankenformen von ihm selber ausgehen und daß die vier Lichtpfade der Weisheit, die vor ihm erscheinen, die Ausstrahlungen seiner eigenen

psychischen «Vermögen» sind. Damit sind wir mitten in der Psychologie des lamaistischen *Maṇḍala,* die ich in dem mit Richard Wilhelm herausgegebenen Buche *Das Geheimnis der goldenen Blüte* erörtert habe.
Die rückwärts verfolgte Entwicklung durch den *Tschönyi-Bardo* steigert sich zur Vision der vier Großen: 1. Der grüne *Amoghasiddhi,* 2. der rote *Amitâbha,* 3. der gelbe *Ratnasambhava* und 4. der weiße *Vajrasattva,* und schließt ab mit dem leuchtenden blauen Lichte des *Dharmadhatu,* des Buddhakörpers, der im Zentrum des *Maṇḍala* aus dem Herzen *Vairocanas* hervorgeht.
Mit dieser Schlußvision löst sich das *Karma* und seine Illusion auf; das Bewußtsein wird von aller Form und aller Objektverhaftung gelöst und kehrt zurück in den zeitlosen Anfangszustand des Dharmakâya. Damit ist, rückwärts gelesen, der *Tschikhai*-Zustand, der im Moment des Todes eintritt, erreicht.
Es scheint mir, als dürften diese Andeutungen genügen, um dem aufmerksamen Leser die Psychologie des *Bardo Thödol* einigermaßen zu vermitteln. Das Buch schildert einen umgekehrten Initiationsweg, der gewissermaßen im Gegensatz zu den christlichen eschatologischen Erwartungen den Abstieg ins physische Werden vorbereitet. Die so gänzlich intellektualistische und rationalistische Weltverlorenheit des Europäers macht es ratsam, den *Thödol* zunächst umzukehren und als Schilderung östlicher Initiationserlebnisse zu betrachten, wobei man die Gottheiten des *Tschönyi-Bardo* nach Belieben durch christliche Symbole ersetzen kann. Auf alle Fälle ist die Reihenfolge der Ereignisse eine nahe Parallele zur Phänomenologie des europäischen Unbewußten unter den Bedingungen eines sogenannten Initiationsprozesses, d.h. wenn das Unbewußte analysiert wird. Der während der Analyse stattfindende Wandlungsprozeß des Unbewußten ist das natürliche Analogon der künstlich durchgeführten religiösen Initiationen, welche sich allerdings vom natürlichen Vorgang dadurch prinzipiell unterscheiden, daß sie die natürliche Entwicklung vorwegnehmen und an Stelle der natürlichen Symbolproduktion absichtlich gewählte, durch Tradition festgelegte Symbole setzen, wie dies z.B. bei den Exerzitien des Ignatius von Loyola oder bei den buddhistischen und tantrischen Yoga-Meditationen der Fall ist.

Die Umkehrung der Kapitelfolge, die ich behufs der Erleichterung des Verständnisses vorschlage, liegt allerdings nicht in der Absicht des *Bardo Thödol.* Auch daß wir einen psychologischen Gebrauch davon machen, entspricht höchstens einer, lamaistisch wohl erlaubten, Nebenabsicht.

Der eigentliche Zweck des sonderbaren Buches ist die den gebildeten Europäer des 20. Jahrhunderts gewiß sehr fremdartig anmutende Bemühung um die Aufklärung des im *Bardo* befindlichen Toten. Die katholische Kirche ist der einzige Ort in der Welt des weißen Mannes, wo noch wesentliche Reste einer Fürsorge für die abgeschiedene Seele anzutreffen sind. Innerhalb des weltfreudigen Protestantismus gibt es eigentlich nur einige spiritistische «rescue circles», die sich mit der Bewußtmachung von Abgeschiedenen, die ihres Todes unbewußt sind, beschäftigen[1]. Aber wir haben im Westen nichts, das wir irgendwie mit dem *Bardo Thödol* vergleichen könnten, mit Ausnahme gewisser geheimer Schriften, welche aber für das große Publikum und die allgemeine Wissenschaft nicht in Betracht kommen. Nach der Tradition scheint unser *Thödol* auch zu den geheimen Büchern gezählt zu haben. (Vgl. die Einleitung von Evans-Wentz zur englischen Originalausgabe.) Als solches stellt er ein besonderes Kapitel der magischen Seelsorge dar, welche sich über den Tod hinaus erstreckt. Natürlich beruht dieser Totenkult rational auf dem Glauben an die Überzeitlichkeit der Seele, irrational aber auf dem psychologischen Bedürfnis der Lebenden, etwas für die Abgeschiedenen zu tun. Es handelt sich daher um ein ganz elementares Bedürfnis, das auch den Aufgeklärtesten angesichts des Todes von Angehörigen und Freunden befällt. Darum haben wir noch allerhand Totengebräuche, Aufklärung hin oder her. Sogar Lenin mußte sich die Einbalsamierung und ein prunkvolles Mausoleum wie ein ägyptischer Herrscher gefallen lassen, gewiß nicht darum, weil seine Nachfolger an die leibliche Auferstehung glauben. Abgesehen von den Seelenmessen der katholischen Kirche ist aber unsere Sorge für die Abgeschiedenen rudimentär und auf niederster Stufe, nicht etwa, weil wir uns von der Unsterblichkeit der Seele nicht hinlänglich überzeugen können, sondern weil wir das seelische Bedürfnis wegrationalisiert haben. Wir benehmen uns so, wie wenn wir dieses Bedürfnis nicht hätten, und weil man an die Fortdauer nach dem Tode nicht glauben kann, darum tut man eben überhaupt nichts. Das naivere Gefühl aber nimmt sich selbst wahr und errichtet sich – wie z. B. in Italien – grauenhaft schöne Grabdenkmäler. Auf bedeutend höherer Stufe steht die Seelenmesse, welche ausgesprochen für die seelische Wohlfahrt des Toten bestimmt ist und nicht bloß eine Befriedigung wehleidiger Sentimente bedeutet. Den höchsten geistigen Aufwand zugunsten der Abgeschiedenen aber stellen die Belehrungen des *Bardo Thödol*

[1] Über diese spiritistische Betätigung geben Lord *Dowdings* Schriften Auskunft: «Many Mansions», 1944; «Lychgate», 1945; «God's Magic», 1945.

dar. Sie sind dermaßen eingehend und den anscheinenden Zustandswandlungen des Toten angepaßt, daß jeder ernsthafte Leser sich die Frage vorlegt, ob nicht am Ende diese alten lamaistischen Weisen doch einen Blick in die vierte Dimension getan und dabei einen Schleier von großen Lebensgeheimnissen gelüftet hätten.
Wenn die Wahrheit immer auch eine Enttäuschung sein sollte, so könnte man beinahe versucht sein, der Vision des *Bardo*-Lebens einige Realität zuzubilligen. Auf alle Fälle ist es zum mindesten unerwartet originell, den Zustand nach dem Tode, von dem unsere religiöse Phantasie sich die unerhörtesten Vorstellungen gemacht hat, in der Hauptsache als einen bedrohlichen Traum- und Degenerationszustand aufzufassen[2]. Die höchsterreichbare Vision tritt nicht zum Schlusse des *Bardo,* sondern ganz am Anfang desselben, im Momente des Todes auf, und was nachher geschieht, ist ein langsames Abgleiten in Illusion und Trübung bis zum Untergang in neuer physischer Geburt. Der geistige Höhepunkt wird am Schlusse des Lebens erreicht. Das menschliche Leben also ist das Vehikel höchstmöglicher Vollendung; in ihm allein wird jenes *Karma* geschaffen, welches es dem Toten möglich macht, in der Leere der Lichtfülle objektlos zu verharren und damit auf die Nabe des Rades der Wiedergeburt zu treten, von aller Illusion des Werdens und Vergehens erlöst. Das *Bardo*-Leben bringt keine ewigen Belohnungen oder Strafen, sondern bloß einen Abstieg zu einem neuen Leben, welches den Menschen seinem endgültigen Ziel näher bringen soll. Das eschatologische Ziel aber ist das, was der Lebende als letzte und höchste Frucht aus den Bemühungen und Anstrengungen seines menschlichen Daseins geboren hat. Diese Anschauung ist überlegen, ja noch mehr, sie ist mannhaft und heroisch.
Der degenerative Charakter des *Bardo*-Lebens ist trefflich belegt durch die spiritistische Literatur des Abendlandes, welche den Eindruck der blödsinnigen Banalität der Geisterkommunikationen bis zum Überdruß wiederholt. Unsere wissenschaftliche Einsicht zögert allerdings nicht, solche Geisterberichte als Ausflüsse des Unbewußten der Medien und der Zirkelteilnehmer zu erklären und den gleichen Erklärungsmodus auch auf die Jenseitsschilderung unseres Totenbuches anzuwenden. Es ist in der Tat unverkennbar, daß das ganze Buch aus den archetypischen Inhalten des Unbewußten geschöpft ist. Dahinter liegen, und darin hat unsere westliche Ratio recht, keine physischen oder metaphysischen Rea-

[2] Ähnliche Auffassung bei Aldous Huxley, «Time Must Have a Stop», 1945.

litäten, sondern «bloß» die Realität seelischer Gegebenheiten. Ob nun ein Etwas subjektiv oder objektiv «gegeben» ist, es *ist*. Und mehr sagt auch der *Bardo Thödol* nicht, denn selbst seine fünf *Dhyâni-Buddhas* sind seelische Gegebenheiten, und das eben soll der Tote erkennen, wenn es ihm nicht schon im Leben klar geworden ist, daß seine Seele und der Geber aller Gegebenheiten eins und dasselbe sind. Die Götter- und Geisterwelt ist «nichts als» das kollektive Unbewußte in mir. Um aber diesen Satz umzukehren, so daß er lautet: Das Unbewußte ist die Götter- und Geisterwelt außer mir, dazu bedarf es keiner intellektuellen Akrobatik, sondern eines ganzen menschlichen Lebens, vielleicht sogar vieler Leben von zunehmender *Vollständigkeit*. Ich sage absichtlich nicht «Vollkommenheit», denn «Vollkommene» machen ganz andere Entdeckungen.

Der *Bardo Thödol* war ein geheimes Buch und ist es geblieben, was wir immer für Kommentare darüber schreiben, denn sein Verständnis erfordert ein geistiges Vermögen, das keiner schlechthin besitzt, sondern nur durch eine besondere Lebensführung und -erfahrung erwerben kann. Es ist gut, daß solche in puncto Inhalt und Zweck «nutzlose» Bücher existieren. Sie sind bestimmt für jene Menschen, denen es zugestoßen ist, nicht mehr allzu viel vom Nutzen, vom Zweck und vom Sinn unserer derzeitigen «Kulturwelt» zu halten.

C.G.JUNG

3. DIE WISSENSCHAFT VOM TODE[1]

Der Gedanke an den Tod legt zwei Fragen nahe. Die erste ist: «Wie kann man dem Tode entgehen, es sei denn, der Tod ist erwünscht wie im ‹willentlichen Tod› *(icchâmṛtyu)*?» Dem Tod zu entgehen ist der Endzweck, wenn *Hatha-Yoga* angewandt wird, um das gegenwärtige Leben im Fleische zu verlängern. Im Sinne des Westens bedeutet das aber nicht ein Jasagen zum *Leben,* sondern zunächst zu einer besonderen Lebensform. Dr. Evans-Wentz berichtet, daß nach tibetischem Volksglauben kein Tod natürlich ist. Das ist die Auffassung der meisten, wenn nicht aller primitiven Völker. Außerdem stellt auch die Physiologie in Frage, ob es einen *natürlichen Tod* gibt in dem Sinne, daß Tod einfach durch Alter, ohne Verletzung oder Krankheit eintritt. Dieser Text hingegen sagt dem Edelgeborenen in der Sprache dessen, der auf fleischliches Leben in dieser Welt verzichtet, daß der Tod zu allen kommt und daß der Mensch sich nicht klammern soll an das Leben auf der Erde mit seiner endlosen Wanderung in den Welten von Geburt und Tod *(saṃsâra)*. Lieber sollte man die Hilfe der Göttlichen Mutter erflehen, damit man den schrekkensvollen Zustand, der der Auflösung des Körpers folgt, sicher durchschreite und schließlich vollkommene Buddhaschaft erlange.

Die zweite Frage ist dann: «*Wie* soll man Tod und Sterben hinnehmen?» Und damit haben wir uns nun zu befassen. Hier macht die Kunst des Sterbens den Tod zum Tor in gute zukünftige Lebensstadien, zuerst ohne und dann wieder im Körper, bis Befreiung (Nirvâṇa) von der Wanderschaft *(saṃsâra)* erreicht ist.

Dieses Buch, das von außerordentlichem Interesse ist sowohl in bezug auf den Text als die Einleitung, behandelt die (je nach den Umständen längere oder kürzere) Periode, die unmittelbar nach dem Tode beginnt und mit der *Wiedergeburt* endet. Nach buddhistischer Anschauung besteht das Leben aus einer Reihe aufeinanderfolgender Bewußtseinszu-

[1] Zum Titel dieses Vorworts *Die Wissenschaft vom Tode* sei verwiesen auf *Thanatology* von Dr. Roswell Parks im «Journal of the American Medical Association» vom 27. April 1912.

stände. Der erste Zustand ist das Geburtsbewußtsein, der letzte ist das Bewußtsein im Augenblick des Todes, oder das Todes-Bewußtsein. Die Spanne zwischen den beiden Bewußtseinszuständen, während welcher die Umbildung vom *alten* zum *neuen* Wesen sich vollzieht, wird *Bardo* genannt, oder der Zwischenzustand *(antarâbhâva)*, der in drei Stufen verläuft, die man *Tschikhai-*, *Tschönyi-* und *Sipa-Bardo* nennt.

Dieses Handbuch, in verschiedenen Fassungen über ganz Tibet hin bekannt, ist eines aus der Klasse derer, denen Dr. Evans-Wentz das Ägyptische Totenbuch, einen Führer zum Gebrauch des *Ka* oder des sogenannten *Double,* wie auch *De Arte Moriendi* und andere ähnliche mittelalterliche Traktate über die Kunst des Sterbens zurechnet; zu diesen könnte man noch hinzufügen das Orphische Handbuch, genannt *Der Abstieg zum Hades* (vgl. «niedergefahren zur Hölle») und andere ähnliche Lehrbücher zum Gebrauch des Verstorbenen, das *Pretakhanda* des Hindu *Garuḍa-Purâṇa,* Swedenborgs *De Coelo et de Inferno,* Ruscas *De Inferno* und einige andere eschatologische Werke alter und neuer Zeit. So befaßt sich das *Garuḍa-Purâṇa* mit den Sterberiten, dem Todesmoment, den Bestattungsriten, dem Aufbau eines neuen Körpers für den *Preta,* d. h. den Verstorbenen, anstelle seines durch das Feuer zerstörten (materiellen) Leibes, wozu er sich des *Pretaśraddhâ*-Ritus bedient. Weiterhin beschäftigt sich dieses *Purâṇa* mit dem Letzten Gericht und dann (Kap. V) mit den verschiedenen Zuständen, durch die der Abgeschiedene geht, bis er auf Erden wiedergeboren wird.

Sowohl der Originaltext als auch die Einführung von Dr. Evans-Wentz bilden einen sehr wertvollen Beitrag zur Wissenschaft vom Tode, vom Standpunkt des tibetischen *Mahâyâna*-Buddhismus der sogenannten Tantrischen Prägung. Das Buch ist willkommen, nicht nur im Hinblick auf sein spezielles Thema, sondern weil die Ritualwerke jeglicher Religion uns ermöglichen, die Philosophie und Psychologie der Systeme, zu denen sie gehören, besser zu begreifen.

Der Text hat drei Charakteristika. Erstens ist er ein Werk über die Kunst des Sterbens; denn der Tod ist eine Kunst, ebenso wie das Leben, obgleich beide oft genug willkürlich und ohne Verständnis angegangen werden. Ein bengalisches Sprichwort sagt: «Was nützen Japa und Tapas[2] [zwei Formen religiöser Hingabe], wenn man nicht weiß, wie man sterben soll?» Zweitens ist er eine Anleitung zu religiöser Therapeutik für die letzten Augenblicke und eine Psychurgie, die den Sterbenden mittels der Sterberiten beschwört, belehrt, tröstet und stärkt beim Übergang

[2] *Japa* und *Tapas:* mantrische Rezitation und Askese.

in ein anderes Leben. Drittens beschreibt er die Erfahrungen des Abgeschiedenen während der Zwischenperiode und unterweist ihn diesbezüglich. So ist der Text auch ein «Reiseführer» in andere Welten.
Die Lehre der Wiederverkörperung einerseits und der *Auferstehung* anderseits bildet den Hauptunterschied zwischen den vier führenden Religionen: Brahmanismus, Buddhismus, Christentum und Islam. Das Christentum in seiner orthodoxen Form verwirft den ältesten und verbreitetsten Glauben des *Kyklos geneseon* oder *saṃsâra* oder Wiederverkörperung und erkennt nur *ein* Universum an – dieses, das erste und letzte –, aber zweierlei Leben, eines hier im natürlichen Körper und eines hiernach im Leib der Auferstehung.
Man hat kurzgefaßt behauptet: Metempsychose (Seelenwanderung) läßt dieselbe Seele, Auferstehung dagegen läßt denselben Leib für mehr als ein Leben dienen. Aber letztere Lehre beschränkt den Menschen auf zwei Leben, wobei das erste, das gegenwärtige, auf ewig den Charakter des zweiten, zukünftigen, festlegt.
Brahmanentum und Buddhismus würden die Lehre *Wie der Baum fällt, so bleibt er liegen* anerkennen, aber sie bestreiten, daß er auf ewig so liegt. Den Anhängern dieser beiden verwandten Glaubensformen gilt die gegenwärtige Welt nicht als die erste und letzte. Sie ist nur eine von einer unendlichen Reihe, ohne absoluten Anfang oder Ende, obgleich jedes Universum dieser Reihe erscheint und wieder verschwindet. Sie lehren auch eine Reihe aufeinanderfolgender Existenzen in diesen Bereichen, bis Moral, Gottesfurcht und Erkenntnis jene hohe Form von Loslösung erreichen, die Erlösung aus dem Kreislauf von Geburt und Tod gewährt, den man *die Wanderung* (oder das *saṃsâra*) nennt. Freiheit ist die Errungenschaft des höchsten Zustandes, den man als Leere, Nirvâṇa, oder auch mit anderen Namen bezeichnet. Sie bestreiten, daß es nur ein Universum gibt mit nur einem Leben für jedes menschliche Wesen und danach eine Scheidung der Menschen für alle Ewigkeit in solche, die im Himmel gerettet sind oder sich im Vorhimmel befinden, und in solche, die in der Hölle verloren sind. Wenn sie auch zugeben, daß der Leib Himmelsfreuden und Höllenpein empfinden kann, so ist es doch nicht ein auferstandener Leib, denn der fleischliche Körper wird im Tode endgültig aufgelöst.
Die Existenz eines Leibes wird immer als notwendig vorausgesetzt, außer vom Nicht-Dualisten, der an körperlose *(videha)* Befreiung *(mukti)* glaubt; und jede der vier Religionen bestätigt, daß es ein subtiles, den Tod überdauerndes Element gibt, und zwar vital und psychisch im phy-

sischen Körper von Fleisch und Blut, sei es nun eine permanente Wesenheit, ein Selbst, wie der brahmanische *Âtman,* der *Ruh* der Moslem oder die christliche *Seele,* oder sei es nur ein Komplex von psychischer und physischer Aktivität *(skandha)* mit Leben als seiner Funktion, ein Komplex in ständigem Wechsel, also eine Reihe von physischen und psychischen Augenblickszuständen, von denen einer den anderen ablöst, eine fortwährende Umwandlung, wie wohl die Buddhisten glauben. Für keine dieser Religionen bedeutet also der Tod ein absolutes Ende, sondern für alle ist er nur die Trennung der *Psyche* vom groben Körper. Die Psyche tritt dann in ein neues Leben ein, während der Körper, der seine Lebensaufgabe verloren hat, verwest. Wie Dr. Evans-Wentz so treffend sagt: Tod widerruft die Inkarnation des *Seelenkomplexes,* wie Geburt ihn inkarniert. Mit anderen Worten, Tod ist an sich nur eine Initiation in eine andere Lebensform als die, deren Ende er ist.

Was die Anschauung vom physischen Tode betrifft, so sei der Leser auf die ausgezeichnete Analyse hingewiesen, die im Bardo Thödol von den Symptomen gegeben wird, die ihm vorangehen. Sie werden angeführt, weil es für den Sterbenden und seine Helfer nötig ist, auf den letzten und entscheidenden Moment vorbereitet zu sein, wenn er kommt[3]. Beachtenswert ist auch die Beschreibung der Töne, die man – wie Dr. Evans-Wentz es ausdrückt – als die psychischen Resultanten des Auflösungsprozesses hört, den man Tod nennt. Man vernimmt sie als summende, rollende und knatternde Geräusche, die sich vor dem Tode und bis zu fünfzehn Stunden nach dem Tode einstellen, die, von Greunwaldi 1618 erkannt und von späteren Schriftstellern erwähnt, 1862 von Dr. Collingues zum Gegenstand besonderer Studien gemacht wurden.

Doch sagt man, daß die Kette der Bewußtseinszustände nicht immer durch den Tod unterbrochen wird, weil *phowa* existiert, oder die Macht, das Bewußtsein zu projizieren und in den Körper eines anderen eintreten zu lassen[4]. Indischer Okkultimus spricht von der gleichen Fähigkeit, den eigenen Körper zu verlassen *(svecchot-krânti),* was nach dem *Tantrarâja* (Kap. 27, Vers 45–47 und 72–80) vollzogen wird durch das Ingangsetzen *(vâyudhârana)* der lebenswichtigen Aktivität (oder *vâyu*) an achtunddreißig Punkten oder Gelenkstellen *(marma)* des Körpers. Wie, könnte man fragen, läßt sich dieses Verfahren in Einklang bringen mit der allgemeinen Lehre der Reinkarnation? Wir wären froh, wenn Dr. Evans-

[3] Vgl. *Tantrarâja,* Kap. XXVII, Vers 83–100, wo die Anzeichen nahenden Todes behandelt werden, s. Tantric Texts, herausgegeben von Arthur Avalon, Band XII.
[4] Vgl. Tantric Texts, Band VII, S. 23, the Buddhist *Śrîcakrasambhâra Tantra.*

Wentz diesen Punkt erhellt hätte. Im Prinzip sollte man meinen, daß im Falle des Eintritts in einen ungeborenen Körper ein solcher Eintritt in der gleichen Weise in die *Matrix* geschehen könnte, als wäre das Bewußtsein durch den Tod unterbrochen worden. Aber im Falle des Eintritts in schon geborene Wesen würde die Wirksamkeit der Kraft oder das *Siddhi* erscheinen als eine Art Besitzergreifung *(âveśa)* eines Bewußtseins vom Bewußtsein und Körper eines anderen, vom gewöhnlicheren Fall dadurch unterschieden, daß das besitzergreifende Bewußtsein nicht zu seinem Körper zurückkehrt, der – *ex hypothesi* – stirbt, wenn das Bewußtsein ihn verläßt.

Im Falle wirklicher Bewußtseinsübertragung gibt es natürlich kein *Bardo,* das die Unterbrechung des Bewußtseins durch den Tod einschließt. Sonst wird der Bardotext gelesen.

Dann wird im Augenblick, wenn der Atem vergehen will, Anweisung gegeben, und die Pulsadern werden gedrückt. Das geschieht, um den Sterbenden bewußt zu erhalten durch ein richtig geleitetes Bewußtsein. Denn die Natur des Todesbewußtseins bestimmt den zukünftigen Zustand des «Seelen-Komplexes», weil das Dasein die fortwährende Verwandlung eines Bewußtseinszustandes in einen anderen darstellt. Sowohl im katholischen wie im Hindu-Ritual für den Sterbenden gibt es dauerndes Gebet und Wiederholung der heiligen Namen.

Das Abpressen der Schlagadern reguliert den Weg, den der austretende Lebensstrom *(prâṇa)* nehmen soll. Der richtige Weg ist der, der durch den *Brâhma-randhra* führt, oder die Öffnung von Monro. Diese Anschauung scheint weit verbreitet gewesen zu sein, selbst (um ein Beispiel anzuführen) in einem so abgelegenen und primitiven Fleck wie San Cristoval auf den Salomon-Inseln. (Siehe *Threshold of the Pacific* von C. E. Fox.)

Die Funktion eines durchbohrten Steines in einem Dolmen, den man dort gefunden hat, ist, «dem *Adaro* oder *Double* des Toten freien Durchgang zu seinem natürlichen Wohnsitz, dem Kopfe, zu gewähren». (Dies erinnert an die Dolmen mit durchbohrter Steinplatte, wie sie im Marnedistrikt von Westeuropa, in Südrußland und im südlichen Indien oft vorkommen.)

Nach dem Glauben der Hindu (s. *Pretakhanda* des *Garuḍa*) gibt es im Körper neun Öffnungen, die die Mittler von Erfahrungen sind und – nach theologischer Ansicht – sich mit den *Nâtha* (Herren) oder *Gurus decken*[5]. Ein guter Ausgang ist einer, der oberhalb des Nabels liegt. Der

[5] Vgl. A. Avalons Tantric Texts, Bd. VIII, S. 2.

beste von diesen Ausgängen ist der durch den *Brâhma-randhra* genannten Spalt auf der Höhe der Hirnschale. Er liegt über dem physischen Vorderhirn und dem *Yoga*-Zentrum, das *Lotus der Tausend Blütenblätter* genannt wird *(sahasrâra padma),* worin der Geist besonders klar in Erscheinung tritt, da es der Sitz des Bewußtseins ist. Deswegen trägt der orthodoxe Hindu eine Locke *(śikhâ)* an dieser Stelle – nicht, wie manche törichterweise meinen, damit er daran gefaßt und zum Himmel oder zur Hölle gezogen werden kann, sondern weil *die śikhâ* gleichsam eine Flagge mit ihrem Stab darstellt, die man vor dem Wohnsitz des Höchsten, der *Reines Bewußtsein* ist, zu seinen Ehren hißt. (Das Phantasiebild in einem kürzlich erschienenen Werk von C. Lancelin, La Vie posthume, S. 96, zeigt nicht die Ausgangsöffnung, die im Bildblatt 8 der zweiten Ausgabe von Arthur Avalons *Serpent Power* auf S. 93 dargestellt ist.)

Was immer dem Glauben und den Gebräuchen primitiver Völker zugrunde liegen mag, nach der Yoga-Lehre ist der Kopf der Hauptsitz des Bewußtseins und regelt die anderen untergeordneten Zentren in der Wirbelsäule. Durch Entziehen des Lebensstromes, der den zentralen *(suṣumṇâ)* Nerv *(nâḍî)* durchläuft, werden die unteren Körperteile geschwächt, und es entsteht ein lebhaftes, konzentriertes Funktionieren des Gehirnzentrums.

Der Exoterismus spricht vom *Buch des Gerichtes.* Dies ist ein objektives Symbol des Gedächtnis-*Buches.* Das «*Lesen*» in diesem *Buche* besteht darin, daß der Sterbende sich die Gesamtheit seines vergangenen Erdenlebens in Erinnerung ruft, bevor er aus dem Leben scheidet[6].

Schließlich entflieht der Lebensstrom von dem Orte seiner letzten Wirksamkeit. Da im Yoga Gedanke und Atem voneinander abhängen, läßt der Ausgang durch die *Brâhma-randhra*-Öffnung auf eine vorhergehende Aktivität des höchsten Zentrums schließen. Vor einem solchen Austritt und solange noch Selbstbewußtsein vorhanden ist, wird der geistige Gehalt durch das Ritual geliefert, das bestimmt ist, einen guten Tod zu sichern und daher (später) Geburtsbewußtsein.

Im Augenblick des Todes geht das empirische Bewußtsein, oder das Bewußtsein von den Objekten, verloren. Gewöhnlich wird das «Ohnmacht» genannt, und doch ist es die Begleiterscheinung von erhöhtem Bewußtsein, oder: Das Klare Licht der Leere; denn Ohnmacht besteht nur im und für das Bewußtsein als Wahrnehmer von Objekten *(vijñâna*

[6] Daß ein Sterbender einen solchen Überblick über sein Erdenleben wirklich erfährt, ist des öfteren von Personen bezeugt worden, die schon begonnen hatten zu sterben, wie zum Beispiel beim Ertrinken, und dann gerettet worden sind (W. Y. E.-W.).

skandha). Dieses empirische Bewußtsein verschwindet und enthüllt Reines Bewußtsein, das immer bereit ist, *entdeckt* zu werden von denen, die den Willen haben, es zu suchen, und die Kraft, es zu finden.

Dieses klare, farblose Licht ist ein Sinnes-Symbol für die formlose Leere, «jenseits des Lichtes von Sonne, Mond und Feuer», um die Worte der indischen *Gîtâ* zu gebrauchen. Es ist rein und farblos, aber *mâyik* (oder Form-)Körper sind auf verschiedene Art farbig. Denn Farbe schließt Form ein und bezeichnet sie. Das Formlose ist farblos. Die Anwendung psycho-physikalischer Farbenlehre ist den Hindus und buddhistischen Tantras geläufig und kann auch in einigen mystischen Systemen des Islam gefunden werden.

Was ist nun diese Leere? Sie ist nicht absolut *Nichts.* Sie ist das Alogische, auf das keine Kategorien passen, die aus der Welt der Namen und Formen genommen sind. Aber was auch immer die Meinung des Madhyamika Bauddha gewesen sein mag, ein Vedantist würde sagen, daß *Sein* oder *Ist-heit* anwendbar ist auch im Fall von Leere, die erfahren wird als *seiend (asti).* Von diesem Standpunkt aus ist die Leere die Negation aller Determinationen, aber nicht von *Sein* als solchem, wie in Erklärungen von buddhistischem «Nihilismus» angenommen worden ist; aber es ist nichts darüber bekannt, wie man Erfahrung in Form grenzen könnte, und deshalb ist es für die, die keine andere Erfahrung gemacht haben, ein Nicht-Ding, ein Nichts.

Eine Beschreibung der buddhistischen *Mahâyâna*-Lehre ist in dem tibetischen Werk *Der Pfad der Guten Wünsche des Samantabhadra* gegeben, das ich im 7. Band der Tantrischen Texte (S. XXI f.) veröffentlicht habe und hier zusammenziehe und erkläre.

Alles ist entweder *saṃsâra* oder Nirvâṇa. Das erste ist begrenzte Erfahrung in den *Sechs Welten* oder *Loka* – ein Wort, das bedeutet: «das, was erfahren wird» *(lokyante).* Das zweite, oder Nirvâṇa, ist, negativ ausgedrückt, die Befreiung von solcher Erfahrung, d.h. von den Welten von Geburt und Tod und deren Leiden. Die Leere kann, genau genommen, nicht Nirvâṇa genannt werden, denn diese Bezeichnung bezieht sich auf die Welt, und die Leere steht außerhalb aller Beziehungen. Positiv, und verbunden mit einem solchen Freiwerden, ist sie die Vollkommene Erfahrung, welche Buddhaschaft ist, und diese wiederum ist, vom Erkenntnisstandpunkt aus, Bewußtsein ungetrübt von der Dunkelheit des Unbewußtseins, was besagen will, Bewußtsein, befreit von aller Begrenzung. Vom Gefühlsstandpunkt aus ist sie reine Seligkeit, unberührt von Kummer; und vom Standpunkt des Willens aus Freiheit von Tätigkeit und allmächtige Kraft *(Amoghasiddhi)*. Vollkommene Erfahrung ist ein ewiger, oder genauer gesagt, ein zeitloser Zustand. Unvollkommene Erfahrung ist auch ewig, in dem Sinne, daß die Reihe von Reichen (Universen), in welchen sie untergegangen ist, unendlich ist. Das religiöse, das heißt das praktische Problem ist also, wie von der geringeren Erfahrung überzugehen sei in die vollkommene, die von den «Upanishaden» *Das Ganze* oder *Pûrṇa* genannt wird. Das geschieht durch Forträumen der Verdunkelung. Im Grunde sind beide eins – die Leere, ungeschaffen, unabhängig, nicht zusammengesetzt, und jenseits von Verstand und Sprache. Wenn das nicht so wäre, würde Erlösung nicht möglich sein. Der Mensch ist tatsächlich befreit, aber er weiß es nicht. Wenn er es erkennt, ist er erlöst. Die große Aussage des buddhistischen Werkes *Prajñâpâramitâ* lautet also: «Form *(rûpa)* ist die Leere, und die Leere ist Form.»[7] Verwirklichung der Leere heißt ein Buddha oder ein *Wissender* sein; sie nicht zu verwirklichen bedeutet, ein *unwissendes Wesen* im *saṃsâra* zu sein. Die beiden Wege sind also Wissen und Nichtwissen. Der erste Weg führt zu Nirvâṇa, und in wirklicher Realisation ist er Nirvâṇa. Der zweite bedeutet Fortdauer fleischlichen Lebens als Mensch oder Tier oder als Bewohner der vier anderen *Lokas*. Unwissenheit im Individuum ist in seinem kosmischen Aspekt *Mâyâ*, was im Tibetischen *(sGyu-ma)* eine magische Schau bedeutet.

Generisch gesehen ist das erstere (Wissen) das, was das Pragmatische hervorbringt, aber, in einem transzendenten Sinne, die *unwirkliche* Vorstellung vom Selbst und dem Anderen. Das ist die tiefste Ursache des Irrtums (ob im Wissen, Fühlen oder Handeln), der sich auswirkt in den *Sechs Giften* (die die Hindus die *Sechs Feinde* nennen) der Sechs *Lokas* des *saṃsâra* (von denen der Bardo-Text nur fünf angibt): Stolz, Eifersucht, Trägheit (oder Ignoranz), Zorn, Habgier und Wollust. Ständig verlangt der Text vom Sterbenden oder *Toten*, daß er in den Erscheinungen, die er gleich sehen wird oder schon sieht, die Geschöpfe seines eigenen *mâyâ*-beherrschten Geistes erkennt, der ihm das Klare Licht der Leere verschleiert. Gelingt ihm das, so ist er befreit, auf welcher Stufe er sich auch befinden mag.

Dieses philosophische System hat so offensichtliche Ähnlichkeit mit dem indischen Mâyâvâda Vedânta, daß der Vaishnava *Padmapurâṇa* dieses System «ein übles Schriftstück und verdeckten Buddhismus» betitelt *(mâyâvâdam asaccâstraṃ pracchannaṃ bauddham)*. Nichtsdestoweniger bekämpfte ihr großer Scholastiker, «der unvergleichliche *Śaṇkarâcâ-*

[7] Siehe Tantric Texts, Bd. VII, S. 33.

rya», wie Sir William Jones ihn nennt, die Buddhisten in ihrer Verneinung eines dauernden Selbst *(âtman)*, wie auch ihren Subjektivismus, und behauptete gleichzeitig, daß der Begriff eines individuellen Selbst und der einer Welt von Objekten nur pragmatische Wahrheiten seien, überholt durch und bei Erreichung eines Zustandes der Befreiung, der wenig, wenn überhaupt etwas, hat, wodurch er sich von der buddhistischen *Leere* unterscheidet. Der Unterschied zwischen den beiden Systemen, der zwar besteht, ist geringer, als allgemein angenommen wird. Aber – es ist hier nicht angebracht, diese Sache weiter zu diskutieren.
Wie dem auch sein mag, die Nachtod-Erscheinungen sind so *wirklich* für den Verstorbenen, daß er nicht gleich, wenn sie auftreten, ihre Substanzlosigkeit erkennt und sich seinen Weg durch sie hindurch zur *Leere* bahnt. Im Bardo Thödol wird von dem Klaren Licht gesprochen als einer Blendung, wie der Frühling sie in einer unendlich vibrierenden Landschaft hervorruft. Dieses heitere Bild ist natürlich keine Darstellung dessen, was *Es* wirklich ist, denn *Es* ist kein Objekt, sondern es ist eine Übertragung in Ausdrücke objektiver Schau einer großen, aber an sich unbeschreiblich glücklichen inneren Erfahrung. In Verbindung hiermit wurde meine Aufmerksamkeit auf einen Abschnitt in einer Schrift über *Avataṃsaka-Sûtra* (Kap. XV) von Mr. Hsu, einem chinesischen Gelehrten, gelenkt, welcher sagt: «Der Buddhismus sendet das Licht, das man ‹Den Buddha sehen› genannt hat, aus, um die Sterbenden zu veranlassen, über den Tathâgata nachzudenken und sie so instandzusetzen, nach dem Tode in die reinen Bereiche des Tathâgata einzugehen.»
Der Sterbende oder schon Gestorbene wird beschworen, das Klare Licht zu erkennen und sich zu befreien. Tut er das, so geschieht es, weil er selbst reif ist für den befreiten Zustand, der ihm hier vorgeführt wird. Tut er es nicht (wie es meist der Fall ist), so deshalb, weil das Hängen am Weltlichen *(saṃskâra)* ihn hinwegzieht. Ihm wird dann das sekundäre Klare Licht dargeboten, welches das erste ist, aber für ihn etwas verdunkelt durch die allgemeine *Mâyâ*. Wenn der Geist seinen Ruheplatz hier nicht findet, geht der erste oder *Tschikhai-Bardo,* der mehrere Tage währen kann oder nur *so lange, wie man braucht, mit den Fingern zu schnippen* (je nach dem Zustand des Verstorbenen), zu Ende.
Auf der nächsten Stufe *(Tschönyi-Bardo)* tritt ein Wiedererlangen der Todesbewußtheit in bezug auf die Objekte ein. Nur in dem einen Sinn, wenn man es mit einer Ohnmacht vergleicht, ist es ein Wiedererwachen. Aber es ist nicht ein Zustand des Wachseins, wie es vor dem Tode bestand. Der *Seelenkomplex* taucht aus seiner Erfahrung der Leere auf in

einen Zustand, der einem Traum gleicht. Dieser dauert an, bis er einen neuen fleischlichen Körper erlangt und so wirklich wieder zum Erdenleben erwacht. Denn diese Welt-Erfahrung ist Leben in solch einem Körper.

Als ich zum erstenmal den Bericht über die fünfzehn Tage las, die auf das Erwachen aus der *Ohnmacht* folgen, dachte ich, er bedeute das allmähliche Aufsteigen eines begrenzten Bewußtseins analog dem, das in den sechsunddreißig *Tattvas* des nördlichen *Shaivâgama* oder seiner *Tantras* beschrieben wird, also einen Prozeß, der in seiner ritualen Form in dem tantrischen *Bhûtaśuddhi*-Ritus und im *Laya*- oder *Kuṇḍalinî-Yoga* dargestellt ist. Aber bei näherer Prüfung kam ich zu einem andern Ergebnis. Nach Beendigung des Ersten Bardo beginnt der Prozeß mit vollständiger Wiedererlangung des Todesbewußtseins, ohne Zwischenstufen. Das psychische Leben wird an jenem Punkt, das heißt vom Zustand, der der *Ohnmacht* unmittelbar vorausgeht, wieder aufgenommen und fortgesetzt[8]. Gemäß dieser Anschauung ist das Leben unmittelbar nach dem Tode, wie Spiritisten versichern, ähnlich dem Leben, das ihm voranging, und eine Fortsetzung davon.

Wie in Swedenborgs Bericht und in dem kürzlich erschienenen Drama *Outward Bound* weiß der Verstorbene zunächst nicht, daß er *tot* ist. Swedenborg, der ebenfalls von einem Zwischenzustand spricht, sagt, daß mit Ausnahme derer, die unmittelbar zum Himmel oder zur Hölle eingehen, der erste Zustand des Menschen nach dem Tode seinem Zustand in dieser Welt gleicht, so daß er keinen anderen kennt, da er glaubt, er sei noch in der Welt, trotz seinem Tode[9].

Zur Erläuterung der Lehre von der Kontinuität und der Gleichartigkeit der Erfahrung vor und unmittelbar nach dem Tode mögen zwei Beispiele dienen. Erstens: In Indien gibt es Berichte über das Spuken unglücklicher Geister oder *Pretas,* von denen man sagt, daß sie durch Anwendung des *Pretaśraddhâ*-Ritus in der heiligen Stadt Gaya beruhigt werden. Anderseits habe ich in England von einem Falle gehört, wo man behauptete, daß das Spuken auf das Lesen der Totenmesse hin aufgehört habe. In diesem Falle nahm man an, daß eine katholische Seele im Fegefeuer das Bedürfnis nach einem Ritus empfand, von dem man sie in ihrem Erdenleben gelehrt hatte zu glauben, er bringe den Toten Frieden. Der Geist eines Hindu sehnt sich nach dem Hinduritus, der ihm anstatt des auf dem Scheiterhaufen vernichteten einen neuen Körper gibt. Nach einer

[8] Vgl. *Yogavaṣiṣṭha,* CLX, Vers 41.

[9] De Coelo, Ausg. 1868, S. 493–497.

indischen Ansicht hören diese Seelen nicht auf, Hindus oder Katholiken zu sein, sie verlieren durch ihren Tod nicht ihren besonderen Glauben. Ebensowenig verlieren die, die hinübergegangen sind, nach dieser Ansicht sogleich irgendeine Gewohnheit, sei es selbst Trinken oder Rauchen. Aber im Nachtod-Zustand sind *Whisky und Zigarren,* von denen ich hörte, nicht grobe, materielle Dinge. Gerade wie ein Traum Wacherlebnisse reproduziert, so wähnt einer, der zu rauchen und zu trinken gewohnt war, im Zustand nach dem Tode, er täte das noch. Wir haben es hier zu tun mit *Traum-Whisky* und *Traum-Zigarren,* die, obgleich illusorisch, für den Träumer so real sind wie das, was er in seinem wachen Zustand getrunken und geraucht hat[10].

Später wird dem Verstorbenen klar, daß er *tot* ist. Aber da er die Erinnerung an sein vergangenes Leben mit sich hinübernimmt, meint er zuerst noch immer, daß er so einen physischen Körper habe wie zuvor. In Wirklichkeit ist es ein Traum-Körper, wie ihn Menschen haben, die wir im Traum sehen. Es ist ein eingebildeter Körper, der, wie der Text sagt, weder vom Spiegel reflektiert wird noch einen Schatten wirft, und der solche Wunder vollbringt, wie durch einen Berg hindurchzugehen und dergleichen, denn Imagination ist der größte aller Zauberer. Selbst im irdischen Leben kann ein Mensch sich einbilden, daß er ein Glied habe, wo er keines hat. Lange nachdem einem Menschen das Bein oberhalb des Knies amputiert worden ist, kann er «seine Zehen fühlen», oder überzeugt sein, daß seine Fußsohlen (seit Tagen begraben) ihn jukken. Im Nachtod-Zustand bildet der Verstorbene sich ein, daß er einen physischen Körper habe, obwohl er durch die hohe Chirurgie des Todes von ihm getrennt worden ist. In solch einem Körper geht der Verstorbene durch die Erfahrungen, die nun beschrieben werden.

[10] Der Herausgeber hörte von einem europäischen Pflanzer, der, nachdem er in den Dschungeln von Malabar in Südwest-Indien gestorben war, dort von den Leuten beerdigt wurde. Einige Jahre später fand ein Freund des Pflanzers das Grab sorgfältig eingezäunt und mit leeren Whisky- und Bierflaschen bedeckt. Außerstande, solch ungewöhnlichen Anblick zu verstehen, fragte er nach einer Erklärung, und man sagte ihm, daß des toten *Sahib* Geist viel Unruhe gestiftet und daß man kein Mittel gefunden habe, den Geist zu beruhigen, bis ein alter Zauberdoktor erklärte, daß der Geist Whisky und Bier fordere, an die er lange gewöhnt war auf Erden und die die eigentliche Ursache seiner Trennung vom fleischlichen Körper seien. Das Volk, obwohl religiös gegen Betrunkene eingestellt, begann Whisky und Bier in Flaschen von denselben Marken zu kaufen, von denen man wußte, daß der *Sahib* sie gebraucht hatte, und, mit einem regelrechten Ritual für den Toten, sie dem Geist zu opfern, indem man sie über dem Grabe ausgoß. Weil das den Geist zur Ruhe brachte, behielten sie den Brauch als Selbstverteidigung bei (W. Y. E.-W.).

Im Ersten Bardo empfängt der Abgeschiedene einen Schein vom Klaren Licht als dem *Dharmakâya,* das Prof. Sylvain Lévy den *Wesentlichen Körper* (Essential Body) nennt. Dieser, der jenseits von Form ist *(arûpa),* ist der *Dharmadhatu,* oder *Matrix* von *Dharma*-Substanz, aus der alle die Seligen oder Tathâgatas ausgehen. Das ist der Körper eines Buddha im Nirvâṇa. Der zweite Körper, oder *Sambhogakâya,* hat eine so subtile Form *(rûpavân),* wie sie für die *Bodhisattvas* sichtbar ist, er ist eine Zwischen-Manifestation des *Dharmadhatu.* Im dritten Körper, oder *Nirmâṇakâya,* ist die Leere oder der Zustand der Buddhaschaft in zahlreiche individuelle Erscheinungen materieller Art veräußerlicht und darum den groben Sinnen der Menschen sichtbar als die Formen, in denen die manifestierten Buddhas (denn es gibt deren viele und nicht nur, wie manche glauben, einen: den Gautama) auf Erden erschienen sind. Wenn der Abgeschiedene das Klare Licht des Ersten Bardo erkennt, ist er befreit im *Dharmakâya.*

Im Zweiten Bardo geschieht die Befreiung in den *Sambhogakâya* (der Passus, der die Paradiesischen Gefilde berührt, scheint mir hiermit nicht im Widerspruch zu stehen); und im Dritten Bardo wird Befreiung im *Nirmâṇakâya* erfahren.

Während des Zweiten und Dritten *Bardo* ist der Abgeschiedene in der *Mâyâ*-Welt (oder Welt der Formen), und wenn hier Befreiung erreicht wird, dann geschieht es in der Form *(rûpavân).* Da der Verstorbene somit in der Welt des Dualismus ist, meinen wir, daß von diesem Punkt an eine doppelte parallele Vorstellung für sein Bewußtsein entsteht. Da ist erstens eine Nirvâṇa-Linie, die die Fünf *Dhyâni-Buddhas* des *Sambhogakâya* umfaßt, symbolisiert durch verschiedene blendende Farben mit bestimmten Gottheiten, friedlichen und zornigen, die aus ihnen aufsteigen; und, zweitens eine *saṃsâra*-Linie, die aus den Sechs *Lokas* besteht. Diese letzteren haben mit einer Ausnahme (wenn es eine ist und nicht eine Textverdrehung, nämlich die Assoziation des rauchigen oder schwarzen Lichtes der Hölle mit dem blauen *Vajrasattva*) die gleiche Farbe wie ihre Gegenspieler im Nirvâṇa, aber mit einem trüben Hauch. Mit den *Lokas* werden ihre *Gifte* gegeben, oder die sündigen Charakteristika ihrer Bewohner. Der «Seelen-Komplex» wird also einerseits beschworen, Befreiung zu suchen durch die mitleidvolle Gnade der Nirvâṇa-Linie der Buddhas und *Devatâs* (Gottheiten), und anderseits den besonderen *Loka* (Welt) zu meiden, der gleichzeitig seiner geistigen Schau vorgewiesen wird. Mit diesen *Buddhas, Devatâs* und *Lokas* sind gewisse *Nidânas* (Kausal-Verbindungen) verknüpft, *Skandhas* (formende Faktoren), materielle Elemente und deren Farben. Dieser Bericht scheint unter Textunstimmigkeiten gelitten zu haben. So sind die *Nidânas* und *Skandhas* nicht vollzählig. Logischerweise sollte *Vijñâna Skandha* zuerst kommen mit *Vairocana,* und *Nâma-rûpa* mit *Vajrasattva.* Nur vier von den fünf Elementen werden erwähnt. Äther, der ausgelassen ist, sollte verbunden sein mit *Vairocana* und *Vijñâna.* Die Farben der Elemente stimmen überein mit den in den Hindu-*Tantras* angegebenen, ausgenommen die «Luft» betreffende, der eine grüne Farbe zugeteilt wird, die der *Asurischen* Eifersucht zukommt, obwohl dies nicht der Farbgebung der Hindu entspricht, die ein Rauchgrau dafür hat. Noch einmal: Die Ordnung der Sechs *Lokas* ist nicht die gebräuchliche, nämlich erst die besseren *Lokas* der *Devas, Asuras* und Menschen, und dann die *Lokas* der Geister *(Pretas)* der Unholde und die Hölle. Ein jeder *Loka* ist durch sein «Gift» charakterisiert oder seine ihm anhaftende Sünde, aber von diesen sind nur fünf angeführt. Der Herausgeber hat in einigen von diesen Fällen auf die Verfälschung des Textes hingewiesen, und andere habe ich nach sorgfältiger Durchsicht des übersetzten Textes angemerkt.

Die friedlichen *Devatâs* folgen am sechsten und siebenten Tag, und die zornigen *Devatâs* am achten und den darauffolgenden Tagen. Die letzteren sind von der furchtbaren Art, charakteristisch beide für die buddhistischen und Hindu-*Śakta-Tantras* mit ihren *Bhairavas, Bhairavîs, Ḍâkinîs, Yoginîs* usw. Der Hinduismus macht die gleiche Unterscheidung in der Natur der Gottheiten und erklärt die zornigen als Darsteller der sogenannten «zerstörenden» Macht des Höchsten Herrn und seiner minderen Manifestationen; obwohl in Wirklichkeit «Gott niemals zerstört» *(na devo nâśakaḥ kvacit),* sondern das Universum zu Sich zurückzieht. Aber Kraft, die die Welt in dieser Weise auflöst, ist immer furchtbar für die, die der Welt verhaftet sind. Jede böse Tat *(adharma)* ist auch auflösend; und dem Text zufolge spiegelt sich des Verstorbenen böses *Karma* im *saṃsâra* auf der Nirvâṇischen Linie in der Form von Gottheiten des Niederen *Bardo,* die den Verstorbenen so erschrecken, daß er vor ihnen flieht und darum mehr und mehr in einen Zustand versinkt, der ihm schließlich Geburt in dem einen oder anderen der *Lokas* bringt.

Die friedlichen *Devatâs,* sagt man, steigen aus dem Herzen auf, die zornigen aus dem Kopf. Ich glaube trotzdem nicht, daß diese Darstellung notwendig zu der Yoga-Lehre von der «Schlangen-Macht» und den Sechs Zentren führt, die der Herausgeber im 2. Teil der Zusätze kurz dargelegt hat, in der Annahme (davon habe ich keine persönliche Kenntnis), daß die Tibeter sowohl diesen Yoga üben als ihn auch in seiner indischen Form lehren. Ich selbst bin der Ansicht, daß die Erwähnung von Herz und Kopf nicht auf diese als Yoga-Zentren hinweist, aber vielleicht auf die Tatsache, daß die Friedlichen Gottheiten, wie im Bardo-Text angegeben, die Liebe des Verstorbenen, die vom Herzen kommt, widerspiegeln.

Auch was die *Mantras* betrifft, die im Anhang (S.302 ff.) behandelt sind, mache ich einen Vorbehalt. Zweifellos verwenden die Tibeter Sanskrit-*Mantras,* aber diese *Mantras* finden sich in ihren Büchern oft in einer arg verderbten Form – eine Tatsache, die vermuten läßt, daß die Tibeter den angeblichen Klangwert der *Mantras* nur wenig respektieren. Ob aber ihre Theorie auf diesem Gebiet in jeder Hinsicht der Auffassung der Inder entspricht, kann ich nicht sagen[11]. – Deren Theorie, die klarzustellen ich mich an anderer Stelle bemüht habe (vgl. *Garland of Letters),* ist in verschiedenen Punkten noch dunkel; dieses Thema ist vielleicht das schwierigste von allen im Hinduismus. Auch wenn der tibetische Buddhismus *Mantra-Sâdhanâ* hat, so wird sich dessen Darbietung doch wahrscheinlich so stark unterscheiden wie die gesamte Substanz dieser beiden Glaubensformen.

Etwa am fünfzehnten Tage erfolgt der Übergang in den Dritten *Bardo,* in welchem der Verstorbene, wenn nicht bereits befreit, «Wiedergeburt» sucht. Sein früheres Leben ist nun trüb verschleiert. Das zukünftige wird angedeutet durch gewisse Mahnzeichen, welche die ersten Regungen des Wunsches nach Erfüllung sind. Der «Seelenkomplex» nimmt die Farbe des *Loka* an, in dem geboren zu werden ihm bestimmt ist. Wenn des Verstorbenen *Karma* ihn zur Hölle führt, so geht er dorthin gemäß dem Urteil, und zwar in einem feinstofflichen Körper, der weder verletzt noch zerstört werden kann, in welchem er aber vielleicht schreckliche Qual zu erleiden hat. Oder er kann in den Himmel oder einen anderen *Loka* eingehen, um endlich und auf jeden Fall – denn weder Strafe noch Beloh-

[11] Wie die Tibeter den *Tantrismus* von Indien übernommen haben, so scheinen sie auch verschiedene Systeme von Yoga wie *Laya* oder *Kuṇḍalinî-Yoga* aus Indien bezogen zu haben, wie es z. B. die bekannte tibetische *Biographie des Jetsün Milarepa* (Tibets berühmtester Yogi und Heiliger) klar macht. Während es unzweifelhaft wahr ist, daß viele *Mantras,* die gleichfalls aus Indien stammen, gerade in der tibetischen Sprache hoffnungslos entstellt worden sind, so scheint sich doch *Laya* oder *Kuṇḍalinî* in der Ausübung durch die Tibeter ziemlich rein erhalten zu haben, mehr durch die mündliche Weitergabe von *Guru* zu *Guru* als durch schriftliche Berichte, mit Ausnahme der dem Tibetischen angepaßten Terminologie und Anwendungsmethoden. Einige tibetische Schriftstücke über *Yoga,* die der Herausgeber im Original und in englischer Übersetzung besitzt, lassen dies vermuten.

nung sind ewig – zur Erde zurückzukehren, auf der allein ein neues *Karma* sich bilden kann. Solche Rückkehr findet statt nach Verbüßung seiner Sünden in der Hölle oder nach Ablauf der Periode der Freude im Himmel, die sein *Karma* ihm gewonnen hat. Wenn jedoch das Los des Verstorbenen unmittelbare Wiedergeburt auf Erden ist, sieht er Visionen von kohabitierenden Männern und Frauen. Auf dieser letzten Stufe hin zum Erwachen zu irdischem Leben weiß er nun, daß er nicht einen groben Leib von Fleisch und Blut hat. Dringend wünscht er einen solchen, um sich wieder physischen Lebens auf der Erde erfreuen zu können.

Der Psychoanalytiker Freudscher Prägung wird hierin eine bedeutende Stütze für seine Lehre von der Abneigung des Sohnes gegen den Vater finden. Die Textstelle sagt, daß, wenn der Verstorbene männlich geboren werden soll, das Gefühl, männlichen Geschlechtes zu sein, den Wissenden überkommt, und es entsteht ein Gefühl starker Abneigung gegen den Vater und Zuneigung zur Mutter, und umgekehrt, wenn es sich um ein weibliches Wesen handelt. Dies ist jedoch eine alte buddhistische Lehre, die sich auch anderswo findet. Professor de la Vallée Poussin zitiert die folgenden Sätze: «L'esprit troublé par désir d'amour, il va au lieu de sa destinée. Même très éloigné, il voit, par l'œil né de la force de l'acte, le lieu de sa naissance; voyant là son père et sa mère unis, il conçoit désir pour la mère quand il est mâle, désir pour le père quand il est femelle, et, inversement, haine.» (Bouddhisme: Études et Matériaux, Abhidharmakosha, III, 15, p. 25.) Das angeführte Werk enthält auch andere interessante Einzelheiten in bezug auf den Embryo. (Siehe auch vom selben Autor *La Théorie de douze causes.)*

Endlich geht der Verstorbene aus der *Bardo*-Traumwelt hinüber in den Mutterschoß von Fleisch und Blut, um von da nochmals in den Wachzustand irdischer Erfahrung einzutreten. Das ist, was wir Reinkarnation oder Wiedergeburt im Fleisch nennen. Das Sanskritwort dafür ist *saṃsâra,* das heißt «Aufstehen und wieder Aufstehen» *(punarutpatti)* in den Welten von Geburt und Tod. Nichts ist von Dauer, alles ist vorübergehend. Während des Lebens ist der Seelenkomplex niemals zwei Augenblicke hintereinander derselbe, sondern ebenso wie der Körper in fortwährendem Wechsel. Es gibt also eine Reihe *(santâna)* sich ablösender und in gewissem Sinne unterschiedlicher Zustände, die an sich nur momentan sind. Ein einigendes Band ist insofern vorhanden, als jeder Augenblickszustand eine Umformung der Gegenwart darstellt, die alle vorhergegangenen vertritt, da sie der Generator aller künftigen Umbildungen ist, die sich möglicherweise daraus ergeben.

Dieser Prozeß wird durch den Tod nicht unterbrochen. Der Wechsel setzt sich fort in den *Skandhas* (oder Bestandteilen des Organismus) im Gegensatz zum groben Körper, der abgeworfen worden ist und seine eigenen Verwandlungen durchläuft. Aber es besteht folgender Unterschied: die nachtodliche Verwandlung ist nur das Resultat des angehäuften vergangenen Karmas und schafft nicht, wie im irdischen Leben, neues Karma, für das ein physischer Körper notwendig ist. (Buddhismus, Hinduismus und Christentum stimmen in der Annahme überein, daß des Menschen Schicksal auf Erden entschieden wird, obwohl das Christentum, wie oben erklärt, sich von den beiden anderen in der Frage unterscheidet, ob es mehr als ein irdisches Leben gibt.) Es gibt keinen Bruch *(uccheda)* des Bewußtseins, aber eine Fortdauer der Wandlung. Das Todesbewußtsein ist der Ausgangspunkt, es folgen die anderen Bewußtseinszustände, wie schon beschrieben. Auf die Dauer erzeugt *Karma* vollentwickeltes Begehren oder geistiges Handeln. Diesem letzteren folgt das Bewußtsein, das seine Wohnung in einem geeigneten Mutterschoß wählt, aus dem es wiedergeboren wird als ein Geburtsbewußtsein. Was so geboren wird, ist nicht viel anders, als was vorher war, denn es ist seine gegenwärtige Verwandlungsform und hat keine andere unabhängige Existenz.
So gibt es also aufeinanderfolgende Geburten (um Professor de la Vallée Poussins Ausdruck zu benutzen) eines «flüssigen Seelen-Komplexes», denn die Reihe der psychischen Zustände tritt weiter in gewissen Zeitspannen in den physischen Schoß lebender Wesen ein. Von der erwähnten Autorität ist gesagt worden (Way to Nirvana, S. 85), daß das Geburtsbewußtsein eines neuen himmlischen oder höllischen Wesens durch sich selbst und für sich selbst aus unorganisierter Materie sich den Körper schafft, den es bewohnen wird. Deshalb folgt die Geburt solcher Wesen unmittelbar auf den Tod des Wesens, das als höllisches oder himmlisches Wesen wiedergeboren werden soll. Aber in der Regel soll der Fall anders liegen, wenn *Reinkarnation* oder *Wiedergeburt* im Fleische vorgesehen ist. Empfängnis und Geburt setzen dann physische Umstände voraus, die nicht verwirklicht werden können im Todesaugenblick des Wesens, das *wiedergeboren* werden soll. In diesen und anderen Fällen wird behauptet, daß das Todesbewußtsein nicht sofort weitergeführt werden kann in das Geburtsbewußtsein eines neuen Wesens. Der Professor sagt, daß diese Schwierigkeit durch die Schulen gelöst wird, welche, indem sie eine Zwischenexistenz annehmen *(antarâbhâva)*, meinen, daß das Todesbewußtsein übernommen wird von einem kurzlebigen Wesen, das *Gandharva* genannt wird,

und das sieben Tage dauert, oder sieben mal sieben Tage (siehe die neunundvierzig Tage des Bardo). Dieser *Gandharva* schafft mit Hilfe der Konzeptionselemente, sobald er eine Gelegenheit findet, einen Embryo. Diese Lehre, wenn sie richtig verstanden worden ist, ist offensichtlich eine andere und unreifere Version der Bardo-Lehre. Es kann, von jedem philosophischen Standpunkt der Karma-Lehre aus, kein Aufhalten dessen geben, was ein fortlaufender Lebensprozeß ist. Ein solcher Prozeß besteht nicht aus unabhängigen Ausschnitten, die aufeinander warten. Und so kann ein «Seelen-Komplex» nicht bereit sein, sich zu reinkarnieren, ehe die Umstände dazu passen. Das Gesetz, das bestimmt, daß ein Wesen inkarnieren soll, ist das gleiche, das die Mittel und Bedingungen vorsieht, mit und unter denen die Inkarnation geschehen soll. Der Körper des höllischen oder himmlischen Wesens ist nicht etwa grober Stoff. Das wird klar im vorliegenden Text.

Dr. Evans-Wentz erhebt wieder die schon behandelte Frage nach der Wanderung menschlicher *Seelen* in unter-menschliche Körper; ein Prozeß, den dieser Text, exoterisch gesehen, anzunehmen scheint und der, wie er aufzeigt, allgemeinem Hindu- und Buddhisten-Glauben entspricht. Obwohl er populär sein mag, scheint es ein irrationaler Glaube, daß eine menschliche *Seele* dauernd einen unter-menschlichen Körper als ihren eigenen bewohnen kann. Denn der Körper kann nicht in solcher Unstimmigkeit mit seinem Inhaber sein. Die rechte Lehre scheint zu sein, daß, wie der Mensch sich aus den niedersten Formen von Lebewesen[12] entwickelt hat (der Hinduismus spricht von 8400000 abgestuften Arten von Geburten, die im Menschen kulminieren), so kann es durch schlechtes Verhalten und Vernachlässigung der Gelegenheit, sein Menschsein zu nützen, auch einen Abstieg geben, den hinunterführenden Pfad entlang bis zu den gleichen niederen Seinsformen, aus denen die Menschheit sich mühevoll erhoben hat. Der Sanskritausdruck *Durlabham,* das heißt «schwer zu erreichen», bezieht sich auf diese Schwierigkeit, menschliche Geburt zu bewahren. Aber solch ein Abstieg schließt (wie Dr. Evans-Wentz sagt) den Verlust der menschlichen Natur ein und enorme Zeitlängen einer Schöpfungsepoche.

Wenn die Reihen *(santâna)* der Bewußtseinszustände bestimmt werden durch das vergangene *Karma,* so könnte man fragen, wieso denn jene Freiheit der Wahl besteht, die der ganze Text voraussetzt mit seinen Anweisungen für den Verstorbenen, dies zu tun und jenes zu meiden. Ohne

[12] Von Pflanzen, Wassertieren, Reptilien, Vögeln, Vierfüßlern, Affenarten bis zum Menschen. Siehe *Brihad Viṣṇu Purâṇa.*

Zweifel sind selbst im einzelnen Individuum verschiedene Tendenzen *(saṃskâra)*. Aber die Frage bleibt doch bestehen. Wenn das *Karma,* das zur Reife kommt, die Handlung bestimmt, dann ist Rat für den Angeklagten zwecklos. Wenn die *Seele* Freiheit der Wahl hat, dann gibt es keine Bestimmung durch *Karma.* Der Hinduismus nimmt an, daß (trotz des Einflusses von *Karma*) das *Âtman* im wesentlichen frei ist. Hier scheint die Antwort eine zweifache zu sein. Abgesehen von dem, was weiterhin behauptet wird, mögen die gegebenen Anweisungen durch ihre Suggestion eben jene der verschiedenen latenten Tendenzen aufrufen, die zu der angeratenen Handlung tendiert. Weiterhin räumt dieses System ein, daß eine *Seele* der anderen helfen kann. Und so gibt es Gebete für den Verstorbenen und das Anführen seiner Verdienste, gerade so, wie wir im Hinduismus den *Pretaśraddhâ* finden, im Katholizismus das Requiem und im Islam das *Fatiha* der Moslem. In diesen und anderen Angelegenheiten kann ein Geist, so wird behauptet, einen anderen auf andere Weise beeinflussen als durch die gewöhnlichen Sinneskanäle – ob vor oder nach dem Tode. Es ist auch eine Tendenz dabei, kollektives *Karma* und seine Wirkungen zu überblicken. Ein Individuum wird nicht nur beeinflußt vom eigenen *Karma,* sondern auch von dem der Gemeinschaft, zu der es gehört. Eine weitere Frage erhebt sich über die Bedeutung der Reinkarnationslehre an sich, aber dies ist nicht der Ort, sie zu behandeln.

Dieses bemerkenswerte Buch enthält noch viele andere Punkte von Interesse, aber ich muß nun aufhören und es dem Leser überlassen, sie selbst zu entdecken. Trotzdem würde ich gern noch ein Wort hinzufügen über die Art, wie es entstanden ist. Der Text hat das Glück gehabt, Dr. Evans-Wentz zum Herausgeber zu haben, dessen Kenntnis und Sympathie für seinen Stoff ihn befähigt haben, uns einen recht gut verständlichen Bericht davon zu geben. Er seinerseits hatte Glück mit seinem Lehrer, dem Übersetzer, dem verstorbenen Lama Kazi Dawa-Samdup (tib. *Zla-va-bsam-hgrub*), der, als ich ihn zuerst traf, Hauptdolmetscher beim Stab Seiner Exzellenz Lonchen Satra, des tibetischen Bevollmächtigten bei der Regierung von Indien war. Er war auch dem politischen Stab Seiner Heiligkeit des Dalai Lama beigeordnet während dessen Besuch in Indien. Zur Zeit seines vorzeitigen und lebhaft bedauerten Todes war Lama Kazi Dawa-Samdup Lektor für das Tibetische an der Universität von Calcutta. Diese und andere Berufungen, die dem Übersetzer zuteil wurden und auf die Dr. Evans-Wentz hingewiesen hat, verbürgen seine hohe Kompetenz sowohl im Tibetischen als auch im Englischen.

Ich kann hinzufügen, daß er auch einige Kenntnis des Sanskrit hatte, was ich als sehr nützlich empfand bei meinen Diskussionen mit ihm über die Bedeutung von Ausdrücken, die in der tibetisch-buddhistischen Lehre und deren Ritual angewandt werden. Außerdem kann ich aus persönlicher Erfahrung von seinen Kenntnissen sprechen, denn ich war viel mit ihm zusammen, als er für mich eine Übersetzung des tibetischen *Śrîcakrasambhâra Tantra* vorbereitete, das ich als 7. Band in der Reihe der *Tantrischen Texte* (Luzac & Co.) veröffentlicht habe. Gleicherweise kann ich aus eigener Kenntnis bestätigen, was Dr. Evans-Wentz über diesen hervorragenden Mann gesagt hat. Möge ihre vereinte Arbeit den Erfolg haben, den sie verdient, und damit Dr. Evans-Wentz ermutigen, wenigstens einige von den anderen Texten herauszugeben, von denen er mir sagte, daß sie sich in seinem Besitz befinden.

Oxford
3. Oktober 1925

JOHN WOODROFFE

4. EINFÜHRUNG[1] IN DIE LEHREN DES BARDO THÖDOL

«Die Lebenserscheinungen kann
man vergleichen mit einem Traum,
einem Phantom, einer Wasserblase,
einem Schatten, dem glitzernden
Tau oder dem Blitz – und so sollten
sie betrachtet werden.»
Prajñâpâramitâ-Sûtra

I. Die Bedeutung des Bardo Thödol

Als Beitrag zur Wissenschaft vom Tod und der Existenz nach dem Tode und von der Wiedergeburt ist *Das Tibetanische Totenbuch,* in seiner eig-

[1] Diese Einführung gründet sich größtenteils auf Erläuterungen, die der verstorbene Lama Kazi Dawa-Samdup, der Übersetzer des *Bardo Thödol,* angeregt und dem Herausgeber diktiert hat, während die Übertragung aus dem Tibetischen ins Englische ihre Form gewann, und zwar in Gangtok in Sikkim. Der Lama war der Meinung, daß seine englische Fassung des *Bardo Thödol* nicht ohne seine exegetischen Kommentare zu den dunkleren und bildhaften Teilen des Textes veröffentlicht werden sollte. Das, meinte er, würde nicht nur zur Rechtfertigung seiner Übersetzung beitragen, sondern überdies den Wünschen seines verstorbenen *Guru* (s. S. 153 f.) entsprechen hinsichtlich aller Übersetzungen in eine europäische Sprache von Werken, die die esoterische Lehre der Großen Schule der Vollendeten erläutern, der Schule also, in die jener *Guru* ihn eingeführt hatte. Hierfür wurde des Übersetzers Exegese, die sich auf die von des Übersetzers Guru gründete, dem Herausgeber übermittelt und von diesem hier niedergelegt.

Des Herausgebers Aufgabe ist es, die so diktierten Notizen in Beziehung zueinander zu bringen, sie in ein System einzuordnen und manchmal auch zu erweitern, indem er verwandten Stoff aus weit getrennten Quellen einbezieht, die seiner Meinung nach die Exegese dem Abendland verständlicher machen, für das ja dieser Teil des Buches hauptsächlich bestimmt ist.

Der Übersetzer fühlte auch, daß ohne eine solche Deckung, wie sie diese Einführung bieten soll, die Übersetzung des *Bardo Thödol* leicht der Mißdeutung und damit dem Mißbrauch ausgesetzt wäre, besonders bei Menschen, die aus irgendeinem Grund den buddhistischen Lehren oder den Lehren gerade seiner Sekte des Nördlichen Buddhis-

nen Sprache *Bardo Thödol* genannt («Befreiung durch Hören auf der Stufe nach dem Tode»)[2], einzigartig unter den heiligen Büchern der Welt. Als gedrängte Darstellung der Hauptlehren der *Mahâyâna*-Schule des Buddhismus ist es von außerordentlicher Bedeutung in religiöser, philosophischer und historischer Beziehung. Als ein Traktat, der sich im wesentlichen auf die okkulte Wissenschaft der *Yoga*-Philosophie stützt, die den Lehrkursen der großen buddhistischen Universität von Nâlanda, dem Oxford des alten Indien, zugrunde liegt, ist es vielleicht eines der bedeutendsten Werke, die der Westen je vom Osten erhalten hat. Als mystisches Handbuch zur Führung durch die andere Welt vieler Illusionen und Bereiche, deren Grenzen Tod und Geburt sind, gleicht es dem *Ägyptischen Totenbuch* so weit, daß man eine ursprüngliche kulturelle Verwandtschaft zwischen den beiden vermutet; obgleich wir mit Sicherheit nur wissen, daß der Kern der Lehren, den wir hier dem Leser des Abendlandes zugänglich machen, uns erhalten wurde durch eine lange Folge von Heiligen und Sehern des von Gott beschützten Landes schneebedeckter Gebirgsketten, Tibet.

mus feindlich gegenüberstehen. Es war ihm auch klar, wie eine solche Einführung wie die hier gegebene selbst zum Gegenstand feindlicher Kritik werden kann, vielleicht weil sie das Ergebnis philosophischen Eklektizismus zu sein scheint. Jedenfalls kann der Herausgeber hier nur feststellen, wie er es auch an anderer Stelle gesagt hat: hier wie auch in den entsprechenden Fußnoten zum Text selber ist es seine Absicht, die Psychologie und die dem *Bardo Thödol* eigenen besonderen Lehren darzubieten, wie sie ihm von ihren berufenen eingeweihten Verkündern gelehrt wurden, die allein das unbestreitbare Recht haben, sie auszulegen.
Wenn Kritiker einwenden sollten, der Herausgeber habe die Lehren des *Bardo Thödol* eher vom Standpunkt des Nordbuddhisten, der an sie glaubt, ausgelegt als vom Standpunkt des Christen aus, der vielleicht einige davon ablehnen würde, so verzichtet der Herausgeber darauf, sich zu entschuldigen; denn er findet, es läßt sich kein vernünftiger Grund anführen, warum er sie in anderer Weise auslegen sollte. Anthropologie beschäftigt sich mit den Dingen, wie sie sind. Und die Hoffnung aller ernsten Forscher auf dem Gebiet vergleichender Religionswissenschaft sollte es sein, immer ohne jede Voreingenommenheit solche wissenschaftlichen Gegebenheiten zu sammeln, die eines Tages künftige Generationen die Wahrheit selbst entdecken lassen, jene universale Wahrheit, in der alle Religionen und Sekten schließlich das innerste Wesen der Religion und die Allgültigkeit des Glaubens erkennen werden.

[2] In seiner interessanten tibetischen Dichtung *Om* verweist Mr. Talbot Mundy auf den Titel *The Tibetan Book of the Dead* (Das Tibetanische Totenbuch) und betrachtet ihn als eine sehr freie Übersetzung von *Bardo Thödol*. Als solche sollte er jedoch nicht angesehen werden; man hat diesen Titel gewählt, weil er am geeignetsten scheint, dem europäischen Leser den Charakter des ganzen Buches kurz und treffend zu kennzeichnen.

Der *Bardo Thödol* ist einzigartig insofern, als er zum Inhalt hat, den ganzen Kreislauf *saṃsârischer* (d.h. in Erscheinung tretender) Existenz zwischen Tod und Geburt rationell zu behandeln – die alte Lehre vom *Karma* oder den Folgen (wie sie Emerson als Kompensation lehrte) und von der Wiedergeburt, die als die wesentlichsten Naturgesetze, die das menschliche Leben beeinflussen, anerkannt werden. Oft jedoch scheint seine Lehre ganz das Gegenteil von rational zu sein, weil sie zum großen Teil in okkulten Zeichen abgefaßt ist. Dr. L. A. Waddell hat nach sorgfältiger Forschung erklärt, daß die *Lamas* die Schlüssel besitzen, um die Bedeutung eines großen Teiles der Lehre Buddhas zu erschließen, die den Europäern bis dahin fast unzugänglich gewesen ist[3].

Einige der gelehrteren *Lamas,* darunter der verstorbene Lama Kazi Dawa-Samdup, haben geglaubt, daß seit sehr frühen Zeiten ein geheimer, internationaler Symbolkodex zu gemeinsamem Gebrauch unter Eingeweihten bestanden hat, der einen Schlüssel zur Deutung solcher okkulter Lehren liefert, wie sie noch heute von religiösen Bruderschaften in Indien, wie auch in Tibet, China, der Mongolei und Japan, eifersüchtig gehütet werden.

Gleicherweise haben westliche Okkultisten behauptet, daß die Hieroglyphenschriften des alten Ägypten und von Mexiko in gewissem Grade einer popularisierten oder exoterischen Geheimsprache entsprossen sind. Sie behaupten auch, daß von Plato und anderen griechischen Philosophen manchmal ein Symbolkodex angewendet wurde, und zwar in Verbindung mit pythagoräischer und orphischer Überlieferung; ferner, daß in der ganzen keltischen Welt die Druiden all ihre esoterischen Lehren durch Symbole verbreiteten; daß der Gebrauch von Gleichnissen, wie in den Reden Jesu und des Buddha und anderer großer Lehrer, dieselbe Tendenz zeigt; auch daß viele der alten orientalischen Symbole durch Werke wie Äsops Fabeln und die Wunder- und Mysterienspiele des mittelalterlichen Europa in die modernen Literaturen des Westens eingeführt worden sind[4].

[3] L. A. Waddell, The Buddhism of Tibet or Lamaism (London 1895), S. 17.

[4] Man hat triftige Gründe anzunehmen, daß eine Quelle moralischer Philosophie, die einigen Fabeln von Äsop zugrunde liegt (und gleichermaßen auch dem indischen *Panchatantra* und *Hitopadesha*), sich noch erweisen läßt als primitive orientalische Volksmärchen von Tieren und tierischen Symbolen, die, wie Gelehrte jetzt meinen, dazu beigetragen haben, die *Jâtaka-Erzählungen* von den verschiedenen Geburten des Buddha

Wie dem auch sei, sicher ist, daß keines der großen Systeme alten Gedankengutes, und nicht einmal einheimische Literaturen, immer die gebräuchliche Alltagssprache ihrer Umwelt ausreichend gefunden haben, um transzendentale Lehren sachgemäß auszudrücken oder auch nur die volle Bedeutung moralischer Maximen hervorzuheben.
Das Lamm, der Drache (oder die Schlange), die Taube über dem Altar, das Dreieck, das das allsehende Auge einschließt (auch bei den Freimaurern üblich), das heilige Fischsymbol, das immerbrennende Feuer oder das Bild der aufgehenden Sonne auf dem Behälter für die geweihte Hostie in der Römischen Messe, die architektonischen Symbole und die Orientierung von Kirche und Kathedrale, das Kreuz selbst und sogar die Farben und der Entwurf der Priester-, Bischofs- und Papstgewänder sind einige der stillen Zeugnisse dafür, daß in den modernen christlichen Kirchen die Symbole des Heidentums fortleben. Aber der Schlüssel zur Erklärung der inneren Bedeutung von fast allen so verchristlichten Symbolen wurde unbewußt weggeworfen: uneingeweihte Kleriker, zusammengeholt in Konzilien, um Ketzerei aufzuspüren, haben das ursprüngliche

zu gestalten (vgl. *The Jâtaka,* herausgegeben von E.B. Cowell, Cambridge 1895–1907). Ähnlich enthalten die christlichen Mysterienspiele einen Symbolismus, der mit dem in den noch vor kurzem unter klerikalem Patronat blühenden Mysterienspielen in ganz Tibet und den Nachbarländern mit Nördlichem Buddhismus so nahe verwandt ist, daß er auf einen weiteren Strom hinweist, der aus dem Osten nach Europa vorgedrungen ist (vgl. *Three Tibetan Mysteries,* hrsg. von H. I. Woolf, London n.d.). Die deutlich romanische Kanonisierung des Buddha in der mittelalterlichen Gestalt von St. Jehoshaphat ist ein weiteres Beispiel dafür, wie Östliches zu Westlichem geworden zu sein scheint (vgl. Baralâm und Yewasef, hrsg. von E. A. W. Budge, Cambridge 1923). Ferner läßt das einst sehr verbreitete mittelalterliche Werk *De Arte Moriendi* (vgl. *The Book of the Craft of Dying,* hrsg. von F. M. M. Comper, London 1917), von dem es viele Versionen und Varianten in Latein, Englisch, Französisch und anderen europäischen Sprachen gibt, eine weitere Infiltration orientalischer Ideen über den Tod und die Existenz nach dem Tode vermuten, wie sie sowohl dem tibetischen *Bardo Thödol* als auch dem *Ägyptischen Totenbuch* zugrunde liegen; um dies zu zeigen, sind einige der auffallendsten Abschnitte aus dem Zyklus *De Arte Moriendi,* die textlich mit gewissen Teilen des *Bardo Thödol* parallel laufen, von Mr. Compers vorzüglicher Ausgabe in *The Book of the Craft of Dying* in Fußnoten der Übersetzung des *Bardo Thödol* beigefügt worden.
Buddhist and Christian Gospels (Philadelphia 1908), eine bahnbrechende Studie über den bemerkenswerten Parallelismus, der in den Texten des Neuen Testaments und den Texten des Buddhistischen Kanon besteht, von Mr. A. J. Edmunds, weist ebenfalls darauf hin, daß eines der meistversprechenden Forschungsgebiete, bisher fast Neuland, im Studium gerade solcher Entsprechungen östlicher und westlicher Gedankenwelt und Literatur liegt, wie hier angeregt.

Christentum, das so tief in Symbolismus, genannt Gnostizismus, gehüllt war, als «verrückt gewordenes orientalisches Bildwerk» angesehen und es als «ketzerisch» abgelehnt, während es von seinem eigenen Standpunkt aus nur esoterisch war.

In ähnlicher Weise ist der Nördliche Buddhismus, für den Symbole so lebenswichtig sind, von Buddhisten der Südlichen Schule verdammt worden wegen seines Anspruchs, Hüter einer esoterischen Lehre zu sein, die größtenteils von anerkannten Eingeweihten direkt vom Buddha von Generation zu Generation mündlich übermittelt worden sei – aber auch weil er (z. B. im *Saddharma-Puṇḍarîka*) aufgezeichnete Doktrinen lehrte, die nicht mit den im *Tri-Piṭaka,* dem *Pâli*-Kanon, stehenden Doktrinen übereinstimmen. Dennoch, obgleich der Südliche Buddhist allgemein annimmt, daß es nur eine buchstäbliche Interpretation von Buddhas Lehren geben kann, enthalten die *Pâli*-Schriften viele Gleichnisse und metaphorische Ausdrücke, deren einige die *Lamas* für symbolisch und für eine Bestätigung ihrer eigenen esoterischen Tradition halten und zu denen sie – wohl nicht ohne guten Grund – behaupten, den Schlüssel des Eingeweihten zu besitzen.

Die *Lamas* geben zu, daß das *Tri-Piṭaka* (*Drei Piṭakas oder Körbe* [des Gesetzes]), wie der Südliche Buddhist behauptet, das aufgezeichnete Wort (oder die Lehre) der frühen Vorfahren ist, der *Theravâda;* aber sie argumentieren, daß die *Piṭakas* nicht das ganze «Wort» enthalten, daß sie viel von den *Yoga*-Lehren Buddhas vermissen lassen und daß es besonders diese Lehren seien, die in vielen Fällen esoterisch der Jetztzeit überliefert worden seien. «Esoterischer Buddhismus», wie er nun – zu Recht oder Unrecht – genannt wird, scheint in hohem Maße auf «ins Ohr geflüsterten» Doktrinen dieser Art zu beruhen, die nach alter unverletzlicher Regel nur mündlich von *Guru* zu *Śiṣya* weitergegeben werden.

Der *Pâli*-Kanon berichtet, daß der Buddha kein Wissen heimlich «in geschlossener Faust» hielt (vgl. Mahâ Parinibbâna Sûttanta, Dîgha-Nikâya II), das will sagen, er hielt keine wesentliche Lehre zurück vor den Mitgliedern der Priesterschaft *(Saṅgha),* ebenso wie heutzutage kein *Guru* ein Wissen vor seinen eingeweihten oder anerkannten Schülern zurückhält, das nötig ist für ihre geistige Erleuchtung. Das soll aber nicht besagen, daß alle solchen Lehren dazu bestimmt wären, schriftlich niedergelegt zu werden für die uneingeweihte und weltliche Menge, oder daß sie je dazu in irgendeinem der Kanons aufgezeichnet worden wären. Der Buddha selbst schrieb nichts von seinen Lehren nieder, und seine Schüler, die nach seinem Tode die buddhistischen Schriften zusammengetragen haben, mögen darin nicht alles niedergelegt haben, was ihr Meister sie gelehrt hatte. Wenn sie es nicht taten – und es gibt eben darum, wie die *Lamas* behaupten, gewisse ungeschriebene Lehren des Buddha, die denen niemals mitgeteilt worden sind, die nicht der Priesterschaft *(Saṅgha)* angehörten –, dann gibt es unzweifelhaft einen außerkanonischen oder esoterischen Buddhismus. Ein so aufgefaßter esoterischer Buddhismus darf aber nicht als irgendwie im Widerspruch mit dem kanonischen oder exoterischen Buddhismus angesehen werden, sondern er steht zu ihm im gleichen Verhältnis wie höhere Mathematik zur niederen Mathematik und ist die Spitze der Pyramide des ganzen Buddhismus. Kurzum, die anführbare Evidenz gibt dem Anspruch der *Lamas,* auf die wir uns berufen, kräftige Stützen, daß es wirklich – wie der *Bardo Thödol* nahezulegen scheint – einen nicht aufgeschriebenen Bestand von mündlich übermittelten buddhistischen Lehren gibt, die den kanonischen Buddhismus ergänzen[5].

III. Die esoterische Bedeutung der neunundvierzig Tage des Bardo

Wenn wir uns nun unserem Text zuwenden, so finden wir, daß er in seiner Struktur gegründet ist auf die symbolische Zahl Neunundvierzig, das Quadrat der heiligen Zahl Sieben; denn gemäß den okkulten Lehren, die dem Nördlichen Buddhismus und jenem Höheren Hinduismus gemeinsam sind und die der als Hindu geborene Bodhisattva, der der Gautama Buddha wurde, der Reformator des Niederen Hinduismus und der Ordner der geheimen Überlieferung, niemals abgelehnt hat, gibt es sieben Welten oder sieben Grade von *Mâyâ*[6] innerhalb des *saṃsâra*[7], bestehend

[5] Es ist wohl unnötig für den Herausgeber, seine Freunde, die den *Theravâda*-Buddhismus der Südlichen Schule bekennen, daran zu erinnern, daß es ihm bei der Vorbereitung für diese Einleitung notwendigerweise darauf ankam, den Buddhismus hauptsächlich vom Standpunkt des Nördlichen Buddhismus der *Kargyütpa*-Sekte (s. S. 152) darzustellen, von der der *Bardo Thödol* als Heiliges Buch anerkannt wird und der der Übersetzer angehörte. Wenn der Südliche Buddhist auch nicht mit den Lehren des *Bardo Thödol* in ihrer Gesamtheit übereinstimmen mag, so wird er trotzdem sehr bereit sein, sie in den wesentlichsten Punkten als auf den Lehren gegründet zu sehen, die allen Schulen und Sekten des Buddhismus gemein sind; und er mag sogar jene, mit denen er nicht übereinstimmt, interessant finden und vielleicht zu einer nochmaligen Erwägung gewisser eigener antagonistischer Glaubenssätze angeregt werden.

[6] *Mâyâ,* die Sanskrit-Entsprechung zum tibetischen *Gyûma (sGyu-ma),* bedeutet eine

aus sieben Globen einer Planetenkette. Auf jedem Globus gibt es sieben Entwicklungskreise, die insgesamt die neunundvierzig (sieben mal sieben) Stationen aktiver Existenz ausmachen.
Wie im embryonalen Zustand in der menschlichen Spezies der Fötus jede Form organischer Struktur von der Amöbe bis zum Menschen, dem höchsten Säugetier, durchläuft, so erfährt im Nachtod-Zustand, dem embryonalen Zustand der psychischen Welt, der Wisser oder das Bewußtseinsprinzip vor seinem Wiederuntertauchen in groben Stoff analog dazu rein psychische Zustände. Mit anderen Worten, in diesen beiden voneinander abhängigen embryonalen Prozessen, einem physischen und einem psychischen, werden die Evolutions- wie die Involutions-Errungenschaften, entsprechend den neunundvierzig Stationen der Existenz, durchlaufen.
In gleicher Weise mögen die neunundvierzig Tage des *Bardo* symbolisch sein für die neunundvierzig Kräfte des Mysteriums der Sieben Vokale[8]. In der Hindu-Mythologie, aus der viel vom Symbolismus des *Bardo* stammt, waren diese Vokale das Mysterium der Sieben Feuer und deren neunundvierzig unterteilte Feuer oder Aspekte. Sie werden auch dargestellt durch die *Svastika*-Zeichen auf den Kronen der sieben Häupter der Schlange der Ewigkeit in den nordbuddhistischen Mysterien, die im alten Indien ihren Ursprung haben. In den Hermetischen Schriften sind sie die sieben Zonen der Nachtod- oder *Bardo*-Erfahrungen, jede ein Symbol für den Ausbruch eines besonderen, siebenfältigen Elementes im Hauptkomplex des Bewußtseins während des Zwischenzustandes, und damit neunundvierzig Aspekte oder Feuer oder Manifestationsfelder des Bewußtseinsprinzips[9].

magische oder illusorische Vorstellung, mit direkter Beziehung zu den Erscheinungen der Natur. In einem höheren Sinn, im Brahmanentum, weist dieses Wort hin auf die *Śakti* Brahmas (der Höchste Geist, der Ain Soph des Judaismus).

[7] Der Sanskritausdruck *saṃsâra,* tibetisch *Khorva (ḥKhor-ba),* bezieht sich auf die Welt der Erscheinungen selbst, sein Gegensatz ist Nirvâṇa (tib. *Myaṅ-ḥDas*), das jenseits der Erscheinungen ist (vgl. S.142).

[8] Die «Sieben Vokale» sind die fünf Grundvokale und zwei nur im Sanskrit vorkommende Laute: «ṛi» und «ḷi». In der Sanskritanordnung stellen sich diese Vokale folgendermaßen dar: a, i, u, ṛi, ḷi, e, o.

[9] Was die esoterische Bedeutung der neunundvierzig Tage des *Bardo* betrifft, vgl. H.P.Blavatsky, The Secret Doctrine (London 1888), S.238, 411, 617, 627–628. Der verstorbene Lama Kazi Dawa-Samdup war der Meinung, daß, ungeachtet der ablehnenden Kritik, die H.P.Blavatskys Arbeiten erfuhren, eine adäquate innere Evidenz die intime Vertrautheit ihrer Autorin mit den höheren lamaistischen Lehren erkennen läßt, in die sie den Anspruch erhob, eingeweiht worden zu sein.

Die Zahl Sieben war lange eine heilige Zahl bei den Ariern und anderen Rassen. Ihre Anwendung in der Offenbarung Johannis illustriert das, ebenso wie der Begriff des siebenten als eines heiligen Tages. In der Natur beherrscht die Zahl Sieben die Periodizität und die Erscheinungen des Lebens, wie z.B. in den Reihen der chemischen Elemente, in der Laut- und Farbenphysik, und auch der *Bardo Thödol* ist wissenschaftlich gegründet auf der Zahl Neunundvierzig, oder sieben mal sieben.

IV. Die esoterische Bedeutung der Fünf Elemente

In der auffallendsten Weise haben auch die esoterischen Lehren, die die Fünf Elemente betreffen, wie sie symbolisch im *Bardo Thödol* dargelegt werden, ihre Parallelen hauptsächlich zu gewissen Lehren der westlichen Wissenschaft, wie die folgende, hierauf beruhende und vom Übersetzer selbst verfaßte Interpretation beweist:
Im Ersten Kreislauf unseres Planeten war nur ein Element, das Feuer, entwickelt. Im Feuernebel, der in Übereinstimmung mit dem *karmischen* Gesetz den *saṃsâra* oder den Kosmos regiert, eine kreisende Bewegung annahm und einen flammenden, kugeligen Körper undifferenzierter Urkräfte bildete, lagen alle anderen Elemente im Keime. Leben manifestierte sich zuerst in Feuergewänder gekleidet; und der Mensch, wenn wir annehmen, daß er damals existiert hat, war in einem Körper aus Feuer inkarniert – wie ihn die Salamander des mittelalterlichen Okkultismus gehabt haben sollen. Im Zweiten Kreislauf, als das Element Feuer endgültige Gestalt angenommen hatte, trennte sich das Element Luft von ihm und hüllte den embryonalen Planeten ein, wie eine Schale das Ei umgibt. Demzufolge wurde der Körper des Menschen und aller anderen organischen Kreaturen eine Verbindung von Feuer und Luft. Im Dritten Kreislauf, als der Planet, gebadet und gefächelt vom Element Luft, seine feurige Natur milderte, kam das Element Wasser aus seiner dämpfigen Luft hervor. Im Vierten Kreislauf, in dem der Planet noch jetzt ist, neutralisierten Luft und Wasser die Wirkungen ihres Vorfahren Feuer; und das Feuer brachte das Element Erde hervor und wurde davon wie mit einer Kruste überzogen. Esoterisch sollen die gleichen Lehren überliefert worden sein durch den alten Hindu-Mythos vom «Ausbuttern der Milchsee», die dem Feuernebel entsprach, als – wie dort die Butter – aus ihm die feste Erde entstand. Auf der so geformten Erde sollen die Götter sich genährt haben; oder mit anderen Worten: sie wur-

den durch ihre Sehnsucht nach einer Existenz in groben physischen Körpern auf diesem Planeten inkarniert und wurden so zu den göttlichen Vorfahren des Menschengeschlechtes.

Im *Bardo* manifestieren sich in den ersten vier Tagen diese vier Elemente; sie dämmern dem Toten in ihrer ursprünglichen Form, wenn auch nicht in ihrer echten okkulten Reihenfolge[10].

Das fünfte Element, Äther, in seiner ursprünglichen Form symbolisiert als «der grüne Lichtpfad der Weisheit vollkommener Handlungen», dämmert nicht auf, denn, wie der Text erklärt, ist die (Bodhische) Weisheitskraft des Bewußtseins im Verstorbenen nicht voll entwickelt worden.

Das Ätherelement, wie das Aggregat von Stoff (Symbol des Feuernebels), verkörpert *Vairocana,* er, der alle Dinge in Formen sichtbar macht. Das psychische Attribut des Ätherelementes ist – um die lamaistische Auffassung in die Sprache der westlichen Psychologie zu übertragen – das Unterbewußtsein; und vom Unterbewußtsein, das als ein transzendentales Bewußtsein höher ist als das normale menschliche Bewußtsein und bis heute gewöhnlich unentwickelt, glaubt man, daß es – als Träger für die Manifestationen der Weisheitskraft (Bodhischen Kraft) – bestimmt ist, das aktive Bewußtsein der Menschheit im Fünften Kreislauf zu werden. Da die Erinnerungsaufzeichnungen aller vergangenen Erfahrungen aus den vielen Zuständen *saṃsârischer* Existenz latent im Unterbewußtsein liegen – wie des Buddha eigene Lehren annehmen (s. S.115–117) –, so werden die Geschlechter des Fünften Kreislaufes, in denen es aktiv wird, fähig sein, sich alle ihre früheren Existenzen zurückzurufen. Anstatt Glaubens oder bloßer Meinung wird der Mensch dann

[10] Da den Fünf *Dhyâni-Buddhas,* wie in unserem Text, die fünf Elemente entsprechen – Äther oder Aggregat der Materie *(Vairocana),* Luft oder Aggregat des Willens *(Amoghasiddhi),* Feuer oder Aggregat der Wahrnehmung *(Amitâbha),* Wasser oder Aggregat des Bewußtseins (*Vajrasattva,* esoterisch als ein Abglanz *Akṣobhyas*) und Erde oder Aggregat der Empfindung *(Ratnasambhava)* –, glaubt man auch, daß aus dem *Âdibuddha* (aus dem nach der *Âdibuddha*-Schule die Fünf *Dhyâni-Buddhas* selbst hervorgehen) das sechste Element entsteht, das Geist *(Manas)* ist. Zuweilen nimmt *Vajrasattva,* als eine esoterische Gottheit (wie auch *Vairocana*) – der Schule und dem Ritual zufolge – den Platz des *Âdibuddha* ein und ist dann synonym mit ihm. (Da man nicht von einer «Anhäufung» des Bewußtseins oder des Willens sprechen kann, muß das Wort «Aggregat» hier als «Prinzip» verstanden werden, das Einheitliche, das all diesen Funktionen zugrunde liegt. Unter «aggregate» versteht man im Englischen nicht nur eine «Anhäufung», sondern «the sum total» einer Sache, das Prinzipielle. L.A.G.)

Der Dorje, das lamaistische Zepter (skt. vajra)

[vgl. S. 326, 329]

Wissen besitzen und dazu kommen, sich selbst zu erkennen in dem Sinne, den die Mysterien des alten Griechenland andeuten; er wird die Unwirklichkeit *saṃsârischer* Existenz erkennen, indem er Erleuchtung und Befreiung vom *saṃsâra* erreicht, von all den Elementen; und das wird geschehen als ein normaler Prozeß menschlicher Entwicklung. Es ist indessen das Ziel in allen, sowohl indischen als auch tibetischen *Yoga-Schulen – wie im Bardo Thödol* –, diesen langsamen Prozeß normaler Entwicklung zu beschleunigen und schon jetzt Freiheit zu gewinnen.

Im Körper des Menschen, wie er ist – jetzt in unserem Vierten Kreislauf –, gibt es vier Königreiche lebender Kreaturen: 1. die des Elementes Feuer, 2. die des Elementes Luft, 3. die des Elementes Wasser und 4. die des Elementes Erde. Über dieses kollektive Leben von unzähligen Myriaden von Leben ist der Mensch König. Wenn er ein großer König ist, erfüllt von dem transzendenten Bewußtsein des triumphierenden *Yogi* (oder Heiligen), dann offenbart die zahllose Menge seiner elementaren Untertanen sich in ihrer wahren Natur einzeln vor ihm und legt das Zepter (symbolisiert durch den tibetischen *Dorje*[11]) der universalen Herrschaft über die Materie in seine Hand. Dann ist er wirklich Herr über die Natur und wird nun seinerseits Herrscher durch göttliches Recht, ein *Cakra-vartin*, oder Weltherrscher, Gott und Schöpfer[12].

V. Die Weisheitslehren

Auch in symbolische Sprache gekleidet gibt es als grundlegende okkulte Lehren des *Bardo Thödol* das, was der Übersetzer «Die Weisheitslehren» genannt hat; und diese, die wesentliche *Mahâyâna*-Lehren sind, kann man wie folgt skizzieren:

Die Leere. – In allen tibetischen *Yoga*-Systemen ist das eine große Ziel Realisation der Leere (tib. *sTon-pa-ñid* – sprich: *Tong-pa-nyi;* skt. *Śûnyatâ*); denn sie zu verwirklichen heißt den uneingeschränkten *Dharmakâya* erreichen oder den «Göttlichen Körper der Wahrheit» (tib. *Chossku* – sprich: *Tschö-ku*), den ursprünglichen Zustand der Unerschaffenheit des Überweltlichen *Bodhischen* All-Bewußtseins – Buddhaschaft. Verwirklichung der Leere (Pâli: *suññatâ*) ist auch das Ziel der Theravâdisten.

Die Drei Körper. – Der *Dharmakâya* ist der höchste der Drei Körper (tib. *sku-gsum* – sprich: *Kû-sum;* skt. *Tri-kâya*) des Buddha und aller Buddhas und Wesen, die Vollkommene Erleuchtung haben. Die anderen beiden Körper sind der *Sambhogakâya* oder «Göttliche Körper vollkommener Ausstattung»[13] (tib. *Longs-spyod-rdsogs-sku* – sprich: *Long-*

[11] gesprochen «Dordsche», *rDo-rJe* geschrieben; *rDo* = Stein, *rJe* = Meister, Herr. Als Herr der Steine aber gilt der Diamant. Die altindische Bedeutung des *Vajra* als Donnerkeil oder Blitzstrahl *Indras* weicht im *Mahâyâna* und im *Vajrayâna* der Bedeutung des Diamantzepters (L. A. G.).

[12] Manu sagt in «Die Gesetze» (XII, 10–11): «Der, dessen klares Verständnis eine Herrschaft über seine Worte, eine Herrschaft über seine Gedanken und eine Herrschaft über seinen ganzen Körper erreicht, mag mit Recht ein Dreifacher Herrscher genannt werden.»
«Der Mensch, der seine dreifache Selbstbeherrschung mit Rücksicht auf alle beseelten Kreaturen anwendet, Lust wie Zorn völlig überwindend, erlangt durch eine solche Einstellung Glückseligkeit.» (Vgl. engl. Übersetzung durch Sir William Jones.)

[13] wörtlich: «Körper vollkommener Entzückung» (L.A.G.).

tschöd-zo-ku) und der *Nirmâṇakâya* oder «Göttliche Körper der Inkarnation»[14] (tib. *Sprul-paḥi-sku* – sprich: *Tul-pai-ku*).

Der *Dharmakâya* wird symbolisiert – denn alle menschlichen Wortbildungen sind nicht fähig, die Qualitätslosigkeit zu beschreiben – durch einen unendlichen Ozean, ruhig und ohne eine Welle, aus dem Nebelwolken und Regenbogen aufsteigen, die den *Sambhogakâya* symbolisieren; und die Wolken, umstrahlt vom Glanz des Regenbogens, die sich verdichten und als Regen niederfallen, symbolisieren den *Nirmâṇakâya*[15].

Der *Dharmakâya* ist ursprüngliches, formloses *Bodhi,* das wahre Erfahrung ist, frei von allem Irrtum oder ihm anhaftender oder zufälliger Verdunkelung. In ihm liegt das Wesen des Universums, das beide umschließt: *saṃsâra* und Nirvâṇa, die als Zustände oder Bedingungen der beiden Pole des Bewußtseins in der letzten Analyse, im Bereich des reinen Intellektes, identisch sind[16]. Mit anderen Worten: Der *Dharmakâya* (wörtlich *Gesetzes-Körper*) ist uneingeschränkte, wesentliche Weisheit *(Bodhi);* der *Sambhogakâya* (*Kompensations-Körper* oder *Körper der Entzückung*) verkörpert, wie in den Fünf *Dhyâni-Buddhas,* reflektierte oder begrenzte Weisheit; und der *Nirmâṇakâya* (*Veränderlicher Körper* oder *Verwandelter Körper*) verkörpert, wie in den menschlichen Buddhas, praktische und inkarnierte Weisheit[17].

[14] wörtlich: «Verwandlungskörper» (L.A.G.).

[15] Sj. Atal Bihari Gosh hat hier folgenden Kommentar beigefügt: «Das Wort *Dharma* ist abgeleitet aus der Verbwurzel *dhri,* d.i. ‹tragen› oder ‹hochhalten›. *Dharma* bedeutet das, was das Universum und auch das Individuum aufrechterhält und trägt. *Dharma* ist für die Menschheit rechtes Verhalten, das Resultat wahren Wissens. Wahrheit ist dem Brahmanentum das *Brahman,* ist Befreiung – *Mokṣa,* Nirvâṇa. *Sambhoga* ist das Leben der Freude, *Nirmâṇa* ist der Prozeß des Aufbauens. In der Lehre der Brahmanen ist *Dharma* das erste, was notwendig ist. Dann kommt *Artha* (d.i. Reichtum oder Besitz), der mit *Nirmâṇa* übereinstimmt. Danach kommt *Sambhoga;* und das letzte ist *Mokṣa,* oder Befreiung.»

[16] Alles, was sichtbar und unsichtbar ist, ob *saṃsâra* oder Nirvâṇa, ist im Grund eines [d.i. *śûnyatâ*], mit zwei Pfaden [*Avidyâ,* Unwissenheit und *Vidyâ,* Wissen] und zwei Enden [*saṃsâra* und Nirvâṇa]... «Der Urgrund von allem ist unerschaffen und unabhängig, nicht zusammengesetzt und jenseits von Intellekt und Sprache. Weder das Wort *saṃsâra* noch Nirvâṇa kann dafür gebraucht werden.» – *Die Guten Wünsche des Âdibuddha,* 1–2 (vgl. des verstorbenen Lama Kazi Dawa-Samdup Übersetzung: *Tantric Texts* [Tantrische Texte], Bd. VII, London 1919). Die *śûnyatâ,* die Leere, synonym mit dem *Dharmakâya,* ist also jenseits aller Verstandesbegriffe, jenseits des beschränkten Geistes mit all seinen Einbildungen und der Anwendung so begrenzter Ausdrücke der dualistischen Welt wie Nirvâṇa und *saṃsâra.*

[17] Vgl. Waddell, op. cit. S. 127, 347.
Áśvaghoṣa, der große Philosoph des *Mahâyâna*-Buddhismus (s. S. 307 f.), hat die *Tri-*

Das Ungeschaffene, das Ungestaltete, das Unveränderte ist *Dharmakâya.* Der Sprößling, die Beschränkung des Unbeschränkten, die Manifestation aller vollkommenen Eigenschaften in einem Körper ist *Sambhogakâya:* «Die Verkörperung alles dessen, was im *Dharmakâya* weise, barmherzig und liebevoll ist – wie Wolken am Himmel oder ein Regenbogen auf den Wolken –, wird *Sambhogakâya* genannt.»[18] Die Verdichtung und Differenzierung des Einen Körpers zu vielen ist *Nirmâṇakâya* oder die Göttlichen Inkarnationen unter lebenden Wesen, das will sagen unter Wesen, die untergetaucht sind in der Illusion, die *saṃsâra* genannt wird, in den Erscheinungen, in der weltlichen Existenz. Von allen erleuchteten Wesen, die mit vollem Bewußtsein in dieser oder irgendeiner anderen Welt wiedergeboren sind als Arbeiter an der Besserung ihrer Mitgeschöpfe, sagt man, daß sie *Nirmâṇakâya*-Inkarnierte sind.

Tantrischer Buddhismus verbindet mit dem *Dharmakâya* den Ur-Buddha *Samantabhadra* (tib. *Kun-tu-bZaṅ-po* – sprich: *Kün-tu-sang-po*), Der ohne Anfang und Ende ist, die Quelle aller Wahrheit, der allgute Vater des lamaistischen Glaubens. In den gleichen höchsten Buddha-Bereich ver-

kâya-Lehre in *The Awakening of Faith* (Das Erwachen des Glaubens), engl. Übersetzung von T. Suzuki (Chicago 1900, S. 99–103) wie folgt erklärt:

«Da alle Tathâgatas *Dharmakâya* selbst sind, sind sie die höchste Wahrheit selbst *(paramârthasatya)* und haben nichts zu tun mit Bedingtheit *(samvrittisatya)* und Zwangshandlungen, wenn auch das Sehen, Hören usw. [d. h. die spezifizierenden Sinne] jedes lebenden Menschen [von selbst] die Aktivität der Tathâgatas verschieden gestalten.

Nun hat diese Aktivität [anders gesagt: der *Dharmakâya*] einen zweifachen Aspekt. Der erste hängt ab vom Erscheinungen unterscheidenden Bewußtsein, vermittels dessen die Aktivität durch den Verstand gewöhnlicher Menschen *(pṛthagjana)*, *śrâvakas* und *Pratyekabuddhas* ausgelöst wird. Dieser Aspekt wird der Körper der Verwandlung genannt *(Nirmâṇakâya)*.

Aber weil die Wesen dieser Art nicht wissen, daß der Körper der Verwandlung nur ein Schatten (oder ein Reflex) ihres eigenen entwickelnden Bewußtseins ist *(pravritti-vijñâna)*, bilden sie sich ein, daß er aus irgendwelchen äußeren Quellen kommt, und so geben sie ihm körperliche Grenzen. Aber der Körper der Verwandlung [oder, was auf dasselbe herauskommt, der *Dharmakâya*] hat nichts zu tun mit Begrenzung und Meßbarkeit.

Der zweite Aspekt [des *Dharmakâya*] hängt ab vom Aktivitätsbewußtsein *(karma-vijñâna)*, vermittels dessen die Aktivität durch den Geist der Bodhisattvas angeregt wird, während sie von ihrer ersten Stufe des Verlangens *(cittotpâda)* aufsteigen zur Höhe der Bodhisattvaschaft. Dies wird der Körper der Seligkeit genannt *(Sambhogakâya)* …

Der *Dharmakâya* kann sich in verschiedenen körperlichen Formen manifestieren, eben weil er ihnen allen zugrunde liegt.» (Vgl. S. 310[19].)

[18] Vgl. A. Avalon, Tantric Texts VII (London und Calcutta 1919), S. 36 f., S. 41 f.

setzt der Lamaismus *Vajradhara* (tib. *rDo-rJe-ḥchaṅ* – sprich: *Dordsche-Tschang*), «der den Dorje (oder Donnerkeil) hält». Er ist der göttliche Ausleger der mystischen Lehre, die als *Vajrayâna* (tib. *rDo-rJe theg-pa*) oder *Mantrayâna* bekannt ist. In diesen Bereich gehört auch der Buddha *Amitâbha* (tib. *ḥOd-dpag-med* – sprich: «Öpamé»; oder, wie im Text S. 189[43]), der Buddha des Grenzenlosen Lichtes, der die Quelle ewigen Lebens ist. Im *Sambhogakâya* sind die Fünf *Dhyâni-Buddhas* (oder Buddhas der Meditation) untergebracht, die Lotus-Herukas und die Friedlichen und Zornigen Gottheiten, die alle in den *Bardo*-Visionen erscheinen werden. Mit dem *Nirmâṇakâya* ist *Padmasambhava* verbunden, der als erster Lehrer in Tibet den *Bardo Thödol* auslegte und der große *Guru* für alle Frommen ist, die den *Bardo*-Lehren folgen.
Die Meinung, die gewöhnlich von nicht in die höheren lamaistischen Lehren eingeweihten Menschen vertreten wird, daß der Nördliche Buddhismus im *Ur-* oder *Âdibuddha* eine höhere Gottheit sieht, ist offensichtlich ein Irrtum. Der Übersetzer war der Ansicht, daß der *Âdibuddha* und alle mit dem *Dharmakâya* verbundenen Gottheiten nicht als persönliche Götter angesehen werden dürfen, sondern als Personifikationen von ursprünglichen und universellen Kräften, Gesetzen oder geistigen Einflüssen, die – wie die Sonne auf Erden das physische Leben erhält – die göttliche Natur aller lebenden Geschöpfe auf dieser Welt erhalten und des Menschen Befreiung von allen *saṃsârischen* Existenzen ermöglichen:

«Was auch im grenzenlosen Panorama des existierenden und sichtbaren Universums für Gestalten erscheinen, was für Töne schwingen, was für Strahlen leuchten oder was für Bewußtseinsgrade erscheinen mögen, alle sind das Spiel oder die Manifestation des *Tri-kâya,* des Dreifaltigkeits-Prinzips der Ursache aller Ursachen, der Ur-Trinität. In alles dringt das alles durchflutende Wesen des Geistes ein, der Seele ist. Er ist ungeschaffen, unpersönlich, selbst-seiend, immateriell und unzerstörbar.» (Lama Kazi Dawa-Samdup.)

Der *Tri-kâya* symbolisiert also die esoterische Trinität des höheren Buddhismus der Nördlichen Schule; während der Südlichen Schule nach die exoterische Trinität der *Buddha,* der *Dharma* (oder die Schriften) und der *Saṅgha* (die Priesterschaft) ist. Wenn man es so betrachtet – die eine Dreifaltigkeitslehre als esoterisch, die andere als exoterisch –, dann sind genaue Entsprechungen zwischen den beiden Trinitäten vorhanden. Die

Lamas lehren, daß genaues und umfassendes Verständnis der *Tri-kâya*-Lehre das Privileg der Eingeweihten sei, die allein fähig sind, sie zu erfassen und zu realisieren.
Der Übersetzer selbst sah die *Tri-kâya*-Lehre als direkt aus den Tagen des Buddha durch eine lange, ununterbrochene Reihe von Eingeweihten überliefert an, von denen einige Inder, einige Tibeter waren. Er nahm an, daß der Buddha, als er sie wieder entdeckte, sie nur vermittelte von vorausgehenden Buddhas; daß sie mündlich von *Guru* zu *Guru* weitergegeben und nicht der Schrift anvertraut wurde bis zu verhältnismäßig neueren Zeiten, als der Buddhismus zu verfallen begann und nicht immer genug lebende *Gurus* da waren zur Überlieferung nach der alten Art. Über die Theorie westlicher Gelehrter, daß nur weil eine Lehre nicht vor einer bestimmten Zeit schriftlich niedergelegt wurde, sie auch vordem nicht existiert habe, lachte er – als ein Eingeweihter; und die recht heftigen Anstrengungen christlicher Apologeten, einen christlichen Ursprung für die *Tri-kâya*-Lehre in Anspruch zu nehmen, sah er ebenso als völlig unhaltbar an. Er hat das Christentum eingehend und wohlwollend studiert, und als junger Mann ist er viel von christlichen Missionaren aufgesucht worden, die in ihm, mit seiner bemerkenswerten Gelehrsamkeit und gehobenen sozialen Stellung, eine ungewöhnlich begehrenswerte Person für einen Konvertiten sahen. Er prüfte ihre Ansprüche sorgfältig und wies sie dann zurück, weil seiner Meinung nach das Christentum, wie sie es darstellten, nur ein unvollkommener Buddhismus sei und weil die buddhistischen Missionare Asokas in Kleinasien und Syrien wie in Alexandrien das Christentum tief beeinflußt haben müssen durch einige wahrscheinlich verbindende Glieder, wie die Essener, so daß, wenn Jesus eine historische Gestalt war, er als Bodhisattva (d.h. Anwärter auf Buddhaschaft) – und der Lama erklärte den Jesus des Neuen Testamentes klar als solchen – unzweifelhaft wohlvertraut mit der buddhistischen Ethik war und sie, wie zum Beispiel in der Bergpredigt, lehrte.
Die Lehre von den Drei Körpern vermittelt die esoterischen Lehren, die den Pfad der Lehrer betreffen, ihren Abstieg vom Höheren zum Niederen, von der Schwelle des Nirvâṇa zum *saṃsâra;* und der Aufstieg vom Niederen zum Höheren, vom *saṃsâra* zum Nirvâṇa, wird symbolisiert durch die Fünf *Dhyâni-Buddhas,* von denen jeder eine universelle göttliche Eigenschaft verkörpert. In den Fünf *Dhyâni-Buddhas* liegt eingeschlossen der Heilige Weg, der zur Vereinigung im *Dharmakâya* führt, zur Buddhaschaft, zu vollkommener Erleuchtung, zum Nirvâṇa – das die geistige Befreiung durch Wunschlosigkeit bedeutet.

Die fünf Weisheiten. – Wie die alles-durchdringende Leere, *Dharmakâya,* die Gestalt (die Gestaltlosigkeit ist) des «Körpers der Wahrheit» ist, so ist das, was sie darstellt *Dharmadhatu* (tib. *Chos-kyi-dbyiṅs* – sprich: *Tschö-kyi-ing*), der Same oder die innere Kraft der Wahrheit; und diese dämmert am Ersten Tag des *Bardo* auf als das prächtige blaue Licht des *Dhyâni-Buddha Vairocana,* als der Offenbarer, der in Formen Sichtbar Machende (das Universum der Materie). Der *Dharmadhatu* wird symbolisiert als Aggregat der Materie. Aus dem Aggregat der Materie entstehen die Geschöpfe dieser Welt, wie aller Welten, in denen tierische Dumpfheit das beherrschende Charakteristikum ist; und *Mâra* (oder Formillusion) bewirkt in allen Bereichen des *saṃsâra* – wie im Menschenreich, wo *Manas* (oder Verstand) zu wirken beginnt – die Knechtschaft; die Befreiung davon ist Nirvâṇa.

Wenn im Menschen, in der Vollkommenheit, die menschliches Leben erreichen kann, die Dumpfheit seiner tierischen Natur und die Illusion von Gestalt oder Persönlichkeit verwandelt sind in *Echtes Wissen,* in *Göttliche Weisheit,* dann scheint in sein Bewußtsein hinein die alles-durchdringende Weisheit des *Dharmadhatu,* oder die aus der Leere geborene Weisheit, die alles durchdringt.

Wie das Aggregat der Materie, das am Ersten Tag des *Bardo* dämmert, physische Körper hervorbringt, so bringt das Wasserelement, das am Zweiten Tage dämmert, den Lebensstrom hervor, das Blut; Zorn ist die verdunkelnde Leidenschaft, Bewußtsein ist das Aggregat, und diese, verwandelt, werden die *Spiegelgleiche Weisheit,* personifiziert in *Vajrasattva* (dem *Sambhogakâya,* Widerschein des *Dhyâni-Buddha Akṣobhya*), dem «Demantenen (unvergänglichen) Wesen».

Das Erdelement des Dritten Tages, das hauptsächlich den festen Bestand der menschlichen Gestalt und alle anderen physischen Formen hervorbringt, gebiert die Leidenschaft des Egoismus und das aus Sinnenkontakt entstandene Aggregat der Empfindung[19]; und dieses wird, göttlich verwandelt, zur *Weisheit der Wesensgleichheit,* personifiziert in *Ratnasambhava,* dem «Edelsteingeborenen».

Das Feuerelement des Vierten Tages, das die animalische Wärme verkörperter menschlicher und tierischer Wesen hervorbringt, läßt die Leidenschaft des Verhaftetseins, oder der Wollust, und das Aggregat der Wahrnehmung entstehen. Hierbei führt die Verwandlung zur Geburt der

[19] skt. *vedanâ-skandha,* tib. *tshor-baḥi-phuṅ-po,* das Prinzip der Empfindung, der Gefühle, wie Lust und Unlust, Freude und Leid etc., aus dem sich das Mitgefühl und die Erkenntnis der essentiellen «Gleichheit aller Wesen» entwickelt (L. A. G.).

«*Alles-unterscheidenden Weisheit*»[20], die dem Frommen ermöglicht, jedes Ding einzeln und dennoch alle als eine Einheit zu erkennen; personifiziert durch den *Dhyâni-Buddha Amitâbha,* dem Buddha des *Grenzenlosen Lichtes,* der Illuminator oder Erleuchter.

Das Element Luft des Fünften Tages bringt den Atem des Lebens hervor. Seine Qualität oder Leidenschaft im Menschen ist Neid oder Eifersucht, sein Aggregat Wollen. Durch Verwandlung wird sie zur *Alles-wirkenden Weisheit,* welche Beharrlichkeit und unfehlbares Handeln in geistigen Dingen schenkt und verkörpert wird in *Amoghasiddhi,* dem «Allmächtigen Verwirklicher», dem Geber göttlicher Macht.

Wie oben in Abschnitt IV erklärt, dämmert dem Verstorbenen das letzte Element, Äther, das den Geist oder den Wisser hervorbringt und den Wunschkörper der Bewohner des Zwischenreiches, nicht weil – wie der Text uns sagt – die Weisheitskraft des Bewußtseins, das will sagen: das überweltliche Buddha- (oder *Bodhische*) Bewußtsein in der allgemeinen Menschheit nicht entwickelt worden ist. Ihm ist – wie in unserem Text – *Vajrasattva* zugeordnet und die *Spiegelgleiche Weisheit* und die Gesamtheit *Bodhischer* Weisheit, denn *Vajrasattva* deckt sich dann esoterisch mit *Samantabhadra* (der auch oft durch *Vairocana* personifiziert wird, das Haupt der Fünf *Dhyâni-Buddhas*), dem *Âdibuddha,* dem Ursprünglichen, Ungeborenen, Ungeformten, Unbegrenzten *Dharmakâya.*

Wenn die Vollendung des göttlichen Körperaggregats durch den Menschen erreicht wird, wird sie zum unveränderlichen, unwandelbaren *Vajrasattva.* Wenn die Vollendung des göttlichen Sprachprinzips erreicht wird, so erscheint mit ihr zugleich die Macht der göttlichen Sprache, die in *Amitâbha* symbolisiert ist. Die Vollendung des göttlichen Gedankenprinzips bringt göttliche Unfehlbarkeit, symbolisiert durch *Vairocana.* Die Vollendung der göttlichen Eigenschaften, Güte und Schönheit, ist die Verwirklichung *Ratnasambhavas,* ihres Erzeugers. Mit der Vollendung göttlicher Handlungen geht die Verwirklichung *Amoghasiddhis,* des allmächtigen Verwirklichers, Hand in Hand.

Dem Verstorbenen werden nacheinander alle diese göttlichen Eigenschaften oder Prinzipien, die jedem menschlichen Wesen eingeboren sind, vorgeführt, wie in einem symbolischen Einweihungsdrama, um ihn zu prüfen und um zu entdecken, ob irgendein Teil seiner göttlichen (oder Erleuchtungs-) Natur sich entwickelt hat. Volle Entwicklung in allen Er-

[20] skt. *samjñâ-skandha,* tib. *ḥdu-śes-kyi phuṅ-po,* das Prinzip der unterscheidenden Wahrnehmung, aus dem sich die «Alles-unterscheidende Weisheit» entwickelt (L.A.G.).

Der lamaistische gekreuzte Dorje
[vgl. S. 326]

leuchtungskräften der Fünf *Dhyâni-Buddhas,* die deren Verkörperungen sind, führt zu Befreiung, zur Buddhaschaft. Teilweise Entwicklung führt zu Geburt in einem der glücklichern Zustände: *deva-loka,* der Welt der *Devas* oder Götter; *asura-loka,* der Welt der *Asuras* oder Titanen; *Nara-loka,* der Menschenwelt.

Nach dem Fünften Tage werden die *Bardo*-Visionen weniger und weniger göttlich; der Verstorbene sinkt tiefer in den Morast *saṃsârischer* Halluzinationen; die Strahlungen der höheren Natur verbleichen im Licht der niederen Natur. Wenn der Nachtod-Traum zu Ende ist und der Zwischenzustand sich für das wahrnehmende Wesen erschöpft hat, wobei alle Gedankenformen seines Seeleninhaltes sich ihm wie Geistererscheinungen in einem Alpdruck gezeigt haben, dann schreitet er fort vom Zwischenzustand in den ebenso illusorischen Zustand, den wir Wachen oder Leben nennen, entweder in der Menschenwelt oder in einem der vielen Daseinsbereiche, und wird daselbst geboren. Und so dreht sich das Rad des Lebens, bis einer, der daran gebunden ist, seine eigenen

Bande durch Erleuchtung zerbricht, und nach des Buddha Verkündigung kommt dann das Ende allen Kummers.
In Abschnitt I–V wurden die wichtigeren okkulten Lehren, die dem *Bardo Thödol* zugrunde liegen, kurz ausgelegt. In Abschnitt VI–XII werden die Hauptriten und Zeremonien des *Bardo,* die *Bardo*-Psychologie und andere *Bardo*-Lehren dargelegt und interpretiert. Die letzten Abschnitte, XIII–XV, sollen einer Betrachtung unseres Manuskripts, seiner Geschichte, dem Ursprung der *Bardo-Thödol*-Texte und unserer Übersetzung und Herausgabe gewidmet sein.
Außer diesen fünfzehn Abschnitten bringen wir als Anhang (s. S.291–322) sieben ergänzende Abschnitte, die sich hauptsächlich an den wenden, der sich mehr als der gewöhnliche Leser für gewisse verborgene Lehren und Probleme interessieren wird, die sich aus einem sorgfältigen Studium der Übersetzung und ihrer Anmerkungen ergeben.

VI. Die Todes-Zeremonien

Wenn die Todes-Symptome, wie sie im ersten Abschnitt unseres Textes beschrieben werden, vollzählig sind, wird ein weißes Tuch über das Gesicht des Leichnams geworfen; niemand berührt dann den Leichnam, damit der Todesprozeß in seiner Kulmination nicht gestört werde, der erst mit der völligen Loslösung des *Bardo*-Körpers von seinem irdischen Gegenstück endet. Man nimmt im allgemeinen an, daß dieser Prozeß gewöhnlich dreieinhalb bis vier Tage dauert, wenn nicht ein Priester beisteht, der der *ḥPho-bo* (sprich: *Pho-o*) oder «Herauszieher des Bewußtseinsprinzips» genannt wird, und daß, selbst wenn der Priester mit seinem Herausziehen erfolgreich war, der Verstorbene im allgemeinen sich der Tatsache der Trennung von seinem menschlichen Körper nicht bewußt wird, ehe die angegebene Zeitspanne verstrichen ist.
Der *ḥPho-bo* nimmt bei seiner Ankunft auf einer Matte oder einem Stuhl zu Häupten des Leichnams Platz; er weist alle wehklagenden Verwandten aus dem Totenzimmer und läßt Türen und Fenster schließen, um die nötige Ruhe für die rechte Durchführung des *ḥPho-bo*-Dienstes zu sichern. Dieser besteht aus einem mystischen Gesang, der Anweisungen für den Geist des Verstorbenen enthält, damit er den Weg zum Westlichen Paradies des *Amitâbha* finde und – falls sein *Karma* es ihm erlaubt – auf diese Weise dem unerwünschten Zwischenzustand entfliehe. Nachdem er dem Geist befohlen hat, den Körper und sein Verhaftetsein an le-

bende Verwandte und Güter aufzugeben, untersucht der Lama die Krone des Kopfes des Leichnams an der Linie der Pfeilnaht, wo die beiden Seitenknochen sich treffen, die man die «Öffnung des Brahma» (skt. *Brâhma-randhra*) nennt, um festzustellen, ob der Geist dort ausgetreten ist, wie er sollte; und falls der Schädel nicht kahl ist, zieht er direkt über der Öffnung ein paar Haare heraus. Wenn durch Unfall oder sonstwie kein Leichnam vorhanden ist, konzentriert sich der Lama geistig auf den Abgeschiedenen und stellt sich vor, daß er gegenwärtig sei, indem er den Körper des Verstorbenen vor sein geistiges Auge bringt; und während er den Geist des Verstorbenen anruft, vollzieht er die Zeremonien, die gewöhnlich etwa eine Stunde in Anspruch nehmen.
Währenddessen ist der *Tsi-pa,* der Astrologen-Lama, beauftragt worden, das Todeshoroskop zu stellen, das sich auf dem Augenblick des Todes des Abgeschiedenen aufbaut, um zu entscheiden, welche Personen sich nähern und welche den Leichnam berühren dürfen, auf welche besondere Art der Leichnam hergerichtet werden soll, Zeit und Art der Bestattung, und die Art der Riten, die zum Besten des Abgeschiedenen vollzogen werden sollen. Dann wird der Leichnam in einer sitzenden Haltung aufgebunden, ganz ähnlich der, in welcher Mumien und Skelette in alten Gräbern und Grüften in verschiedenen Teilen der Welt gefunden worden sind und die zuweilen die embryonale Haltung genannt wird als Symbol dafür, daß er aus diesem Leben in das Leben jenseits des Todes geboren ist. Der so aufgerichtete Leichnam wird dann in einer Ecke des Totenzimmers aufgestellt, die nicht dem Hausdämon zugeeignet ist.
Verwandte und Freunde versammeln sich auf die Todesnachricht hin im Hause des Verstorbenen; und dort werden sie verpflegt und untergebracht, bis über den Leichnam bestimmt worden ist. Wenn Zweifel bestehen an der vollständigen Trennung des Bewußtseinsprinzips (oder Geistes) des Verstorbenen vom Körper, so geschieht wahrscheinlich nichts mit dem Leichnam, ehe nicht dreieinhalb oder vier Tage nach der Todeszeit vergangen sind. Solange das Gastmahl für die Leidtragenden währt – gewöhnlich nicht weniger als zwei, öfter aber drei Tage –, wird dem Geist des Verstorbenen ein Teil von allen Speisen, festen wie flüssigen, eines jeden Mahles angeboten. Diese Nahrung wird in einer Schale vor den Leichnam gestellt; und wenn der Geist des Verstorbenen aus den so dargebotenen Speisen die subtilen unsichtbaren Essenzen herausgezogen hat, werden sie fortgeworfen. Nachdem der Leichnam zu seiner letzten Unterkunft aus dem Hause gebracht worden ist, wird ein Bildnis des Verstorbenen in der Ecke des Zimmers aufgestellt, die der Leichnam

innehatte; und vor diesem Bildnis werden die Speisen weiter genau so angeboten, bis die neunundvierzig Tage des *Bardo* verstrichen sind.

Während die Bestattungsriten – zu denen das Lesen des *Bardo Thödol* gehört – vollzogen werden, singen im Hause des Verstorbenen oder am Ort seines Todes andere Lamas, sich ablösend, Tag und Nacht das Totenamt als Hilfe für den Geist des Verstorbenen, damit er das Westliche Paradies des *Amitâbha* erreicht. Im Tibetischen wird diese Messe (die der *ḥPho-bo* auch singt) *De-ba-can-kyi-mon-lam* genannt. Wenn die Familie wohlhabend ist, kann eine Messe gleicher Art von allen versammelten Mönchen in dem Tempel vollzogen werden, in den der Verstorbene zum Beten zu kommen pflegte. Nach der Bestattung kehren die Lamas, die den *Bardo Thödol* lesen, einmal wöchentlich in das Todeshaus zurück, bis der neunundvierzigste Tag des Zwischenzustandes beendet ist. Es ist jedoch nichts Ungewöhnliches für sie, einen Tag der ersten Woche und einen in jeder folgenden Periode ausfallen zu lassen, um diese Art Totenamt abzukürzen, so daß sie nach jeweils sechs, fünf, vier, drei, zwei und einem Tag zurückkehren und damit das Lesen in etwa drei Wochen beenden. Wie die Anordnung des Buches I (S. 157 ff.) angibt, soll vom ersten bis vierzehnten Tage der *Tschönyi-Bardo (chos-ñid bar-do)* gelesen und wiedergelesen werden, und vom fünfzehnten Tage an der *Sipa-Bardo*. In ärmeren Familien können die Riten nach dem vierzehnten Tage beendet werden; für Familien in besseren Umständen ist es in Sikkim üblich, mit den Riten fortzufahren, zumindest bis zum Ablauf der Einundzwanzig-Tage-Periode und zuweilen während der ganzen Periode der neunundvierzig Tage des Bardo. Wenn der Verstorbene ein Mann von Reichtum und besonderer Stellung war, können am ersten Tag der Bestattungsriten sogar einhundert Lamas assistieren; bei der Bestattung eines armen Mannes sind meist nur ein oder zwei Lamas anwesend. Als Regel für alle gilt, daß nach dem vierzehnten Tag nur ein Lama benötigt wird, um die Lesung zu Ende zu bringen.

Das Bildnis vom Körper des Verstorbenen wird hergestellt, indem ein Stuhl, ein Holzklotz oder ein anderer geeigneter Gegenstand mit den Gewändern des Verstorbenen bekleidet wird; wo das Gesicht sein müßte, wird ein bedrucktes Papier eingefügt, genannt *Mtshan-spyang* oder *Spyang-pu* (sprich: *Tschang-ku*)[21], 'für das die nachfolgende Reproduktion eines Probestückes (s. S. 98) typisch ist[22]:

[21] Dieses Papier ist gewöhnlich als *miṅ-byaṅ*, «Namenskarte» oder «Namensschild» bekannt und wird «Ming-tschang» ausgesprochen. Die Schreibweise «*spyang*» ist höchst zweifelhaft in diesem Zusammenhang, und «pu» kann niemals als «ku» aus-

In diesem *Spyang-pu* stellt die Mittelfigur den Verstorbenen mit gebundenen Beinen und in einer anbetenden Haltung dar, umgeben von Symbolen der «fünf ausgezeichneten Sinnesdinge»: 1. einem Spiegel (der erste der drei Gegenstände zur Linken und mit 1 numeriert), symbolisch für den Körper, der alle Erscheinungen oder Empfindungen reflektiert, wie auch für das Sehvermögen; 2. einer Meermuschel (Nr. 2) und einer Lyra (Nr. 3), symbolisch für Laut oder Klang; 3. einer Vase mit Blumen (Nr. 4), symbolisch für den Geruch; 4. heiligen Kuchen in einem Behälter, ähnlich dem, der für die römisch-katholische Eucharistie-Hostie verwandt wird (Nr. 5)[23], symbolisch für den Kern oder die Nahrung und für den Geschmack; 5. den seidenen Kleidern der Mittelfigur und dem überhängenden königlichen Baldachin, symbolisch für Kleidung und schmückende Kunst und für den Tastsinn. Vor einer solchen Papierfigur, die als Kopf und Gesicht dem Bildnis eingefügt wird, werden die Speisen weiterhin dem Geist des Verstorbenen angeboten, und der Lama betrachtet dieses Bild als die Person des Verstorbenen selbst und liest den *Bardo Thödol.*

Ich begann meine tibetischen Forschungen unmittelbar nach drei Jahren des Studiums der alten Bestattungskunst des Niltales, und sobald ich Kenntnis der tibetischen Bestattungsriten gewann – die zum großen Teil vorbuddhistisch sind –, begriff ich sofort, daß das Bildnis des Toten, wie es heute in Tibet und Sikkim gebraucht wird, dem Bild des Verstorbenen, das «Die Statue des Osiris (oder des Verstorbenen)» heißt und bei den altägyptischen Bestattungsriten angewandt wurde, so unbedingt verwandt ist, daß ein gemeinsamer Ursprung naheliegt. Außerdem hat der *Spyang-pu* – für sich allein genommen – als das Kopfstück für das Bildnis seine ägyptische Parallele in den Bildern, die für den *Ka* oder Geist angefertigt werden. Hier waren es oft nur Köpfe, in sich abgeschlossen,

gesprochen werden. Eine mögliche Bezeichnung wäre *mTshan-sku* (sprich: «Tsanku»), was «symbolischer Körper» bedeuten würde, oder aber *mTshan-byaṅ,* «Symbolkarte» (L. A. G.).

[22] Unsere Reproduktion ist mit besonderer Erlaubnis Dr. L. A. Waddells an den Herausgeber, Abbildung XXI aus «Gazetteer of Sikhim», hrsg. von H. H. Risley (Calcutta 1894), Sektion für *Lamaismus in Sikkim* von L. A. Waddell, entnommen.

[23] Nr. 5 ist nicht ein monstranzartiger Behälter zur Aufbewahrung geweihter Kuchen, sondern stellt einen «Torma» *(gTor-ma)* dar, der aus geröstetem Gerstenmehl *(tsampa)* mit geschmolzener Butter gemischt, zu einem Kegel geknetet und mit Rosetten aus Butter verziert wird, die im vorliegenden Holzschnitt als zwei kreis- oder scheibenförmige Gebilde erscheinen, wodurch eine gewisse Ähnlichkeit mit einer Monstranz entsteht (L. A. G.).

Das Bildnis der verstorbenen Person [vgl. S. 323]

(1) Spiegel, (2) Meermuschel, (3) Lyra, (4) Vase mit Blumen,
(5) Geweihter Kuchen

anstelle oder als Doppel des Mumienkopfes, um dem *Ka* zusätzliche Hilfe zu gewähren, wenn er – wie der «Wisser» im *Bardo* – einen Körper sucht, in dem er ausruhen könnte, oder eben das, was unser Text eine Stütze für den Körper nennt (s. S. 261). Und so wie die alten Priester Ägyptens für «die Statue des Osiris» ihr «Totenbuch» lasen, so lesen heute die Lamas für das tibetische Bild den *Bardo Thödol* – denn beide Traktate sind gleicherweise nichts anderes als Reiseführer für den Wanderer in den Bereichen jenseits des Todes.

Noch einmal: die vorbereitenden Rituale der ägyptischen Bestattung waren dazu bestimmt, dem Verstorbenen die magische Kraft zu verleihen, in dem Geist-Körper oder *Ka* alle Sinnesfähigkeiten wieder aufleben zu lassen, denn das Totenamt bestand darin, «Mund und Augen zu öffnen» und den Gebrauch aller anderen Teile des Körpers wieder herzustellen. Ebenso ist es von Anfang an das Ziel des Lamas, nach dem Ohnmachtszustand, der unmittelbar auf den Tod folgt, im Verstorbenen das vollständige Bewußtsein wieder herzustellen und ihn an die ungewohnte Umgebung der anderen Welt zu gewöhnen, wobei er voraussetzt, daß der Verstorbene einer der Unerleuchteten ist und deshalb unfähig zu sofortiger Befreiung.

In Übereinstimmung mit unserer eigenen Ansicht, daß jener Teil der tibetischen Bestattungsriten, der direkt mit dem Bildnis und dem *Spyang-pu* verknüpft ist, als ein Überbleibsel aus vorbuddhistischen, wahrscheinlich sehr alten Zeiten auf unsere Tage gekommen ist, schreibt Dr. L. A. Waddell wie folgt: «Dies ist im wesentlichen ein Bön-Ritus, und als solcher wird er in den Geschichten des *Guru* Padmasambhava angesprochen (Bön, d.i. die allgemein gültige Religion in Tibet vor der Einführung des Buddhismus; in ihrem Transzendentalismus ist sie dem Taoismus sehr ähnlich) und erregte das Mißfallen des *Guru* Padmasambhava, des Gründers des Lamaismus.»

Vom *Spyang-pu* selbst fügt Dr. Waddell hinzu: «Seine Inschrift (wie in unserer Abbildung oben) lautet für gewöhnlich:

‹Ich, der ich die Welt verlasse, ... (und hier wird der Name des Verstorbenen eingesetzt), bete an und nehme meine Zuflucht zu meinem Lama-Beichtvater und allen Gottheiten, milden (bei uns übersetzt mit ‚friedlichen') sowohl als zornigen[24]; möge der ‚Große Erbarmer'[25] meine ange-

[24] «Von den hundert höheren Gottheiten gelten zweiundvierzig als milde, achtundfünfzig als zornige Naturen» (L. A. Waddell).

[25] «Eine einheimische oder chinesische Gottheit, die jetzt mit *Avalokita* identifiziert wird, mit der sie viel gemein hat» (L. A. Waddell).

häuften Sünden und Unreinheiten aus früheren Leben vergeben und mir den Weg zu einer anderen guten Welt zeigen!›[26]»

Auf der linken Schulter der Mittelfigur des *Spyang-pu* und zuweilen auf anderen Abbildungen an der Mitte hinunter sind phonetische Symbole eingeritzt, die den sechs Welten *saṃsârischer* Existenz zugerechnet und wie folgt übersetzt werden:

S = *sura,* oder Gott, der *deva*-Welt zugehörig;
A = *asura,* oder Titan, der *asura*-Welt zugehörig;
Na = *nara,* oder Mensch, der Menschenwelt zugehörig;
Tri = *trisan,* oder wildes Tier, der Welt der wilden Tiere zugehörig;
Pre = *preta,* oder unglücklicher Geist, der *preta*-Welt zugehörig;
und *Hung* (von *hunu,* das heißt «gefallen») = Hölle, der Höllenwelt zugehörig[27].

Zum Schluß der Bestattungsriten wird der *Spyang-pu* oder das Gesichtspapier feierlich in der Flamme einer Butterlampe verbrannt und dem Geist des Verstorbenen ein endgültiges Lebewohl gesagt. Aus der Farbe der Flamme und der Art, wie die Flamme brennt, wird das Nachtod-Schicksal bestimmt, das dem Verstorbenen begegnet ist.

Die Asche des verbrannten *Spyang-pu* wird auf einem Teller gesammelt und, nachdem sie mit Lehm vermischt wurde, zu Miniatur-Stûpas verarbeitet, die man *Ts'ha-ts'ha* nennt; gewöhnlich geschieht das mit Hilfe von Formen, die entweder Abdrücke von symbolischer Ornamentik oder von heiligen Buchstaben hinterlassen. Eine davon wird für den Familienaltar im Heim des Verstorbenen aufgehoben, und die anderen werden an einem geschützten Ort an einer Wegkreuzung oder auf einer Hügelkuppe vergraben, gewöhnlich unter einem hervorstehenden Felsenrand oder in einer Höhle, wenn sich dort zufällig eine findet. Mit der Verbrennung des Papiers wird der Rest der Gestalt abgenommen; die Kleider bekommen die Lamas, die sie wegtragen und dem ersten Abnehmer verkaufen; den Erlös behalten sie als Teil ihres Honorars. Ein Jahr nach dem Tode wird gewöhnlich zu Ehren des Verstorbenen ein Gastmahl gegeben und das Totenamt der Heilenden Buddhas vollzogen[28]. Danach ist die Witwe des Verstorbenen frei und kann sich wieder verheiraten[29].

[26] Die engl. Übersetzung gründet sich auf der Dr. Waddells; vgl. «Gazetteer of Sikhim» (S. 387–388).

[27] Vgl. Waddell, «Gazetteer of Sikhim», S. 388.

[28] «In Ceylon werden den *Bhikṣu* Totenmahle gegeben sieben Tage, einen Monat und ein Jahr nach dem Tode. Diese Gastmähler werden ‹im Namen des Toten› gegeben,

Mit der tibetischen Bestattung selbst ist viel interessantes Ritual verbunden. Zum Beispiel, wenn der amtierende Lama sich anschickt, dem Transport des Leichnams aus dem Hause beizuwohnen, bringt er dem Leichnam einen «Ehrenschal» dar, und indem er den Leichnam als den Verstorbenen anredet, ermuntert er ihn, sich frei der angebotenen Nahrung zu bedienen, ermahnt ihn, daß er tot sei und sein Geist den Ort nicht heimsuchen oder die lebenden Verwandten belästigen solle, und sagt schließlich: «Erinnere dich des Namens deines geistigen Lama-Lehrers... (so und so) und wähle mit seiner Hilfe den richtigen, den weißen Pfad. Komm diesen Weg!»[30]
Wenn dann der Lama die Bestattungsprozession anzuführen beginnt, ergreift er das eine Ende des langen Schals – das andere ist am Leichnam befestigt worden – und beginnt eine Liturgie zu singen zur Begleitung einer winzigen Handtrommel (der Ton wird erzeugt durch daran befestigte, lose herabhängende geknotete Schnüre, die die Trommel schlagen, wenn die Hand des Lama sie dreht) und einer aus einem menschlichen Schenkelknochen hergestellten Trompete. Wenn eine Anzahl Priester zugegen sind, so läutet der Hauptpriester, der den anderen vorangeht, eine Handglocke (wie es der Priester bei einer bretonischen Bestattungsprozession auf dem Lande tut), und die anderen Priester stimmen ein mit Gesang und Musik, einer, indem er in Abständen die heilige Meermuschel bläst, ein anderer mit dem Rasseln von Metallcymbeln, und noch einer vielleicht, indem er die kleine Trommel dreht oder die Schenkelknochen-Trompete bläst. Von Zeit zu Zeit schaut der Hauptlama zurück, um den Geist aufzufordern, dem Körper zu folgen, und ihm zu versichern, daß dieser Weg der rechte sei. Nach den Leichenträgern kommt die Menge der Trauernden (einige tragen Erfrischungen, die zum Teil zum Wohle des Verstorbenen auf den Scheiterhaufen geworfen und zum Teil unter die Priester und Leidtragenden verteilt werden), und zuletzt folgen die weinenden und wehklagenden Verwandten. Solch priesterliche Führung für den Geist des Verstorbenen gibt es nur beim Laien, denn die Geister der verstorbenen Lamas, die geübt sind in den Lehren des *Bardo Thödol,* wissen den rechten Pfad und brauchen keine Hilfe.
In Tibet selbst sind alle bekannten Formen der Bestattung eines Leichnams üblich; aber wegen des Mangels an Brennmaterial für die Feuerbestattung wird der Leichnam gewöhnlich, nachdem man ihn auf eine Hü-

dem auch das Verdienst dafür zugerechnet wird. Unter gewissen Umständen hilft das dem Toten, eine höhere Wiedergeburt zu erlangen» (Cassius A. Pereira).

[29] Vgl. Waddell, «Gazetteer of Sikhim», S. 391 und 383.

[30] Vgl. Waddell, «Gazetteer of Sikhim», S. 391 und 383.

gelkuppe oder einen Felsenvorsprung getragen hat, in Stücke gehackt und – sehr ähnlich dem Parsen-Brauch in Persien und Bombay – den Vögeln und Raubtieren überlassen. Wenn es sich um den Leichnam eines Edelmannes handelt, dessen Familie sich einen Scheiterhaufen leisten kann, wird er vielleicht auch verbrannt.

In einigen entlegenen Gegenden ist Erdbegräbnis gebräuchlich; und es wird allgemein überall dann angewandt, wenn der Tod durch eine sehr ansteckende und gefährliche Krankheit verursacht wurde, wie zum Beispiel durch Blattern. Sonst widerstrebt den Tibetern im allgemeinen das Erdbegräbnis, denn sie glauben, daß, wenn ein Leichnam beerdigt worden ist, der Geist des Verstorbenen, der das gewahr wird, versucht, wieder in ihn einzugehen, und daß, wenn der Versuch glücken sollte, ein Vampir entstünde, während durch Verbrennung oder andere Methoden schnellere Auflösung der Elemente des toten Körpers erreicht und damit ein Vampirtum verhindert wird.

Zuweilen werden die Leichen auch, wie bei den Hindus, in Flüsse oder andere Gewässer geworfen. Beim Dalai-Lama, dem Taschi-Lama und bei manchen sehr großen Männern oder Heiligen wird die Einbalsamierung angewandt; und in einer Art, die dem altägyptischen Einbalsamierungsprozeß ähnelt, wird der Leichnam in einen Kasten mit Marschsalz verpackt, gewöhnlich für ungefähr drei Monate oder bis das Salz alle wässerigen Teile des Leichnams absorbiert hat. Dann, wenn der Leichnam gut eingesalzen ist, wird er mit einer zementartigen Substanz aus Lehm, pulverisiertem Sandelholz, Gewürzen und Drogen umgeben. Diese haftet und erhärtet; und wenn alle die eingesunkenen oder geschrumpften Teile des Körpers, wie die Augen, Wangen und der Magen, damit zu ihren natürlichen Proportionen aufgerundet worden sind, so ist eine den ägyptischen sehr ähnliche Mumie entstanden. Schließlich, wenn sie sorgfältig getrocknet und dann mit einer Bemalung aus geschmolzenem Gold bedeckt ist, wird die Mumie wie eine Bildsäule aufgestellt.

In Schigatse, dem Sitz des Taschi-Lama, gibt es fünf solcher Bestattungstempel. Mit ihren doppelten, goldschimmernden Dächern gleichen sie den Palästen oder königlichen Schreinen in China. In Maß und Schmuck sind sie verschieden je nach Rang und Reichtum der Mumien, die sie beherbergen, manche sind mit Gold, manche mit Silber eingelegt[31]. Vor diesen Mumienschreinen wird gebetet, Weihrauch verbrannt, und großartige Rituale werden vollzogen, wie bei den Ahnenkulten der Chinesen und Japaner.

[31] Vgl. Ekai Kawaguchi, «Three Years in Tibet» (Madras 1909), S. 394.

Die vier nordbuddhistischen Methoden der Behandlung des Leichnams stimmen überein mit den in verschiedenen heiligen Büchern der Hindus angeführten: Man nimmt an, daß ein menschlicher Körper aus vier Elementen besteht: Erde, Wasser, Luft und Feuer – und er sollte so schnell wie möglich diesen Elementen zurückgegeben werden. Verbrennung gilt als die beste Methode dafür. Erdbegräbnis ist, wie bei den Christen auch, die Rückkehr des Körpers zum Element Erde; Wasserbestattung ist die Rückkehr des Körpers zum Element Wasser, Luftbestattung zum Element Luft – da die Vögel, die den Leichnam verschlingen, Bewohner der Luft sind – und Feuerbestattung oder Verbrennung die Rückkehr des Körpers zum Element Feuer.

Wenn in Tibet die Luftbestattung gewählt wird, werden selbst die Knochen, nachdem die Vögel sie vom Fleisch entblößt haben, verwendet, indem sie in kleinen Höhlungen der Felsen des Bestattungshügels zu Stückchen zerhämmert, dann mit Mehl vermischt, zu einem Teig geformt und den Vögeln zum Fraß gegeben werden[32]. Die tibetische Luftbestattung ist also noch gründlicher als die der Parsen, die die Knochen ihrer Toten an der Luft dulden und langsamem Zerfall überlassen.

Bei einer gewöhnlichen tibetischen Bestattung wird weder ein Sarg noch sonst ein Leichenbehälter gebraucht. Nachdem der Leichnam mit dem Rücken auf ein Laken oder ein Kleidungsstück gelegt worden ist, das über ein Rahmenwerk gebreitet wurde – gewöhnlich aus leichtem Material, wie an zwei Stangen befestigten Weidenruten –, wird er mit einem sauberen weißen Tuch bedeckt. Zwei Männer, die ihre Köpfe zwischen die hervorstehenden Enden der beiden Stangen stecken, fungieren als Leichenträger. In Sikkim wird der Leichnam jedoch sitzend getragen, in der oben beschriebenen Embryostellung.

Sowohl in Sikkim als auch in Tibet wird jede Bestattung in genauer Übereinstimmung mit den Anweisungen des Astrologen ausgeführt, der das Todeshoroskop gestellt hat und angibt, wer den Leichnam berühren darf, wer ihn tragen soll, und welche Art Bestattung zu wählen ist. Der Astrologe erklärt auch, welche Art bösen Geistes den Tod verursacht hat, denn für den Volksglauben ist, wie bei den keltischen Völkern Europas, kein Tod natürlich; der Tod ist immer auf die Einwirkung eines der unzähligen Todesdämonen zurückzuführen. Der Astrologe gibt auch an, welche Zeremonien nötig sind, um den Todesdämon aus dem Todeshaus

[32] Die Männer, die diesen Teil des Begräbnisses verrichten, gehören einer besonderen Kaste an und werden, da man sie als unrein ansieht, von anderen Tibetern im allgemeinen gemieden.

auszutreiben, welche besonderen Rituale für das Wohl des Geistes des Verstorbenen gelesen werden müssen, die nötigen Vorsichtsmaßnahmen, um dem Abgeschiedenen eine gute Wiedergeburt zu sichern, und das Land und die Art der Familie, in welcher die Wiedergeburt erfolgen wird.

In Sikkim wird auf dem Stück Boden, das für den Scheiterhaufen geebnet wurde, ein mystisches Diagramm, Symbol für das glückliche Reich von *Sukhâvatî,* oder das rote westliche Reich der Glückseligkeit (s. Text S. 189) mit Mehl ausgezogen und in Felder eingeteilt, von denen der mittlere Raum (auf dem der Scheiterhaufen errichtet wird) dem *Dhyâni-Buddha Amitâbha* geweiht ist. Zu Beginn der Verbrennungszeremonien erkennt der Hauptlama den Scheiterhaufen als das *Maṇḍala Amitâbhas* und das Feuer als *Amitâbha* selbst an, denn nach unserem Text (s. S. 189) personifiziert er das Element Feuer. Wenn der Leichnam dann auf dem Scheiterhaufen liegt, stellt man ihn sich als das *Maṇḍala Amitâbhas* und sein Herz als die Wohnung *Amitâbhas* vor. Wenn der Umfang des Feuers zunimmt, werden süß duftende Öle und Gewürze, Sandelholz und Weihrauchstäbe zum Opfer hineingeworfen, wie im Hindu-Ritual des *Homa.* Endlich, wenn die Verbrennungszeremonien zu Ende gehen, sehen die Priester und die Trauernden den Geist des Abgeschiedenen als von allen *karmischen* Verdunkelungen gereinigt an durch das Feuer, das *Amitâbha* selbst ist, das Unendliche Licht.

Das ist, kurz zusammengefaßt, die Mystik, die den schönen Riten zugrunde liegt, die in Sikkim am Verbrennungsplatz für den Toten vollzogen werden. In ganz Tibet und den Gebieten unter tibetischem Einfluß wird bei allen anderen Begräbnisformen ein ähnlicher oder entsprechender Bestattungsgottesdienst, der auf den gleichen symbolischen Ritualen fußt, vollzogen, mit Variationen je nach Sekte und Provinz.

VII. Der Bardo[33] *oder Nachtod-Zustand*

Es wird angenommen, daß der «Wisser» oder das Bewußtseinsprinzip vom Augenblick des Todes an und noch dreieinhalb oder manchmal vier

[33] *Bar-do* bedeutet wörtlich «zwischen (Bar) zwei (do)», d.i. zwischen zwei [Zuständen] – der Zustand zwischen Tod und Wiedergeburt – und daher «Zwischen-» oder «Übergangs-[Zustand]». In gewissen Fällen bevorzugte der Lama-Übersetzer als englische Wiedergabe «Uncertain [State]». Er kann auch als «Zwielicht-[Zustand]» wiedergegeben werden.

Tage danach im Falle eines gewöhnlichen Verstorbenen wie in einem Schlaf oder Traumzustand anwesend ist und in der Regel nicht gewahr wird, daß er vom Körper der menschlichen Ebene getrennt worden ist. Diese Periode ist der Erste *Bardo,* genannt der *Tschikhai-Bardo* (tib. *ḥChi-khaḥi bar-do*) oder «Übergangszustand vom Augenblick des Todes», in dem das Klare Licht dämmert, zuerst in ursprünglicher Reinheit. Dann, unfähig, es zu erkennen oder sich daran zu halten, und im transzendenten Zustand des ungeformten Geistes zu verharren, nimmt das betreffende Wesen es *karmisch* verdunkelt wahr, und das ist sein zweiter Aspekt. Wenn der Erste *Bardo* endet, beginnt der «Wisser», zu der Tatsache des eingetretenen Todes erwachend, den Zweiten *Bardo* zu erfahren, den man *Tschönyi-Bardo* (tib. *Chos-ñid bar-do*) nennt oder «Übergangszustand (der Erfahrung und des Aufleuchtens) von Wirklichkeit». Dieser geht über in den Dritten *Bardo,* genannt der *Sipa-* (oder *Sidpai-*) *Bardo* (tib. *Srid-paḥi bar-do*), oder «Übergangszustand der (oder auf der Suche nach) Wiedergeburt», welcher endet, wenn das Bewußtseinsprinzip Wiedergeburt in der menschlichen oder einer anderen Welt oder in einem der paradiesischen Bereiche erlangt hat.
Wie oben in Abschnitt III ausgeführt, ist der Übergang von einem *Bardo* in den anderen analog dem Prozeß der Geburt; der «Wisser» erwacht aus einem Ohnmachts- oder Trancezustand nach dem anderen, bis der Dritte *Bardo* endet. Bei seinem Erwachen im Zweiten *Bardo* dämmern ihm in symbolischen Visionen, einer nach der anderen, die Halluzinationen, die von den *karmischen* Widerspiegelungen seiner Taten im irdischen Körper hervorgerufen werden. Was er gedacht und was er getan hat, wird gegenständlich: Gedankenformen, die er sich bewußt vorgestellt hat und denen erlaubt war, Wurzel zu schlagen, zu wachsen und zu blühen und Frucht zu tragen – nun ziehen sie vorüber in einem feierlichen und gewaltigen Panorama als der Bewußtseinsgehalt seiner Persönlichkeit[34].
Im Zweiten *Bardo* steht der Verstorbene, wenn anders er nicht zur Erleuchtung kam, mehr oder weniger unter dem Wahn, daß, obwohl er gestorben ist, er noch einen Körper wie den aus Fleisch und Blut besitzt.

[34] Einige der gelehrteren Lamas – besonders aus der Gelugpa- oder Gelbmützen-Sekte – glauben, daß die hochsymbolischen Visionen der einhundertundzehn Hauptgottheiten des *Tschönyi-Bardo* nur von geistig fortgeschrittenen Frommen gesehen werden, die den Tantrismus studiert haben, und daß der gewöhnliche Mensch, wenn er gestorben ist, Visionen haben wird, die mehr denen gleichen, die im *Sipa-Bardo* beschrieben sind.

Wenn er dazu kommt, gewahr zu werden, daß er in Wirklichkeit keinen solchen Körper hat, entsteht ein überwältigendes Verlangen nach einem solchen in ihm; und indem er sucht und die *karmische* Vorliebe für *saṃsârische* Existenz übermächtig wird, gelangt er in den Dritten *Bardo* des Suchens nach Wiedergeburt, und mit seiner Wiedergeburt in diese oder irgendeine andere Welt kommt sein Nachtod-Zustand schließlich zu einem Ende.
Für die Allgemeinheit ist dies der normale Prozeß; aber von jenen ganz auserlesenen Geistern, die von großem *Yoga*-Wissen und Erleuchtung erfüllt sind, werden nur die geistigeren Ebenen des *Bardo* der ersten paar Tage erfahren; der vollerleuchtete Yogi mag dem ganzen *Bardo* entkommen dadurch, daß er eingeht in ein paradiesisches Reich oder aber, sobald der menschliche Körper abgestreift worden ist, sich in dieser Welt wiederverkörpert und dabei ununterbrochene Fortdauer des Bewußtseins bewahrt[35]. Wie die Menschen denken, so sind sie, sowohl hier wie dort; denn Gedanken sind Dinge, Erzeuger aller Taten, guter wie böser; und wie die Saat gewesen ist, so wird die Ernte sein.
Wenn die Flucht aus dem Zwischenzustand nicht gelungen ist durch Wiedergeburt in irgendeinen anderen Zustand – die Hölle ist nur für die sehr seltenen Bösewichte da, jedoch nicht für den gewöhnlichen Menschen, der normale moralische Missetaten mit der menschlichen Wiedergeburt sühnt –, bleibt der Verstorbene während der Periode der symbolischen neunundvierzig Tage, eine Periode, deren wirkliche Dauer vom *Karma* bestimmt wird, all den *karmischen* Illusionen des *Bardo* ausgesetzt, gesegnet oder elend, wie der Fall sein mag, und es ist kein Fortschritt möglich. Abgesehen von der Befreiung durch den Gewinn des Nirvâṇa nach dem Tode – womit die *karmischen* Bande weltlicher oder *saṃsârischer* Existenz in einem eingebildeten Körper der Neigungen für immer entzweigeschnitten werden – liegt die einzige Hoffnung für den gewöhnlichen Menschen, einmal Buddhaschaft zu erreichen, in der Wiedergeburt als menschliches Wesen; denn Geburt in irgendeiner anderen als der menschlichen Welt bedeutet nur Aufschub für einen, der sich nach dem endgültigen Ziel sehnt.

[35] «Das ist im Pâli *Ti-Piṭaka* bestätigt, der verschiedene Beispiele hoher *Deva*-Wiedergeburt direkt nach dem Tod auf der menschlichen Ebene verzeichnet.» (Cassius A. Pereira.)

Jede der im *Bardo Thödol* erscheinenden Gottheiten hat eine bestimmte psychologische Bedeutung; aber um sie zu erfassen, muß der Studierende im Sinn behalten, daß – wie oben ausgeführt – die gespenstischen Visionen, die der Verstorbene im Zwischenzustand hat, nicht Visionen der Wirklichkeit sind, sondern nichts anderes als die eingebildeten Verkörperungen der Gedankenformen, die aus dem Geistesinhalt des Betreffenden geboren werden; oder in anderen Worten: sie sind die Gedankenimpulse, die im Traumzustand nach dem Tode personifizierte Formen angenommen haben.

So sind die Friedlichen Gottheiten (tib. *Ź'i-wa*) personifizierte Formen der erhabensten menschlichen Gefühle, die von dem psychischen Herzzentrum ausgehen. Als solche werden sie als die ersten vorgestellt, die heraufdämmern, weil, psychologisch gesprochen, die Herzensimpulse den Hirnimpulsen vorangehen. Sie kommen mit friedlicher Miene, um den Verstorbenen zu überwachen und zu beeinflussen, dessen Verbindung mit der Menschenwelt eben erst abgerissen ist; der Verstorbene hat Verwandte und Freunde zurückgelassen, unvollendete Arbeiten, unbefriedigte Wünsche, und in den meisten Fällen empfindet er eine heftige Sehnsucht, die verlorene Möglichkeit zu geistiger Erleuchtung wiederzufinden, die die menschliche Verkörperung ihm bot. Aber in all seinen Impulsen und Sehnsüchten ist *Karma* allesbeherrschend; und wenn es nicht sein *karmisches* Los ist, gleich auf den ersten Stufen Befreiung zu erlangen, so wandert er hinab zu den Stufen, wo die Herzensimpulse den Hirnimpulsen Platz machen.

Wie die Friedlichen Gottheiten die Personifikationen der Gefühle sind, so sind die Zornigen Gottheiten (tib. *Tho-bo*) die Personifikationen der Überlegungen und entstehen aus dem psychischen Hirnzentrum. Jedoch so, wie Impulse, die aus dem Herzzentrum stammen, sich verwandeln können in Überlegungen aus dem Hirnzentrum, so sind die Zornigen Gottheiten die Friedlichen Gottheiten in verwandeltem Aspekt.

Je mehr der Intellekt zur Aktivität kommt, nachdem die feinen Herzensimpulse verblassen, desto klarer beginnt der Verstorbene nach und nach den Zustand zu begreifen, in dem er sich befindet; und mit den übernormalen Fähigkeiten des *Bardo*-Körpers, von denen er Gebrauch zu machen beginnt – in genau der gleichen Weise, wie ein neugeborenes Kind in der Menschenwelt beginnt, die Sinnesfähigkeiten der Menschenebene anzuwenden –, ist er befähigt zu bedenken, wie er diesen oder jenen Daseinszustand erreichen könne. *Karma* ist aber trotzdem noch sein Herr und bestimmt seine Grenzen. Wie in der Menschenebene die Gefühlsimpulse in der Jugend am lebhaftesten sind und im reifen Leben oft verloren gehen, in dem Vernunft gewöhnlich ihren Platz einnimmt, so sind im Nachtod-Bereich, *Bardo* genannt, die ersten Erfahrungen glücklicher als die späteren.

Von einem anderen Gesichtspunkt aus sind die Hauptgottheiten selbst Verkörperungen universaler göttlicher Kräfte, mit denen der Verstorbene untrennbar verbunden ist, denn durch ihn als den Mikrokosmos des Makrokosmos ziehen alle Impulse und Kräfte, gute wie schlechte. *Samantabhadra,* der All-Gute, personifiziert also die Wirklichkeit, das Ursprüngliche Klare Licht des ungeborenen, ungeformten *Dharmakâya* (vgl. S. 170). *Vairocana* ist der Erzeuger aller Erscheinungen, die Ursache aller Ursachen. Als der All-Vater verwirklicht *Vairocana* alle Dinge oder streut sie als Samen aus; seine *Prajñâ,* die Mutter des Unendlichen Raumes, ist der All-Schoß, in den der Samen fällt und sich zu Weltsystemen entwickelt. *Vajrasattva* symbolisiert die Unwandelbarkeit. *Ratnasambhava* ist der Verschönerer, die Quelle aller Schönheit im Universum. *Amitâbha* ist Unendliches Mitleid und Göttliche Liebe, der *Christos. Amoghasiddhi* ist die Verkörperung von Allmächtiger Kraft oder Allmacht. Und die kleineren Gottheiten, Heroen, *Ḍâkinîs* (oder Feen), Göttinnen, Herren des Todes, *Râkṣasas,* Dämonen, Geister und all die anderen stimmen überein mit gewissen menschlichen Gedanken, Leidenschaften und Impulsen, hohen wie niedrigen, menschlichen, untermenschlichen und übermenschlichen in *karmischer* Form, indem sie sich aus den Gedankensamen gestalten, die den Bewußtseinsgehalt des betreffenden Wesens ausmachen. (Vgl. S. 300.)

Der *Bardo-Thödol*-Text macht es durch wiederholte Versicherungen sehr klar, daß all diese Gottheiten oder geistigen Wesen nicht mehr wirkliche individuelle Existenz haben als die menschlichen Wesen: «Es genügt vollends für dich (d.i. den wahrnehmenden Verstorbenen), zu wissen, daß diese Schemen die Reflexionen deiner eigenen Gedankenformen sind.» (Vgl. S. 180.) Sie sind nur Bewußtseinsgehalt, durch *karmische* Wirkung als schemenhafte Erscheinungen im Zwischenzustand wahrgenommen – luftige Nichtigkeiten, in Träume verwoben.

Die volle Erkenntnis dieser Psychologie befreit den Verstorbenen zur wahren Wirklichkeit. Deshalb ist der *Bardo Thödol,* wie der Name sagt, «Die große Lehre der Befreiung durch Hören und Sehen».

Das verstorbene Menschenwesen wird der einzige Zuschauer eines wunderbaren Panoramas eingebildeter Visionen; ein jeder Gedankensame seines Bewußtseinsgehaltes lebt *karmisch* auf; und er schaut zu, wie ein erstauntes Kind Filmbilder betrachtet, die auf eine Leinwand geworfen werden, und wird der Unwirklichkeit dessen, was er auftauchen und vergehen sieht, nicht gewahr, es sei denn, daß er früher ein *Yoga*-Adept gewesen ist.

Zuerst erfüllen die glücklichen und herrlichen Visionen, die aus den Samen der Impulse und dem Streben der höheren oder göttlichen Natur geboren sind, den Uneingeweihten mit scheuer Ehrfurcht; wenn sie sich verwandeln in die Visionen, die aus den Gedankenelementen der niederen oder tierischen Natur geboren werden, so erschrecken sie ihn, und er wünscht vor ihnen zu fliehen; aber ach, wie der Text erklärt, sind sie untrennbar von ihm selbst, und wohin er auch fliehen mag, sie werden ihm folgen.

Wir brauchen nicht anzunehmen, daß alle Toten im Zwischenzustand die gleichen Erscheinungen erleben, genauso wenig wie die Lebenden in der Menschenwelt oder in Träumen. *Der Bardo Thödol* ist nur typisch und bezeichnend für alle Nachtod-Erfahrungen. Er beschreibt einfach im einzelnen, was wohl die *Bardo*-Gesichte des Bewußtseinsgehaltes eines gewöhnlichen Frommen der Rot-Mützen-Schule des *Padmasambhava* sein mögen. Was den Menschen gelehrt wird, das glaubt er. Gedanken sind Dinge, und darum können sie wie Samen in das Denken des Kindes gepflanzt werden und seinen geistigen Inhalt ganz beherrschen. Einem günstigen Boden anvertraut, d.h. dem Willen zu glauben, werden die Gedankenkeime, ob sie nun gesund oder ungesund sind, ob reiner Aberglauben oder offensichtliche Wahrheit, Wurzel schlagen und blühen und den Menschen zu dem machen, was er geistig ist.

Demnach wären die *Bardo*-Erfahrungen für einen Buddhisten der einen oder anderen Schule, für einen Hindu oder einen Moslem oder Christen entsprechend verschieden: des Buddhisten oder Hindu Gedankenformen würden, wie in einem Traum, entsprechende Visionen der Gottheiten des buddhistischen oder Hindu-Pantheons erstehen lassen; die des Moslems Visionen des Moslem-Paradieses, die des Christen solche des christlichen Himmels oder die eines amerikanischen Indianers Visionen der Glücklichen Jagdgefilde. Und ebenso wird der Materialist Nachtod-Visionen haben, die so negativ und leer und gottlos sind, wie er sie je träumte, während er noch im menschlichen Körper war. Eines jeden Menschen Nachtod-Erfahrungen hängen, wie der *Bardo Thödol* lehrt, ganz ab von seinem (oder ihrem) eigenen geistigen Inhalt. Mit anderen Worten, wie oben dargelegt: Der Nachtod-Zustand ist einem Traumzustand sehr ähnlich, und seine Träume sind die Kinder der geistigen Verfassung des Träumers. Diese Psychologie erklärt wissenschaftlich, warum zum Beispiel fromme Christen – wenn wir das Zeugnis christlicher Heiliger und Seher anerkennen – (in Träumen oder im Trance- oder im Nachtod-Zustand) Visionen von Gott-Vater auf dem Thron des Neuen Jerusalem gehabt haben, vom Sohn an seiner Seite, von allen biblischen Schauplätzen und Merkmalen des Himmels, oder von der Jungfrau, von Heiligen und Erzengeln, oder von Fegefeuer und Hölle.

Mit anderen Worten, der *Bardo Thödol* scheint auf beweisbaren Tatsachen menschlicher physiologischer und psychologischer Erfahrungen zu beruhen; und er sieht das Problem des Nachtod-Zustandes als ein rein psychophysisches Problem und ist daher in der Hauptsache wissenschaftlich. Er versichert wiederholt, daß das, was das betreffende Wesen auf dem *Bardo*-Plan sieht, auf seinen eigenen geistigen Gehalt zurückzuführen sei, daß es sich nicht um Visionen von anderen Göttern oder Dämonen, Himmeln oder Höllen handelt als denen, die aus den eingebildeten *karmischen* Gedankenformen geboren sind, die seine Persönlichkeit ausmachen; sie ist ein vergängliches Produkt aus Daseinsdurst und dem Willen zu leben und zu glauben.

Von Tag zu Tag wechseln die *Bardo*-Visionen, den Ausbruch der Gedankenformen des Wahrnehmenden begleitend, bis ihre *karmische* Treibkraft sich erschöpft; oder anders ausgedrückt: da die Gedankenformen, aus Gewohnheitsneigungen geboren, geistige Dokumente sind, vergleichbar den Dokumenten auf einem Filmstreifen, der seinem Ende zugeht, so endet schließlich auch der Nachtod-Zustand, und der Träumer beginnt, aus dem Mutterschoß hervorbrechend, aufs neue die Erscheinungen der Menschenwelt zu erfahren.

Die Bibel der Christen wie der Koran der Moslems scheinen niemals in Betracht zu ziehen, daß die geistigen Erfahrungen der Propheten oder Frommen in der Form eingebildeter Visionen, wie sie dort aufgezeichnet sind, sich in der letzten Analyse als nicht wirklich erweisen könnten. Der *Bardo Thödol* hingegen bringt seine Versicherungen so eindringlich, daß er seinem Leser den klaren Eindruck hinterläßt, daß jede Vision ohne Ausnahme, in welcher geistige Wesen, Götter oder Dämonen, Paradies oder Orte der Qual und der Reinigung eine Rolle spielen, in einem *Bardo*- oder *bardo*-ähnlichen Traum oder in Ekstase, rein illusorisch ist, da sie auf *saṃsârischen* Phänomenen beruht.

Das einzige Ziel der *Bardo-Thödol*-Lehre – wie anderen Orts schon festgestellt – ist, den Träumer zum Erwachen in der Wirklichkeit zu bringen, befreit von allen Verdunkelungen *karmischer* und *saṃsârischer* Illusionen, in einem überweltlichen oder nirvâṇischen Zustand, jenseits aller erscheinenden Paradiese, Himmel, Höllen, Fegefeuer oder Welten der Verkörperung. In dieser Hinsicht ist es rein buddhistisch und ungleich jedem nichtbuddhistischen Buch in der Welt, sei es weltlich oder religiös.

IX. Das Gericht

Die Gerichtsszene, wie sie in unserem Text beschrieben wird, und jene, die das *Ägyptische Totenbuch* enthält, scheinen in wesentlichen Punkten so ähnlich, daß ein gemeinsamer, bisher noch unbekannter Ursprung anzunehmen ist, worauf wir schon hingewiesen haben. *Dharmarâja* (tib. *gŚin-rJe-chos-rgyal,* der König des Todes (den Theravâdisten gewöhnlich bekannt als Yamarâja), der Pluto der Buddhisten und Hindus, der Richter der Toten in der tibetischen Version stimmt überein mit Osiris in der ägyptischen Version. In beiden Fassungen kommt das symbolische Wägen vor: vor *Dharmarâja* liegen auf der einen Seite der Waage weiße Kieselsteine, auf der anderen schwarze, die die guten und bösen Taten symbolisieren; und dementsprechend werden vor Osiris das Herz und die Feder (oder anstatt der Feder ein Abbild der Göttin der Wahrheit, welche sie symbolisiert) gegeneinander gewogen; das Herz stellt die Führung oder das Gewissen des Verstorbenen dar und die Feder Rechtschaffenheit oder Wahrheit.

Im «Ägyptischen Totenbuch» redet der Verstorbene sein Herz so an: «Erhebe nicht dein Zeugnis wider mich. Sei nicht mein Widersacher vor der göttlichen Runde; laß die Waage nicht fallen gegen mich in Gegenwart des großen Gottes, des Herrn von Amenta.» In der ägyptischen Gerichtsszene ist es der affenköpfige (seltener der ibisköpfige) Thoth, der Gott der Weisheit, der die Wägung überwacht; in der tibetischen Gerichtsszene ist es der affenköpfige Schindsche; und in beiden Szenen schaut die Jury der teils tierköpfigen, teils menschenköpfigen Gottheiten zu[36]. In der ägyptischen Version wartet ein gräßliches Ungeheuer darauf,

[36] Solche tierköpfigen Gottheiten, wie sie im *Bardo Thödol* erscheinen, stammen zumeist aus der präbuddhistischen Religion Tibets, dem *Bön,* und haben also ein sehr hohes Alter. Wie ihre ägyptischen Entsprechungen scheinen sie mehr oder weniger totemistisch zu sein; und in der Personifikation durch maskierte Priester, wie in den altägyptischen Mysterien und in den überlebenden tibetischen Mysterienspielen, können sie – wie unser Text auch angibt – symbolisch sein für bestimmte Eigenschaften, Lei-

den Toten zu verschlingen, sollte er verdammt werden, während in der tibetischen Version Teufel darauf warten, den Sünder zur Höllenwelt des Fegefeuers zu bringen; und das Gerichtsprotokoll, mit dem Thoth zuweilen abgebildet wird, entspricht dem Spiegel des *Karma,* den *Dharmarâja,* oder in manchen anderen Versionen einer der göttlichen Richter, hält. Außerdem versichert der Verstorbene in beiden Totenbüchern in seiner ersten Anrede an den Richter, daß er nichts Böses getan habe. In allen jetzt bekannten Texten scheint diese Aussage von Osiris anerkannt zu werden; vor *Dharmarâja* ist sie Gegenstand der Prüfung vor dem Spiegel des *Karma,* und dies scheint ein ausgesprochen indischer und buddhistischer Zusatz zu der angenommenen prähistorischen Fassung zu sein, aus welcher die ägyptischen und die tibetischen Versionen entstanden sind, von denen die ägyptischen die weniger veränderten sind.

Auch Plato beschreibt bei der Aufzeichnung der Abenteuer des Er in der anderen Welt im zehnten Buch der *Republik* ein ähnliches Gericht, in dem Richter vorkommen und *karmische* Protokolle (die den gerichteten Seelen angehängt werden) und Pfade – einer für die Guten, der zum Himmel führt, einer zur Hölle für die Bösen – und Dämonen, die darauf warten, die verdammten Seelen zum Ort der Vergeltung zu schleppen, ganz wie im *Bardo Thödol* (s. S. 124)[37].

Die Lehre vom Fegefeuer, jetzt verchristlicht und verbunden mit St. Patrick in dem ursprünglich heidnischen Fegefeuer St. Patricks in Irland, der ganze Zyklus von Legenden über die Andere Welt und die Wiedergeburt in den keltischen Volksstämmen, vereint mit deren Feen-Glauben, ebenso die Proserpina-Lehre, die in den heiligen Büchern der Menschheit auf der ganzen Erde aufgezeichnet ist, die semitischen Lehren von Himmel und Hölle und Gericht und von der Auferstehung als einer christlichen Verfälschung einer vorchristlichen und jüdischen Lehre von der Wiedergeburt, wie auch die Stelle im Plato, sie alle bezeugen Glaubensformen, die in der ganzen Menschheit verbreitet und wahrscheinlich viel älter sind als die ältesten der frühen Aufzeichnungen aus Babylon und Ägypten[38].

denschaften und Neigungen *saṃsârischer* oder verkörperter Wesen, die menschlich, untermenschlich und übermenschlich sein können (s. S. 217[122]).

[37] Der Leser wird hier auf den 7. Abschnitt unseres Anhangs hingewiesen (S. 320 bis 322), der sich auf die christianisierte Fassung des Gerichts bezieht, die in dem seltsamen mittelalterlichen Traktat «Die Klage der sterbenden Kreatur» enthalten ist.

[38] In meinem Buch «Feenglauben in keltischen Ländern» *(Fairy-Faith in Celtic Countries* [Oxford 1911], Kap. X), habe ich darauf hingewiesen, wie sehr wahrscheinlich es

Das Gemälde der tibetischen Gerichtsszene, das hier wiedergegeben wird (s. Abb. S.129, Das Gericht), wurde in genauer Übereinstimmung mit der mönchischen Tradition in Gangtok in Sikkim von Lharipa-Pempa-Tendup-La, einem tibetischen Künstler, der sich damals dort aufhielt, im Jahre 1919 gemalt. Ein frühes Vorbild davon wurde bis vor kurzem aufbewahrt als eines der alten Freskos, die in dem malerischen «Rad des Lebens» des Tempelgemäldes in Tashiding in Sikkim enthalten sind, das Dr. L. A. Waddell wie folgt beschreibt: «Das Urteil wird in jedem Fall bestimmt durch den unparteiischen *Schindsche-Tschö-gyal (gŚin-rJe-chos-rgyal)* oder den ‹Strengen König des Todes› *(Dharmarâja)*, eine Erscheinungsform *Yamas*, des Hindu-Totengottes, der einen Spiegel hält, in dem die nackte Seele sich widerspiegelt, während sein Diener *Schindsche* in den Waagschalen die guten gegen die schlechten Taten abwägt; die ersteren werden durch weiße Kieselsteine, die letzteren durch schwarze dargestellt.»[39] Dr. Waddell hat den Ursprung des Bildes zurückverfolgt bis zu einem ähnlichen «Lebensrad», das allgemein, obwohl inkorrekt, als «der Zodiakus» in der Veranda der Ajantâ-Höhle Nr. XVII in Indien (s. S.131) bekannt ist. Das bestätigt also das Alter der Gerichtsszene, deren eine Fassung unser Text enthält.

In der kanonischen und apokryphen Literatur des Nördlichen Buddhismus gibt es zahlreiche andere Fassungen. Im Pâli-Kanon des Südlichen Buddhismus gibt es parallele Versionen, z. B. im *Devadûta Vagga* des *Anguttara-Nikâya* und im *Devadûta Sûttain* des *Majjhima-Nikâya*. Die letztere Version mag wie folgt zusammengefaßt werden: Der Erhabene, der Buddha, wendet sich bei seinem Aufenthalt im Kloster Jetavana an die versammelten Mönche mit einer Erklärung des Nachtod-Zustandes des Da-

ist, daß die Lehre vom Fegefeuer, die sich um die Höhle der mystischen heidnischen Einweihungen konzentrierte, die früher auf einer Insel in Loch Derg in Irland, auf der jetzt der berühmte katholische Wallfahrtsort «St. Patricks Fegefeuer» sich befindet, stattfanden, die Lehre vom Fegefeuer in der Römischen Kirche hat entstehen lassen. Die ursprüngliche Fegefeuerhöhle wurde zerstört auf Anordnung der englischen Regierung in Irland, wie man sich ausdrückte, um heidnischen Aberglauben zu vernichten.

Auch die unterirdischen Orte der Anbetung und Einweihung, die dem Sonnengott Mithras geweiht waren und als alte Überreste in den südeuropäischen Ländern noch überall zu finden sind, enthalten so große Ähnlichkeiten mit dem ursprünglichen irischen Fegefeuer – wie auch mit anderen unterirdischen Einweihungsorten in keltischen Ländern wie New Grange in Irland und Gavrinis in England –, daß sie einen gemeinsamen prähistorischen Ursprung aufzeigen, der dem Wesen nach religiös ist und verbunden mit dem Kult der *Bardo*-Welt und ihren Bewohnern.

[39] Vgl. The Gazetteer of Sikhim, hrsg. von H. H. Risley, S. 269.

seins. Als ein Mann mit klarem Blick sitzt er zwischen zwei Häusern mit je sechs Türen und blickt jeden an, der kommt und geht; das eine Haus symbolisiert den *Bardo*-Zustand entkörperter Existenz, das andere den verkörperten Daseinszustand, und die zwölf Türen verkörpern die sechs Eingänge und die sechs Ausgänge der Sechs *Lokas*. Nachdem er erklärt hat, auf welche Weise *Karma* alle Zustände des Daseins beherrscht, beschreibt der Buddha, wie der Missetäter vor den König des Todes gebracht und über die fünf Todesboten ausgefragt wird.

Der erste Bote wird durch ein neugeborenes Kind symbolisiert, das auf dem Rücken liegt; und die Botschaft ist, daß selbst für dieses Kind, wie für alle lebenden Geschöpfe, Alter und Tod unvermeidbar sind. Der zweite Bote kommt in der Gestalt eines alten Menschen von achtzig, neunzig oder hundert Jahren, altersschwach, krumm wie der gebogene Sparren eines Giebeldaches, auf einen Stab gelehnt, beim Gehen zitternd, mitleiderregend elend, von gänzlich entschwundener Jugend, zahnlückig, grauhaarig, fast kahl und mit runzligem Gesicht; und seine Botschaft ist, daß das Kindlein nur aufwächst und reift und welkt, um ein Opfer des Todes zu werden. Der dritte Bote, ein durch Krankheit gezeichneter Mensch, im eigenen Schmutz sich wälzend, unfähig, ohne die Hilfe eines anderen aufzustehen oder sich niederzulegen, bringt die Botschaft, daß Krankheit ebenso wie der Tod unvermeidbar sind. Der vierte Bote, ein Dieb, der schrecklichste Strafe erleidet, bringt die Botschaft, daß die Strafe für Übeltaten in dieser Welt überhaupt nicht verglichen werden kann mit jener Strafe, die das *Karma* nach dem Tode bewirkt. Der fünfte Bote kommt, um die gleiche Botschaft vom Tode und der Verderblichkeit des Körpers eindrücklich darzustellen, als gedunsener, verfärbter und fauliger Leichnam.

In jedem Falle fragt König Yama den Verstorbenen, ob er den Boten gesehen habe, und bekommt die Antwort: «Nein». Dann erklärt ihm der König, wer der Bote war und was die Bedeutung der Botschaften sei; dabei erinnert sich der Verstorbene, und er ist gezwungen zuzugeben, daß er, indem er gute Taten versäumte, nicht nach den Botschaften gehandelt habe, sondern statt dessen Böses getan und die Unabwendbarkeit des Todes vergessen habe. Danach verkündet Yama das Urteil, daß der Verstorbene, weil er versäumt habe, Gutes zu tun, nun die *karmischen* Folgen erleiden müsse. Darauf ergreifen die Höllenfurien den Verstorbenen und zwingen ihn, fünf Arten von Fegefeuerstrafen zu durchleiden; und während er die unerträglichsten Qualen leidet, ist er – wie der *Bardo Thödol* klarmacht – nicht fähig zu sterben.

In der *Aṅguttara-Nikâya*-Fassung, wo nur drei Boten auftreten: die alte Person, ein Mann oder Weib, von Krankheit geschlagen, und der Leichnam, beschließt der Buddha den Diskurs folgendermaßen:
«Wenn Menschen, die durch himmlische Boten gewarnt worden sind, sich gegen die Religion gleichgültig verhalten haben, so leiden sie lange durch Geburt in einem niederen Zustand.
Wenn tugendhafte Menschen durch himmlische Boten in dieser Welt gewarnt worden sind, so versäumen sie nicht, die heiligen Lehren zu bekennen. Im Bewußtsein der Gefahr des Verhaftetseins, die die Ursache von Geburt und Tod ist, haben sie in diesem Leben die Leiden des Daseins überwunden, indem sie einen glücklichen Zustand erreicht haben, frei von Furcht, von Leidenschaften und Sünden.»[40]

X. Die Lehre von der Wiedergeburt

Wenn man die Lehre von der Wiedergeburt eingehender, als sie sich in unserem Text darbietet, untersuchen will, müssen zwei Interpretationen in Rechnung gezogen werden: die wörtliche oder exoterische Interpretation, die die gebräuchliche ist, und die symbolische oder esoterische, die von den wenigen Eingeweihten für die richtige gehalten wird, die nicht schriftliche Autorität oder Glauben fordern, sondern Wissen. Was Tibet betrifft, so sind diese wenigen meist gelehrte Lamas, von denen man sagt, daß sie erfolgreich solche Methoden angewandt haben, wie der Buddha sie zur Rückerinnerung an frühere Inkarnationen und zur Erlangung der *Yoga*-Kraft zur Erkenntnis dessen, was im natürlichen Prozeß von Tod und Wiedergeburt wirklich vor sich geht, dargelegt hat. Für den Frommen, der zu wissen verlangt und nicht nur der Autorität von Priestern und Büchern glauben möchte, hat der Buddha folgende Führung angeboten:
«Wenn er sich die Fähigkeit wünscht, seine verschiedenen zeitweisen Zustände aus vergangenen Tagen ins Gedächtnis zurückzurufen, als da sind eine Geburt, zwei Geburten, drei, vier, fünf, zehn, zwanzig, dreißig, vierzig, fünfzig, hundert, tausend oder hunderttausend Geburten, seine Geburten in so manchem Zeitalter der Zerstörung, in so manchem Zeitalter der Erneuerung, in manchem Zeitalter der Zerstörung sowohl als auch der Erneuerung (so daß er sagen kann): ‹An diesem Ort war dies mein

[40] Vgl. die engl. Übersetzung von E. R. J. Gooneratne, *Aṅguttara-Nikâya, Eka Duka and Tika Nipâta* (Galle, Ceylon 1913), S. 160–165.

Name, dies meine Familie, dies meine Kaste, dies mein Lebensunterhalt, dies meine Erfahrung von Glück oder Schmerz und dies das Ende meines Lebens; und als ich von dort fortging, nahm ich an diesem oder jenem Orte wieder Gestalt an, wo mein Name so und so war, so meine Familie, so meine Kaste, so mein Lebensunterhalt, so meine Erfahrung von Glück oder Schmerz und so die Frist meines Lebens; und von dort her wurde ich hier geboren – dadurch bin ich fähig, mir meine verschiedenen zeitweisen Daseinszustände in vergangenen Tagen ins Gedächtnis zurückzurufen› – in solchem Zustand der Selbstkonzentration wird, wenn der Geist fest auf die Erreichung irgendeines Gegenstandes gerichtet ist, dieser Gegenstand erlangt werden.

Wenn er sich reine und himmlische Schau wünscht, die jene der Menschen übertrifft, um Wesen zu sehen, die sich aus einem Daseinszustand lösen, um in anderen Gestalt anzunehmen – niedere oder edle Wesen, gutaussehende oder häßliche, glückliche oder elende, je nach dem *Karma,* das sie verdienen – in diesem Zustand der Selbstkonzentration wird, wenn der Geist fest auf die Erreichung irgendeines Gegenstandes gerichtet ist, dieser Gegenstand erlangt werden» *(Lonaphala Vagga, Anguttara-Nikâya).*

Wiederum im *Brâhmaṇa Vagga, Anguttara-Nikâya,* wo die *Yoga*-Methode zur Wiederaufdeckung des Inhalts des Unterbewußtseins (welches die westliche Wissenschaft – als eine Bestätigung der Psychologie des Buddha – nun als «Wohnort alles dessen, was latent ist», bewiesen hat[41]) auch beschrieben wird, findet sich dieser zusätzliche Abschnitt: «So ruft er sich die verschiedenen Erscheinungen und Formen seiner früheren Geburten zurück. Dies ist die erste Stufe seines Wissens; seine Unkenntnis (betreffs früherer Geburten) ist vergangen, und sein Wissen (betreffs früherer Geburten) ist erwacht: Dunkelheit ist verschwunden, und Licht ist erschienen, als das Ergebnis, das dem zukommt, der in Meditation lebt und seine Leidenschaften sogleich unterdrückt.»[42]

[41] William James, Varieties of Religious Experiences (New York 1902), S. 483.

[42] Vgl. engl. Übersetzung von E. R. J. Gooneratne, *Anguttara-Nikâya, Eka Duka and Tika Nipâta* (Galle, Ceylon, 1913), S. 188–189, 273–274. Diesen entsprechende Stellen sind enthalten im *Kandaraka Suttanta and Potaliya Suttanta of the Majjhima Nikâya* (siehe Übersetzungen von den Bhikkhus Narada und Mahinda in *The Blessing,* Colombo, Ceylon, Januar und Februar 1925, Bd. I, Anm. 1 und 2). Buddhaghoṣa bringt in seinem *Vissudhi Magga* (d.h. «Weg der Reinheit») mehr im einzelnen ähnliche *Yoga*-Methoden zum Heraufholen (aus dem Unterbewußtsein) von Erinnerungen an vergangene Geburten.

Unseres Wissens gibt es heute nirgends – wie es zu *Buddhaghoṣas* Zeiten gewesen sein soll – Yogis unter den Südlichen Buddhisten, die diese Übung zu einem erfolgreichen Ende geführt haben. Nur unter Nördlichen Buddhisten (und Hindus) scheint es nach dem glaubenswürdigen Zeugnis gut informierter Tibeter und Inder einen solchen *Yoga* als praktisch ausgeübte Wissenschaft selbst heute noch zu geben und moderne Heilige hervorzubringen, von denen einige als würdig angesehen werden, vollkommene Heilige oder *Arhats* genannt zu werden.
Da die Frage: Welches ist und welches ist nicht die richtige Interpretation der Lehre von der Wiedergeburt? unter den östlichen Völkern, die an diese Lehre glauben, noch keineswegs geklärt ist, ist es für uns nötig, dieses Problem offen als höchst widerspruchsvoll zu erkennen. Folglich sollten wir in diesem Abschnitt versuchen, beide Interpretationen sorgsam abzuwägen, und wenn möglich zu einem richtigen Schluß kommen, um den Studierenden recht anzuweisen, in welcher von ihnen die ursprünglichste Lehre enthalten sei, die dem *Bardo Thödol* zugrunde liegt. Dabei scheint es wünschenswert, die Hilfe solcher Ergebnisse westlicher Wissenschaft anzurufen, die direkt anwendbar scheinen.
Was die esoterische Interpretation betrifft, so hat der Herausgeber entdeckt, daß alle Eingeweihten, die sich daran halten, unverändert des Buddha Anweisung folgen, wie sie im *Kalama Sutta, Aṅguttara-Nikâya* oder gleichwertigen Hindu-Werken über *Yoga* enthalten ist, keine Lehre als wahr anzunehmen, ehe sie geprüft und als wahr bewiesen worden ist, auch wenn sie «in den Schriften verzeichnet» gefunden wurde; und sie halten keine Schriften für unfehlbar in bezug auf diese oder eine andere Lehre, oder frei von Entstellung, seien es nun Pâli, Sanskrit, tibetische oder andere Schriften.
Die exoterische Interpretation, nämlich daß der menschliche Strom des Bewußtseins, das heißt der menschliche Lebensstrom, Wiederverkörperung in untermenschlichen Geschöpfen unmittelbar nach dem Dasein in menschlicher Gestalt nicht nur annehmen kann, sondern es auch sehr oft tut, wird von den Buddhisten sowohl der Nördlichen als auch der Südlichen Schulen allgemein anerkannt – wie auch von Hindus, die sie im Vertrauen auf die Schriften immer als unbestreitbar betrachten. Ihr Glaube, der sich auf die Autorität der schriftlichen Aufzeichnungen stützt und auf ungeprüfte Theorien von Gurus und Priestern, die die wörtlich ausgelegten schriftlichen Aufzeichnungen für unfehlbar halten und nicht im Yoga erfahren sind, wird heute als die orthodoxe Interpretation angesehen.

Entgegen der exoterischen Interpretation, die der *Bardo Thödol* ohne Zweifel vermittelt, wenn man ihn wörtlich liest, kann die esoterische Auslegung – gestützt auf die Autorität verschiedener Philosophen, sowohl Hindus wie Buddhisten, von denen der Herausgeber Unterweisungen erhalten hat – wie folgt dargestellt werden:

Die menschliche Gestalt (aber nicht die göttliche Natur im Menschen) ist ein direktes Erbe aus untermenschlichen Reichen; sie hat sich aus den niedersten Formen des Lebens entwickelt, geführt von einem ewig wachsenden und ewig sich verwandelnden Lebensstrom, potentiellem Bewußtsein, das bildlich der «Samen der Lebenskraft» genannt werden kann und verbunden ist mit jedem lebenden Geschöpf oder es beschützt, da es seinem Wesen nach psychisch ist. Als solches ist es das evolvierende Prinzip, das Prinzip der Stetigkeit, das Prinzip, das fähig ist, Kenntnis und Verständnis seiner eigenen Natur zu erlangen, das Prinzip, dessen eigentlicher Zweck Erleuchtung ist. Und ebenso, wie der physische Samen eines pflanzlichen oder tierischen Organismus – selbst der Samen des Menschen – allem Anschein nach nur zur Hervorbringung seiner eigenen Art fähig ist, so ist es auch mit dem Samen, den man bildlich den psychischen Samen des Lebensstromes nennen kann, den die Augen nicht sehen können: stammt er von einem menschlichen Wesen, so kann er weder inkarniert noch innig verbunden werden mit einem Körper, der seiner entfalteten Eigenart fremd ist, noch kann er ihn beschützen, weder in dieser Welt, noch im *Bardo* oder in irgendeinem Bereich oder einer Welt *saṃsârischer* Existenz.

Dies wird als ein Naturgesetz angesehen, das die Manifestation des Lebens beherrscht und ebenso unverletzlich ist wie das Gesetz des *Karma,* das es zur Wirkung bringt.

Daß ein menschlicher Lebensstrom in die physische Form eines Hundes oder Huhnes oder Insekts oder Wurmes fließt, wird daher für ebenso unmöglich angesehen wie – sagen wir – das Verlegen der Wasser des Indischen Ozeans in das Flußbett des Ganges.

Degeneration in einer hochentwickelten Blütenpflanze oder einem Apfel, Gemüse, Weizen oder Tier ist natürlich verbunden mit einer kulturellen Vernachlässigung; aber innerhalb dieser Schöpfungsperiode – wenigstens soweit der Einblick der Wissenschaft dorthin gedrungen ist – degeneriert die Blütenpflanze nicht in den Apfel noch in Korn, noch eine Tierart in eine andere; noch degeneriert der Mensch in irgend etwas anderes außer in einen niedrigen Menschen – niemals in ein untermenschliches Geschöpf. Was die Entwicklungen des Lebensstroms betrifft, die das menschliche Auge nicht wahrnehmen kann, so stimmt die esoterische Lehre mit der der alten griechischen und ägyptischen Mystiker überein: «Wie unten, so oben»; was besagen will, daß es *ein* harmonisches *karmisches* Gesetz gibt, das ohne Wanken mit unparteiischer Gerechtigkeit sowohl die sichtbaren als auch die unsichtbaren Vorgänge der Natur beherrscht.

Hieraus folgert der Schlußsatz, den die orientalischen Verteidiger der esoterischen Interpretation ausgeben: Fortschritt oder Rückschritt – niemals ein unveränderter neutraler Zustand von Inaktivität – sind die Alternativen innerhalb des *saṃsâra;* und weder das eine noch das andere kann innerhalb irgendeines der Daseinshäuser den Lebensstrom zur Schwelle jenes Hauses führen, weder die untermenschliche zur menschlichen, noch die menschliche zur untermenschlichen, es sei denn Schritt für Schritt. Und Rückschritt wie Fortschritt sind gleicherweise Zeit-Prozesse: Zeitalter vergehen, ehe aus dem Feuernebel der gefestigte Planet wird; ein Erleuchteter ist die seltene Frucht von unbekannten Myriaden von Verkörperungen; und der Mensch, das höchste der Tierwesen, kann nicht mit einem Sprung das niederste der Tierwesen werden, wie scheußlich seine Sünden auch seien.

Nach Zeitaltern kontinuierlichen Rückschritts mag der Lebensstrom, der jetzt menschlich ist, aufhören, menschlich zu sein, wenn seine menschlichen Bestandteile verkümmern oder latent werden durch Mangel an Übung, in der gleichen Art, wie die Verkümmerung die Arbeit eines körperlichen Organs oder seine Funktion lahmlegt, wenn es nicht gebraucht wird. Also, wenn er nicht mehr kinetisch, sondern nur noch potentiell menschlich ist – gerade so, wie ein Hund oder ein Pferd oder Elefant potentiell, aber nicht kinetisch, menschlich sind –, kann und wird dieser Lebensstrom wohl auch zurückfallen in die untermenschlichen Bereiche, von wo er wieder beginnen kann, aufzusteigen zu menschlichem Zustand, oder weiter hinuntersinkt, selbst unter die Tierwelt.

Der verstorbene Lama Kazi Dawa-Samdup, der Übersetzer, hat seine eigene zusätzliche Meinung wie folgt aufgezeichnet: «Die neunundvierzig Tage des *Bardo* symbolisieren Zeitalter entweder der Entwicklung oder der Degeneration. Intellekte, die die Wahrheit fassen können, fallen nicht in niedrigere Daseinsbedingungen. Die Lehre vom Übergang des Menschlichen zum Untermenschlichen mag nur die niederen und rein tierischen Bestandteile des menschlichen Bewußtseinsprinzips betreffen; denn der ‹Wisser› inkarniert sich nicht, noch reinkarniert er – er ist der Zuschauer.

Im *Bardo Thödol* wird der Verstorbene als Schritt für Schritt in immer niedrigere Bewußtseinszustände absinkend dargestellt. Jeder Schritt abwärts wird durch ein Hinsinken ins Unbewußte eingeleitet; und vielleicht ist das, was seine Mentalität auf den niedrigeren Ebenen des *Bardo* ausmacht, irgendein geistiges Element oder eine Verbindung geistiger Elemente, die früher Teil seines irdischen Bewußtseins waren und nun während der Ohnmacht abgetrennt wurden von den höheren und geistig erleuchteteren Elementen dieses Bewußtseins. Eine solche Mentalität sollte nicht als von gleichem Wert wie eine menschliche Mentalität angesehen werden, denn sie scheint nur ein schwacher und unzusammenhängender Reflex der menschlichen Mentalität des Verstorbenen zu sein. Und vielleicht ist es etwas dergleichen, was sich in untermenschlichen Tierkörpern inkarniert – wenn dies im wörtlichen Sinn überhaupt geschieht.»
Diese Theorie, die vom Übersetzer stammt, ist ungewöhnlich interessant, denn er brachte sie zum Ausdruck, ohne daß er ihrer Ähnlichkeit mit der Theorie, die esoterisch durch die ägyptischen Priester gepflegt und exoterisch von Herodot aufgezeichnet wurde, der offensichtlich ihr Schüler in der Klosterschule von Heliopolis war, gewahr wurde.
Wenn wir nach dem urteilen, was Herodot und andere alte Griechen sowohl als auch Römer in bezug auf diese Frage aufgezeichnet haben, so kommen wir zu folgendem Schluß: man nahm an, daß die menschliche Seele während einer Periode von dreitausend Jahren im Nachtod-Zustand verbliebe. Während der Körper der Menschenebene vom Todesaugenblick an zerfällt, gehen seine Bestandteile dahin, um Körper von Tieren oder Pflanzen zu bilden, in ewigem Übergang von einem zum anderen während der dreitausend Jahre. Am Ende dieser Periode sammelt die Seele alle ihr zugehörigen Stoffteilchen, die auf diese Weise unablässig herumgewandert sind und die einst ihren irdischen Körper im Todesaugenblick gebildet hatten, und formt aus ihnen wieder, nach alter Gewohnheit, so wie ein Vogel sein Nest baut, einen neuen Körper und wird als menschliches Wesen darin wiedergeboren[43]. Und diese Theorie, ver-

[43] Vgl. Herodot, II, 123; Lucretius, *De Rerum Natura* III, 843–861. Gemeinsam mit alten Historikern und Philosophen weigert sich Herodot (II, 171), die höheren oder esoterischen Lehren der Mysterien des Altertums wörtlich zu verbreiten:
«Auf diesem See [innerhalb des heiligen Bezirks des Tempels von Sais] vollziehen die Ägypter bei Nacht die Vorführung seiner Abenteuer [d.h. die symbolischen Abenteuer, die Geburt, Leben, Tod und Wiedergeburt des Osiris betreffen –, ‹dessen Namen›, schreibt Herodot, ‹zu enthüllen ich für gottlos halte›], und das nennen sie Mysterien. Über diese Dinge aber muß ich, obwohl ich mit ihren Einzelheiten genau vertraut bin, [als ein Eingeweihter] vollständiges Schweigen bewahren. So auch in bezug auf die

bessert durch einige notwendige Abänderungen, hilft uns die symbolische oder esoterische Auslegung von der Wiedergeburtslehre des *Bardo* zu veranschaulichen.

In der weiteren Verdeutlichung, entsprechend dem höheren Hinduismus wie dem höheren Buddhismus, zeigen die Verteidiger dieser Interpretation auf, daß auch schon vor der endgültigen Auflösung des menschlichen Körpers vom Todesaugenblick an eine ununterbrochene Wande-

Mysterien der Demeter [die in Eleusis, in Griechenland, gefeiert werden], die die Griechen die ‹Thesmophoria› nennen, ich kenne sie [als Eingeweihter], aber ich werde sie nicht erwähnen oder nur soweit, als es, ohne gegen die Ehrfurcht zu verstoßen [oder innerhalb der Gesetze], geschehen kann.»

Es ist nun durch archäologische und andere Forschungen erwiesen, daß die Mysterien aus symbolischen dramatischen Aufführungen bestanden, die nur den Eingeweihten und den für die Einweihung vorbereiteten Novizen zugänglich waren und die überall verstreuten esoterischen Lehren über Tod und Auferstehung (d.i. Wiedergeburt) veranschaulichen; und daß die Lehre vom Übergang der menschlichen Seele in tierische Körper – wenn sie überhaupt geschildert wurde – nicht bestimmt war, wörtlich aufgefaßt zu werden (wie sie von Uneingeweihten genommen wurde), sondern symbolisch, so wie in Platos *Republik,* deren eingehende Besprechung hier noch folgt (vgl. Herodot, II, 122).

In dem zuletzt erwähnten Abschnitt bringt Herodot eine symbolische Erzählung von König Rhampsinitus' Abstieg in den Hades und Rückkehr in die Menschenwelt, zu dessen Ehren die ägyptischen Priester deshalb ein Fest einsetzten, das – wenn man es rationalistisch auslegt – wahrscheinlich ein Fest der Wiedergeburt war. Die älteste uns bekannte aufgezeichnete Parallele ist enthalten im *Ṛg Veda (Maṇḍaḷa X, Sukta 135),* worin, wie Sayana in seinem Kommentar im *Atharva-Veda* (XIX) zu erklären scheint, der erwähnte Knabe der gleiche ist, wie der Knabe Naciketas des *[Tait-tirîya] Brâhmaṇa,* der zum Bereich *Yamas,* des Todeskönigs, in *Yama-Loka* ging und dann ins Reich der Menschen zurückkehrte. Daß diese ursprüngliche Hades-Legende esoterisch als Lehre von der Wiedergeburt ausgelegt wurde, wird bestätigt durch die alte *Kaṭha-Upaniṣad,* in dem die Geschichte von Naciketas als literarische Verkleidung gebraucht wird, um die höchsten vedantischen Lehren über Geburt, Leben und Tod darzulegen (vgl. *Kaṭha-Upaniṣad,* II, 5; III, 8, 15; IV, 10–11; VI, 18).

In einem alten javanischen Manuskript des 14. Jahrhunderts wird eine sehr ähnliche Hades-Legende überliefert, in welcher dem *Yakṣa Kuñjarakarna* vom Herrn *Vairocana* befohlen wird, «in Yamas Reich zu gehen, um zu sehen, was allen Sündern zugedacht ist». Dieser Fassung gebührt besonderes Interesse, weil sie eine Lehre aufzeichnet – jener verwandt, auf die sich griechische und römische Schriftsteller beziehen – von tausendjährigen Perioden der Verwandlung in Pflanzen, Tiere und unvollkommene menschliche Wesen vor der Wiedergeburt in einem menschlichen Körper, der frei ist von *karmischen* Mängeln. Sie erwähnt auch, daß *Pûrṇavijaya* aus Yamas Reich ins Menschenleben zurückgerufen wurde. (Vgl. *The Legend of Kuñjarakarna,* übersetzt aus dem Holländischen Prof. Kerns durch Miß L. A. Thomas in the *Indian Antiquary,* Bombay 1903, Bd. XXXII, S. 111–127.)

rung der körperlichen Atome stattfindet. Solange der Körper der Behälter für das Bewußtseinsprinzip ist, soll er sich alle sieben Jahre vollständig erneuern. Und so, wie die Bestandteile des physischen Menschen durch alle organischen und anorganischen Reiche wandern und der Geist unverändert menschlich bleibt während des kurzen Zyklus einer Lebenszeit, so wird er normalerweise auch menschlich bleiben während des größeren Entwicklungszyklus – d.h. bis er das Ende aller *saṃsârischen* Entwicklung erlebt, nämlich nirvâṇische Erleuchtung.

Die diesbezügliche esoterische Lehre kann wörtlich so dargelegt werden: Das, was der menschlichen und der untermenschlichen Welt gemein ist, nämlich Stoff in seinen verschiedenen Aspekten, als fest, flüssig und gasförmig, wandert ewig umher. Das, was spezifisch menschlich und spezifisch untermenschlich ist, bleibt so, in Übereinstimmung mit dem Naturgesetz, daß Gleiches Gleiches anzieht und hervorbringt, daß alle Kräfte immer der Linie des geringsten Widerstandes folgen, daß so hochentwikkelte geistige Verbindungen, wie sie im Komplex des menschlichen Bewußtseins zusammengefaßt sind, nicht in einem Augenblick aufgelöst werden können, sondern ein gehöriges Ausmaß von Zeit zu ihrer Degeneration und letztlichen Auflösung und Verwandlung erfordern[44].

Die Esoteriker halten es also für unwissenschaftlich zu glauben, daß ein menschlicher Lebensstrom oder das menschliche Bewußtseinsprinzip

[44] Eine Untersuchung der *Gesetze des Manu,* deren Autorität bei den orthodoxen Hindus ohne Frage ist, scheint die esoterische Auslegung zu bestätigen, wenn man der Übersetzung durch Sir William Jones folgt und deren Revidierung durch G.C. Haughton (in *Institutes of Hindu Law or the Ordinances of Manu,* London 1925) und jener von G. Bühler (in *The Sacred Books of the East,* Bd. XXV, Oxford 1886).

Manu verkündet zuerst die grundlegenden Gesetze, daß «Handeln, das dem Geist, der Sprache oder dem Körper entspringt, entweder gute oder böse Resultate ergibt; durch Handeln werden die [verschiedenen] Umstände des Menschen verursacht, die höchsten, die mittleren und die niedersten»; und: «[Ein Mensch] erhält [die Resultate einer] guten oder schlechten geistigen [Tat] in seinem Geist, [die einer] Wort-[Tat] in seiner Sprache, [die einer] körperlichen [Tat] in seinem Körper.»

Dann fährt Manu fort auszuführen, wie der Mensch kein einfaches, sondern ein zusammengesetztes Wesen sei:

«Jene Substanz, die dem Körper die Kraft der Bewegung gibt, nennen die Weisen *kṣetrajñâ* [d.i. ‹der Wisser des Feldes›] oder *jîvâtman,* den Lebensgeist; und den Körper, der seine aktiven Funktionen von dort herleitet, nennen sie *bhûtâtman,* oder *zusammengesetzt aus Elementen:*

Ein anderer innerer Geist, genannt *Mahat,* oder *die große Seele,* ist bei der Geburt aller verkörperten Geschöpfe zugegen, und daher ist in alle sterblichen Gestalten entweder eine angenehme oder schmerzvolle Empfindung eingegangen.

Diese zwei, der Lebensgeist und die vernünftige Seele, sind eng vereint mit fünf Ele-

sich innerhalb von 49 Tagen nach seinem Auszug aus der menschlichen Form im Körper eines untermenschlichen Geschöpfes reinkarnieren

menten, aber verbunden mit dem obersten Geist oder göttlichen Wesen, das alle Lebewesen, ob hoch, ob niedrig, durchströmt.»

Von dem was folgt, setzt Manu offensichtlich voraus, daß es dieser «Lebensgeist» ist, oder die animalische Seele, die allein des Übergangs in menschliche Formen fähig ist, und nicht «die vernünftige Seele» oder das überanimalische Prinzip:

«Wenn die lebendige Seele die Frucht der Sünde geerntet hat, die aus einer Liebe zu sinnlichem [d.i. animalischem oder rohem] Vergnügen ersteht, kann nur Elend daraus hervorgehen, und wenn ihr Makel dadurch wieder getilgt worden ist, so nähert sie sich wieder jenen zwei strahlendsten Wesen, *der verständigen Seele und dem göttlichen Geist:*

Diese beiden, eng vereint, untersuchen ohne Unterlaß die Tugenden und Laster jener empfindenden [oder animalischen] Seele auf ihre Übereinstimmung hin, wodurch sie Freude oder Leid in der gegenwärtigen und in künftigen Welten erwirbt.

Wenn der Lebensgeist hauptsächlich Tugenden geübt hat, und Laster nur in kleinem Ausmaß, so genießt er Freuden in himmlischen Wohnungen, mit einem Körper aus reinen elementaren [d.i. ätherischen] Partikeln bekleidet.

Wenn er aber dem Laster hingegeben war und nur selten Tugend übte, dann wird er verlassen von jenen reinen Elementen, und in einem *gröberen, mit empfindsamen Nerven ausgestatteten Körper* fühlt er die Leiden, zu denen Yama ihn verdammen wird:

‹Nachdem er diese Qualen nach Yamas Spruch erduldet hat und sein Makel fast getilgt ist, erreicht er wieder jene fünf reinen Elemente in der Ordnung ihrer natürlichen Verteilung.›»

Nach weiterer Auslegung der Wissenschaft von der Wiedergeburt in ihrem esoterischen oder vernünftigen Aspekt kommt Manu zu folgender Schlußfolgerung:

«So nehmen die niedrigsten der Menschen, indem sie ihrem sinnlichen [d.i. animalischen oder rohen] Verlangen willfahren und die Erfüllung ihrer Pflichten vernachlässigen, heiliger Sühne unkundig, [in ihrer Lebensgeist-Form, aber nicht in ihrer vernünftigen Seelen-Form] die niedrigsten Formen an.

In was für einzelne Körper der Lebensgeist in dieser Welt eintritt und infolge welcher Sünden er hier verhaftet ist, das sollst du nun ausführlich und ordentlich hören.»

Offensichtlich bemüht sich Manu, getrennt von dem Hauptgegenstand seines Traktates, wie die Gesamtheit der *Gesetze* beweist, mit legaler und göttlicher Gesetzeskraft das Dogma einzusetzen, daß die Person eines Brahmanen besonders heilig und unverletzlich ist, und so gibt er der Sünde, einen Brahmanen zu erschlagen, ein besonderes Gewicht, indem er sie zuerst nennt; dann nennt er die Sünde des Priesters, der geistige Getränke trinkt, und dann die Sünde, das Gold eines Priesters zu stehlen. In all solchen Beispielen, wie in allen folgenden, ist der Hinweis, wie wir oben gesehen haben, der, daß der «Lebensgeist» oder die animalische Seele, getrennt von den beiden höheren Elementen des Gesamtbestandes des Menschen, nämlich der «vernünftigen Seele» und dem «göttlichen Wesen», die Strafe der Abwanderung in untermenschliche Geschöpfe erleidet:

«Der Mörder eines Brahmanen [d.i. der Lebensgeist, oder die unvernünftige animalische Seele eines Brahmanen-Mörders] muß, *je nach den Umständen des Verbrechens,* in den Körper eines Hundes, eines Ebers, eines Esels, eines Kamels, eines Bullen, einer

könne, wie die Exoteriker glauben, nach der Wiedergeburtslehre, wie der *Bardo Thödol* sie vorlegt, wenn man ihn exoterisch oder wörtlich auffaßt. Die *Bardo*-Symbole der Wiedergeburt sollten nun auch vom Standpunkt der esoterischen Auslegung angesehen werden; um sie zu erhellen, könnten unzählige Parallelen aus weit voneinander entfernten Quellen ausgewählt werden, aber wegen ihrer anerkannten Autorität scheint keine Parallele so angemessen zu sein, als die im X. Buch von Platos «*Der Staat*» enthaltene, die beschreibt, wie bestimmte griechische Helden im *Sipa-Bardo* ihre Körper für die nächste Inkarnation wählen:
Die *Bardo*-Legende, wie sie in «*Der Staat*» aufgezeichnet ist, beschäftigt sich mit Er, dem Sohne des Armenios, eines gebürtigen Pamphyliers, der, wie Plato uns erzählt, «in einer Schlacht erschlagen wurde und nach zehn Tagen, als die Körper der Toten schon verwest waren, fand man seinen Körper noch unversehrt und trug ihn heim, um ihn zu bestatten. Und am zwölften Tage, als er auf dem Scheiterhaufen lag, kehrte er zum Leben zurück und erzählte ihnen, was er im Jenseits gesehen habe. Er sagte, als seine Seele den Körper verließ, sei er mit vielen anderen auf eine Reise gegangen, und sie kamen zu einem geheimnisvollen Platz, an

Ziege, eines Schafes, eines Hirsches, eines Vogels, eines *Caṇḍala* oder eines *Puccasa* eingehen» – und so fort für andere Verbrechen.
In Verbindung hiermit ist es interessant, einige der Entsprechungen zwischen Ursache und Wirkung zu betrachten, die andere Teile der *Gesetze* anführen. So z. B., wenn ein Mann Kostbarkeiten stiehlt, «soll er *im Geschlecht eines Goldschmieds* [die als sehr niedrige Kaste angesehen werden] geboren werden, oder unter *Vögeln, die man hemakaras, oder Goldmacher nennt.* Wenn ein Mann Korn in der Hülse stiehlt, soll er als Ratte geboren werden; wenn gelbgemischtes Metall, als Gänserich [der von ähnlich gemischter Farbe ist]; wenn Wasser, als *plava,* Taucher ... wenn er eine Fleischspeise stiehlt, als Geier; ... wenn Öl, als *blatta* oder öltrinkender Käfer ... wenn besondere Düfte, als Bisamratte.»
Indem sie Manu in dem Sinne auffassen, den diese Anmerkung [zeigen will], unterbinden die Esoteriker solch populäre und wörtliche Auslegung der *Gesetze des Manu,* wie die Brahmanen sie in ihrem eigenen Interesse – nach Meinung der Esoteriker – in bezug auf die Lehren der Wiedergeburt und des *Karma* unter dem gewöhnlichen Volk verbreiten.
Der Leser sollte beachten, daß die kursiv gedruckten Worte, die nicht Sanskrit sind, in den Stellen, die in dieser Anmerkung aus Sir William Jones' engl. Übersetzung entnommen sind, seine Einfügungen aus Kommentaren zu Manu anzeigen, besonders aus «Gloss of Culluca», und daß die eingeklammerten Worte unsere eigenen Einfügungen enthalten. Weil die kursiv gedruckten Einfügungen mehr die verhülltere Bedeutung der zitierten Stellen bringen, ist der Übersetzung von Jones der Vorzug gegeben worden, obwohl die von Bühler, die wörtlicher und daher technischer ist, in allem Wesentlichen gleichen Inhalts ist.

dem zwei Öffnungen in der Erde waren; sie waren nahe beieinander, und oben, ihnen gegenüber, waren zwei andere Öffnungen im Himmel. Dazwischen saßen Richter, die die Gerechten, nachdem sie sie dem Gericht unterzogen und ihnen ihren Urteilsspruch auf der Brust angeheftet hatten, anwiesen, den himmlischen Weg zur Rechten hinaufzusteigen; und ebenso befahlen sie den Ungerechten, den unteren Weg zur Linken hinabzusteigen; auch diese trugen das Kennzeichen ihrer Taten, aber auf dem Rücken befestigt.»

Nachdem er so das Gericht im Jenseits beschrieben hat – das dem in unserem Text beschriebenen sehr ähnelt –, fährt Plato fort, die Seelen der griechischen Helden zu beschreiben, wie sie sich in ihrem *Sipa-Bardo* auf die Reinkarnation vorbereiten: «Höchst sonderbar, sagte er, war das Schauspiel – traurig und lächerlich und seltsam; denn die Wahl der Seelen gründete sich in den meisten Fällen auf ihre eigenen Erfahrungen eines früheren Lebens. Da sah er die Seele, die einmal Orpheus gewesen war, das Leben eines Schwanes wählen aus Feindschaft gegen das weibliche Geschlecht, denn er wollte nicht von einer Frau geboren werden, weil die Frauen seine Mörder gewesen waren; er erblickte auch die Seele Thamyras, die das Leben einer Nachtigall wählte; anderseits wollten Vögel wie der Schwan und andere Singvögel gern Menschen werden. Die Seele, die das zwanzigste Los traf, wählte das Leben eines Löwen, und das war die Seele des Ajax, des Sohnes von Telamon, der kein Mensch sein wollte in Erinnerung an das Unrecht, das ihm im Waffengericht angetan worden war. Der nächste war Agamemnon, der das Leben eines Adlers eintauschte, weil er, wie Ajax, die menschliche Natur auf Grund seiner Leiden haßte. In der Mitte der Lossucher sei Atalante gewesen; als sie den großen Ruhm eines Athleten sah, konnte sie der Versuchung nicht widerstehen. Und nach ihr folgte die Seele des Epeios, Sohn des Panope, der in die Gestalt einer in den Künsten erfahrenen Frau einging; und weit fort unter den letzten Wählenden nahm die Seele des Possenreißers Thersites die Form eines Affen an. Da kam auch noch die Seele des Odysseus, um ihre Wahl zu treffen, und es ergab sich, daß sein Los das allerletzte war. *Nun hatte die Erinnerung früherer Mühen ihm die Freude am Ehrgeiz verdorben, und er ging eine beträchtliche Weile umher auf der Suche nach dem Leben eines Privatmannes, der keine Sorgen hätte; er hatte einige Schwierigkeiten, diesen zu finden, ein Los, das herumlag und von allen anderen nicht beachtet worden war;* als er es sah, sagte er, daß er genau so gehandelt haben würde, wenn sein Los das erste statt das letzte gewesen wäre, und daß er entzückt sei, nun dieses zu haben.

Und es gingen nicht nur Menschen in Tiere über, sondern ich muß auch erwähnen, daß zahme und wilde Tiere da waren, die ineinander und in entsprechende menschliche Naturen übergingen – die guten in die sanften und die bösen in die wilden, in allen möglichen Zusammenstellungen.»

Oberflächlich gelesen, mag diese platonische Erzählung vom Prozeß der Wiedergeburt wörtlich verstanden werden – ebenso wie es beim *Bardo Thödol* geschehen kann; und es ist nicht unmöglich, sich vorzustellen, daß Plato als ein in die griechischen Mysterien Eingeweihter, der, wie Herodot, sich niemals auf ihre esoterischen Lehren offen bezog, sondern nur in figürlicher und sehr oft absichtlich irreführender Redeweise, beabsichtigte, daß sie von den Uneingeweihten so verstanden werde. Trotzdem, wenn man den Passus genau untersucht, so ist die exoterische Lehre vom Übergang des Menschlichen zum Untermenschlichen, oder umgekehrt, offensichtlich nicht die Bedeutung, die ihr zugrunde liegt.

Der Hinweis auf die Wahl, die Odysseus trifft – bei uns kursiv gedruckt – gibt den Leitfaden zur wirklich gemeinten Bedeutung. Odysseus' Wahl war die letzte; ein jeder der Helden, die ihm vorangingen bei der Wahl ihres Loses, hatte das Los «des Lebens eines Privatmannes, der keine Sorgen hat» übersehen, und Odysseus wählte es als das beste von allen. Wenn wir die Art des Lebens bedenken, die ein jeder der Griechen, die Odysseus vorangingen, wählte, so finden wir sie unbedingt symbolisch für den Charakter des Wählenden:

So wählt Orpheus, der Gründer der Orphischen Mysterien, ein göttlicher Lehrer, der vom Gott des Gesanges und der Musik, Apollo, gesandt war, um die Menschheit zu lehren, und der von den Griechen als der größte Harfenspieler und der erleuchtetste aller Dichter und Sänger angesehen wird, sehr passend das Leben eines Schwans; denn seit undenklicher Zeit symbolisiert der Schwan – wie auch heute noch – Gesang und Musik; und Platos bildliche Sprache, richtig ausgelegt, schließt ein, daß Orpheus als großer Dichter und Musiker wiedergeboren werden mußte, was nur natürlich war. Anzunehmen – wie der Exoteriker es vielleicht tut –, daß ein solches Wesen wie Orpheus als ein richtiger Schwan wiedergeboren werden könne, das erscheint dem Esoteriker unannehmbar.

Ebenso wählt Thamyras, ein alter thrakischer Barde, Harfenspieler und Sänger, symbolisch das Leben der süß-singenden Nachtigall.

Ajax, der Held in Homer, der neben Achilles der Tapferste der Griechen war, wählt sehr passend das Leben eines Löwen; denn der König der Tiere ist und war für undenkliche Zeiten das Symbol für Tapferkeit und

Furchtlosigkeit, als solches von fast allen Nationen und Rassen anerkannt.

Agamemnon, der nächste bei der Wahl, sucht sich das Leben eines Adlers aus, denn unter den griechischen Helden war er der Erste, wie Zeus unter den Göttern des Olymp; und da er als eine Inkarnation des Zeus angesehen und als eine der Gottheiten geehrt wurde, so ist ihm das Symbol des Zeus bestimmt, und das ist der Adler.

Atalante, die schnellfüßigste aller Sterblichen und berühmt für ihre Wettrennen mit ihren vielen Freiern, wird sehr natürlich wiedergeboren als ein großer Athlet; und in ihrem Fall benutzt Plato kein Symbol.

Noch wird in Verbindung mit Epeios ein Symbol gebraucht, der bekannt ist für seine Geschicklichkeit beim Bau des hölzernen Pferdes während der Belagerung Trojas und dessen Feigheit nachher sprichwörtlich wurde; man sieht, wie er eingeht in die Natur einer ränkevollen Frau.

Was den Possenreißer Thersites angeht, der die Gestalt eines Affen annimmt, so ist ein Kommentar überflüssig.

Die Ausdrücke, die sich auf die Abneigung der Helden gegen die Geburt aus einer Frau beziehen, scheinen demgemäß also rein metaphorisch zu sein und angewandt, um logisch den literarischen Gebrauch der Tiersymbole herauszustellen, ebenso wie die Abschnitte von den «zahmen und wilden Tieren, die ineinander und in entsprechende menschliche Naturen überwechselten – *die guten in die sanften und die bösen in die wilden, in allen möglichen Zusammenstellungen,* und anderseits wollten Vögel, wie der Schwan und andere Singvögel, gern Menschen werden».

Selbst von der gewöhnlichen Seele, die Er zuerst ihre Wahl treffen sieht – und die weder eine inkarnierte Gottheit wie Orpheus oder Agamemnon ist, noch ein Held wie Ajax –, wird, obwohl sie von einem durch animalische Neigungen verdunkelten Sinn besessen ist, von Plato nicht zur Geburt in untermenschlicher Form bestimmt, wie es durch einen Anhänger der exoterischen Wiedergeburtslehre geschehen würde. Auch in seinem Fall wird kein Tiersymbol herangezogen:

«Der, der die erste Wahl hatte, habe in großer Hast sich die größte Tyrannenherrschaft gewählt; mit Unverstand und ehrsüchtigem Heißhunger sei er bei seiner Wahl verfahren, nicht mit reiflicher Erwägung aller obwaltenden Umstände, und darum habe er übersehen das davon unzertrennliche Geschick, das Essen seiner eigenen Kinder ... er sei aber einer von denen gewesen, die aus dem Himmel gekommen, und habe in einer geregelten Verfassung sein erstes Leben vollbracht und sei tugendhaft nur aus Gewohnheit, nicht durch Philosophie, gewesen.»

Und wie der *Bardo Thödol* es in anderer Sprache lehrt mit der Betonung der Notwendigkeit rechten Wissens für den Frommen, der dem *bodhischen* Pfad folgt, so lehrt auch Plato:
«Denn wenn jemand jedesmal, sooft er in dieses Leben kommt, sich mit Ernst der Wahrheit befleißigte, und in der Wahl seines Loses ziemlich glücklich ist, könnte er nach den Ankündigungen des Boten ziemlich gewiß sein, daß er nicht nur hienieden glücklich sein, sondern daß er auch seine Wanderung aus dieser in jene Welt und aus der dortigen in diese wiederum zurück auf keinem unterirdischen und rauhen, sondern auf einem glatten und himmlischen Wege machen würde.»[45]
Mit Hilfe von Symbolen und Metaphern haben auch Pindar, Empedokles, Pythagoras und Sokrates wie Plato und die griechischen Mysterien die Idee der Wiedergeburt gelehrt.
Auf einem goldenen Bestattungs-Brusttäfelchen in der Nähe der Ausgrabungen von Sybaris findet sich in einer Inschrift folgende Zeile: «Und so entfloh ich dem Kreislauf, dem schmerzvollen, elendbeladenen.»[46] Dies ist, wie bekannte orphische Lehren, rein buddhistisch und hinduistisch und legt nahe, daß die Wiedergeburtslehre im alten Griechenland weit verbreitet war, zum mindesten unter den Griechen von Kultur, die in die Mysterien eingeweiht waren.
Ein ähnlicher Symbolismus, wie Plato ihn benutzt, ist auch von den Aufzeichnern der buddhistischen Schriften angewandt worden, wie zum Beispiel in der Erzählung der Nördlichen Schule von der Geburt des Buddha selbst. Diese letztere, dem tibetischen *Vinaya Piṭaka* oder *Dulva* (*ḥDul-ba,* dem vertrauenswürdigsten und wahrscheinlich ältesten Teil des *bKaḥ-ḥgyur*), III, Blatt 452a der Kopie im East India Office, Calcutta, entnommen, lautet so:
«Nun war der künftige Buddha im *Tuṣita*-Himmel, und weil er wußte, daß seine Zeit gekommen war, machte er fünf vorbereitende Prüfungen: erstens: der geeigneten Familie (in welcher er geboren werden sollte); zweitens: des Landes; drittens: der Zeit, viertens: der Rasse; fünftens: der Frau. Und nachdem er beschlossen hatte, daß *Mahâmâyâ* die rechte Mutter sei, ging er zur Zeit der Mitternachtswache in ihren Schoß ein unter der Erscheinung eines Elefanten. Darauf hatte die Königin vier Träume: zuerst sah sie einen weißen Elefanten mit sechs Stoßzähnen in ihren Schoß eingehen, dann bewegte sie sich im Raum nach oben, drit-

[45] Vgl. B. Jowett, *Dialogues of Plato* (Oxford 1892), III, 336–337: Der Staat, X, 614–620.

[46] *Inscr. gr. Sicil. et Ital.* 641; vgl. Waddell, *The Buddhism of Tibet,* S. 109, 2.

Blatt 35 a und 67 a des Bardo-Thödol-Manuskripts

Erklärung S. 323

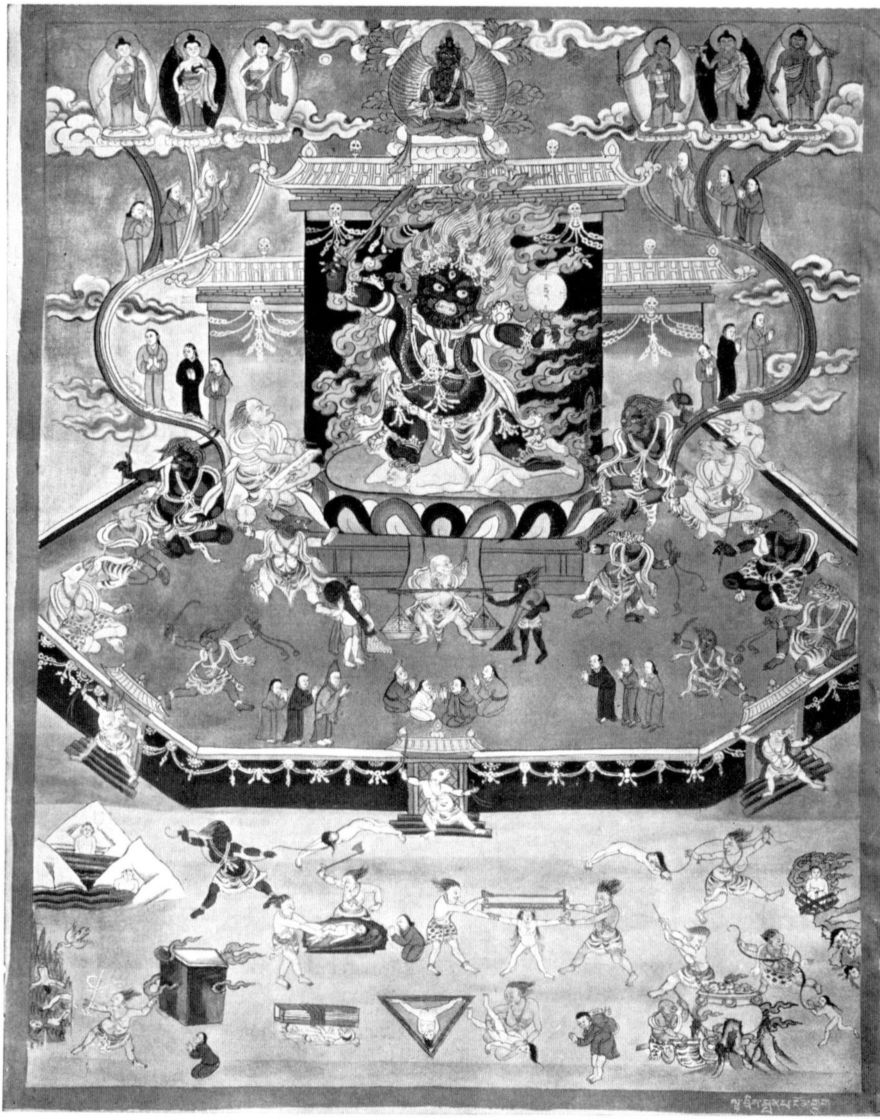

Das tibetische Gericht

Erklärung S. 323

tens stieg sie einen großen Felsenberg hinauf, und viertens verbeugte sich eine große Menschenmenge vor ihr.
Die Wahrsager sagten voraus, daß sie einen Sohn mit den zweiunddreißig Zeichen des großen Mannes zur Welt bringen würde. Wenn er zu Hause bleibt, so wird er ein Alleinherrscher; aber wenn er Haare und Bart schert und das orangefarbene Gewand anzieht, sein Heim verläßt für den heimatlosen Zustand und der Welt entsagt, dann wird er ein *Tathâgata* werden, ein *Arhat,* ein vollkommen erleuchteter Buddha.›»
Die Schrift *Jâtaka* der Südlichen Schule wiederum – ein Gemisch aus Volkswissen, Volksglauben und populärer Mythologie um den Buddha und seine vielen Inkarnationen, die sich während des 3. Jahrhunderts nach Seinem Tod um Seine Persönlichkeit kristallisierten[47] – ähnlich wie der Stoff der Arthus-Legenden um König Arthus –, schreibt ihm viel frühere Geburten in untermenschlicher Form zu; obwohl der Esoteriker zugeben würde, daß in weit entfernten Äonen der Entwicklung solche Inkarnationen vielleicht wirklich untermenschlich gewesen sein könnten, so würde er doch solchen, die in dieser Weltperiode stattgefunden haben mögen, eine symbolische Bedeutung geben, während der orthodoxe Theravâdist sie alle wörtlich auslegt.
Jedenfalls erscheint eine wörtliche Auslegung des *Jâtaka* – in der Erkenntnis, daß es sich, dem Esoteriker nach, im wesentlichen um einen exoterischen, fürs Volk bestimmten Traktat handle[48] – immer noch überzeugender als die der *Dulva*-Erzählung von der Geburt des Buddha. Da sich außerdem eine entsprechende Erzählung in den Pâli-Schriften findet, in der dasselbe Tiersymbol, nämlich der weiße Elefant mit den sechs Stoßzähnen, erscheint, so haben wir hier ein Beispiel von der Anwendung eines von vornherein entschiedenen Symbolismus, der dem Nördlichen und Südlichen Buddhismus gemeinsam ist, und den auch der Exoteriker nicht anders als symbolisch auslegen kann.
Ebenso wie die volkstümliche Auslegung das *Jâtaka* grundlegend geformt zu haben scheint, so mag sie auch die Zusammensetzung des *Bardo Thödol* beeinflußt haben; denn wie alle Traktate, deren Ursprungskeim zumindest aus sehr alten Zeiten stammt, und die dann durch den

[47] Im Gegensatz dazu nehmen die Theravâdisten an, daß das *Jâtaka* aus Buddhas Lebenszeit stammt und daß seine Verse, nicht aber seine Prosa, seine eigenen Worte sind.
[48] Hier bestehen die Südlichen Buddhisten im Gegensatz zu dieser Ansicht darauf, daß das *Jâtaka* in seinen Versen der transzendenteste Teil des *Sutta Piṭaka,* und eher zum Studium der Bodhisattvas als des gewöhnlichen Volkes bestimmt sei.

gewöhnlichen Prozeß der Verquickung mit kongenialem Material gewachsen sind, so scheint auch der *Bardo Thödol* als eine Lehre von Tod und Wiedergeburt zuerst nur in mündlicher Überlieferung bestanden zu haben, wie fast alle heiligen Bücher, die nun in Pâli, Sanskrit oder Tibetisch aufgezeichnet sind und ein Wachstum aus unbekannten Jahrhunderten aufweisen. Mit der Zeit hat er sich voll entfaltet, und durch die schriftliche Niederlegung hat er zweifellos etwas von seiner ursprünglichen Reinheit verloren. Schon seiner Natur und seinem religiösen Gebrauch nach würde der *Bardo Thödol* sehr empfänglich gewesen sein für den Einfluß der volkstümlichen oder exoterischen Ansicht; und unserer Meinung nach unterlag er ihr so weit, als er das Unmögliche versucht, nämlich die Harmonisierung der beiden Interpretationen.

Trotz alledem ist sein ursprünglich esoterisches Wesen noch erkennbar und vorherrschend. Nehmen wir zum Beispiel die Tier-Throne der Fünf *Dhyâni-Buddhas,* wie er sie in Harmonie mit der Symbologie des Nördlichen Buddhismus beschreibt: Der Löwen-Thron ist mit *Vairocana* verbunden, der Elefanten-Thron mit *Vajrasattva,* der Pferde-Thron mit *Ratnasambhava,* der Pfauen-Thron mit *Amitâbha,* der Harpyen-Thron mit *Amoghaṣiddhi.* Die Auslegung der Symbole erweist sich als dichterische Umschreibung der besonderen Eigenschaften einer jeden Gottheit: Der Löwe symbolisiert Mut und Kraft und Herrschermacht, der Elefant Unveränderlichkeit; das Pferd Scharfsinn und Schönheit der Form, der Pfau Schönheit und Kraft der Verwandlung, denn im Volksglauben ist er begabt mit der Kraft, Gifte zu essen und sie in die Schönheit seiner Federn zu verwandeln, die Harpye Gewalt und Sieg über alle Elemente. In der letzten Analyse sind auch die Gottheiten symbolisch für bestimmte Eigenschaften des *Dharmakâya* und für überirdische Kräfte der Erleuchtung, die von dort ausgehen und von deren Führung der Fromme auf seinem Weg zur Buddhaschaft abhängen mag.

Beim Versuch der esoterischen Auslegung der Tiersymbole, die im *Sipa-Bardo* gebraucht werden, haben wir genügend buddhistische Wiedergeburtssymbole zur Verfügung, deren esoterische Interpretation wohlbekannt und allgemein anerkannt ist. Außerdem findet diese Interpretation ihre Parallele in der esoterischen Auslegung, die offensichtlich mit der *Sipa-Bardo*-Episode bei Plato gemeint ist, wie auch in der *Dulva*-Erzählung der Geburt des Buddha.

Dr. L. A. Waddell, eine bekannte Autorität des Lamaismus, bezieht sich in *Lâmaism in Sikhim*[49] wie folgt auf den Symbolismus des berühmten,

[49] Siehe *Gazetteer of Sikhim,* hrsg. von H. H. Risley, S. 266.

aber jüngst zerstörten Wandgemäldes des *Sî-pa-î-khor-lo* oder «Daseinskreises» im Kloster Tashiding in Sikkim: «Dies Gemälde ist eines der reinsten buddhistischen Embleme, das die Lamas uns aufbewahrt haben, und mit seiner Hilfe ist es mir gelungen, das Fragment eines Zyklus in dem Vorbau der Ajantâ-Höhle Nr. XVII (s. S. 113) wiederherzustellen, der bis jetzt noch nicht erklärt und nur als der *Zodiakus* bekannt war. Dieses Bild stellt in symbolischen und konkreten Formen die drei Hauptsünden und die erkannten Ursachen der Wiedergeburt *(Nidânas)* so dar, daß sie sicher lebhaft empfunden und darum vermieden werden können, während die Kümmernisse des Daseins in ihren verschiedenen Formen und die Qualen der Verdammten die Sünder einschüchtern sollen.» Die drei Erbsünden sind dort als ein Schwein, ein Hahn und eine Schlange dargestellt, und ihre esoterische Bedeutung gibt Dr. Waddell wie folgt: «Das Schwein symbolisiert die Unwissenheit der Dummheit, der Hahn animalisches Verlangen oder Wollust und die Schlange Zorn.»[50] In den begleitenden symbolischen Illustrationen der zwölf *Nidânas* ist nur das dritte ein Tiersymbol, die anderen sind menschliche und figürliche Symbole; darunter ist ein Früchte essender Affe, der vollkommene Kenntnis (tib. *nam-śes;* skr. *vijñâna*) guter und schlechter Früchte symbolisiert, indem er jede Frucht oder jede sinnliche Erfahrung nach Art eines herumschweifenden Freigeistes ohne philosophische Führung kostet, und der auf diese Weise Bewußtsein erlangt[51].

Demgemäß mögen die tierischen Formen und Umgebungen, die im zweiten Buch des *Bardo Thödol* aufgeführt werden (s. S. 257–258, 264), als mögliche Formen und Umgebungen für den Eintritt des menschlichen Bewußtseinsprinzips bei der Wiedergeburt in dieser Welt wie folgt ausgelegt werden:

1. Die Hund-Form (wie die des Hahns im «Rad des Lebens») symbolisiert übermäßige Sexualität oder Sensualität[52], tibetischer Volksmeinung nach auch die Eifersucht; und die Hundehütte symbolisiert ein Verweilen oder Leben im Zustand der Sensualität.
2. Das Schwein symbolisiert (wie im «Rad des Lebens») die Unwissenheit der Dummheit, die von Wollust beherrscht wird, und desgleichen

[50] Ebenda, S. 267.
[51] Ebenda, S. 268.
[52] Vgl. folgenden Abschnitt aus *Yoga Vasiṣṭha* (*Nirvâṇa Prakaraṇa, Sarga* 28, Vers 78–79): «Jene weisen, in den Schastras gelehrten Panditen sollen wie Schakale angesehen werden, wenn sie nicht Verlangen und Zorn ablegen.»

Egoismus und Unsauberkeit. Der Schweinestall symbolisiert weltliches Dasein, das von diesen Eigenschaften beherrscht wird.
3. Die Ameise symbolisiert (wie auch bei den Völkern des Westens) Fleiß und das Streben nach weltlichem Besitz und der Ameisenhaufen das Hausen in entsprechenden Lebensumständen.
4. Das Insekt oder der Wurm symbolisiert eine erdgebundene oder kriecherische Veranlagung und seine Höhle das Hausen in einer Umgebung, die durch solche Veranlagung gekennzeichnet ist (s. Text S. 258).
5. Die erwähnten Gestalten von Kalb, Zicklein, Lamm, Pferd und Huhn (s. Text S. 257–258) symbolisieren in der gleichen Art entsprechende Eigenschaften jener Tiere und des höchsten der tierischen Wesen, des Menschen, so wie fast alle zivilisierten Rassen sie damit verbunden und volkstümlich in einer Tiermythologie verdeutlicht haben, gleich der, die Äsop zur Grundlage seiner Fabeln machte. Im *Alten Testament* zeigen die Visionen des Propheten Hesekiel und im *Neuen Testament* die *Offenbarung Johannis,* wie stark der Tiersymbolismus sogar die Bibel beeinflußt hat. Und nach unserer Ansicht würden die Exoteriker unter den Buddhisten und Hinduisten, wenn sie ihre eigenen Schriften noch einmal im Lichte der Wissenschaft von den Symbolen läsen, ihre Opposition gegen die esoterische Auffassung wahrscheinlich aufgeben.
Trotz offensichtlicher Entstellungen des Textes und der esoterischen Wiedergeburtslehre, die durch diese Symbole angedeutet wird, sollten die Tiersymbole des *Sipa-Bardo* also richtig so aufgefaßt werden, daß sie darauf hindeuten, daß ein menschliches Bewußtseinsprinzip in Übereinstimmung mit seinem *Karma,* wenn es nicht Befreiung erlangt, unter den normalen *karmischen* Bedingungen stufenweisen Fortschritts, die die Majorität der Menschheit regieren, fortfahren wird, während dieser Schöpfungsperiode in menschlicher Form geboren zu werden, mit den geistigen Zügen oder Eigenschaften, die durch Tiere symbolisiert werden. Unter ausnahmsweisen oder anormalen *karmischen* Bedingungen des Rückschritts könnte es anderseits im Verlauf von Zeitaltern nach und nach seine menschliche Natur verlieren und in untermenschliche Bereiche zurückfallen.
Wie der Übersetzer erklärte: wir brauchen uns nur umzuschauen in der Menschenwelt, und wir finden den blutdürstigen Tiger-Menschen, den Mörder; den wollüstigen Schwein-Menschen, den hinterlistigen Fuchs-Menschen, den diebischen und imitierenden Affen-Menschen, den kriechenden Wurm-Menschen, den emsigen und oft geizigen Ameisen-Menschen, den ephemerischen – zuweilen offenkundig ästhetischen – Schmet-

terlings-Menschen, den starken Ochsen-Menschen oder den furchtlosen Löwen-Menschen. Das menschliche Leben ist weit reicher an Möglichkeiten zur Auswirkung schlechten *Karmas* – wie tierisch das *Karma* auch sein mag –, als irgendeine untermenschliche Gattung es sein könnte. Der ungelehrte Volksglaube, der in buddhistischen und Hindu-Ländern so allgemein ist, daß ein menschlicher Mörder unvermeidlich als ein wildes Raubtier wiedergeboren werden muß, oder ein Sensualist als Schwein oder Hund, oder ein Geizhals als Ameise, ist daher – wie viele andere volkstümliche Überzeugungen – offensichtlich auf falschen Analogien gegründet, von denen einige sich auch in die orientalischen Schriften eingeschlichen haben, und auf eine allzu beschränkte Ansicht von den unzähligen Möglichkeiten, die die menschliche Verkörperung bietet, vom Heiligen bis zum Verbrecher, vom königlichen Herrscher bis zum Bewohner der Elendsquartiere, oder vom kultivierten Menschen bis zum niedrigsten Wilden. Mit unseren gewonnenen Überzeugungen mag die höhere und vernünftige Unterweisung über die Wiedergeburt, die im *Bardo Thödol* vielleicht durch Textentstellungen verwirrt ist, nun zusammengefaßt werden. Wenn auf der Ebene der Ungewißheit der Einfluß angeborener oder *karmischer* Neigungen zu Wünschen nach gröberen Sensationen *saṃsârischer* Existenz, wie sie das Leben im menschlichen Körper regieren, beherrscht werden kann durch die Ausübung des mächtigeren Einflusses Rechten Wissens, dann siegt jener Teil des Bewußtseinsprinzips, der der Verwirklichung der Buddhaschaft fähig ist, und dann verbringt der Verstorbene – anstatt daß er besessen ist von den schrecklichen eingebildeten Erscheinungen seiner niederen oder animalischen Natur – die Zeit zwischen menschlichem Tod und Wiedergeburt in einem der paradiesischen Reiche statt im *Bardo*. Wenn solch ein mehr Erleuchteter geistig ungewöhnlich entwickelt ist, d. h. wenn er ein großer Yogi-Heiliger ist, so kann er selbst das höchste der Paradiese erreichen und unter der Menschheit wiedergeboren werden unter der führenden Macht der «Herren des Karma», die, obwohl auch sie noch *saṃsârische* Wesen sind, von den Lamas als unermeßlich höher entwickelt als die Menschen beschrieben werden. Wenn er so von den «Hütern des Großen Gesetzes» selbst geführt wird, so sagt man von dem zur Erde Zurückkehrenden, daß er ohne Leidenschaft reinkarniert werde, um den Menschen zu helfen; er kommt als Lehrer, als ein göttlicher Missionar, als ein *Nirmâṇakâya*-Inkarnierter.

Normalerweise jedoch ist die Wiedergeburt von niederer oder gewöhnlicher Art und – wegen des Mangels an Erleuchtung dessen, dem sie geschieht – nicht begabt mit dem Wissen um den Vorgang. Wie ein Kind, das die höhere Mathematik nicht kennt, nicht die Geschwindigkeit des Lichtes messen kann, so kann der Tiermensch nicht aus dem höheren Gesetz Gewinn ziehen, das die Wiedergeburt des Gottmenschen regiert; und indem er aus dem Strom des Vergessens trinkt, tritt er ein durch die Türe des Schoßes und wird wiedergeboren unmittelbar aus der Wunschwelt, die *Bardo* genannt wird. Diese niedere Wiedergeburt, in vielen Fällen hauptsächlich von den tierischen Neigungen kontrolliert, wie sie den untermenschlichen und menschlichen Geschöpfen gemein sind, unterscheidet sich immerhin von der der Tiere auf Grund der funktionellen Aktivität des rein menschlichen Elementes des Bewußtseins, das in allen untermenschlichen Geschöpfen latent und nicht aktiv ist. Und damit dieses Element, selbst in der niedrigsten Menschenart, latent anstatt aktiv werde, bedarf es einer annähernd ebenso langen Periode von Zeitläufen, wie das untermenschliche Bewußtsein braucht, um sein latentes menschliches Element zu voller menschlicher Aktivität zu entwickeln. Das gewöhnliche Mißverstehen dieses Aspektes der höheren oder esoterischen Lehre von der Wiedergeburt scheint also nicht zum geringsten Teil dazu beigetragen zu haben, daß der augenscheinlich unvernünftige Glaube hat entstehen können, den man fast überall sowohl in den Schriften der Buddhisten wie der Hindus findet, das tierische Bewußtseinsprinzip in seiner Gesamtheit und das menschliche Bewußtseinsprinzip in seiner Gesamtheit seien fähig, abwechselnd die Plätze miteinander zu tauschen.

Dr. E. B. Tylor, der Vater der modernen Wissenschaft der Anthropologie, hat nach sorgfältiger Prüfung der Gegebenheiten die höhere Wiedergeburtslehre als die vernünftigere bezeichnet: «So mag es scheinen, daß die ursprüngliche Idee der Seelenwanderung die gradlinige und vernünftige war, wonach menschliche Seelen in neuen menschlichen Körpern wiedergeboren werden. Das Tier ist die reine Inkarnation vertrauter menschlicher Eigenschaften; und Namen wie Löwe, Bär, Fuchs, Eule, Papagei, Viper, Wurm, wenn wir sie als Beiworte für den Menschen anwenden, fassen in einem Wort einige Hauptzüge eines Menschenlebens zusammen.»[53]

Daß dies die rechte Auslegung ist, wird – soweit es Europa betrifft – durch die Lehren der Druiden bestätigt, der gelehrten, brahmanengleichen Priester von Europas wissenschaftlicher vorchristlicher Religion, die von den keltischen Völkern gepflegt wurde[54].

[53] E. B. Tylor, *Primitive Culture* (London 1891) II, 17.

[54] Vgl. Caesar, *De B.G.* vi. 14. 5; 18. 1; Diodorus Siculus, v. 31. 4; Pomponius Mela, *De Situ Orbis*, iii, c. 2; Lucan, *Pharsalia*, i. 449–462; *Barddas* (Llandovery 1862), i. 177,

In «The Fairy-Faith in Celtic Countries» habe ich im Jahre 1911 angedeutet, daß die Wiedergeburtslehre in ihrer gradlinigen, druidischen Form im wesentlichen übereinstimmt mit der psychologischen Wissenschaft des Westens, daß der unbewußte Geist der Sitz aller latenten Erinnerungen ist und daß diese Erinnerungen nicht nur an eine Lebenszeit gebunden sind; daß diese Gedächtnisaufzeichnungen, weil sie wieder aufdeckbar sind, beweisen, daß die Lehre sich auf nachweisbare Tatsachen gründet. Seit dem Jahre 1911 geht die ganze westliche psychologische Forschung im Reich des Unterbewußten und in der Psychoanalyse in der Richtung, diese Ansicht zu bestätigen.

Als ich «The Fairy-Faith» schrieb, wußte ich nicht, daß Huxley die Theorie der menschlichen Reinkarnation als die beste Auslegung selbst gewöhnlicher physiologischer und biologischer Erscheinungen bezeichnet hat, wie er es wirklich tat. Und da das Zeugnis Huxleys, als eines der größten Biologen, übereinstimmt mit dem oben angeführten des verstorbenen Dr. Tylor, eines der ersten modernen Anthropologen, und auch vom Standpunkt unserer westlichen Wissenschaft aus die höhere oder esoterische Interpretation der Wiedergeburtslehre bestätigt, wie sie uns von den okkulten Wissenschaften des Ostens angeboten wird, so geben wir es hier als einen passenden Abschluß dieses Abschnitts:

«Tägliche Erfahrungen machen uns vertraut mit den Tatsachen, die unter dem Namen Vererbung zusammengefaßt sind. Jeder von uns trägt offensichtliche Merkmale seiner Abstammung, vielleicht entfernter Verwandter, an sich. Genauer gesagt: die Summe der Tendenzen, in einer bestimmten Weise zu handeln, die wir ‹Charakter› nennen, kann oft durch eine lange Reihe von Vorfahren und Verwandten auch der Seitenlinien zurückverfolgt werden. So können wir mit Recht sagen, daß dieser ‹Charakter› – dieses moralische und intellektuelle Wesen eines Menschen – wirklich von einem fleischlichen Gefäß ins andere übergeht und sich von Generation zu Generation überträgt.

Im neugeborenen Kind liegt latent der Charakter des Stammes, und das Ego ist wenig mehr als ein Bündel von Möglichkeiten. Aber sehr bald werden diese zu Wirklichkeiten; von der Kindheit bis ins Alter manifestieren sie sich in Dumpfheit oder Klarheit, Schwäche oder Kraft, Lasterhaftigkeit oder Aufrichtigkeit; und mit all seinen Eigenschaften, wenn durch nichts anderes, so durch die Vereinigung mit einem anderen Charakter abgewandelt, schreitet der Charakter fort zu seiner Inkarna-

189–191; und W. Y. Evans-Wentz, *The Fairy-Faith in Celtic Countries* (Oxford 1911), Kap. VII, XII.

tion in neuen Körpern. Die indischen Philosophen nannten Charakter, so definiert, *karma* ...
In der Theorie der Evolution ist die Tendenz eines Keimes, sich nach einem bestimmten spezifischen Typus zu entwickeln, sein *Karma;* z. B. wächst ein Same der *Schminkbohne* auf zu einer Pflanze, die alle Eigenschaften der *Phaseolus vulgaris* hat. Er ist ‹der letzte Erbe und das letzte Ergebnis› all der Möglichkeiten, die auf eine Ahnenreihe eingewirkt haben, die viele Millionen von Jahren zurückreicht bis zu der Zeit, als zum ersten Mal auf der Erde Leben erschien ...
Wie Prof. Rhys-Davids zutreffend sagt (in *Hibbert Lectures,* S. 114): ‹Das Schneeglöckchen ist ein Schneeglöckchen und keine Eiche, und genau diese Art Schneeglöckchen, denn es ist das Ergebnis des *Karmas* einer endlosen Reihe vergangener Existenzen.›»[55]

XI. Die Kosmographie

Die buddhistische Kosmographie, wie sie von den Lamas verstanden wird, und auf die sich unser Text fortlaufend bezieht, ist, besonders in Verbindung mit der Lehre von der Wiedergeburt, ein sehr weites und schwieriges Gebiet; und sie hier in allen Einzelheiten zu betrachten, würde sowohl die esoterische wie die exoterische Auslegung einer enormen Menge von Lehren mehr oder weniger brahmanischen Ursprungs einschließen, welche die vielen Zustände empfindenden Seins innerhalb des *saṃsâra* oder Kosmos behandeln, von denen einige planetarisch sind, wie in dieser Welt, einige in den vielen Himmeln und Paradiesen, und andere in den zahlreichen Reinigungs- oder Fegfeuerzuständen, die Höllen genannt werden, sich abspielen. Im allgemeinen kann man sagen, daß wenn die brahmanischen und buddhistischen Unterweisungen in der Kosmographie sorgfältig vom Standpunkt des östlichen Eingeweihten geprüft werden und nicht vom so oft voreingenommenen Standpunkt des christlichen Philologen, so scheinen sie weitreichende Kenntnis, die

[55] T. H. Huxley, *Evolution and Ethics* (London 1894), S. 61, 62, 95. Der verstorbene William James, der bekannte amerikanische Psychologe, kam unabhängig zu genau der gleichen Folgerung wie Huxley; denn nachdem er erklärt hat, daß es ihm unmöglich sei, sowohl das gewöhnliche Christentum als auch scholastischen Theismus anzuerkennen, sagt er: «Ich kenne den Buddhismus nicht und spreche unmaßgeblich und nur, um meinen eigenen Gesichtspunkt besser beschreiben zu können; aber, wie ich die buddhistische Lehre des *Karma* sehe, stimme ich im Prinzip damit überein.» – (The Varieties of Religious Experiences, S. 521–522.)

aus sehr alten Zeiten stammt, zu vermitteln über Astronomie, über die Gestalt und Bewegung der planetarischen Körper und über die gegenseitige Durchdringung von Welten und Weltsystemen, von denen einige fest und sichtbar sind (wie die westliche Wissenschaft sie allein kennt) und einige ätherisch und unsichtbar, wie sie vielleicht in dem, was wir die vierte Raumdimension nennen können, existieren.

Esoterisch erklärt wird der Berg Meru (tib. *Ri-rab*), der zentrale Berg der Hindu- und buddhistischen Kosmographie, um den unser Kosmos angeordnet ist in sieben konzentrischen Ringen von Ozeanen, die getrennt werden durch sieben dazwischenliegende konzentrische Ringe von goldenen Bergen, die Nabe des Weltalls, die Stütze aller Welten. Wir können ihn vielleicht, wie die Zentralsonne der westlichen Astronomie, als das Gravitationszentrum des bekannten Universums betrachten. Außerhalb der sieben Ozeanringe und der sieben dazwischenliegenden Ringe goldener Berge liegt der Ring der Kontinente.

Zur Verdeutlichung kann man sich eine Zwiebel mit fünfzehn Schichten vorstellen, um ungefähr die lamaistische Konzeption unseres Universums darzutun. Die Mitte, um die die fünfzehn Schichten sich schmiegen, ist der Berg Meru. Darunter sind die verschiedenen Höllen, darüber, vom Berge Meru getragen, die Himmel der Götter, der sinnlicheren, wie die dreiunddreißig von Indra beherrschten Himmel und jene unter der Gewalt Mâras, die nach ihrer eigenen Rangordnung unter die weniger sinnlichen Himmel Brahmas gehören. Als Gipfel über allem ist der letzte Himmel, der «Höchste» (tib. *Og-min*). Als letzter Vorposten unseres Universums ist *Og-min* als Vorhalle zum Nirvâṇa der Übergang, der vom Weltlichen zum Überweltlichen führt; und darum herrscht auch über ihm der göttliche Einfluß des «Allguten» (tib. *Kun-tu-bZaṅ-po;* skt. *Samantabhadra*), der lamaistischen Personifikation Nirvâṇas.

Auf einer Ebene mit Indras Bereich wohnen in ihren eigenen Himmelswelten die acht Mutter-Göttinnen (tib. *Lha-mo*), die alle in unserem Text erscheinen. Sie sind die Mutter-Göttinnen der frühen Hindus, die im Sanskrit die *Mâtṛis* heißen.

Innerhalb des Berges Meru selbst, auf dem die Himmel ruhen, sind vier Reiche, eines über dem anderen. Die drei unteren werden von verschiedenen Arten von Genien bewohnt; und im vierten, unmittelbar unter den Himmeln, aus denen sie, wie die gefallenen Engel des Christenglaubens, ihres Stolzes wegen vertrieben wurden, wohnen die «Gottlosen Geister», die *Asuras* (tib. *Lha-ma-yin*) oder Titanen, die als Rebellen in ewigem Kampf mit den Göttern droben leben und sterben.

Die innerste Schicht der Zwiebel ist der Ozean, der den Berg Meru umgibt. Die nächste Schicht, nach außen, ist die der goldenen Berge; die nächste ist ein weiterer Ozean, und so weiter, immer ein Ring von goldenen Bergen nach einem Ozeanring bis zur fünfzehnten Schicht, die den äußersten Ozean enthält, in dem die Kontinente und ihre Satelliten schwimmen. Die Haut der Zwiebel ist eine eiserne Mauer, die dies eine Universum umschließt.

Jenseits eines solchen Universums liegen andere, und so fort bis ins Unendliche[56]. Ein jedes Universum ist, wie ein großes kosmisches Ei, von der Eisenmauer-Schale umschlossen, die das Licht von Sonne, Mond und Sternen mit einschließt, denn die Eisenmauer-Schale ist symbolisch für das ewige Dunkel, das ein Universum vom anderen trennt. Alle Universen stehen gleicherweise unter der Herrschaft des Naturgesetzes, das im allgemeinen mit *Karma* synonym ist; denn nach buddhistischer Ansicht gibt es keine wissenschaftliche Notwendigkeit, die Existenz eines höchsten Gott-Schöpfers zu bestätigen oder zu leugnen, weil das *karmische* Gesetz eine vollständige Erklärung für alle Erscheinungen abgibt und in sich selbst beweisbar ist.

Ein jedes Universum ruht, wie unser eigenes, auf «Kette und Einschlag» aus blauer Luft (d.i. Äther), symbolisiert durch die gekreuzten *Dorjes* (wie sie durch das Emblem auf S. 93 wiedergegeben sind).

Darauf ruht «der Körper der Wasser» des äußeren Ozeans. Jeder Ozean symbolisiert eine Luft- (oder Äther-)Schicht und jeder Ring der dazwischenliegenden Berge eine Schicht erstarrter Luft (oder erstarrten Äthers), das heißt materieller Substanz; oder, von einem mehr okkulten Gesichtspunkt aus gedeutet: die Ozeane sind das Subtile, die Berge das Grobe, die sich als Gegensätze abwechseln.

Wie die sieben Tage der mosaischen Schöpfungsgeschichte, so sind auch die in Zahlen ausgedrückten Dimensionen, die die Lamas unserem Universum zuweisen, eher als suggestiv und symbolisch denn als wörtlich aufzufassen. Sie sagen, daß der Berg Meru sich 80000 Meilen über dem zentralen verzauberten Ozean auftürme und sich unter der Oberfläche des Wassers ebenso weit ausdehne, und dieser Zentralozean sei 80000

[56] Wenn wir die lamaistische Konzeption eines Universums als die eines Weltsystems und die einer Vielheit von Universen als die einer Vielheit von Weltsystemen, die zusammen ein Universum ausmachen, ansehen könnten, würden wir imstande sein, die Kosmographie des Nördlichen Buddhismus (und des Brahmanentums, aus dem sie sich herzuleiten scheint) besser mit der Kosmographie der westlichen Wissenschaft in Einklang zu bringen.

Meilen tief und 80000 Meilen breit. Der darauffolgende Gürtel goldener Berge hat genau die Hälfte an Meilenzahl in Höhe und Breite und Tiefe und der nächste Ozean entsprechend 40000 Meilen Tiefe und 40000 Meilen Breite. Die folgenden Ringe abwechselnder Paare von goldenen Bergen und einem verzauberten Ozean verkleinern sich allmählich in Breite, Tiefe und Höhe zu 20000, 10000, 5000, 2500, 1250 und 625 Meilen. So kommen wir schließlich zu den Kontinenten im äußeren Ozean.

Die vier wichtigsten dieser Kontinente liegen – wie im zweiten Buch unseres *Bardo Thödol* beschrieben – in den vier Himmelsrichtungen. An beiden Seiten jedes dieser Kontinente sind kleinere oder Satellitenkontinente; so ergibt sich die volle Zahl der zwölf Kontinente, die wieder eine symbolische Zahl ist, wie die Zahl Sieben der kosmographischen Anordnung.

Der östliche Kontinent heißt im Tibetischen Lü-pah *(Lus-ḥphags)* oder «Erhabener Körper» (skt. *Virât-deha*). Seine symbolische Gestalt gleicht der des zunehmenden Mondes, und dementsprechend wird ihm die Farbe Weiß zugeteilt; seinen Bewohnern werden halbmondförmige Gesichter zugeschrieben, sie sollen ruhigen Gemütes und tugendhaft sein. Sein Durchmesser wird mit 9000 Meilen angegeben.

Der südliche Kontinent ist unser Planet Erde, genannt Dsambuling *(Dsam-bu-gliṅ, skt. Jambudvîpa)*, wahrscheinlich ein klangnachahmendes Wort, wie der Übersetzer annahm – die Frucht eines Jambu-Baumes beschreibend, die ins Wasser fällt; *gliṅ* selbst heißt «Insel», «Kontinent», «Ort» oder «Region».

Der Name *Dsambuling* würde also bedeuten: die Region oder der Kontinent, auf dem die Jambu-Frucht ins Wasser fällt. Seine symbolische Gestalt gleicht der des Schulterblattes eines Schafes, ist also etwa dreieckig oder eher birnenförmig, womit die Gesichter seiner Bewohner übereinstimmen. Blau ist die ihm zugehörige Farbe. Reichtümer und Fruchtbarkeit hat er im Überfluß, auch genug an Gut und Böse. Er soll der kleinste der vier Kontinente sein mit nur 7000 Meilen Durchmesser.

Der westliche Kontinent heißt Balangtschöd *(Ba-glang-spyöd)*, wörtlich: Kuh + Ochse + Tat (skt. *Godhâna* oder «Reichtum an Ochsen»). Seine Gestalt ist wie die der Sonne und rot von Farbe. Seine Bewohner, deren Gesichter rund wie die Sonne sind, sollen sehr mächtig sein und sich von Vieh nähren, wie die wörtliche Bedeutung seines Namens nahelegt. Sein Durchmesser beträgt 8000 Meilen.

Der nördliche Kontinent ist Daminyan *(sGra-mi-sñan)*, ein Äquivalent zum Sanskrit *Uttara Kuru,* d.h. «Nördliche Kuru [Rasse]». Er hat eine viereckige Form und grüne Farbe. Seine Bewohner haben entsprechende Gesichter: viereckig wie die der Pferde. Bäume bestreiten ihren ganzen Unterhalt und all ihre Bedürfnisse, und der sterbende Kuru spukt als Baumgeist in den Bäumen. Dies ist der größte der Kontinente mit 10000 Meilen im Durchmesser.

Jeder Satellitenkontinent gleicht dem Kontinent, zu dem er gehört und ist halb so groß wie er. Der linke Satellit unserer Welt *(Dsambuling)*, genannt *Ngayabling*, ist zum Beispiel die Welt der *Râkṣasas*, wohin *Padmasambhava*, der große *Guru* des Lamaismus, gegangen sein soll, um die *Râkṣasas* Tugend und Erlösung zu lehren und nun dort ihr König zu sein[57].

Dieser lamaistischen Kosmologie liegt, wie die Forschung zeigen wird, ein gehobener Symbolismus zugrunde. Nehmen wir zum Beispiel die Beschreibung des Berges Meru, wie Dr. Waddell sie gibt: «Seine östliche Oberfläche ist aus Silber, der Süden aus Jaspis, der Westen aus Rubin und der Norden aus Gold.»[58] Das verdeutlicht den Gebrauch alter Symbole, die denen in der *Offenbarung Johannis* sehr ähnlich sind. Die vollständige vernünftige Erklärung des ganzen Symbolismus, verbunden mit der Hindu- und gelegentlich der buddhistischen Kosmographie würde – selbst wenn sie uns möglich wäre – ganz außerhalb des Rahmens einer Einleitung sein. Es mag genügen zu sagen, daß die Experten unter den Professoren der okkulten Wissenschaften in Indien und Tibet den Anspruch erheben, einen Schlüssel zu solcher Erklärung zu besitzen, mit dem verglichen unsere westliche Wissenschaft im Bereich des Geistes und der Materie, so meinen sie, sich erst auf der Schwelle zum Tempel des Verständnisses befindet.

XII. Die Summe der grundlegenden Lehren

Bevor wir zu den letzten Abschnitten dieser Einleitung übergehen, die das Manuskript selbst betreffen, können wir nun die Hauptlehren, auf die der ganze *Bardo Thödol* sich gründet, folgendermaßen zusammenfassen:

1. daß alle möglichen Umstände oder Zustände oder Bereiche *saṃsârischer* Existenz, Himmel, Höllen und Welten, durchaus von Erscheinungen abhängen oder, in anderen Worten, nichts als Erscheinungen sind;

[57] Vgl. *Gazetteer of Sikhim*, S. 320–323.
[58] Vgl. ebenda, S. 322.

2. daß alle Erscheinungen vergänglich sind, eingebildet, unreal und nicht existierend außer in dem *saṃsârischen* Gemüt, das sie wahrnimmt;
3. daß es in Wirklichkeit nirgendwo solche Wesen wie Götter oder Dämonen oder Geister oder empfindende Geschöpfe gibt – da sie alle gleicherweise Erscheinungen sind, die von einer Ursache abhängen;
4. daß diese Ursache ein Sehnen und Dürsten nach Empfindung, nach der wandelbaren *saṃsârischen* Existenz ist;
5. daß, solange diese Ursache nicht durch Erleuchtung überwunden wird, Tod der Geburt und Geburt dem Tod folgt, unaufhörlich – wie auch der weise Sokrates glaubte;
6. daß die Nachtod-Existenz nur eine Fortsetzung unter veränderten Bedingungen der aus Erscheinungen geborenen Menschenwelt ist – denn beide Zustände sind gleichermaßen *karmisch;*
7. daß die Art des Zwischendaseins zwischen Tod und Wiedergeburt in dieser oder irgendeiner Welt von vorhergehenden Handlungen abhängt;
8. daß es, psychologisch gesprochen, ein verlängerter Traumzustand in dem ist, was wir die vierte Dimension nennen können, angefüllt mit eingebildeten Visionen, die direkt aus dem geistigen Gehalt des Wahrnehmenden resultieren, glücklich und himmlisch, wenn das *Karma* gut ist, elend und höllisch, wenn das *Karma* schlecht ist.
9. daß, wenn nicht Erleuchtung gewonnen wird, Wiedergeburt in der Menschenwelt, unmittelbar aus der *Bardo*-Welt oder aus irgendeiner anderen Welt oder aus irgendeinem Paradies oder Höllenort, wohin das *Karma* geführt hat, unvermeidlich ist;
10. daß Erleuchtung auf der Erkenntnis der Unwirklichkeit des *saṃsâra,* der Existenz, beruht;
11. daß eine solche Erkenntnis in der Menschenwelt möglich ist oder in dem wichtigen Augenblick des Todes in der Menschenwelt, oder während des ganzen Nachtod- oder *Bardo*-Zustandes oder auch in gewissen nichtmenschlichen Bereichen;
12. daß Übung im Yoga wesentlich ist, d.h. die Kontrolle über den Denkprozeß, um fähig zu werden, den Geist zu konzentrieren im Bemühen, rechtes Wissen zu erlangen;
13. daß solche Übung am besten unter der Anleitung eines menschlichen *Guru* oder Lehrers stattfindet;
14. daß der größte *Guru,* der der Menschheit in diesem Zeitalter bekannt ist, der Gautama Buddha ist;
15. daß seine Lehre nicht einzigartig oder einmalig, sondern die gleiche Lehre ist, die seit undenklicher Zeit durch eine lange und erlauchte Dy-

nastie von Buddhas, die des Gautama Vorgänger waren, in der Menschenwelt verkündet worden ist zur Erlangung der Erlösung, zur Befreiung aus dem Kreis von Wiedergeburt und Tod, zur Überquerung des Ozeans des *saṃsâra* zur Verwirklichung des Nirvâṇa;

16. daß die weniger geistig erleuchteten Wesen, die *Bodhisattvas* und *Gurus* in dieser Welt oder in anderen Welten, obwohl sie noch nicht aus dem Netz der Illusion befreit sind, doch göttliche Gnade und Kraft dem *Śiṣya* (d.i. *Cela* oder Schüler) gewähren können, der noch weniger weit fortgeschritten ist auf dem Wege als sie selbst;

17. daß das Ziel ist und nur sein kann: Befreiung vom *saṃsâra*;

18. daß solche Befreiung durch Verwirklichung des Nirvâṇa geschieht;

19. daß Nirvâṇa als jenseits aller Paradiese, Himmel, Höllen und Welten nicht *saṃsârisch* ist;

20. daß es das Ende allen Kummers ist;

21. daß es Wirklichkeit ist.

Er, der Nirvâṇa erreicht und verwirklicht hat, Gautama Buddha selbst, hat zu seinen Jüngern so davon gesprochen:

«Es gibt, ihr Mönche, einen Bereich, in dem ist weder Erde noch Wasser, weder Feuer noch Luft, weder das Raumunendlichkeitsgebiet noch das Bewußtseinsunendlichkeitsgebiet, weder das Gebiet der Nichtheit noch das der Weder-Wahrnehmung-noch-Nichtwahrnehmung, weder diese Welt noch jene Welt, weder Sonne noch Mond. Dies, ihr Mönche, nenne ich weder Kommen noch Gehen, noch auch Stillstand, weder Tod noch Geburt; es ist ohne Grundlage, Fortschritt oder Stütze; es ist das Ende allen Kummers. Denn alles, was einem anderen Ding anhängt, kommt zu Fall, aber zu dem, was nicht anhängt, kann kein Fall kommen. Wo kein Fall kommt, da ist Ruhe, und wo Ruhe ist, da ist kein heftiges Begehren. Wo kein heftiges Begehren ist, da kommt nichts und geht nichts; und wo nichts kommt und nichts geht, da ist kein Tod, keine Geburt. Wo weder Tod noch Geburt ist, da ist weder diese noch jene Welt, noch etwas dazwischen – es ist das Ende allen Kummers.

Es gibt, ihr Mönche, ein Ungewordenes, Ungeborenes, Ungemachtes, Ungeformtes; wenn es dieses Ungewordene, Ungeborene, Ungemachte, Ungeformte nicht gäbe, so würde es keinen Ausweg geben aus dem, was geworden, geboren, gemacht, geformt ist; aber weil es ein Ungewordenes, Ungeborenes, Ungemachtes, Ungeformtes gibt, darum gibt es auch ein Entrinnen aus dem, was geworden, geboren, gemacht und geformt ist.» [59]

[59] *Udâna*, VIII, 1, 4, 3.

XIII. Das Manuskript

Das Original unseres Manuskriptes des *Bardo Thödol* wurde vom Herausgeber am Anfang des Jahres 1919 von einem jungen Lama der Kargyütpa-(tib. *bKaḥ-rgyud-pa*)Sekte der Rotmützenschule, die dem Kloster Bhutia Basti in Darjeeling zugehörte, erworben; dieser erzählte, daß es seit mehreren Generationen in seiner Familie weitergegeben worden sei. Das Manuskript gleicht keinem der anderen, die der Übersetzer oder der Herausgeber gesehen haben; denn es ist mit Farbbildern auf den Textblättern illustriert, während andere ähnlich illustrierte tibetische Manuskripte, die wir gesehen haben, die Illustrationen auf gesonderten Blättern von Manuskriptpapier oder auf aufgeklebtem Baumwollstoff hatten. Als ich es erwarb, war das Manuskript in sehr zerschlissenem und abgenutztem Zustand; dem ist nun abgeholfen, indem jedes Blatt in einen schützenden Rahmen derselben Sorte tibetischen Papiers eingefügt worden ist, auf der das Manuskript geschrieben wurde. Glücklicherweise waren alle buntbemalten Blätter, wenn auch verblichen, so doch in gutem Zustand erhalten. Eines der gewöhnlichen Blätter, Blatt Nr. 111, fehlte; aber es konnte nun ersetzt werden durch eine getreue Abschrift desselben Abschnitts, der in einer Blockdruck-Fassung des *Bardo Thödol* aus dem Besitz Dr. Johan Van Manens gefunden wurde, des Sekretärs der Asiatischen Gesellschaft in Calcutta, der als Tibet-Gelehrter bekannt ist. Auf diese Blockdruck-Fassung wird in unserer Übersetzung immer wieder hingewiesen. In allem Wesentlichen, und im allgemeinen sogar Wort für Wort, wurden unser Manuskript und Dr. Van Manens Blockdruck identisch befunden. In der Schreibweise einiger Eigennamen von Gottheiten sanskritischen Ursprungs sind Unterschiede in den beiden Fassungen, und in beiden Büchern finden sich eine Anzahl Schreibfehler. Das Manuskript ist weit älter als der moderne Blockdruck und scheint die Abschrift eines noch älteren Manuskriptes zu sein.

Das Manuskript selbst ist undatiert, doch der Übersetzer schätzte sein Alter auf 150 bis 200 Jahre. Es ist sehr viel gebraucht und oft über Toten gelesen worden; sein zerschlissener und abgenutzter Zustand ist also nicht – wie es scheinen könnte – ein Kriterium für sein Alter. Es ist in ausgezeichneter Handschrift auf dem gewöhnlichen Papier niedergeschrieben worden, wie es von den tibetischen und Himalaja-Völkern für Manuskripte benutzt wird, das aus der abgeschälten Rinde des *Hdal* (sprich: *Dâû*), auch als Daphne bekannt, hergestellt wird, einer Art Lorbeer, von dem eine Sorte rötlich-weiße, eine andere gelblich-weiße Blüten trägt. Bei den Lamas im Kloster ist es Brauch, das Papier selbst herzustellen. Weil die Rinde des *Hdal* besonders zäh ist, wurde sie von den Sikkimesen zu Seilen benutzt.

Die volle Zahl der Blätter, die das Manuskript ausmachen, ist 137, jedes mißt etwa 24×8 cm. Ausgenommen das erste Blatt und die erste Hälfte des zweiten, ist der Raum, der jeweils wirklich vom Text eingenommen wird, im Durchschnitt 21×6 cm. Die meisten Blätter enthalten fünf Zeilen Text, einige vier. Das Titelblatt enthält zwei Zeilen auf einem Raum von ungefähr 18×2,5 cm; die zweite Seite des ersten Blattes zusammen mit der ersten Seite des zweiten Blattes, die die Huldigungen bringen, bestehen aus drei Zeilen, die je einen Raum von etwa 11,5×6,5 cm einnehmen, und diese sind, wie das Titelblatt, in Gold (jetzt sehr verblaßt) auf schwarzem Grund geschrieben. Die Illustrationen finden sich auf vierzehn der Blätter, jedesmal in der Mitte des Textes auf einer Seite des Blattes (s. Abb. S. 128) wie folgt:

auf Blatt 18: *Vairocana,* umarmt von seiner *Prajñâ* (der als weibliche Gestalt symbolisierten Weisheit), der Mutter des Himmelsraumes, auf einem Löwenthron – die Gottheiten des ersten Tages;

auf Blatt 20: *Vajrasattva,* umarmt von seiner *Prajñâ,* der Mutter Mâmakî, umgeben von ihren vier begleitenden Gottheiten des zweiten Tages;

auf Blatt 23: *Ratnasambhava,* umarmt von seiner *Prajñâ,* der Mutter Sangyä Tschan-ma (tib. *Saṅs-rgyas-spyan-ma,* «die mit dem Buddha-Auge»), umgeben von ihren vier begleitenden Gottheiten des dritten Tages[60];

auf Blatt 26: *Amitâbha,* umarmt von seiner *Prajñâ,* der Mutter Gökarmo (*gos-dkar-mo,* «die Weißgekleidete»), umgeben von ihren vier begleitenden Gottheiten des vierten Tages;

auf Blatt 31: *Amoghasiddhi,* umarmt von seiner *Prajñâ,* der treuen Dölma (*sGrol-ma,* skt. *Târâ*), umgeben von ihren vier begleitenden Gottheiten des fünften Tages;

auf Blatt 35: die vereinten *Maṇḍalas* der Gottheiten, die am sechsten Tage dämmern;

auf Blatt 44: das *Maṇḍala* der zehn Weisheit-haltenden Gottheiten des siebenten Tages;

[60] Nach der allgemein anerkannten Tradition des tibetischen Buddhismus gehört *Saṅs-rgyas-spyan-ma* (skt. *Locanâ*) zu *Vajrasattva-Akṣobhya,* während *Mâmakî* zu *Ratnasambhava* gehört. Dies wird durch den offiziellen Blockdruck wie durch die gesamte einschlägige Literatur bestätigt. Es handelt sich also in der dem vorliegenden Buch zugrundeliegenden Handschrift um einen Irrtum des Kopisten (L.A.G.).

Das große Mandala der Friedlichen Gottheiten

Erklärung S. 324

Das große Mandala
der Wissenshaltenden und Zornigen Gottheiten
Erklärung S. 324

auf Blatt 55: der *Buddha-Heruka* und *Prajñâ* des achten Tages;
auf Blatt 57: der *Vajra-Heruka* und *Prajñâ* des neunten Tages;
auf Blatt 58: der *Ratna-Heruka* und *Prajñâ* des zehnten Tages;
auf Blatt 59: der *Padma-Heruka* und *Prajñâ* des elften Tages;
auf Blatt 61: der *Karma-Heruka* und *Prajñâ* des zwölftenTages;
auf Blatt 64: die acht *Kerima* und die acht *Htamenma* des dreizehnten Tages und die vier weiblichen Torhüter des vierzehnten Tages;
auf Blatt 67: das *Maṇḍala* der tierköpfigen Gottheiten des vierzehnten Tages.

Jede Gottheit ist in Farbe, Position, Haltung, *Mudrâ* und Symbolen in Übereinstimmung mit der Beschreibung des Textes gemalt.

Alle Illustrationen des Manuskripts gehören also zum *Tschönyi-Bardo* des ersten Buches. In unserer Übersetzung enthalten ausführliche Anmerkungen den Textnamen einer jeden Gottheit und die Sanskrit-Entsprechung dazu, wenn, wie in den meisten Fällen, eine solche vorhanden ist.

Es ist kein Versuch gemacht worden, unser Manuskript mit anderen Manuskripten desselben Textes zu vergleichen, da keines zur Verfügung stand. Solche Manuskripte sind ohne Zweifel zahlreich in Tibet, und die Schaffung eines Standard- oder gleichlautenden Textes würde Jahre sorgfältiger Arbeit erfordern – eine Aufgabe, die den Gelehrten der Zukunft verbleibt. Der einzige Textvergleich wurde mit Dr. Van Manens Blockdruck unternommen, der wahrscheinlich nicht mehr als zwanzig oder dreißig Jahre alt ist. Der Übersetzer sagte, daß, soweit er wisse, Blockdrucke des *Bardo Thödol* erst vor verhältnismäßig kurzer Zeit erschienen seien – wenigstens in Sikkim und Darjeeling, obwohl sie wahrscheinlich in Tibet selbst schon viel länger bekannt sind, denn Blocktypen-Druck hat es schon seit ungezählten Jahrhunderten in China gegeben, und von dort ist er nach Tibet gebracht worden, lange bevor man in Europa druckte[61].

[61] Diese Blockdrucke sind meist aus verschiedenen Traktaten zusammengesetzt, die zum *Bardo-Thödol*-Zyklus gehören. Einer dieser Blockdrucke – welcher in Gyantse in Tibet während des Jahres 1919 von Major W. L. Campbell erworben wurde, der damals britischer Statthalter in Tibet, Bhutan und Sikkim war, und dem Herausgeber vorgelegt wurde – enthält siebzehn Traktate, deren tibetische Titel in etwas abgekürzter Form durch den Übersetzer so aufgezeichnet wurden:

1. «Die klaren Anweisungen für den göttlichen *Bardo*, genannt ‹Die große Befreiung durch Hören› aus ‹Die tiefe Lehre der göttlichen friedlichen und [zornigen] Selbst-Befreiung›.»
2. «Die Darlegung des zornigen [oder aktiven] Aspektes des *Bardo*.»

Nach Meinung des Übersetzers hat wahrscheinlich jede buddhistische Sekte in Tibet ihre eigene Version des *Bardo Thödol,* in Einzelheiten mehr oder weniger verschieden, nicht aber im Wesentlichen, von unserer Version; die Fassung, die von den reformierten Gelugpa, sonst auch bekannt als Gelbmützenschule, benutzt wird, ist die am meisten veränderte, denn alle Hinweise auf Padmasambhava, den Begründer der Nyingmapa *(rñiṅ-ma-pa),* der Rotmützenschule des Lamaismus, wie auch die Namen der Gottheiten speziell der Rotmützen wurden ausgemerzt.

Major W. L. Campbell, der britischer Statthalter in Sikkim war, während ich dort wohnte, schrieb mir von seiner Residenz in Gangtok unter dem Datum des 12. Juli 1919 über die verschiedenen Versionen des *Bardo Thödol* wie folgt: «Die Gelbe Sekte hat sechs, die Rote Sekte sieben und die *Kargyütpas* fünf.»

Unser Text stammt aus der ursprünglichen oder Rotmützenschule und wird dem großen *Guru* Padmasambhava selbst zugesprochen, der den Tantrischen Buddhismus nach Tibet einführte; wir meinen, daß er die Originalfassung im wesentlichen wiedergibt.

3. «Die guten Wünsche [oder Gebete], die die Buddhas und Bodhisattvas um Hilfe anrufen.»
4. «Die Wurzelverse des *Bardo.*»
5. «Das Gebet zur Errettung aus den einengenden Orten des *Bardo.*»
6. «Das Von-Angesicht-zu-Angesicht-Setzen des *Sipa-Bardo.*»
7. «Die Erlösung durch Hingabe, [wobei] das Körper-Aggregat selbstbefreit ist» – eine Version der *Tahdol*-Lehre – (s. S. 213[117], 229[153], 273 unseres Textes).
8. «Das Gebet um [einen] vor der Furcht im *Bardo* zu schützen.»
9. «Die selbst-befreiende Erkenntnis der Symptome des Todes» (vgl. S. 161, 164–172 unseres Textes).
10. «Das Von-Angesicht-zu-Angesicht-Setzen, genannt ‹Die nackte Vision› und die Selbst-Befreiung [dadurch].»
11. «Die besondere Lehre, die die Form von Verdienst und Schuld während des *Sipa-Bardo* zeigt, genannt ‹Die Selbstbefreiung im *Sipa-Bardo*›.»
12. «Die Zusätze [zur obigen ‹besonderen Lehre›].»
13. «Gebet zu der Reihe [der Gurus] der Göttlichen Selbstbefreiungs-Lehre.»
14. «Die Auslösung des Sterbenden.»
15. «Selbstbefreiung, genannt ‹Absolution durch Bekenntnis›.»
16. «Das beste wunscherfüllende *Tahdol* – eine andere Form der *Tahdol*-Lehre.»
17. «Das Ritual, genannt ‹Die Selbstbefreiung von Gewohnheits-Neigungen›.»

Hierin entsprechen die Traktate Nr. 1, 2, 3, 4, 5, 6, 8 – mit unbedeutenden Abweichungen – dem Stoff, den unser Manuskript enthält. Aber das Manuskript enthält darüber hinaus im Anhang viel Stoff, der nicht in diesem Blockdruck enthalten ist. Der Blockdruck selbst ist ganz neu, aber die Blöcke, von denen er gedruckt wurde, mögen sehr alt sein, wie alt, haben wir nicht feststellen können.

Wie andernorts erwähnt, ist unser Manuskript als *ein* Werk in zwei Teilen oder Büchern angeordnet, mit dreizehn Textblättern von *Bardo*-Gebeten als Nachtrag. Der Blockdruck ist in zwei gesonderte Bücher geteilt und enthält den Nachtrag der Gebete nicht. Aber am Ende des ersten Buches des Blockdrucks steht eine sehr wichtige Erzählung über den Ursprung des *Bardo Thödol,* die in unserem Manuskript nicht enthalten ist, und diese geben wir in der Übersetzung im folgenden Abschnitt.

XIV. Der Ursprung des Bardo Thödol

Aus dem Blockdruck, wie auch aus anderen tibetischen Quellen, erfahren wir also, daß der Text des *Bardo Thödol* zur Zeit Padmasambhavas, im 8. Jahrhundert n. Chr. entstanden ist, oder, was wohl korrekter ist, zuerst niedergeschrieben wurde; danach wurde er versteckt gehalten und dann, als seine Zeit kam, um der Welt übergeben zu werden, wurde er von Rigzin Karma Ling-pa ans Licht gebracht. Der Blockdruck-Bericht lautet wie folgt:

«Dies wurde herabgebracht vom Berge von Gampodar (tib. *Gampo-dar*) ans Ufer des Serdan- (tib. *gSer-ldan,* d.h. ‹goldenthaltend› oder ‹goldenen›) Flusses durch Rigzin Karma Ling-pa (tib. *Rigs-ḥdzin Kar-ma gLin-pa*).»

Rigzin ist, wie es hier gebraucht wird, ein persönlicher Titel und *Karma Ling-pa* der Name eines Ortes in Tibet und bedeutet «Karma Land». Der Übersetzer hat aufgezeigt, daß *Rigs* eine irrtümliche Schreibweise von Rig ist; denn wenn *Rigs* korrekt wäre, so würde der Name *Rigzin* bedeuten Klassenhalter *(Rigs + ḥdzin).* Daß aber *Rig* gemeint ist – womit die Namensbedeutung zu Wissenshalter wird *(Rig + ḥdzin),* einer Kasten- oder Klassenbezeichnung[62] –, wurde bestätigt durch einen kleinen Abschnitt eines *Bardo-Thödol*-Manuskriptes im Besitz des Übersetzers, in dem Rigzin Karma Ling-pa auch Tertön (tib. *gTer-bston*) oder «Herausnehmer von Schätzen» genannt wird.

Der *Bardo Thödol* ist also eines der verlorenen tibetischen Bücher und von Rigzin aus Karma Ling-pa gerettet worden, von dem man glaubt, daß er eine Emanation oder Inkarnation Padmasambhavas sei, des Gründers des Lamaismus.

[62] *Rig-ḥdzin,* eine tibetische Übersetzung des Sanskritausdrucks *Vidyâdhara,* bezeichnet, wenn es wie hier von einer gelehrten Person wie einem Pandit, gebraucht wird, eine Klasse übernatürlicher Wesen wie gewisse Arten von Feen.

Im 8. Jahrhundert n. Chr. faßte der Lamaismus, den wir als den Tantrischen Buddhismus definieren können, feste Wurzeln in Tibet. Ein Jahrhundert früher, unter dem ersten König, der über ein geeintes Tibet regierte, dem König Srongtseṅ-Gampo (der 650 starb), kam der Buddhismus selbst aus zwei Quellen nach Tibet: aus Nepal, dem Land von Buddhas Vorfahren, durch die Heirat des tibetischen Königs mit einer Tochter aus der königlichen Familie in Nepal; und aus China, durch seine Heirat – im Jahre 641 – mit einer Prinzessin der chinesischen Kaiserfamilie. Der König war im alten Bön-Glauben Tibets aufgezogen worden, der mit seiner ursprünglichen Lehre von der Wiedergeburt ganz gut geeignet war, als Annäherung an den Buddhismus zu dienen, und unter dem Einfluß seiner beiden buddhistischen Frauen nahm er den Buddhismus an und machte ihn zur Staatsreligion. Aber der Buddhismus setzte sich in Tibet nur wenig durch, bis, ein Jahrhundert später, sein mächtiger Nachfolger Thî-Srong-Detsan von 740 bis 786 den Thron innehatte. Es war Thî-Srong-Detsan, der Padmasambhava (tib. *Pa-dma ḥbyuṅ-gnas,* d.i. «Der Lotusgeborene»), den Tibetern besser bekannt als *Guru Rinpo-che,* «der Kostbare Guru», einlud, nach Tibet zu kommen. Der berühmte *Guru* war damals Professor für Yoga an der großen buddhistischen Universität von Nâlanda in Indien, und weitherum berühmt für seine genaue Kenntnis der okkulten Wissenschaften. Er war in Udyâna oder Swat geboren, in einer Gegend, die jetzt einen Teil Afghanistans ausmacht.

Der große *Guru* erkannte die wunderbare Gelegenheit, die des Königs Einladung ihm bot, und nahm den Ruf sofort an; er durchquerte Nepal und kam im Jahre 747 in Samye *(bSam-yas)* in Tibet an. Der König hatte ihn nach Samye eingeladen, damit er die Dämonen von diesem Ort austreibe; denn sobald die Mauern eines Klosters, das der König dort hatte errichten lassen, aufgeführt waren, wurden sie von örtlichen Erdbeben umgeworfen, und man meinte, die sich dem Buddhismus widersetzenden Dämonen hätten das verursacht. Als der große *Guru* die Dämonen ausgetrieben hatte, hörten alle örtlichen Erdbeben auf, sehr zur Verwunderung der Leute; und er selbst überwachte die Vollendung des königlichen Klosters und gründete dort im Jahre 749 die erste Gemeinschaft tibetischer buddhistischer Lamas.

Während seines damaligen Aufenthaltes in Tibet und bei späteren Besuchen hat Padmasambhava viele tantrische Bücher aus den indischen Sanskritoriginalen ins Tibetische übersetzt, von denen einige in den Klöstern Tibets aufbewahrt und mit entsprechenden mystischen Zeremonien an

verschiedenen geheimen Orten versteckt worden sind. Er stattete auch bestimmte seiner Schüler mit der Yogi-Kraft der Reinkarnation aus, zum rechten Zeitpunkt, der durch die Astrologie bestimmt wurde, um sie zusammen mit den mit ihnen versteckten Schätzen und den Requisiten, die nötig waren zum gewissenhaften Vollzug der im Text beschriebenen Riten, wieder hervorzuholen. Dies ist die allgemein anerkannte Tradition; aber nach einer anderen Tradition werden die *Tertöns* als verschiedene Inkarnationen des großen *Guru* selbst angesehen. Nach einer rohen Schätzung würden die religiösen Texte, die schon durch solche *Tertöns*, Jahrhundert für Jahrhundert, hervorgeholt worden sind, eine Enzyklopädie von ungefähr fünfundsechzig Bänden in Blockdruck ausmachen, von denen jeder Band aus etwa vierhundert normalgroßen Blättern bestehen würde. Unser Text, der *Bardo Thödol*, sollte deshalb als eines dieser wiedergewonnenen apokryphen Bücher so betrachtet werden, als sei er zusammengestellt worden (denn die innere Evidenz legt nahe, daß es sich eher um eine tibetische Zusammenstellung als um eine direkte Übersetzung aus irgendeinem unbekannten Sanskritoriginal handelt) während der ersten Jahrhunderte des Lamaismus, entweder – wie er selbst aussagt – zur Zeit Padmasambhavas oder bald danach. Seine jetzt in ganz Tibet allgemeine Verwendung als Bestattungsritual und seine Anerkennung durch die verschiedenen Sekten in variierenden Fassungen könnte nicht das Ergebnis von wenigen Generationen sein; sie bezeugt sein Alter ziemlich einleuchtend, dokumentiert den vorbuddhistischen und wenigstens teilweisen Bön-Ursprung, den wir ihm beilegen, und verleiht den Ansprüchen, die für die *Tertöns* erhoben werden, einige Gültigkeit.
Wir sind uns der gegnerischen Kritik europäischer Kritiker über die *Tertön*-Tradition voll bewußt. Trotzdem ist es nicht Mangel an gesunder Vernunft zu vermuten, daß die europäischen Kritiker nicht unbedingt recht haben. Darum scheint die einzig vernünftige Haltung gegenüber dem *Tertön*-Problem zu sein, sich nicht beeinflussen zu lassen, bis genügend Tatsachen gesammelt sind, um ein Urteil zu fällen. Sollte der *Tertön*-Anspruch sich als falsch erweisen, so würde davon die Tatsache nicht berührt, daß der *Bardo Thödol* in Tibet jetzt als heiliges Buch anerkannt ist und seit beträchtlicher Zeit von den Lamas zur Lesung über den Toten benutzt worden ist; nur die Theorie über die textliche Zusammenstellung dessen, was im wesentlichen offensichtlich prähistorisches Ritual ist, müßte revidiert werden.
Was Padmasambhavas eigene Quellen angeht, abgesehen von solchen kongenialen traditionellen Lehren, wie er sie ohne Zweifel in einige sei-

ner tibetischen Traktate einbezog, so wurde uns durch mündliche Überlieferung, die noch heute unter den Lamas umgeht, gesagt, daß er acht *Gurus* in Indien hatte, von denen jeder eine der acht wichtigsten tantrischen Lehren vertrat.

Der Übersetzer besaß einen tibetischen Blockdruck, der die Aufzeichnung der Geschichte, wenn auch stark mit Mythen vermischt, des großen *Guru* enthielt, mit dem Titel *Orgyan-Padmas-mzad-paḥi-bkaḥ-thang-bsdûd-pa* (sprich: *Urgyan Padmé-sad-pai-ka-thang-dü-pa*), d.h. «Das abgekürzte Testament, gemacht von Ugyan Padma» (oder vom «Lotusgeborenen Ugyan» Padmasambhava); er besteht aus nur siebzehn Blättern, und auf dem zwölften Blatt im sechzehnten Abschnitt ist die folgende Stelle aufgezeichnet, die die historische Tradition um den Ursprung des *Bardo-Thödol*-Textes bestätigt:

«Sieh da! Der sechzehnte Abschnitt, der die acht Lingpas, die Führer der Religion aufzeigt, ist [so]:
Die acht Inkarnationen der großen Bodhisattvas sind:
Urgyan-ling-pa *(O-rgyan-gliṅ-pa)* in der Mitte;
Dorje-ling-pa *(rDo-rJe-gliṅ-pa)* im Osten;
Rintschen-ling-pa *(Rin-chen-gliṅ-pa)* im Süden;
Padma-ling-pa *(Pa-dma-gliṅ-pa)* im Westen;
Karma-ling-pa *(Karma-gliṅ-pa)* im Norden;
Samten-ling-pa *(bSam-gtan-glin-pa)* und Nyinda-ling,
[und] Schig-po-ling (oder Terdag-ling).
Diese acht großen *Tertöns* werden kommen;
Sie sind nur meine eigenen Inkarnationen.»

Hier wird Padmasambhava selbst gezeigt, wie er erklärt, daß die *Tertöns* oder «Schatzfinder» der versteckten Bücher seine eigenen Inkarnationen sein werden. Nach dieser Aufzählung ist der *Tertön* unseres eigenen Buches, des *Bardo Thödol,* der fünfte, der nach dem Ort Karma-Land genannt ist; das bestätigt den Blockdruck des *Bardo Thödol*; und Karma-Land liegt im nördlichen Viertel Tibets. Es ist uns nicht gelungen, die genaue Zeit festzustellen, in der dieser *Tertön* lebte, obwohl er eine volkstümliche Figur in der traditionellen Geschichte Tibets ist. Der Name Rigzin, der ihm zuerst in dem oben erwähnten Blockdruck gegeben wird, heißt «Wissenshalter» und deutet auf seinen Charakter als religiös Frommer oder Lama hin; *Karma Ling-pa,* das in beiden Erzählungen erwähnt wird, deutet auch auf ein altes tibetisches Kloster des ursprünglichen Lamaismus in der Provinz Kams im nördlichen Tibet hin.

Unserer Ansicht nach ist die beste Haltung, die man gegenüber der ungewissen Geschichte und Quelle des *Bardo Thödol* einnehmen kann, die eines kritischen Wahrheitssuchers, der die anthropologische Bedeutung der dahineilenden Zeit und der fast unvermeidlichen Umformung alter Lehren, die erst mündlich weitergegeben und dann, nachdem sie sich kristallisiert haben, schriftlich aufgezeichnet wurden, erkennt. Wie im Falle des ägyptischen *Bardo Thödol,* allgemein bekannt als das «Ägyptische Totenbuch», so haben wir ohne Zweifel auch im «Tibetanischen Totenbuch» die Aufzeichnung des Glaubens unzähliger Generationen an einen Zustand des Daseins nach dem Tode. Es kann nicht *ein* Schreiber sein Autor und nicht *eine* Generation sein Schöpfer gewesen sein; wenn seine Geschichte vollständig bekannt wäre, so würde sie als Buch nur die Geschichte seiner Zusammenstellung und Aufzeichnung sein können; und die Frage, ob diese Zusammenstellung und Aufzeichnung erst in verhältnismäßig jungen Zeiten oder zur Zeit Padmasambhavas oder noch früher geschehen ist, könnte im Grunde die alten Lehren, auf die es sich stützt, nicht ändern.

Obwohl der *Bardo Thödol* im wesentlichen bemerkenswert wissenschaftlich ist, besteht keine Notwendigkeit anzunehmen, daß er in allen Einzelheiten genau richtig ist; denn zweifellos haben sich beträchtliche Entstellungen in den Text eingeschlichen. In seinem weiten Umriß scheint er jedoch eine erhabene Wahrheit zu vermitteln, die vormals vielen Religionsforschern verschleiert war, eine Philosophie, so subtil wie die des Plato, und ein psychologisches Wissen, das dem weit voran ist, das, noch in den Kinderschuhen, das Studium der «Gesellschaft für psychologische Forschung» ausmacht. Und als solches verdient er die ernste Aufmerksamkeit der westlichen Welt, die jetzt zu einem neuen Zeitalter erwacht und weitgehend befreit ist von den Verkrustungen des Mittelalters und begierig, Weisheit aus allen heiligen Büchern der Menschheit zu sammeln, ganz gleich welchen Glaubens.

XV. Die Übersetzung und Herausgabe

Obwohl die ganze Übersetzung dieses Manuskriptes in Gegenwart des Herausgebers in Gangtok in Sikkim geschah, so gebührt doch das Hauptverdienst daran dem verstorbenen Lama Kazi Dawa-Samdup, dem Übersetzer. Der Lama hat des Herausgebers Anteil an der Arbeit treffend zusammengefaßt, indem er sagte, daß der Herausgeber sein lebendes englisches Wörterbuch war. Wirklich konnte der Herausgeber nicht viel mehr als das sein, denn seine Kenntnis des Tibetischen war fast gleich Null.

Es war das Ziel sowohl des Übersetzers als des Herausgebers, sich so nah an den Sinn des Textes zu halten, als es die Struktur der idiomatischen Ausdrucksweise der englischen und tibetischen Sprache erlaubte. Zuweilen hat sich der Übersetzer von der genau wörtlichen Übersetzung freigemacht, indem er es vorzog, die wirkliche Bedeutung, die ein Lama aus gewissen mehr oder weniger technisch gewählten Wendungen herleiten würde, ins Englische zu übertragen. Das Tibetische tantrischer Texte, wie des unseren, ist besonders schwer in gutes Englisch zu verwandeln; und wegen der Prägnanz und Bündigkeit vieler Stellen ist es nötig gewesen, Worte und Wendungen einzuschalten, die eingeklammert sind.

Es ist sehr wahrscheinlich, daß in späteren Jahren unsere Übertragung – wie es bei den Pionier-Übersetzungen der Bibel der Fall war – einer Revision unterzogen werden wird. Eine genau wörtliche Übertragung eines Werkes, das in seiner wahren Bedeutung so schwer zu begreifen ist wie dieses, und noch dazu in symbolischer Sprache geschrieben, würde, wenn Europäer sich daran vergriffen – die zu oft, weil sie sich so schwer von ihrer westlichen Mentalität befreien können, zuerst Christen sind und erst in zweiter Linie Gelehrte, wenn sie mit nicht-christlichen heiligen Texten arbeiten –, vielleicht ebenso irreführend sein wie einige ihrer Übertragungen der alten Sanskrit-Veden. Selbst für einen Tibeter ist der *Bardo Thödol* ein sozusagen versiegeltes Buch, wenn er nicht ein Lama und wohlbewandert im Tantrismus ist, wie der Übersetzer es war.

Seine tiefe lamaistische Bildung, sein fester Glaube an die höheren Yoga-Lehren der Großen Schule der Vervollkommnung des *Guru* Padmasambhava (er war ein Eingeweihter der halbreformierten Sekte, die als Kargyütpa bekannt ist und von den großen Yogis Marpa und Milarepa gegründet wurde), seine praktische Kenntnis der okkulten Wissenschaften, die sein verstorbener *Guru* in Bhutan ihn gelehrt hatte, und seine wundervolle Beherrschung sowohl des Englischen als auch des Tibetischen brachten mich auf den Gedanken, daß wohl selten, wenn überhaupt je wieder in diesem Jahrhundert, ein Gelehrter gefunden werden könnte, der berufener wäre, den *Bardo Thödol* zu übertragen, als der verstorbene Lama Kazi Dawa-Samdup, der tatsächliche Übersetzer. Jeder Leser dieses Buches schuldet ihm Dank, denn hiermit hat er den Völkern des Westens das Schatzhaus der tibetischen Literatur und des Nördlichen Buddhismus, das so lange fest verschlossen war, ein Stück weit geöffnet.

Als sein vertrauter Schüler durch viele Monate hindurch erkenne ich hiermit diese Schuld an Dankbarkeit und Verehrung an, die der Schüler immer seinem Lehrer gegenüber empfindet.

Es ist für uns bedauerlich, daß, obwohl die Übersetzung schon im Jahre 1919 vollendet und vom Übersetzer durchgesehen war, er nun nicht mehr in dieser Welt ist, um die Korrekturbogen zu lesen, wie er gehofft hatte; er war damals der Leiter der Bhutia Boarding School des Maharaja bei Gangtok in Sikkim (früher ein Teil Tibets), die hauptsächlich für sikkimesische Knaben aus guten tibetischen Geschlechtern bestimmt war.

Gegen die Übertragung der Schriftzeichen mag mit Recht von Philologen eingewendet werden, daß sie in manchen Fällen weniger technisch exakt ist, als sie es sein könnte. Der Herausgeber zog es jedoch vor, die einfacheren Übertragungen im altmodischen Stil, an den der Leser im allgemeinen gewöhnt ist, beizubehalten, so wie der Übersetzer sie ihm diktierte, und hat sie unverändert gelassen bis auf die Korrektur einiger weniger offensichtlicher Fehler, die sich eingeschlichen hatten[63].

Der Herausgeber selbst kann nicht erwarten, daß seine eigenen Auslegungen sich widersprechender Probleme in einem Buch wie diesem auf allgemeine Anerkennung stoßen werden; noch kann er hoffen, jedem Irrtum entgangen zu sein. Er vertraut aber darauf, daß Kritiker in Anbetracht des Pioniercharakters dieser Arbeit bereit sein werden, dem Herausgeber wie dem Übersetzer das Maß von Nachsicht zuzugestehen, das sie vielleicht doch verdienen.

Ein kurzer Bericht über die ungewöhnliche Laufbahn des Übersetzers wird zweifellos allen, die dieses Buch lesen, interessant sein. Der verstorbene Lama Kazi Dawa-Samdup wurde am 17. Juni 1868 geboren; der Titel Kazi (sprich: «Kasi») zeigt seine gehobene soziale Stellung als Mitglied einer Grundbesitzerfamilie tibetischen Ursprungs an, die in Sikkim ansässig ist. Vom Dezember 1887 bis Oktober 1893 war er, als ein junger Mann, dessen Gelehrsamkeit die britischen Autoritäten von Indien schon erkannt hatten, in Buxaduar in Bhutan als Dolmetscher bei der britischen Regierung stationiert. (In späteren Jahren war er auch als Dolmetscher bei der tibetischen

[63] *Anmerkung des Verlags:* Nachdem fast 50 Jahre seit der Übersetzung des Totenbuchs vergangen sind, ist es notwendig geworden, die Unvollkommenheiten der ersten Fassung zu beheben, um das Buch auf den Stand der heutigen tibetologischen Kenntnisse zu bringen. Noch kurz vor seinem Hinscheiden (im Jahr 1965) bat Dr. Evans-Wentz seinen langjährigen Freund und Mitarbeiter, Lama Anagarika Govinda, um eine Revision dieses Buches, die mit dieser Ausgabe zum ersten Mal der Öffentlichkeit vorgelegt wird.

Regierung tätig.) In Buxaduar traf er zuerst auf seinen *Guru,* der dort als der Eremit *Guru* Norbu (*Slob-dpon-mtshams-pa-Norbu* – sprich: *Lobon ts'ampa Norbu*) allgemein bekannt war; er war ein Mann von weitreichender Kenntnis und streng asketischen Lebensgewohnheiten, von ihm empfing er später die mystische Einweihung.

Lama Kazi Dawa-Samdup vertraute mir einmal an, daß er damals alle nötigen Vorbereitungen getroffen hatte, als ein probeweiser *Śiṣya* der Welt vollständig zu entsagen; aber sein Vater, der bereits ein alter Mann war, rief ihn heim und verlangte von ihm, daß er die üblichen Pflichten eines ältesten Sohnes übernehme und heirate, um die Familie fortzusetzen. Der Sohn hatte keine Wahl und heiratete; zwei Söhne und eine Tochter wurden ihm geboren.

Im Jahre 1906 ernannte der Maharaja von Sikkim ihn zum Leiter der Gangtok-Schule, wo ich ihm am Anfang des Jahres 1919 begegnete, eingeführt durch einen Brief von Sardar Bahadur S. W. Laden La, dem Chef der Polizei in Darjeeling, der bekannt ist als buddhistischer Gelehrter tibetischer Abstammung. Etwa ein Jahr später, im Jahre 1920, als unsere gemeinsame Arbeit beendet war, wurde der Lama zum Lektor des Tibetischen an der Universität Calcutta ernannt. Aber, wie es meist geschieht bei Leuten, die an die hohen Regionen des Himalaja gewöhnt sind, büßte er unglücklicherweise im tropischen Klima von Calcutta seine Gesundheit vollständig ein und schied am 22. März 1922 aus dieser Welt.

Als Zeugen von des Lama reifer Gelehrsamkeit haben wir sein Englisch-Tibetisches Wörterbuch, von der Universität Calcutta 1919 herausgegeben, und seine Herausgabe des *Śrîcakrasambhâra Tantra* mit englischer Übersetzung und tibetischem Text, veröffentlicht durch Sir John Woodroffe (Pseudonym Arthur Avalon) als Band II der *Tantric Texts,* London 1919. Außer diesen und ein paar kleinen Arbeiten, die die Asiatische Gesellschaft in Calcutta veröffentlicht hat, hinterließ der Lama viele wichtige Übersetzungen aus dem Tibetischen, die bis jetzt noch unveröffentlicht sind – einige im Besitz des Herausgebers, andere in den Händen von Sir E. Denison Ross und Major W. L. Campbell.

Möge dieses Buch dazu beitragen, das Gedächtnis dessen zu verewigen, der die Lehren der großen Meister tibetischer Weisheit hochhielt und diese Übersetzung des *Bardo Thödol* den englischsprechenden Völkern dieser Erde vermachte.

W. Y. EVANS-WENTZ

«Den *Dharmakâya* deines eignen Geistes sollst du sehen; und in ihm sollst du das All gesehen haben: Die Unendliche Schau, den Kreis von Tod und Geburt und den Zustand der Freiheit.»
Milarepa Jetsün Kahbum, XII (Nach Lama Kazi Dawa-Samdups englischer Übersetzung)

ERSTES BUCH
DER TSCHIKHAI-BARDO UND DER TSCHÖNYI-BARDO

worin enthalten ist das Von-Angesicht-zu-Angesicht-Setzen zur Wirklichkeit im Zwischenzustand: Die Große Befreiung durch Hören im Nachtod-Zustand durch «Die Tiefe Lehre von der Befreiung des Bewußtseins durch Meditation über die Friedlichen und Zornigen Gottheiten»

Text: *Zab-chos źi-khro dgoṅs-pa raṅ-grol las bar-doḥi thos-grol chen-mo chos-ñid bar-doḥi ṅo-sprod bźug-so* (sprich: *Sab-tschö schi-to gong-pa rang-döl lä bar-doï thö-dol tschen-mo tschö-nyi bar-doï ngo-tö schug-so*).

Des Todes Boten

«All die Gedankenlosen, die nicht sorgen,
Zu welcher Zeit des Todes Boten kommen,
Müssen in niederer Verkörperung
Lange die Qual der Leiden fühlen.
Die jedoch gut und heilig sind,
Betragen sich nicht gedankenlos,
Wenn des Todes Boten erscheinen,
Beachten, was die Hohe Lehre sagt,
Und sehn, erschreckt, in der Verhaftung
Die ew'ge Quelle von Geburt und Tod,
Befrein sich selbst von diesem Hang
Und tilgen so Geburt und Tod.
Sicher und glücklich ruhen sie.
Entlassen aus der flutenden Schau,
Entbunden aller Sünd' und Furcht;
Sie sind nun alles Elends bloß.»

Aṅguttara-Nikâya, III, 35[5]

Die Huldigungen[1]

Dem Göttlichen Körper der Wahrheit[2], dem Unbegreiflichen, Unbegrenzten Licht,
Dem Göttlichen Körper Vollkommener Begabung[2], der den Lotus und die Friedlichen und die Zornigen Gottheiten[3] darstellt,
Der Lotus-Geborenen Inkarnation, Padmasambhava[4], der der Beschützer aller lebenden Wesen ist,
Den Gurus, den Drei Körpern[2], sei Huldigung.

Die Einleitung

Diese Große Lehre der Befreiung durch Hören, die geistige Freiheit den Gläubigen gewöhnlichen Verstandes verleiht, derweil sie im Zwischenzustand, hat drei Teile: die Präliminarien, den Hauptinhalt und den Schluß.
Zuerst sollten die Präliminarien, die *Führer-Serien*[5], zur Befreiung der Wesen durch Übung gemeistert werden.

[1] Siehe Lama Govindas einleitendes Vorwort, S. 21 ff.

[2] Siehe S. 85–90. Die drei Körper: 1. *Dharmakâya,* 2. *Sambhogakâya,* 3. *Nirmâṇakâya.*

[3] «Diese Gottheiten sind in uns selbst. Sie sind nicht etwas von uns Getrenntes. Wir sind eins mit allem, was ist, in jedem Zustand fühlender Existenz, von den untersten Welten der Qual bis zu den höchsten Zuständen des Gesegnetseins und vollkommener Erleuchtung. In diesem esoterischen Sinn stellt die Lotus-Ordnung der Gottheiten die vergöttlichten Prinzipien der Vokalfunktionen in uns selbst dar; die Friedlichen vertreten die vergöttlichten Urkräfte des Herzens oder die Funktionen des Gefühls; die Zornigen vertreten in gleicher Weise die Funktionen unseres Geistes – wie z. B. Denken und Urteilen, Vorstellung und Gedächtnis –, die im Gehirn zentriert sind.» Lama Kazi Dawa-Samdup. Siehe S. 208 [105].

[4] *Padmasambhava* (tib. *Pa-dma ḥbyuṅ-gnas,* sprich: Päma-dschungnä), d. h. «Der Lotus-Geborene», auf eine Geburt unter reinen oder heiligen Umständen hinweisen, von den Tibetern gewöhnlich *Guru Rin-po-che* (sprich: «Rimpotsché», «Der Kostbare Guru») oder einfach *Guru* (das Sanskritwort für «Lehrer») genannt, wird von seinen Anhängern als eine Inkarnation des Wesens des Buddha Śâkyamuni in seinem tantrischen oder tief esoterischen Aspekt angesehen.

[5] Die *Führer-Serien* weisen auf verschiedene Traktate hin, die den Gläubigen praktische Führung anbieten auf dem *Bodhi*-Pfad durch die Menschenwelt und von da durch *Bardo,* den Nachtod-Zustand, und weiter zur Wiedergeburt oder zum Nirvâṇa.

Durch den Führer sollten die mit höchsten Geisteseigenschaften Begabten[7] sicherlich befreit werden; so sie aber nicht befreit werden, sollten sie, dieweil sie im Zwischenzustand der Augenblicke des Todes sind, die Verlegung üben, die automatisch Befreiung gibt, wenn man sich einfach an sie erinnert.

Gläubige von gewöhnlichem Verstand sollten sicherlich dadurch befreit werden; so sie aber nicht befreit werden, sollten sie dann, derweil sie im Zwischenzustand (während des Erlebens) der Wirklichkeit sind, weiter dieser Großen Lehre der Befreiung-durch-Hören lauschen.

Dazu sollte der Gläubige zuerst die Anzeichen des Todes prüfen, so wie sie (in seinem sterbenden Körper) der Reihe nach erscheinen, wobei er die *Selbstbefreiung (durch Beoabachtung der Merkmale) der Symptome des Todes*[8] befolgt. Wenn dann alle Symptome des Todes vollzählig sind, (sollte er) die Verlegung vornehmen, die Befreiung bei bloßem Erinnern (des Prozesses) verleiht[9].

[6] Der Text enthält nur das tibetische Wort *ḥPho* (sprich: *Pho*), was bedeutet: «Übertragung» (der Gesamtsumme, oder des Aggregats, von *karmischen* Neigungen, die die Persönlichkeit und das Bewußtsein ausmachen oder damit verbunden sind). Der Gebrauch des Ausdrucks «Seele» ist anfechtbar, weil der Buddhismus durchgehend die Existenz einer ewigen, unveränderten Wesenheit mit persönlichem Bewußtsein leugnet, wie der semitische Glauben und animistische Anschauungen die «Seele» verstehen; darum hat der Übersetzer die Anwendung vermieden. Aber wo immer irgendein ähnlicher oder äquivalenter Ausdruck hier vorkommt, sollte er aufgefaßt werden als etwas, was eine Verwandtschaft einschließt zu «Bewußtseinsprinzip» oder «Zusammensetzung des Bewußtseins», was alles das tibetische *ḥPho* mit einbezieht, oder sonst als synonym mit dem Ausdruck «Lebensstrom», den die Südlichen Buddhisten hauptsächlich anwenden.

[7] tib. *śes-rig*. Siehe Anm. 21 auf S. 170 und 23 auf S. 171.

[8] Ein Ergänzungswerk zum *Bardo Thödol,* das vor allem die Symptome des Todes sehr eingehend behandelt. Lama Kazi Dawa-Samdup wollte es auch ins Englische übersetzen.

[9] In diesem Zusammenhang schließt Befreiung, besonders im Fall des durchschnittlichen Gläubigen, nicht notwendigerweise die Befreiung im Nirvâṇa ein, sondern hauptsächlich eine Befreiung des «Lebensstromes» vom sterbenden Körper, so daß das größtmögliche Bewußtsein nach dem Tode und dadurch eine glückliche Wiedergeburt gewährleistet ist. Aber für den ganz besonderen und vielvermögenden Yogi oder Heiligen kann, nach den Lama-Gurus, der gleiche esoterische Prozeß der «Übertragung» so ausgewertet werden, daß jegliche Unterbrechung im Fluß des Bewußtseinsstromes, vom Augenblick eines bewußten Todes bis zum Augenblick einer bewußten Wiedergeburt, vermieden werden kann. Nach einer Übersetzung zu urteilen, die der

So die Verlegung wirksam vollzogen worden ist, ist es nicht nötig, diesen *Thödol* zu lesen; so aber die Verlegung nicht wirksam vollzogen worden ist, muß dieser *Thödol* genau und deutlich neben dem toten Körper gelesen werden. Wenn der Leichnam nicht da ist, sollte das Bett oder der Sitz, an den der Verstorbene gewöhnt war, (von dem Leser) eingenommen werden, der die Macht der Wahrheit darlegen soll. Der Geist (des Verschiedenen) wird angerufen, man stellt ihn sich gegenwärtig und zuhörend vor und liest[10]. Während dieser Zeit sollte kein Verwandter oder Ehegespons weinen oder jammern dürfen, da dies nicht gut (für den Verstorbenen) ist; so halte man sie zurück[11].

Wenn der Körper da ist, sollte, gerade wenn die Ausatmung aufgehört hat, entweder ein *Lama* (der wie ein *Guru* zu dem Verstorbenen war) oder ein Glaubensbruder, dem der Verstorbene traute, oder ein Freund, zu dem der Verstorbene große Zuneigung hatte, seine Lippen nah an das Ohr (des Körpers des Verstorbenen) bringen, ohne es wirklich zu berühren[12], und diesen Großen *Thödol* lesen.

verstorbene Lama Kazi Dawa-Samdup von einem alten tibetischen Manuskript angefertigt hat (jetzt im Besitz des Herausgebers), das praktische Anweisungen enthält, wie die Übertragung zu vollziehen sei, ist der Prozeß im wesentlichen ein *yogischer* und könnte nur von jemand angewandt werden, der in geistiger Konzentration geübt ist oder in der Konzentration der Gedanken auf einen Punkt, und zwar in solch fortgeschrittenem Maße, daß er die Kontrolle über alle seine geistigen und körperlichen Funktionen erlangt hat. Das bloße Erinnern des Prozesses im ausschlaggebenden Augenblick des Todes ist – wie der Text erwähnt – dasselbe für einen Yogi wie der Vollzug der Übertragung selbst; denn wenn einmal des Yogi geübter Geist auf den Prozeß gerichtet ist, so ist im Augenblick, oder, wie der Text erklärt, automatisch das gewünschte Resultat erreicht.

[10] Der *Lama* oder Leser, der wie vorgeschrieben im Hause des Verstorbenen weilt, ob der Leichnam da ist oder nicht, hat den Abgeschiedenen im Namen der Wahrheit anzurufen, indem er sagt: «Da die Dreieinigkeit wahr ist, und da die Wahrheit, die die Dreieinigkeit verkündet, wahr ist, so rufe ich dich bei der Kraft dieser Wahrheit an.» Wenn auch kein Leichnam vorhanden ist (wie es der Fall wäre, wenn jemand durch Gewalt oder Unfall gestorben ist und der irdische Körper dadurch verloren oder zerstört wäre, oder wenn, was in Tibet nicht selten ist, der Körper auf Grund astrologischer Berechnungen sofort nach dem Tod fortgebracht oder bestattet worden ist), so muß doch der Geist des Verstorbenen im unsichtbaren *Bardo*-Körper beim Lesen anwesend sein, damit ihm die nötige Führung durch die andere Welt zuteil werden kann – wie auch das «Ägyptische Totenbuch» es anordnet (s. S. 95 f.).

[11] Dieses Verbot findet sich auch bei den Brahmanen.

[12] Nach tibetischem und lamaistischem Glauben sollte der Körper eines Sterbenden

Die praktische Anwendung dieses Thödol durch den Offizianten

Was nun das Erklären des *Thödol* selbst betrifft: Wenn man eine große Opfergabe auftreiben kann, opfere man sie in Anbetung der Dreieinigkeit. Wenn dies nicht möglich ist, bringe man herbei, was zusammengesucht werden kann an Gegenständen, auf die man seine Gedanken konzentrieren kann, und schaffe im Geist ein so unbegrenztes Opfer wie möglich und bete.

Dann sollte der «Pfad der Guten Wünsche, der die Hilfe der Buddhas und Bodhisattvas anruft»[13], sieben- oder dreimal hergesagt werden. Darauf sollten der «Pfad der Guten Wünsche, die vor Furcht im *Bardo* schützen»[13], und der «Pfad der Guten Wünsche für ein Sicheres Entkommen aus den Gefährlichen Fallen des *Bardo*»[13] zusammen mit den «Wurzelworten des *Bardo*»[13] deutlich und mit der richtigen Betonung gelesen werden[14].

Darauf muß dieser Große *Thödol* entweder sieben- oder dreimal[15], je

nicht berührt werden, damit der normale Austritt des Bewußtseinsprinzips, der durch die «Öffnung des Brahma» auf der Scheitelhöhe des Kopfes erfolgen sollte, nicht gestört wird. Sonst könnte der Austritt auch durch irgendeine andere körperliche Öffnung erfolgen und zu Geburt in einem der nicht-menschlichen Zustände führen. Zum Beispiel glaubt man, wenn der Austritt durch die Öffnung des Ohres geschehen ist, daß der Verstorbene gezwungen sein wird – bevor er zu menschlicher Geburt zurückkehren kann –, in die Welt der *Gandharvas* (feengleiche himmlische Musikanten) geboren zu werden, wo der Ton, wie in Gesang und Musik, die vorherrschende Eigenschaft des Daseins ist.

[13] Siehe Nachtrag S. 277–290, wo jedes dieser Hauptgebete des *Bardo* übersetzt ist im «Pfad der Guten Wünsche».

[14] Vgl. die zwei folgenden Stellen, die erste aus *The Book of the Craft of Dying,* Kap. VI, im *Bodleian MS. 423* (etwa 15. Jahrhundert) Comper's Ed. (S. 39), die zweite aus *The Craft to Know Well to Die* (15. Jahrhundert), Kap. IV, Comper's Ed. (S. 74):
«Zuletzt muß man wissen, daß die folgenden Gebete über einem kranken Menschen gesprochen werden können, der auf sein Ende zugeht. Und wenn es eine geistliche Person ist, dann soll, wenn der Konvent zusammengerufen worden ist, durch Schläge auf den Tisch, wie es Brauch ist, zuerst die Litanei gesprochen werden mit den Psalmen und Gebeten, die sie gewöhnlich dabei verwandte. Danach laßt, wenn sie noch lebt, jemanden, der um sie ist, die Gebete sprechen, die hier folgen, je nachdem, wie Zeit und Gelegenheit es zulassen. Und sie können oft wiederholt werden, um die Andacht des Kranken anzuregen – wenn noch Vernunft und Verständnis in ihm ist.»
«Und wenn ein kranker Mann oder eine kranke Frau die vorgesprochenen Gebete und Bitten sagen möchte, es aber nicht kann, so sollte einer der Umstehenden sie vor ihm mit lauter Stimme sprechen, indem er die Worte so abwandelt, wie es nötig ist.»

[15] Vgl. das Folgende aus *The Craft to Know Well to Die,* Kap. IV, Comper's Ed.

nach der Gelegenheit, gelesen werden. (Zuerst kommt) das Von-Angesicht-zu-Angesicht-Setzen (mit den Anzeichen des Todes), wie sie in den Augenblicken des Todes auftreten; (zweitens) die Anwendung des großen lebendigen Erinnerers, das Von-Angesicht-zu-Angesicht-Setzen mit der Wirklichkeit, dieweil (er) im Zwischenzustand, und drittens die Methoden, die die Pforten des Schoßes zuschließen, wenn (er) im Zwischenzustand Wiedergeburt sucht[16].

(S. 73): «Nach all dem sollte er [der Sterbende], wenn er kann, dreimal die folgenden Worte sagen.»

[16] Der Erste *Bardo* ist der *ḫChi-khaḫi bar-do* (sprich: *Tschikhai-Bardo*);
der Zweite der *Chos-ñid bar-do* (sprich: *Tschönyi-Bardo*);
der Dritte der *Srid-pa bar-do* (sprich: *Sipa-Bardo* [s. S. 178 5–7]).

ERSTER TEIL
DER BARDO DER AUGENBLICKE DES TODES

Belehrungen über die Symptome des Todes oder die erste Stufe des Tschikhai-Bardo: Das Klare in den Augenblicken des Todes gesehene Urlicht

Die erste (Belehrung), das Von-Angesicht-zu-Angesicht-Setzen mit dem Klaren Licht während des Zwischenstadiums der Todesaugenblicke, ist: Hier (dürfen einige sein), die viel (religiöse Unterweisungen) gehört, jedoch nicht erkannt haben, und (einige) die, obgleich sie erkannten, trotzdem nicht sehr vertraut (mit ihnen) sind. Aber alle Klassen von Individuen, die die praktischen Lehren (genannt) *Führer*[1], erhalten haben, werden, wenn diese auf sie angewandt werden, dem Klaren Urlicht von-Angesicht-zu-Angesicht gegenübergesetzt und ohne jeden Zwischenzustand das Ungeborene *Dharmakâya* auf dem Großen Lotrechten Pfad[2] erreichen.

Hier folgt die Art der Anwendung:

Am besten ist es, wenn der *Guru*, von dem der Verstorbene leitende Be-

[1] Siehe S. 159 [5].

[2] Text: *Yar-gyi-bzañ-thal-chen-po:* der «Große gerade-aufwärts Pfad». Eine von den dem Nördlichen Buddhismus eigenen Lehren ist, daß geistige Befreiung, selbst Buddhaschaft, augenblicklich gewonnen werden kann, ohne die *Bardo*-Ebene zu betreten und ohne weitere Leiden auf dem ewig-langen Pfadweg normaler Entwicklung, der die verschiedenen Welten *saṃsârischer* Existenz durchquert. Diese Lehre liegt dem ganzen *Bardo Thödol* zugrunde. Glaube ist der erste Schritt auf dem Geheimen Pfadweg. Dann kommt Erleuchtung und mit ihr verbunden Gewißheit; und wenn das Ziel erreicht ist, die Befreiung. Aber auch hier verlangt der Erfolg ganz ungewöhnliche Tüchtigkeit im Yoga wie auch viel angehäuftes Verdienst oder gutes *Karma* auf seiten des Gläubigen. Wenn der Schüler dazu gebracht werden kann, die Wahrheit zu sehen und zu begreifen, sobald der *Guru* sie entschleiert, das heißt, wenn er die Kraft hat, bewußt zu sterben und im äußersten Augenblick beim Verlassen des Körpers das Klare Licht erkennen kann, das dann über ihm erscheinen wird, und sich mit ihm vereinigen kann, dann sind alle *saṃsârischen* Bande der Illusion unmittelbar zerrissen: der Träumer ist zur Wirklichkeit erwacht im Augenblick der machtvollen Vollendung der Erkenntnis.

lehrungen erhalten hat, zu haben ist; wenn der *Guru* aber nicht zu haben ist, dann ein Glaubensbruder, und wenn der letztere auch nicht aufzutreiben ist, dann ein gelehrter Mann des gleichen Glaubens; so aber all diese nicht aufzutreiben sind, sollte einer, der richtig und deutlich lesen kann, dies viele Male lesen. Dadurch wird (dem Verstorbenen) das zurückgerufen, was er (zuvor) gehört hat über das Von-Angesicht-zu-Angesicht-Setzen, und er wird sofort das Urlicht erkennen und zweifelsohne Befreiung erreichen.

Was dann die Zeit der Anwendung (dieser Belehrungen) angeht:

Wenn die Ausatmung aufhört, sinkt die Lebenskraft[3] in das Nervenzentrum der Weisheit[4], und der Wisser[5] erlebt das Klare Licht (in seiner) ursprünglichen Beschaffenheit[6]. Wenn dann die Lebenskraft rückwärts geworfen wird und durch die rechten und linken Nerven[7] hinunterflieht, dämmert der Zwischenzustand kurz auf.

Die obigen (Anweisungen) sollten angewandt werden, bevor (die Lebenskraft) in die linken Nerven geflohen ist, (wobei sie zuerst das Nabelnervenzentrum passiert).

Die Zeit, (die gewöhnlich für diese Bewegung der Lebenskraft nötig ist), dauert so lange, als noch Einatmung vorhanden ist, oder ungefähr so viel Zeit, als man zum Verzehren eines Mahles braucht[8].

[3] Wörtlich: der innere Atem. Text: *rluṅ* (sprich: *lung*): «Lebensluft» oder «Lebenskraft» oder «psychische Kraft».

[4] Hier, wie auch sonst in unserem Text, bezieht sich «Nervenzentrum» auf ein psychisches Nervenzentrum. Das psychische Nervenzentrum der Weisheit hat seinen Sitz im Herzen. (Vgl. S. 299 ff.)

[5] Text: *śes-pa* (sprich: *Sche-pa*): «Geist», «Wisser», d.h. der Geist in seinen wissenden oder wahrnehmenden Funktionen.

[6] Text: *spros-bral* (sprich: *Todal*): «frei von schöpferischer Aktivität»; d.h. der Geist in seinem natürlichen ursprünglichen Zustand. Der Geist in seinem unnatürlichen Zustand, d.h. inkarniert in einem menschlichen Körper, ist wegen der treibenden Kraft der fünf Sinne fortwährend in gedankenformender Aktivität. Sein natürlicher oder unkörperlicher Zustand ist ein Zustand der Ruhe, vergleichbar seiner Verfassung im höchsten *Dhyâna* (oder tiefer Meditation), wenn er noch mit dem menschlichen Körper verbunden ist. Die bewußte Erkenntnis des Klaren Lichtes verursacht einen ekstatischen Bewußtseinszustand, den Heilige und Mystiker des Westens als Erleuchtung bezeichnet haben.

[7] Text: *rtsa-gyas-gyon* (sprich: *tsa-yä-yön*): «rechte und linke [psychische] Nerven»; skt. *Piṅgalâ-nâḍî* (rechter [psychischer] Nerv) und *Iḍâ-nâḍî* (linker [psychischer] Nerv). Vgl. S. 297.

[8] Als dieser Text sich zuerst formte, war offensichtlich die Zeitrechnung noch recht primitiv, denn die Anwendung mechanischer Zeitanzeiger war noch unbekannt. Ein ähnlicher Zustand herrscht noch heute in vielen Teilen Tibets, wo die Zeitspanne einer

Die Art der Anwendung (dieser Anweisungen) ist dann folgende:
Hört das Atmen fast auf, so ist es das beste, wenn die Verlegung (bereits) wirksam angewandt worden ist; wenn (die Anwendung) unwirksam gewesen ist, wende man sich folgendermaßen (an den Verstorbenen):
O Edelgeborener (so und so mit Namen), jetzt ist die Zeit gekommen, wo du den Pfad (in Wirklichkeit) suchst. Dein Atem hört gleich auf. Dein *Guru* hat dich zuvor von Angesicht-zu-Angesicht gesetzt mit dem Klaren Licht, und du bist jetzt im Begriff, es in seiner Wirklichkeit im *Bardo*-Zustand zu erfahren, worin alle Dinge wie der leere wolkenlose Himmel sind, und der nackte fleckenlose Geist wie ein durchsichtiges Vakuum ohne Umkreis oder Mittelpunkt. In diesem Augenblick erkenne dich selbst und verharre in diesem Zustand. Auch ich – zu dieser Zeit – setze dich von Angesicht-zu-Angesicht.
Nachdem dies gelesen worden ist, wiederhole es viele Male in das Ohr des Sterbenden, sogar bevor die Ausatmung aufhört, damit es sich dem Sinn (des Sterbenden) einprägt.
Wenn die Ausatmung fast aufhört, lege den Sterbenden auf die rechte Seite, die Lage, die da heißt «die Liegende Lage eines Löwen». Die Schlagadern (auf der rechten und linken Seite des Halses) müssen gedrückt werden.
Wenn der Sterbende geneigt ist zu schlafen oder der Schlafzustand fortschreitet, sollte dies unterbrochen und die Schlagadern sanft, aber fest gedrückt werden[9]. Dadurch kann die Lebenskraft nicht aus dem Mittelnerv[10] zurückkehren und wird sicher durch die brahmanische Öffnung[11] austreten. Jetzt muß das wirkliche Von-Angesicht-zu-Angesicht-Setzen angewandt werden.
In diesem Augenblick wird der *Bardo* des Klaren Lichtes der Wirklich-

Mahlzeit häufig in alten religiösen Büchern angeführt wird – eine Zeitspanne, die etwa zwanzig Minuten bis eine halbe Stunde währt.

[9] Der Sterbende sollte ganz wach und des Todesprozesses voll bewußt sterben; daher das Zudrücken der Schlagadern. (Vgl. S. 104f.)

[10] «Skt. des Textes: *dhûti* (sprich: *duti*) bedeutet ‹Mittelnerv›, aber wörtl. ‹Drei-Verbindung›. V.S. Aptes *Sanskrit-Englisches Wörterbuch* (Poona 1890) bringt *dhûti* als das einzig ähnliche Wort mit der Erklärung ‹schüttelnd› oder ‹bewegend›, das, wenn es in unserm Text angewandt wird, sich auf die vibrierende Bewegung der psychischen Kraft, die den Mittelnerv als ihren Kanal durchläuft, hinweisen mag.» (Lama Kazi Dawa-Samdup.)

[11] Siehe S. 94f., 161 [12], 298. Wenn er in diesem psychologischen Augenblick nicht zerstreut ist, sondern bei wachem Bewußtsein, so wird der Sterbende mit Hilfe der Kraft, die das Lesen des *Thödol* vermittelt, erkennen, wie wichtig es ist, die Lebenskraft im Mittelnerv festzuhalten, bis sie von da durch die Öffnung des Brahma austritt.

keit, der der Unfehlbare Geist des *Dharmakâya* ist, von allen lebenden Wesen zuerst (erblickt).

Die Pause zwischen dem Aufhören der Ausatmung und dem Aufhören der Einatmung ist die Zeit, während der die Lebenskraft im Mittelnerv[12] verweilt.

Gewöhnliche Leute nennen dies den Zustand, in dem das Bewußtseinsprinzip[13] ohnmächtig geworden ist. Die Dauer dieses Zustandes ist ungewiß. (Sie hängt ab) von der guten oder schlechten Konstitution und (dem Zustand) der Nerven und der Lebenskraft. In denen, die auch nur ein wenig praktische Erfahrung im festen ruhigen Zustand des *Dhyâna* gehabt haben, und denen, die gute Nerven haben, hält dieser Zustand für lange Zeit an[14].

Bei dem Von-Angesicht-zu-Angesicht-Setzen muß mit der Wiederholung (der obigen Anrede an den Verstorbenen) fortgefahren werden, bis eine gelbliche Flüssigkeit aus den verschiedenen Öffnungen der körperlichen Organe (des Verstorbenen) hervorzutreten beginnt.

Bei denen, die ein schlechtes Leben geführt haben, und denen mit schwa-

[12] Man nimmt an, daß, nachdem die Ausatmung aufgehört hat, die Lebenskraft (wörtl. der «innere Atem») noch so lange im Mittelnerv bleibt, wie das Herz fortfährt zu pochen.

[13] Text: *rnam-śes* (sprich: *nam-sche*); skt. *Vijñâna* oder besser *caitanya:* «Bewußtseinsprinzip» oder «Gegenstand-kennendes Prinzip».

[14] Manchmal kann er sieben Tage dauern, aber gewöhnlich nur vier oder fünf Tage. Abgesehen von gewissen Trancezuständen, wie zum Beispiel ein Yogi sie hervorrufen kann, ist das Bewußtseinsprinzip nicht unbedingt die ganze Zeit im Körper anwesend; normalerweise verläßt es den Körper in dem Augenblick, den man Tod nennt. Es behält dann aber noch eine feine, man könnte sagen magnetische Beziehung zum Körper, bis der Zustand beendet ist, von dem unser Text berichtet. Nur für Yogameister würde der Austritt des Bewußtseinsprinzips vollzogen werden ohne Unterbrechung der Kontinuität des Bewußtseinsstromes, das heißt, ohne den erwähnten Ohnmachtszustand.

Der Todesprozeß ist die Umkehrung des Geburtsprozesses, denn Geburt ist die Verkörperung, Tod die Entkörperung des Bewußtseinsprinzips; aber in beiden findet ein Übergang von einem Bewußtseinszustand in einen anderen statt. Und genauso, wie ein kleines Kind in dieser Welt aufwachen und durch Erfahrung die Art dieser Welt kennenlernen muß, so muß auch ein Mensch beim Tode in der *Bardo*-Welt erwachen und vertraut werden mit ihren besonderen Bedingungen. Der *Bardo*-Körper, der gebildet ist aus Stoff in einem unsichtbaren oder äthergleichen Zustand, ist eine genaue Kopie des menschlichen Körpers, von dem er sich im Todesprozeß getrennt hat. Im *Bardo*-Körper verblieben sind das Bewußtseinsprinzip und das psychische Nervensystem (für den psychischen oder *Bardo*-Körper die Entsprechung zum physischen Nervensystem des menschlichen Körpers). (Vgl. S. 240[22].)

chen Nerven dauert der obige Zustand nur so lange, als man braucht, um mit einem Finger zu schnippen. Bei anderen wiederum dauert er so lange, als man Zeit braucht, um ein Mahl zu verzehren.

In verschiedenen *Tantras* wird gesagt, daß dieser Zustand der Bewußtseinslosigkeit ungefähr drei und einen halben Tag andauert. Die meisten anderen (religiösen Abhandlungen) sagen vier Tage, und daß man mit diesem Von-Angesicht-zu-Angesicht-Setzen mit dem Klaren Licht (während der ganzen Zeit) fortfahren sollte.

Die Art der Anwendung (dieser Anweisungen) ist folgende:

Wenn man (beim Sterben) aus sich selber fähig ist, (die Anzeichen des Todes festzustellen), sollte man (von diesem Wissen) schon zuvor Gebrauch gemacht haben[15]. Wenn (der Sterbende) unfähig ist, dies selbst zu tun, sollte entweder der *Guru* oder ein *Schischya* (skt. *śiṣya*) oder ein Glaubensbruder, der dem (Sterbenden) sehr nahe stand, zur Hand sein, der (den Sterbenden) lebhaft mit den Anzeichen (des Todes) beeindrukken kann, so wie sie in gebührender Ordnung erscheinen, (indem er) folgendes (zunächst wiederholt sagt)[16]:

Jetzt sind die Anzeichen gekommen, wo Erde ins Wasser sinkt[17].

[15] Die volle hierin enthaltene Bedeutung ist, daß nicht nur der sterbende Mensch die Symptome des Todes erkennen soll, wie sie eines nach dem anderen auftreten, sondern daß er, wenn möglich, auch das Klare Licht wahrnehmen sollte, ohne daß er von irgendeiner zweiten Person von Angesicht zu Angesicht damit gesetzt wird.

[16] Vgl. die folgenden Anweisungen aus *Ars Moriendi* (15. Jahrhundert) Comper's Ed. (S. 93): «Wenn einer im Begriff zu sterben ist, dann ist es sehr nötig, einen besonderen Freund zu haben, einen, der von Herzen helfen und für ihn beten will, und mit dem sich der Kranke beraten kann über das Wohl seiner Seele.»

[17] Die drei Hauptsymptome des Todes (die der Text nur erwähnt, indem er das erste davon benennt, weil für selbstverständlich gehalten wird, daß der amtierende Leser die anderen kennt und sie nennt, so wie sie vorkommen) mit ihren symbolischen Entsprechungen sind die folgenden: 1. eine körperliche Empfindung von Druck, «Erde sinkt ins Wasser»; 2. eine körperliche Empfindung klammer Kälte, als ob der Körper in Wasser getaucht wäre, die allmählich übergeht in fiebrische Hitze, «Wasser sinkt ins Feuer»; 3. ein Gefühl, als sei der Körper in Atome zerblasen worden, «Feuer sinkt in Luft». Ein jedes Symptom wird begleitet von sichtbaren äußeren Veränderungen des Körpers, wie zum Beispiel dem Verlust der Kontrolle über die Gesichtsmuskeln, Verlust des Gehörs, Verlust des Gesichts, der Atem kommt ins Keuchen kurz vor dem Verlust des Bewußtseins, wobei die Lamas, die in der Wissenschaft des Todes geübt sind, eine nach der anderen die voneinander abhängigen psychischen Erscheinungen entdecken, die ihren Höhepunkt finden in der Befreiung des *Bardo*-Körpers von der irdischen Hülle. Der Übersetzer meinte, daß die Wissenschaft des Todes, wie sie in diesem Traktat dargelegt wird, erreicht worden ist durch die wirkliche Todeserfahrung auf seiten gelehrter Lamas, die, als sie starben, ihren Schülern den ganzen To-

Wenn alle Anzeichen (des Todes) nahezu vollständig sind, bringe (den Sterbenden) zu folgendem Vorsatz, indem du mit leiser Stimme in sein Ohr sagst:
O Edelgeborener (oder wenn es ein Priester ist, ehrwürdiger Herr), laß dich nicht ablenken.
Wenn es ein (Glaubens)bruder ist oder eine andere Person, dann rufe ihn bei Namen und (sage) folgendes:
O Edelgeborener, da das, was man Tod nennt, dir jetzt widerfährt, entscheide dich dahin: «So, dies ist jetzt die Todesstunde. Indem ich aus diesem Tod Nutzen ziehe, will ich so handeln zum Wohl aller lebenden Wesen, die die unbegrenzte Ausdehnung der Himmel bevölkern, auf daß ich Vollkommene Buddhaschaft erreiche, indem ich mich entscheide zu Liebe und Barmherzigkeit für (sie und indem ich meine ganze Anstrengung auf) die Einzige Vervollkommnung (richte).»
Wenn du die Gedanken so formst, besonders in der Zeit, da der *Dharmakâya* des Klaren Lichtes (im Zustand) nach dem Tod zum Wohl aller lebenden Wesen verwirklicht werden kann, wisse, daß du in diesem Zustand bist (und beschließe), daß du die beste Gabe des Zustandes des Großen Symbols[18], in dem du bist, (folgendermaßen) erreichen willst: «Selbst wenn ich diesen *Bardo* nicht fassen kann, so will ich ihn doch kennen, und indem ich den Großen Vereinigungskörper im *Bardo* meistere, in einer (Form) erscheinen – ganz gleich welcher – die (allen Wesen), wer sie auch seien, zum Wohle dient[19]: Ich will allen lebenden We-

desprozeß selbst in analytischen, ausgearbeiteten Einzelheiten auseinandergesetzt haben. (Siehe S. 241[25].)

[18] In diesem Zustand ist die Verwirklichung der Letzten Wahrheit möglich, vorausgesetzt, daß der Abgeschiedene vor dem Tode schon genügend Fortschritte auf dem Weg gemacht hat. Sonst kann er jetzt keinen Vorteil haben und muß in immer niedrigere *Bardo*-Verhältnisse abwandern, wie es das *Karma* bestimmt, bis zur Wiedergeburt (siehe S. 212[115]).

[19] Der tibetische Text ist hier ungewöhnlich gedrängt. Wörtlich wiedergegeben heißt es: «Will erscheinen in was immer wird zügeln (zu gutem Ende) wen auch immer.» Um in diesem Sinne jedes lebende Wesen der Menschenwelt zu zügeln, wird eine Form angenommen, die dem betreffenden Wesen seiner Religion nach zusagt. Also, um einen Śiva-Gläubigen anzusprechen, wird die Gestalt Śivas angenommen, für einen Buddhisten die Gestalt des Buddha Śâkyamuni, für einen Christen die Gestalt Jesu, für einen Moslem die Gestalt des Propheten, und so fort für Andersgläubige; und für alle Lebensarten und Verhältnisse der Menschheit eine dem Fall entsprechende Gestalt – zum Beispiel zur Zügelung der Kinder die Eltern und umgekehrt; für *Śiṣyas* die *Gurus* und umgekehrt; für das gewöhnliche Volk Könige und Regierende; und für die Könige die Staatsminister.

sen dienen, die da unendlich an Zahl wie die Grenzen des Himmels sind.»

Indem du dich unzertrennlich an diesen Vorsatz hältst, solltest du versuchen, dich an jedwede fromme Übung zu erinnern, die du während deiner Lebenszeit[20] auszuüben gewohnt warst.

Wenn der Vorleser dies sagt, soll er seine Lippen nahe an das Ohr des Sterbenden bringen und es deutlich wiederholen und es ihm klar einprägen, um zu verhindern, daß seine Gedanken auch nur für einen Augenblick abschweifen.

Hat die Ausatmung vollends aufgehört, drücke fest auf den Schlafnerv. Einem *Lama* oder einer Person von höherem Rang oder gelehrter als du selbst, schärfe mit diesen Worten folgendes ein:

Ehrwürdiger Herr, jetzt, da du das Klare Urlicht erfährst, versuche in diesem Zustand, den du jetzt erfährst, zu verharren.

Und auch jede andere Person soll der Leser von-Angesicht-zu-Angesicht setzen:

O Edelgeborener (Soundso), höre zu. Jetzt erfährst du die Strahlung des Klaren Lichtes Reiner Wirklichkeit. Erkenne sie. O Edelgeborener, dein jetziger Geist[21], seiner wirklichen Natur nach leer, nicht zu irgend etwas wie Merkmalen oder Farbe geformt, natürlicherweise leer, ist die wahre Wirklichkeit, die allgute [Mutter][22].

Dein eigener Geist, der jetzt Leere ist, jedoch nicht als die Leere des

[20] Vgl. die folgende Stelle aus *The Book of the Craft of Dying*, Kap. V, im *Bodleian MS. 423* (etwa 15. Jahrhundert) Comper's Ed. (S. 35): «Auch wenn der, der sterben muß, viel Zeit und Raum hat, sich zu besinnen und er nicht durch einen schnellen Tod hinweggerafft wird, dann können durch die, die um ihn sind, fromme Geschichten und fromme Gebete vor ihm gelesen werden, die er am liebsten hatte, als er noch bei Gesundheit war.»

[21] *Śes-rig* (sprich: *Sche-rig*) ist der erkennende Geist, die Fähigkeit zu wissen oder zu erkennen, im Englischen als «intellect» wiedergegeben.

[22] Lama Dawa-Samdups handschriftlicher Text: *Chos-ñid Kun-tu-bZaṅ-po* (sprich: *Tschö-nyi Kün-tu-sang-po*), skt. *Dharmadhatu Samantabhadra,* die Verkörperung des *Dharmakâya,* der erste Zustand der Buddhaschaft. Unser Blockdruck-Text gibt hier für den Allguten (*Kun-tu-bZaṅ-po,* d.h. «allguter Vater») *Kun-tu-bZaṅ-mo,* was «allgute Mutter» heißt. Nach der Großen Schule der Vollendeten ist der Vater das, was erscheint, oder die Erscheinungen (Phänomene); die Mutter ist das, was der Phänomene bewußt ist. Und ebenso ist Seligkeit der Vater, und die Leere, die sie empfängt, die Mutter; und, wie in unserem Text hier: der Intellekt ist der Vater, die Leere die Mutter. Die Wiederholung von «Leere» soll die Wichtigkeit des Wissens betonen, daß der Intellekt in Wirklichkeit leer (oder von der Natur der Leere) ist, d.h. vom ungeborenen, ungeschaffenen, ungeformten Urbeginn.

Nichts zu betrachten ist, sondern als reiner Geist, unbehindert, leuchtend, erregend und glückselig, ist das wahre Bewußtsein[23], der allgute Buddha[24].

Dein eigenes Bewußtsein, das zu nichts geformt und in Wirklichkeit leer ist, und der [erkennende] Geist, leuchtend und glückselig – diese beiden sind unzertrennlich. Die Vereinigung von beiden ist der *Dharmakâya*-Zustand Vollkommener Erleuchtung[25].

Dein eigenes Bewußtsein, leuchtend, leer und untrennbar von dem Großen Strahlungskörper, hat weder Geburt noch Tod und ist das Unveränderliche Licht – Buddha *Amitâbha*[26].

[23] Text: *Rig-pa* bedeutet «Bewußtsein», wie es bestimmt wird von der Fähigkeit zu wissen. Obwohl *rig-pa* und *śes-pa* oft als Synonyme gebraucht werden, besteht zwischen ihnen ein feiner Unterschied, der sich erst bei der Wiedergabe entsprechender Sanskrit-Termini enthüllt. *Śes-pa* ist das wahrnehmende, *rig-pa* das erkennende Prinzip des Bewußtseins. Letzteres ist auf diskursivem Denken begründet und führt bei vernunftmäßiger Anwendung der Denkgesetze zur Erkenntnis. *Ma-rig* (skt. *avidyâ*) bedeutet dementsprechend «Nichtwissen», «Erkenntnislosigkeit», «Unwissen» (aber nicht «Dummheit»!). Wäre *rig-pa* einfach «Bewußtsein», so wäre *ma-rig* «Bewußtlosigkeit» und nicht mit *avidyâ* gleichzusetzen. Bewußtsein als solches wird daher als *rnam-śes* oder *rnam-par-śes-pa* (skt. *vijñâna*) bezeichnet, während «Weisheit», die nicht auf diskursivem Denken, sondern auf unmittelbarer Erfassung, direkter Wahrnehmung *(śes-pa)* oder Intuition beruht, mit *śes-rab* (skt. *prajñâ*) wiedergegeben wird. *Śes-rig* ist die Kombination von Wahrnehmung und geistiger Verarbeitung, das individuelle Geistesbewußtsein, kurz, das was wir als den menschlichen *Geist* bezeichnen (L.A.G.).

[24] Text: *Kun-tu-bZaṅ-po:* skt. *Samanta* («allseitig, vollkommen, gänzlich») *Bhadra* («gut» oder «wohltätig»). In diesem Zustand sind der Erfahrende und das, was erfahren wird, unteilbar ein und dasselbe, wie z.B. das Gelbe vom Gold nicht getrennt werden kann, noch das Salzige vom Salz. Für den normalen menschlichen Intellekt ist dieser transzendente Zustand nicht zu begreifen.

[25] Aus der Vereinigung der beiden Zustände des Geistes oder Bewußtseins, die durch die beiden Ausdrücke *rig-pa* und *śes-rig* bezeichnet und durch den allguten Vater und die allgute Mutter symbolisiert werden, wird der Zustand des *Dharmakâya* geboren, der Zustand vollkommener Erleuchtung, Buddhaschaft. Der *Dharmakâya* («Körper der Wahrheit») symbolisiert den reinsten und höchsten Zustand des Seins, einen Zustand überweltlichen Bewußtseins, enthoben allen Begrenzungen und Verdunkelungen, die sich aus der Begegnung des ursprünglichen Bewußtseins mit der Materie ergeben.

[26] Wie der *Buddha-Samantabhadra*-Zustand der Zustand des All-Guten ist, so ist der *Buddha-Amitâbha*-Zustand der des Grenzenlosen Lichtes; und, wie auch der Text aufzeigt, sind beide letzten Endes der gleiche Zustand, nur von zwei Gesichtspunkten aus betrachtet. Im ersten liegt die Betonung auf dem Geist des All-Guten, im zweiten auf der erleuchteten *Bodhi*-Kraft, symbolisiert als Buddha *Amitâbha* (die Verkörperung der Weisheitskraft), die Quelle von Leben und Licht.

Dies zu wissen genügt. Die Leere deines eigenen Geistes als Buddhaschaft zu erkennen und sie für dein eigenes Bewußtsein zu halten, läßt dich in dem (Zustand des) göttlichen Geistes[27] des Buddha[28] verharren. Wiederhole dies deutlich und klar drei- oder (sogar) siebenmal. Das ruft dem Geist (des Sterbenden) früheres (d.h. während seines Lebens) Von-Angesicht-zu-Angesicht-Setzen durch seinen *Guru* zurück. Ferner bewirkt es, daß man das nackte Bewußtsein als das Klare Licht erkennt, und drittens wird man, indem man sein eigenes Selbst (so) erkennt, dauernd mit dem *Dharmakâya* vereint und Befreiung gesichert[29].

[27] Text: *dgoṅs-pa* (sprich: *gong-pa*): «Denken» oder «Geist» und hier in der rühmenden Form, «göttlicher Geist».

[28] Die Verwirklichung des Nicht-*saṃsâra* – die Leere, das Ungewordene, das Ungeborene, das Ungemachte, das Ungeformte – schließt Buddhaschaft, Vollkommene Erleuchtung, ein, den Zustand des Göttlichen Geistes des Buddha. Vergleiche die folgende Stelle aus *The Diamond (oder der Unveränderliche) Sûtra* mit ihrem chinesischen Kommentar (engl. Übers. von W. Gemmell, London 1912, S. 17 bis 18): «Jegliche Form oder Beschaffenheit von Erscheinungen ist flüchtig und täuschend. Wenn der Geist erkennt, daß die Erscheinungen des Lebens nicht reale Erscheinungen sind, dann kann der Herr, Buddha, klar wahrgenommen werden.» – (Chines. Anm.: «Der geistige Buddha muß im Geist erkannt werden, anders ist keine echte Wahrnehmung des Herrn, Buddha, möglich.»)

[29] Wenn man sterbend mit diesem Zustand vertraut ist dank früherer geistiger (oder Yoga-)Übung in der Menschenwelt und die Kraft hat, in diesem allentscheidenden Augenblick Buddhaschaft zu gewinnen, so kommt das Rad der Wiedergeburt zum Stillstand, und Befreiung ist augenblicklich erreicht. Aber ein solch geistiges Vermögen ist so sehr selten, daß die normale geistige Verfassung des Sterbenden der erhabenen Kunst nicht gewachsen ist, sich auf dem Zustand zu halten, in dem das Klare Licht scheint; und dann folgt ein schrittweiser Abstieg in immer niedrigere Zustände der *Bardo*-Existenz, und schließlich Wiedergeburt. Das Gleichnis einer Nadel, die auf einem Faden balanciert wird und dann ins Rutschen kommt, wird von den Lamas gebraucht, um diese Lage zu erläutern. Solange die Nadel ihre Balance hält, bleibt sie auf dem Faden. Schließlich jedoch wird das Gesetz der Schwerkraft wirken, und sie fällt. Und in ähnlicher Weise genießt die Geistesverfassung eines Sterbenden im Bereich des Klaren Lichtes für Augenblicke einen Zustand der Balance, des vollkommenen Gleichgewichts und des Eins-Seins. Wegen der Fremdheit eines solchen Zustandes, der ein ekstatischer Zustand des Nicht-Ich ist von sublimiertem Bewußtsein, fehlt dem Bewußtseinsprinzip des durchschnittlichen Menschenwesens die Kraft nun in Funktion zu treten. *Karmische* Neigungen bewölken das Bewußtseinsprinzip mit Gedanken von Persönlichkeit, von individualisiertem Sein, von Dualismus und, das Gleichgewicht verlierend, fällt das Bewußtseinsprinzip ab vom Klaren Licht. Es ist die Gedankenbildung eines Ich, eines Selbst, das die Realisation von Nirvâṇa verhindert (welches das «Ausblasen der Flamme egoistischer Sehnsucht» ist); und so fährt das Rad des Lebens fort, sich zu drehen.

Belehrungen betreffs der zweiten Stufe des Tschikhai-Bardo: Das sekundäre sofort nach dem Tod gesehene Klare Licht

So wird das Klare Urlicht erkannt und Befreiung erreicht. Wenn aber zu befürchten ist, daß das Klare Urlicht nicht erkannt worden ist, dann (kann man sicherlich annehmen), daß (dem Verstorbenen) das dämmert, was das sekundäre Klare Licht heißt, was nach etwas mehr als einer Mahlzeitperiode aufdämmert, nachdem die Ausatmung aufgehört hat[30].

Je nach dem guten oder schlechten *Karma,* das einer hat, flieht die Lebenskraft entweder in den rechten oder linken Nerv und tritt durch irgendeine Öffnung (des Körpers)[31] aus. Darauf folgt eine helle Geistesverfassung[32].

Ob der Zustand (des Klaren Urlichtes) für eine Mahlzeitspanne andauert, (hängt ab von) der guten oder schlechten Verfassung der Nerven und auch, ob frühere Übung (im Von-Angesicht-zu-Angesicht-Setzen) vorhanden war oder nicht.

Wenn das Bewußtseinsprinzip (aus dem Körper) heraustritt, sagt es zu sich selbst: «Bin ich tot, oder bin ich nicht tot?» Es kann es nicht be-

[30] Sogleich, nachdem die Lebenskraft in den Mittelnerv eingegangen ist, erlebt der Sterbende das Klare Licht in seiner ursprünglichen Reinheit, den unverdunkelten *Dharmakâya;* und wenn er unfähig ist, an diesem Erlebnis festzuhalten, erfährt er als nächstes das sekundäre Klare Licht, denn er ist in einen niederen Zustand des *Bardo* gefallen, in dem der *Dharmakâya* durch *karmische* Verdunkelungen getrübt ist.

[31] Vgl. S.105f.

[32] Text: *śes-pa* hier als «Geistesverfassung» wiedergegeben. Der Übersetzer hat folgenden Kommentar hinzugefügt: «Die Lebenskraft, vom psychischen Nervenzentrum des Nabels ausgehend, und das Prinzip des Bewußtseins, ausgehend vom psychischen Nervenzentrum des Gehirns, vereinigen sich im psychischen Nervenzentrum des Herzens, und wenn sie von da aus den Körper verlassen, normalerweise durch die Öffnungen des Brahma, erregen sie im Sterbenden einen ekstatischen Zustand von größter Intensität. Die folgende Stufe ist weniger intensiv. Auf der ersten oder ursprünglichen Stufe wird das Ursprüngliche Klare Licht erfahren, auf der zweiten Stufe das Sekundäre Klare Licht. Ein aufspringender Ball erreicht seine größte Höhe beim ersten Rücksprung; der zweite Rücksprung ist niedriger, und jeder folgende Rücksprung ist noch niedriger, bis der Ball zur Ruhe kommt. Ähnlich verhält es sich mit dem Bewußtseinsprinzip beim Tod eines menschlichen Körpers. Sein erster geistiger Absprung unmittelbar nach dem Verlassen des irdischen Körpers ist der höchste; der nächste ist niedriger. Schließlich, wenn die Kraft des *Karma* sich im Nachtod-Zustand ausgegeben hat, kommt das Bewußtseinsprinzip zur Ruhe, ein Schoß wird aufgesucht, und dann erfolgt die Wiedergeburt in dieser Welt.»

stimmen. Es sieht seine Verwandten und Angehörigen, wie es zuvor gewöhnt war, sie zu sehen. Es hört sogar die Wehklagen. Die erschreckenden *karmischen* Trugbilder sind noch nicht aufgetaucht. Auch sind die schreckensvollen Erscheinungen oder Erlebnisse, die durch den Todesgott[33] verursacht werden, noch nicht gekommen.
Während dieser Pause müssen die Belehrungen (durch den *Lama* oder Leser) angebracht werden:
Es gibt (Gläubige) auf der Stufe der Vollendung und solche auf der Stufe des Sich-vor-Augen-Haltens. So es einer ist, der auf der Stufe der Vollendung war, rufe ihn dreimal bei Namen und wiederhole immer und immer wieder die obigen Belehrungen des Von-Angesicht-zu-Angesicht-Setzens mit dem Klaren Licht. So es einer ist, der auf der Stufe des Sich-vor-Augen-Haltens war, so lies ihm die einleitenden Schilderungen vor und den Text der Meditation über seine Schutzgottheit[34] und sage dann:
O du von edler Geburt, meditiere über deine eigene Schutzgottheit. (Hier muß der Gottheit Namen durch den Leser[35] erwähnt werden.) Schweife nicht ab. Konzentriere deine Gedanken ernstlich auf deine Schutzgottheit. Meditiere über sie, als ob sie die Spiegelung des Mondes im Wasser wäre, sichtbar, aber an sich nicht existierend. Meditiere über sie, als ob sie ein Wesen mit einem leiblichen Körper sei.
So sage (der Leser) und schärfe es ein.
Wenn (der Verstorbene) ein Mann aus dem Volk war, sage:
Meditiere über den Großen Barmherzigen[36].
So von Angesicht-zu-Angesicht gesetzt, erkennen sogar die den *Bardo* sicherlich, von denen man nicht erwartet, daß sie ihn (ohne Hilfe) erkennen.
Personen, die, während sie lebten, durch einen *Guru* von Angesicht-zu-Angesicht (mit der Wirklichkeit) gesetzt wurden, sich jedoch nicht mit ihr vertraut gemacht haben, können den *Bardo* nicht klar aus sich selber

[33] Text: *gŚin-rJe* (sprich: *Schindsche*): «Herr des Todes»; aber die Pluralform ist möglich und hier vorzuziehen.

[34] Vgl. folgende Stelle aus *The Craft to Know Well to Die*, Kap. IV, Comper's Ed. (73): «Und dann sollte er [der Sterbende] die Apostel, die Märtyrer, die Bekenner und die Jungfrauen anrufen, und besonders all die Heiligen, die er immer am meisten geliebt hat.»

[35] Die beliebteste Gottheit des Verstorbenen ist die Schutzgottheit (tib. *yi-dam*), meist einer der Buddhas oder Bodhisattvas, von denen Tscheräsie der volkstümlichste ist.

[36] Text: *Jo-bo-thugs-rJe-chen-po* (sprich: *Dscho-o-thug-dsche-tschem-po*): «Großer Barmherziger Herr», synonym mit dem tib. *Spyan-ras-gzigs* (sprich: *Tsche-rä-si*): skt. *Avalokiteśvara*.

erkennen. Entweder ein *Guru* oder Glaubensbruder muß solchen Personen dann beistehen[37].

Es kann sogar solche geben, die sich mit den Lehren vertraut gemacht haben, die jedoch ob der Heftigkeit der den Tod verursachenden Krankheit geistig unfähig sind, Trugbildern zu widerstehen. Auch für solche ist diese Belehrung unbedingt nötig.

Dann wiederum (gibt es jene), die, obgleich sie früher mit den Lehren vertraut waren, elende Daseinszustände durchzumachen hatten, weil sie Gelübde brachen oder wesentliche Verpflichtungen ehrlich zu erfüllen versäumten. Auch für solche ist diese (Belehrung) unerläßlich.

Wenn die erste Stufe des *Bardo* gleich beim Schopf gefaßt worden ist, so ist das das Beste. Wenn jedoch nicht, wird durch die Anwendung dieses genauen (dem Toten) In-Erinnerung-Rufens – dieweil er auf der zweiten Stufe des *Bardo* ist – sein Geist erweckt und Befreiung erreicht.

Während der zweiten Stufe des *Bardo* ist der Körper von der Art dessen, was man den scheinenden Trugkörper[38] nennt.

(Der Verstorbene) weiß nicht, ob (er) tot (ist) oder nicht, (und ein Zustand von) Helligkeit kommt (über ihn)[39]. Wenn die Belehrungen dem Verstorbenen, während er sich in diesem Zustand befindet, erfolgreich übermittelt werden, kann durch die Begegnung der Mutter-Wirklichkeit und der Nachkommen-Wirklichkeit[40] *Karma* nicht weiter herrschen.

[37] Jemand kann eine eingehende Beschreibung der Kunst des Schwimmens gehört haben und doch nie versucht haben zu schwimmen. Plötzlich ins Wasser geworfen, findet er sich unfähig zu schwimmen. So geht es mit denen, die theoretisch gelernt haben, wie sie sich zur Zeit des Todes verhalten sollen und die diese Theorie nicht durch Yoga-Übungen angewandt haben: sie können die ununterbrochene Kontinuität des Bewußtseins nicht beibehalten; sie werden durch die veränderten Verhältnisse verwirrt und versäumen fortzuschreiten oder sich die Gelegenheit zunutze zu machen, die der Tod ihnen bietet, wenn sie nicht durch einen lebenden *Guru* gehalten und geführt werden. Aber selbst mit allem, was ein *Guru* tun kann, gelingt es ihnen gewöhnlich infolge schlechten *Karmas* nicht, den *Bardo* als solchen zu erkennen.

[38] Text: *dag-paḥi-sgyu-lus* (sprich: *tag-päi-gyu-lü*): «reiner (oder scheinender) Trugkörper»: skt. *mâyâ-rûpa*. Dies ist das ätherische Gegenstück zum physischen Körper der Erdenebene, der «Astralkörper» der Theosophie.

[39] Mit dem Austritt des Bewußtseinsprinzips kommt eine psychische Spannung, die einem Zustand von Helligkeit weicht.

[40] Text: *Chos-ñid-ma-bu:* skt. *Dharma Mâtri Putra:* «Mutter- und Nachkommen-Wirklichkeit (oder Wahrheit)». Die Nachkommen-Wahrheit ist das, was in dieser Welt durch die Übung tiefer Meditation erkannt wird (skt. *dhyâna*). Die Mutter-Wahrheit ist die ursprüngliche oder grundlegende Wahrheit, die nur nach dem Tode erfahren wird, während der Wisser im *Bardo*-Zustand des Gleichgewichts ist, bevor *karmische* Neigungen in Aktivität ausgebrochen sind. Was eine Photographie im Ver-

So wie die Sonnenstrahlen die Dunkelheit zerstreuen, zerstreut das Klare Licht auf dem Pfad die Macht des *Karma*[41].

Das, was die zweite Stufe des *Bardo* genannt wird, dämmert dem Gedankenkörper[42]. Der Wisser[43] schwebt an den Plätzen herum, auf die seine Tätigkeit beschränkt war. Wenn jetzt diese besondere Lehre wirksam angewandt wird, erreicht sie ihren Zweck, denn die *karmischen* Trugbilder sind noch nicht aufgestiegen, und deshalb kann er (der Verstorbene) noch nicht (von seinem Ziel, Erleuchtung zu erreichen) abgelenkt werden.

gleich zum photographierten Gegenstand ist, das ist die Nachkommen-Wirklichkeit im Verhältnis zur Mutter-Wirklichkeit.

[41] Wörtlich: «*Karma* ist unfähig, Mund oder Kopf zu wenden»; das Bild meint einen Reiter, der ein Pferd mit Zaum und Gebiß prüft. Im «Tantra der Großen Befreiung» ist eine ähnliche Stelle: «Der Mann, der geblendet ist von der Dunkelheit des Unwissens, der Narr, gefangen im Netz seiner eigenen Taten, und der Ungebildete werden durch das Hören dieses Großen Tantra von den Banden des *Karma* befreit» (vgl. *Tantra of the Great Liberation*, Zeile 205, hrsg. von Arthur Avalon, London 1913, S. 359).

[42] Text: *yid-kyi-lüs* (sprich: *yi-kyi-lü*), «Geistkörper», «Wunschkörper» oder «Gedankenkörper».

[43] Vgl. S. 167[13], 170[21], 171[23].

ZWEITER TEIL
DER BARDO DES ERLEBENS DER WIRKLICHKEIT

Einleitende Belehrungen betreffs des Erlebens der Wirklichkeit während der dritten Stufe des Bardo, genannt der Tschönyi-Bardo, wenn die karmischen Schemen erscheinen

Aber selbst wenn man das Klare Urlicht nicht erkennt, das Klare Licht des zweiten *Bardo* jedoch erkennt, wird Befreiung erreicht. Wenn man jedoch auch da noch nicht befreit wird, dämmert darauf das, was der dritte *Bardo* oder der *Tschönyi-Bardo* genannt wird.

Auf dieser dritten Stufe des *Bardo* fangen die *karmischen* Trugbilder an aufzuscheinen. Es ist sehr wichtig, daß dieses Große Von-Angesicht-zu-Angesicht-Setzen des *Tschönyi-Bardo* gelesen wird: es hat große Kraft und kann viel helfen.

Zu dieser Zeit kann (der Verstorbene) sehen, daß sein Anteil an Nahrung beiseite gesetzt wird, daß man den Körper seiner Kleider entledigt, daß der Platz seines Schlafteppichs gereinigt wird[1], er kann alles Weinen und Wehklagen seiner Freunde und Verwandten hören, und obgleich er sie sehen und sie nach ihm rufen hören kann, können sie sein Rufen nach ihnen nicht hören, weshalb er unzufrieden weggeht.

Zu dieser Zeit erlebt man Klänge, Lichter und Strahlen – alle drei. Sie jagen einem Schauer ein, ängstigen und erschrecken und verursachen große Müdigkeit. In diesem Augenblick muß das Von-Angesicht-zu-Angesicht-Setzen mit dem *Bardo* (während des Erlebens) der Wirklichkeit angewandt werden. Rufe den Verstorbenen bei Namen und erkläre ihm genau und deutlich wie folgt:

[1] Das bezieht sich: 1. auf den Anteil an Nahrung, der während der Bestattungsriten für den Verstorbenen beiseite gesetzt wird; 2. auf seinen Leichnam, der für das Leichentuch vorbereitet wird; 3. auf sein Bett oder seinen Schlafplatz.

O Edelgeborener, höre mit voller Aufmerksamkeit zu, ohne abzuschweifen: Es gibt sechs Stufen des *Bardo,* nämlich: den natürlichen Zustand des *Bardo* des Geburtsortes[2], den *Bardo* des Traumzustandes[3], den *Bardo* des ekstatischen Gleichgewichts während tiefer Meditation[4], den *Bardo* des Augenblicks des Todes[5], den *Bardo* (während des Erlebens) der Wirklichkeit[6], den *Bardo* des Suchens nach Wiedergeburt in *saṃsârischer* Existenz[7]. Dies sind die sechs.

O Edelgeborener, du machst drei *Bardos* durch: den *Bardo* des Augenblicks des Todes, den *Bardo* (während des Erlebens) der Wirklichkeit und den *Bardo,* während du Wiedergeburt suchst. Von diesen dreien hast du bis gestern den *Bardo* des Augenblicks des Todes erlebt. Obgleich das Klare Licht der Wirklichkeit dir dämmerte, warst du unfähig, dich daran zu halten, und so mußtest du hierher wandern.

Jetzt wirst du weiterhin die zwei (anderen) erleben, den *Tschönyi-Bardo* und den *Sipa-Bardo.*

Du wirst ungestörte Aufmerksamkeit dem zollen, womit ich dich sogleich von Angesicht-zu-Angesicht setze, und dich daran halten:

O Edelgeborener, das, was man Tod nennt, ist jetzt gekommen. Du scheidest von dieser Welt, aber du bist nicht der einzige: (Tod) kommt zu allen. Klammere dich nicht aus Liebe oder Schwäche an dieses Leben. Auch wenn du dich aus Schwäche daran klammerst, du hast doch nicht die Kraft, hier zu bleiben. Du gewinnst nichts davon, außer dem Her-

[2] Lama Kazi Dawa-Samdups handschriftlicher Text hat hier *raṅ-bźin skye-gnas bar-do* (sprich: *Rang-schin-kye-nä Bardo*), was wörtlich «der natürliche Zustand des Geburtsort-Bardo» bedeutet. «Geburtsort» kann sich im wörtlichen Sinn auf den Mutterleib, im übertragenen Sinn auf die menschliche Geburt im allgemeinen beziehen. Letzteres würde die Bezeichnung dieses *Bardo* als den «natürlichen Zustand» rechtfertigen und darauf hinweisen, daß wir es hier mit dem normalen menschlichen Bewußtsein (im Wachzustand) zu tun haben. Das beweist auch der erste der *Wurzelverse,* der zur aktiven und bewußten Ausnutzung des menschlichen Daseins auffordert – eine Mahnung, die keinen Sinn hätte, wenn sie sich auf den Embryonalzustand im Mutterleib bezöge, in dem es weder Wille noch Entschlußfähigkeit geben kann. Wenn es sich aber um den Mutterschoß als die Stätte der Wiedergeburt handelte, so würde dies den im sechsten Vers erwähnten «Bardo der Wiedergeburt» überflüssig machen (L. A. G.).

[3] Text: *rMi-lam bar-do* (sprich: *Mi-lam Bardo*).

[4] Text: *Tiṅ-ṅe-ḥdzin bSam-gTan bar-do* (sprich: *Ting-nge-dsin-samten Bardo*); skt. *samâdhi-dhyâna* «Schauung des tiefsten Versenkungszustandes».

[5] Text: *ḥChi-khaḥi bar-do* (sprich: *Tschikhai-Bardo*).

[6] Text: *Chos-ñid bar-do* (sprich: *Tschönyi-Bardo*).

[7] Text: *Lus-ḥbyuṅ srid-paḥi bar-do* (sprich: *Lüdschung Sipai Bardo*): *Bardo* der Wiederverkörperung im *saṃsâra.*

umirren in diesem *saṃsâra*[8]. Hänge nicht (an dieser Welt), sei nicht schwach. Erinnere dich der Kostbaren Dreieinigkeit[9].

O Edelgeborener, was auch an Furcht und Schrecken über dich kommen mag im *Tschönyi-Bardo,* vergiß nicht diese Worte; ihren Sinn im Herzen schreite weiter: in ihnen liegt das wesentliche Geheimnis der Erkenntnis:

«Ach, daß ich, wenn der *Bardo* der Wirklichkeit[10] mir hier dämmert,
– Jeden Gedanken von Furcht und Schrecken oder Angst ob aller (schemenhaften Erscheinungen) beiseite gesetzt, –
(Alle Bilder, die) erscheinen, als die Spiegelbilder meines eigenen Bewußtseins erkenne,
Daß ich sie als von der Natur der Schemen im *Bardo* erkenne,
Daß ich in diesem höchstwichtigen Augenblick (der Gelegenheit) ein großes Ziel (tib. *don-chen*) zu erreichen,
Nicht fürchte die Scharen der Friedlichen und Zornigen (Gottheiten):
meine eigenen Gedankenformen[11].»

Wiederhole diese (Verse) klar, und indem du dich ihrer Bedeutung erinnerst, sooft du sie wiederholst, geh voran, (o Edelgeborener). Dadurch ist – was auch für Bilder von Schauer und Schrecken erscheinen – die Erkenntnis sicher; vergiß nicht die lebenswichtige geheime Kunst, die darin liegt.

O Edelgeborener, als sich dein Körper und Geist trennten, mußt du einen Schimmer der Reinen Wahrheit erfahren haben, sanft, sprühend, hell, blendend, wunderbar und strahlend, ehrfurchterregend, anzusehen wie eine Fata Morgana, die über eine Landschaft im Frühling in einem ununterbrochenen Strom von Vibrationen dahinzieht. Laß dich nicht davon anfechten, nicht erschrecken, nicht einschüchtern. Das ist die Strahlung deiner eigenen wahren Natur. Erkenne sie.

Aus der Mitte dieser Strahlung kommt der natürliche Klang der Wirk-

[8] Text: *ḥKhor-ba* (sprich: *Khorva*), Kreislauf (der Geburten); skt. *saṃsâra,* die Wandelwelt.

[9] Das ist der Buddha, der Dharma und der Saṅgha.

[10] Wirklichkeit wird in einem Zustand von Ungewißheit erfahren oder in einem Aufblitzen erfaßt, denn der Wisser erfährt sie durch die *Bardo*-Entsprechung zu dem täuschenden Empfindungsvermögen des irdischen Körpers und nicht durch das unverdunkelte überweltliche Bewußtsein des reinen *Dharmakâya*-Zustandes, wo es keinen *Bardo* (d.h. «Ungewißheit» oder «Zwischenzustand») geben kann.

[11] Text: *raṅ-sNaṅ* (sprich *rang-nang*): «jemandes eigene [geistige] Visionen (oder Gedankenformen)».

lichkeit, widerhallend wie tausend Donner, die zugleich erschallen. Das ist der natürliche Klang deines eigenen wirklichen Selbst. Laß dich nicht davon anfechten, nicht erschrecken, nicht einschüchtern.
Der Körper, den du jetzt hast, wird der Gedankenkörper der Neigungen[12] genannt. Da du keinen materiellen Körper von Fleisch und Blut hast, können, was auch kommen mag – Klänge, Lichter oder Strahlen –, dir nichts anhaben: du bist unfähig zu sterben. Es genügt vollends, daß du weißt, daß diese Schemen deine eigenen Gedankenformen sind. Erkenne dies als den *Bardo*.
O Edelgeborener, wenn du jetzt nicht deine eigenen Gedankenformen erkennst – was du auch an Meditation oder frommen Übungen in der Menschenwelt verrichtet haben magst –, wenn dir diese jetzige Lehre nicht begegnet ist, werden die Lichter dich aufhalten, die Klänge dir Furcht einjagen und die Strahlen dich erschrecken. So du nicht diesen allerwichtigsten Schlüssel zu den Lehren hast – und damit nicht fähig bist, die Klänge, Lichter und Strahlen zu erkennen –, wirst du in den *saṃsâra* zu wandern haben.

Das Dämmern der Friedlichen Gottheiten vom ersten bis zum siebenten Tag

(In der Annahme, daß der Verstorbene, wie die meisten Verstorbenen, karmisch gezwungen ist – trotz des häufigen Von-Angesicht-zu-Angesicht-Setzens –, durch die neunundvierzig Tage der *Bardo*-Existenz zu wandern, werden die täglichen Heimsuchungen und Gefahren, denen er begegnen und über die zu triumphieren er sich bemühen muß, so wie sie während der ersten sieben Tage auftreten, in denen die Friedlichen Gottheiten dämmern, ihm zunächst eingehend erklärt. Der erste Tag wird, dem Text nach zu urteilen, von der Zeit an gerechnet, in der [der Verstorbene] normalerweise zu der Tatsache erwachen sollte, daß er tot und auf dem Weg zurück zur Wiedergeburt ist, oder ungefähr dreieinhalb bis vier Tage nach dem Tode.)

[12] Text: *bag-chags yid-lüs* (sprich: *bag-tschag yi-lü*). *yid-lüs:* «Geistkörper» oder «Gedankenkörper»; *bag-chags:* «Gewohnheit», «Neigungen» (geboren aus *saṃsârischer* oder weltlicher Existenz).

Der erste Tag

O Edelgeborener, du bist in einer Ohnmacht gewesen während der letzten dreieinhalb Tage. Sobald du dich von dieser Ohnmacht erholt hast, wirst du denken: «Was ist geschehen?»
Handle so, daß du den *Bardo* erkennest. Zu dieser Zeit ist der ganze *saṃsâra* in Aufruhr[13], und die eigenartigen Erscheinungen, die du dann siehst, sind Strahlungen und Gottheiten[14]. Die ganzen Himmel erscheinen tiefblau.
Aus dem Mittelreich, das da heißt «die Ausstreuung des Samens»[15], wird sich der *Bhagavân Vairocana*[16], weiß an Farbe und auf einem Löwenthron sitzend, mit einem achtspeichigen Rad in der Hand und von der Mutter des Himmelsraumes[17] umarmt, selber dir offenbaren.

[13] Das will sagen, Erscheinungen oder erstaunliche Erlebnisse, wie sie in der Menschenwelt erfahren werden, werden in der *Bardo*-Welt in ganz anderer Weise erlebt, so daß sie einem eben Verstorbenen in Aufruhr oder Verwirrung zu sein scheinen; darum die Warnung an den Verstorbenen, der sich an den Nachtod-Zustand gewöhnen muß, wie ein kleines Kind sich nach der Geburt an unsere Welt gewöhnen muß.
[14] Von diesem Punkt an, wo die wunderbaren *Bardo*-Visionen zu dämmern beginnen, sollte der Studierende beim Versuch, sie zu begreifen, immer im Gedächtnis behalten, daß dieser Traktat im wesentlichen esoterisch ist und in den meisten Teilen, besonders von hier an, allegorisch und symbolisch für psychische Erfahrungen im Nachtod-Zustand.
[15] Text: *Thig-le-brDal-ba* (sprich: *Thigle-Dalwa*): «die Ausstreuung des Samens [aller Dinge]». Esoterisch das *Dharmadhatu*.
[16] Text: *rNam-par-sNañ-mZad* (sprich: *Nam-par-Nang-sad*); skt. *Vairocana*, der Dhyâni-Buddha der Mitte (oder des Mittelreiches). *Vairocana* bedeutet wörtlich «der Strahlende»; daher ist er der Offenbarer von Erscheinungen, oder das Numen. Das Rad, das er hält, symbolisiert das *dharmacakra*, das Gesetzesrad. Sein Titel *Bhagavân* (auch vielen anderen Gestalten, die hier noch folgen, zugeteilt) bedeutet «der Erhabene» und qualifiziert ihn als einen Buddha, d.h. einen Erleuchteten.
Als der zentrale Dhyâni-Buddha ist *Vairocana* der höchste Pfad der Erleuchtung in der Esoterischen Schule. Wie eine Zentralsonne, umgeben von den vier Dhyâni-Buddhas der vier Hauptrichtungen, die an den vier folgenden Tagen heraufdämmern, symbolisiert er die Eine Wahrheit, umgeben von ihren vier Bestandteilen oder Elementen. In ihm, als der Quelle alles organischen Lebens, finden alle sichtbaren und unsichtbaren Dinge ihre Vollendung und Auflösung.
Für allgemeine Hinweise auf die Gottheiten des *Bardo Thödol* siehe L.A. Waddell *The Buddhism of Tibet or Lamaism* (London 1895); und A. Getty *The Gods of Northern Buddhism* (Oxford 1914).
[17] Text: *Nam-mKhâ-dbyiñs-kyi-dbañ-phyng-ma* (sprich: *Nam-kha-ing-kyi-wang-tschug-ma*): «Herrscherin des Himmelsraumes»: skt. *Âkâśa Dhâtu Îśvarî*. Die Mutter ist das weibliche Prinzip des Weltalls; der Vater, *Vairocana*, der Same von allem, was ist.

Das blaue Licht ist die Gesamtheit des in seinen Urzustand aufgelösten Stoffes[18].
Die Weisheit des *Dharmadhatu,* blau an Farbe, leuchtend, durchsichtig, wunderbar, blendend, bricht aus dem Herzen Vairocanas als Vater-Mutter[19] hervor und trifft dich mit einem so blendenden Licht, daß du es kaum anzusehen vermagst.
Gleichzeitig geht auch ein trübes weißes Licht aus von den *Devas* und trifft dich auf die Stirn.
Darauf wird ob der Macht des schlechten *Karmas* das wunderbare blaue Licht der *Dharmadhatu*-Weisheit Furcht und Schrecken in dir hervorrufen, und du wirst vor ihm fliehen wollen. Du wirst eine Zuneigung zu dem trüben weißen Licht der *Devas* fassen.
Auf dieser Stufe mußt du dich nicht einschüchtern lassen von dem göttlichen blauen Licht, das leuchtend, blendend und wunderbar erscheint, erschrick nicht davor. Das ist das Licht des *Tathâgata*[20], das da heißt *Dharmadhatu*-Weisheit. Setze deinen Glauben darauf. Glaube fest daran und bete zu ihm, indem du im Sinne behältst, daß es das Licht ist, das vom Herzen des *Bhagavân Vairocana* ausgeht, das kommt, dich in dem gefahrvollen Hinterhalt[21] des *Bardo* zu empfangen. Dieses Licht ist das Licht der Gnade *Vairocanas.*

[18] Hier sagt der Blockdruck: «Es ist die Gesamtheit des Bewußtseins (*Rnam-par-śes-pa;* sprich: *Nam-par Sche-pa;* skt. *Vijñâna Skandha*), aufgelöst in seinen Urzustand, was als blaues Licht erscheint.» In unserem Manuskript scheint die Gesamtheit des Bewußtseins als ein weißes Licht in Verbindung mit *Vajrasattva* am zweiten Tage (s. S. 185).

[19] Hier, wie in den folgenden Parallelstellen, verkörpert die Hauptgottheit in sich sowohl das weibliche als auch das männliche Prinzip der Natur und wird daher Vater-Mutter genannt. Sie ist, wie im Text beschrieben, in ihr zugehörigen symbolischen Farben gemalt auf dem entsprechenden farbigen Blatt unseres Manuskriptes als der Göttliche Vater und die Göttliche Mutter in Vereinigung (d.h. Göttliches Eins-Sein).

[20] Text: *De-bzhin-śegs-pa* (sprich: *De-schin-scheg-pa*): skt. *Tathâgata,* d.h. «(Er,) der denselben Weg gegangen ist», Einer, der das Ziel (Nirvâṇa) erreicht hat – ein Buddha.

[21] Das tibetische Wort «*lam-ḥphraṅ*» bedeutet einen schmalen Pfad, der am Rande eines Abgrunds an der Bergwand entlangführt, so daß es kein Ausweichen gibt und ein falscher Schritt den Tod bedeutet. Es handelt sich hier weder um einen «Hinterhalt» noch um einen «Engpaß». Auch ein schmaler Pfad, der über einen Felsgrat – mit Abgründen auf beiden Seiten – führt, gibt die Bedeutung dieses Wortes richtig wieder. Die Gefahr eines solchen Pfades besteht nicht in der Gefahr von Räubern und Unholden, denen der Wanderer hilflos ausgesetzt wäre, sondern in seinem subjektiven Verhalten, in dem die kleinste Unaufmerksamkeit, der kleinste Fehltritt, zum Verderben führt. «*Bar-doḥi ḥphraṅ*» wäre somit als ein «schmaler Pfad über dem Abgrund des *Bardo*» zu bezeichnen (L.A.G.).

Habe nicht das trübe weiße Licht der *Devas* gern. Hänge nicht (an ihm); sei nicht schwach. Wenn du an ihm hängst, wirst du in die Stätten der *Devas* wandern und in den Wirbel der Sechs *Lokas* gezogen. Das ist eine Unterbrechung, die dich auf dem Pfad der Befreiung aufhält. Sieh es nicht an. Sieh auf das helle blaue Licht in tiefem Glauben. Richte dein ganzes Denken ernst auf *Vairocana* und sprich mir dieses Gebet nach:

«Ach, wandernd im *saṃsâra* – ob großer *Geistesverdunkelung*[22] –
Auf den leuchtenden Lichtpfad der *Dharmadhatu*-Weisheit
Führe mich der *Bhagavân Vairocana,*
Die Göttliche Mutter des Unendlichen Raumes sei (meine) Deckung,
Möge (ich) sicher geführt werden durch den schreckensvollen Pfad [über dem Abgrund] des *Bardo*
Und versetzt werden in den Zustand Allvollkommener Buddhaschaft.»[23]

Wenn (du) so mit tiefem demütigem Glauben betest, wirst (du) in einem Schein von Regenbogenlicht in das Herz *Vairocanas* eingehen und Buddhaschaft im *Sambhogakâya* erreichen, im Dicht-Gepackten-Mittelreich[24].

Der zweite Tag

So man aber trotz dieses Von-Angesicht-zu-Angesicht-Setzens – infolge der Macht des Zornes oder vedunkelnde *Karmas* – vor dem herrlichen Licht erschrecken und fliehen sollte oder einen trotz des Gebetes Trugbilder überkommen, empfangen einen am zweiten Tag *Vajrasattva* und

[22] Das tibetische Wort «gTi-mug» bedeutet Noch-nicht-erwacht-sein zu wahrem Bewußtsein, geistige Verdunkelung (skt. *tamas,* Dunkelheit).

[23] Vgl. die folgenden Anweisungen an den Sterbenden und das Gebet aus *The Craft to Know Well to Die,* Kap. IV, Comper's Ed. (S. 73): «Danach sollte er, wenn er kann, die heiligen Engel anrufen, indem er sagt: ‹Ihr Geister des Himmels, Ihr glorreichen Engel, ich flehe Euch an, daß Ihr mir beisteht, der nun zu scheiden beginnt, und daß Ihr mich mit Eurer Macht befreit vom Hinterhalt und Trug meiner Gegner, und daß es Euch gefallen möge, meine Seele bei Euch aufzunehmen. Die Hauptsache, mein Führer und mein guter Engel, die Ihr von Gott abgesandt seid, meine Wächter und Beschützer zu sein, ich bitte und fordere, daß Ihr mir nun beisteht und helft.›»

[24] Text: *sTug-po-bkod-paḥi-źiṅ-khams* (sprich: *Tug-po-kod-pai-sching-kahm*): «Dicht-geformt» oder «Dicht-gepacktes Reich», d.h. daß der Samen aller Weltkräfte und Dinge hierin dicht zusammengepackt sind; im Tibetischen auch *Og-min* genannt, wörtl. «Kein-Abwärts», der Bereich, in dem es keinen Fall gibt; der Zustand, der ins Nirvâṇa führt; dies ist vorzugsweise der Bereich der Buddhas.

die ihn begleitenden Gottheiten sowohl als auch die eigenen bösen Taten, welche Hölle (verdienen).

Darauf ist das Von-Angesicht-zu-Angesicht-Setzen, wobei man den Verstorbenen bei Namen ruft, folgendermaßen:

O Edelgeborener, höre gesammelt zu. Am zweiten Tag leuchtet die reine Form des Wassers als ein weißes Licht. Zu dieser Zeit erscheint aus dem tiefblauen Östlichen Reich Vorherrschenden Glücks der *Bhagavân Akṣobhya* (als) *Vajrasattva*[25], blau an Farbe, in der Hand einen fünfzackigen *Dorje*[26], auf einem Elefantenthron sitzend und von der Mutter *Locanâ*[27] umarmt, begleitet von den Bodhisattvas *Ksitigarbha*[28] und *Maitreya*[29], mit den weiblichen Bodhisattvas *Lasema* und *Puṣpema*[30]. Diese sechs *Bodhischen* Gottheiten werden dir erscheinen.

Die Gesamtheit deines Bewußtseinsprinzips[31] in seiner reinen Form – welche die Spiegelgleiche Weisheit ist – leuchtet als ein helles, strahlend-

[25] Text: *rDo-rJe-sems-dPaḥ Mi-bskyod-pa* (sprich: *Dordsche-sem-pa Mi-tschö-pa*): skt. *Vajrasattva-Akṣobhya. Akṣobhya* (der «Unbewegte», «Unerschütterliche»), der *Dhyâni-Buddha* aus der östlichen Richtung, erscheint hier, wie überall im Text, als *Vajrasattva* (das unvergängliche «demantene Wesen»), sein *Sambhogakâya* oder aktiver Aspekt. Auch *Vajradhara*, «Der Träger des Demantenen Zepters» [s. S. 88f.], ist ein Aspekt *Akṣobhyas*. Beide Aspekte spielen in der Esoterischen Schule des «*Vajrayâna*» eine sehr wichtige Rolle.

[26] Der *Dorje* ist das lamaistische Zepter, etwa wie der Blitzstrahl des Indra (Jupiter).

[27] tib. *Saṅs-rgyas-spyan-ma*, «die mit dem Buddha-Auge Begabte». In Lama Kazi Dawa-Samdups Manuskript fälschlich «*Mâmakî*» (s. S. 144[60]). Im *Dharma-saṃgraha* wird gesagt, daß es vier *Devîs* gibt, nämlich *Rocanî, Mâmakî, Paṇḍurâ* und *Târâ. Rocanî*, «die Strahlende», steht hier für *Locanâ*, «das Auge». Die Aufeinanderfolge der Namen stimmt mit der des tibetischen Blockdrucks überein (L. A. G.).

[28] Text: *Saḥi-sÑiṅ-po* (sprich: *Sa-i-nying-po*): skt. *Kṣitigarbha:* «Schoß (oder Matrix) der Erde».

[29] Text: *Byams-pa* (sprich: *Tschampa*): skt. *Maitreya:* «Der Liebende»; der kommende Buddha, der die Menschheit durch die Macht der göttlichen Liebe reformieren will.

[30] *Lasema* und *Puṣpema* sind entstellte Sanskritformen, die in unser Manuskript eingegangen sind. Ihre tibetischen Entsprechungen sind jeweils *sGeg-mo-ma* (skt. *lâsyâ*, die Tänzerin), d.h. die «Schöne» (oder «Verspielte»), und *Me-tog-ma* (skt. *puṣpâ*, Blume), «die Blütenspenderin» (oder «Blütenhaltende»). *Puṣpâ*, abgebildet mit einer Blüte in der Hand, ist eine Personifikation des Blühens. *Lâsyâ*, die Tänzerin, abgebildet mit einem Spiegel in koketter Haltung, personifiziert die Schönheit.

[31] Text: *rNam-par-śes-paḥi-phuṅ-po* (sprich: *Nampar-sche-pa-i-phung-po*), «Gesamtheit des Bewußtseinsprinzips», der Wisser. Der Blockdruck enthält stattdessen *gZugs-kyi-phuṅ-po* (sprich: *Sug-kyi-phung-po*), skt. *rûpu-skandha*, «Prinzip der Form», «Gesamtheit des Formprinzips» (durch das die sinnliche Wahrnehmung oder Vorstellung eines «Körpers» entsteht). [In *Akṣobhyas* «Weisheit des Großen Spiegels» erscheinen

weißes Licht aus dem Herzen Vajrasattvas, als Vater-Mutter[32], mit solch blendendem Glanz und solcher Durchsichtigkeit, daß du es kaum ansehen kannst, (und) fällt auf dich. Und ein trübes, rauchfarbiges Licht aus der Hölle scheint neben dem Licht der Spiegelgleichen Weisheit und trifft dich (auch).
Darauf bekommst du durch die Macht des Zornes Furcht und erschrickst vor dem blendenden, weißen Licht und (möchtest) vor ihm fliehen; du gewinnst ein Gefühl der Zuneigung zu dem trüben, rauchfarbigen Licht aus der Hölle. Handle dann so, daß du dieses helle, blendende, durchsichtige, weiße Licht nicht fürchtest. Wisse, daß es Weisheit ist. Setze deinen demütigen und ernsten Glauben darauf. Das ist das Licht der Gnade des *Bhagavân Vajrasattva*. Denke gläubig: «Zu ihm will ich meine Zuflucht nehmen», und bete.
Das ist der *Bhagavân Vajrasattva,* der kommt, dich zu empfangen, um dich aus den Ängsten und Schrecken des *Bardo* zu erretten. Glaube daran, denn es ist der Haken der Gnadenstrahlenden *Vajrasattvas*[33].
Habe nicht das trübe, rauchfarbige Licht aus der Hölle gern. Das ist der Pfad, der sich öffnet, um dich ob der Macht des aus heftigem Zorn angehäuften bösen *Karmas* zu empfangen. Wenn du dich davon anziehen läßt, wirst du in die Höllenwelten fallen, und wenn du da hinein fällst, hast du unerträgliches Elend zu erdulden, und es ist ganz ungewiß, wann du wieder daraus herauskommst. Das ist eine Unterbrechung, die dich vom Pfad der Befreiung ablenkt; betrachte sie nicht, und vermeide Zorn[34]. Laß dich nicht davon anziehen, sei nicht schwach. Glaube an das

die Formen aller Dinge *(rûpa)* als Reflexe des universellen «Schatzkammerbewußtseins» (skt. *âlaya-vijñâna*). – L.A.G.]

[32] Siehe S. 182[19].

[33] Die Strahlen göttlicher Gnade sind Angelhaken der Erlösung, um des Verstorbenen habhaft zu werden und ihn von den Gefahren des *Bardo* abzuziehen. Zuweilen wird jeder Strahl als in einem Haken endend gedacht, so wie jeder Strahl, der in alten ägyptischen Tempeln vom Sonnengott Ra ausgeht und hinabfällt als ein Gnadenstrahl auf den Gläubigen, als in einer Hand endend dargestellt wird. Ähnlich denken die Christen von der errettenden Gnade Gottes.

[34] Vielleicht stellt man sich hier den Verstorbenen so vor, als sei er fähig, seine Leute auf Erden zu sehen, und würde, zu Zorn geneigt, sie streiten sehen über die Verteilung seines Eigentums, oder als ob er Habsucht bemerkte auf seiten des Lama, der die Bestattungsriten ausführt. Aber das Verbot über den Ärger ist im wesentlichen yogisch; Yogis aller Religionen erkennen Zorn als ein Hindernis geistigen Fortschritts an; es bildet auch eine Parallele zu der Morallehre, dem Zorn nicht Raum zu geben, die enthalten ist in den altägyptischen *Regeln des Ptah-hotep.*

blendende, helle, weiße Licht, (und) indem du dein ganzes Herz ernst auf *Bhagavân Vajrasattva* richtest, bete so:

«Ach, wandernd im *saṃsâra,* – ob der Macht heftigen Zornes –
Auf den leuchtenden Lichtpfad Spiegelgleicher Weisheit
Möge mich führen der *Bhagavân Vajrasattva,*
Die Göttliche Mutter *Locanâ* sei (meine) Deckung.
Möge (ich) sicher geführt werden durch den schreckensvollen Pfad [über dem Abgrund] des *Bardo*
Und versetzt werden in den Zustand Allvollkommener Buddhaschaft.»

Wenn du so mit tiefem demütigem Glauben betest, wirst du (eingehüllt) in Regenbogenlicht in das Herz des *Bhagavân Vajrasattva*[35] eingehen und Buddhaschaft im *Sambhogakâya* erlangen, im Östlichen Reich, das da heißt Vorherrschend-Glücklich.

Der dritte Tag

Einige Personen jedoch, auch wenn sie in dieser Weise von Angesicht-zu-Angesicht gesetzt werden, fliehen trotzdem infolge der Verdunkelungen aus schlechtem *Karma* und aus Stolz, auch wenn die Haken der Gnadenstrahlen (sie treffen). (Wenn man einer von ihnen ist), kommen dann am dritten Tag der *Bhagavân Ratnasambhava* und die ihn begleitenden Gottheiten zusammen mit dem Lichtpfad aus der Menschenwelt, um einen gemeinsam zu empfangen.
Indem man den Verstorbenen wieder bei Namen ruft, geschieht das Von-Angesicht-zu-Angesicht-Setzen folgendermaßen:
O Edelgeborener, höre gesammelt zu. Am dritten Tage bricht die Urform des Elementes Erde als ein gelbes Licht hervor. Zu dieser Zeit scheint auf dich aus dem Südlichen, mit Pracht ausgestatteten Reich der *Bhagavân Ratnasambhava,* gelb an Farbe, ein Juwel in der Hand, auf einem Pferdethron sitzend und umarmt von der Göttlichen Mutter Mâmakî[36].

[35] Text: *Rin-chen-ḥbyuṅ-ldan* (sprich: *Rintschen-dschung-dan*): skt. *Ratnasambhava,* d.h. «Aus einem Juwel geboren». Er ist der, von dem alles Kostbare kommt; z.B. die «Drei Juwelen» (skt. *triratna*) der Buddhaschaft, der Lehre und der Gemeinschaft.
[36] Lama Dawa-Samdups handschriftlicher Text: *Saṅs-rgyas-spyan-ma* (sprich: *Sangyä Tschan-ma*): «Sie mit dem Buddha-Auge».

Die beiden Bodhisattvas, *Âkâśagarbha*[37] und *Samantabhadra*[38], begleitet von den zwei weiblichen Bodhisattvas *Mahlaima* und *Dhupema*[39] – im ganzen sechs Bodhisattvas –, scheinen mitten aus einem Regenbogenlichtschein heraus. Das reine Urprinzip des Gefühls[40] trifft dich als gelbes Licht der Weisheit der Wesensgleichheit, blendend gelb, verherrlicht mit Sternenwelten und ihren Satelliten, Strahlungssternenwelten, so klar und hell, daß das Auge sie kaum ansehen kann. Seite an Seite damit trifft auch das trübe, bläulich[-gelbliche] Licht[41] aus der Menschen-(Welt) dein Herz, zusammen mit dem Weisheitslicht.

Darauf fällt dich durch die Macht des Ich-Dünkels[42] (Stolzes) Furcht an vor dem blendenden gelben Licht, und du (möchtest) vor ihm fliehen. Du fühlst dich sehnlich zu dem trüben, bläulich[-gelben] Licht[41] aus der Menschen-(Welt) hingezogen.

Fürchte dich dann nicht vor jenem hellen, leuchtend-gelben, durchsichtigen Licht, sondern wisse, daß es Weisheit ist; vertraue in diesem Zustand mit entsagendem Geist ernstlich und demütig darauf. So du weißt, daß es die Strahlung deines eigenen Geistes ist – selbst wenn du ihm nicht deine Demut, deinen Glauben und dein Gebet dartust –, werden der Göttliche Körper und das Licht unzertrennlich in dich eingehen, und du wirst Buddhaschaft erreichen.

[37] Text: *Nam-mkhaḥi-sñiṅ-po* (sprich: *Nam-khai-nying-po*): skt. *Âkâśagarbha*, «Schoß (oder Matrix) des Himmels».

[38] Text: *Kun-tu-bZaṅ-po* (sprich: *Kün-tu-sang-po*): skt. *Samantabhadra*, «Allguter». Dies ist nicht der Âdibuddha *Samantabhadra* (vgl. S. 170[22]), sondern der geistige Sohn des Dhyâni-Buddha *Vairocana*.

[39] Text: *Mahlaima*, «Sie, die den Rosenkranz hält (oder trägt)»; und *Dhupema*, «Sie, die den Weihrauch hält (oder trägt)». Dies sind entstellte Formen, Mischungen von Sanskrit und Tibetisch, ihre Sanskrit-Entsprechungen sind *Mâlâ* und *Dhûpâ*, und ihre tibetischen Entsprechungen *hPhren-ba-ma* (sprich: *Phreng-ba-ma*) und *bDug-spös-ma* (sprich: *Dug-pö-ma*). Die Farbe dieser Göttinnen ist, entsprechend der des Erdenlichtes, gelb.

[40] Text: *tshor-baḥi-phuṅ-po dbyiṅs-su dag-pa*. Die «Weisheit der Wesensgleichheit» ist auf dem *Gefühl* basiert, nämlich auf dem Erlebnis der Nächstenliebe *(maitrî)* und des Mitgefühls *(karuṇâ)*. (L.A.G.)

[41] Da das Licht nicht zugleich «bläulich» und «gelb» sein kann, so ist hier der Blockdruck vorzuziehen, der von einem «trüben blauen Licht» spricht.

[42] Das tibetische Wort *ṅa-rgyal* (wörtlich: «Ich, der Sieger, der Herrscher, der Oberste») wird für gewöhnlich als Synonym für skt. *abhimâna*, mit «Stolz», wiedergegeben; aber es entspricht mehr noch dem schon im Pâli gebrauchten *asmimâna*, dem «Ich-Dünkel», der «der Weisheit der Wesensgleichheit» diametral entgegengesetzt ist und daher im Augenblick der Abwendung von ihr die Oberhand gewinnt (L.A.G.).

Wenn du die Strahlung deines eigenen Geistes nicht erkennst, denke im Glauben: «Es ist die Strahlung der Gnade des *Bhagavân Ratnasambhava;* zu ihr nehme ich meine Zuflucht», und bete. Es ist der Haken der Gnadenstrahlen des *Bhagavân Ratnasambhava* – glaube daran.
Liebe nicht jenes trübe, bläulich[-gelbe] Licht aus der Menschen-(Welt). Das ist der Pfad deiner angehäuften Neigungen von überwältigendem Ich-Dünkel, der dich da empfängt. Wenn du dich von ihm anziehen läßt, wirst du in der Menschenwelt geboren werden und Geburt, Alter, Krankheiten und Tod zu leiden haben, ohne Möglichkeit, aus dem Morast weltlichen Daseins herauszukommen. Das ist eine Unterbrechung, die dich auf dem Pfad der Befreiung aufhält. Achte deshalb nicht auf sie und gib (deinen) Ich-Dünkel auf, gib Neigungen auf, laß dich nicht davon anziehen, sei nicht schwach. Handle so, daß du auf jenes helle, blendende Licht vertraust. Richte deine Gedanken ernstlich und zielstrebig auf den *Bhagavân Ratnasambhava,* und bete so:

«Ach, wandernd im saṃsâra – ob der Macht überwältigenden Ich-Dünkels –
Auf den leuchtenden Lichtpfad der Weisheit der Wesensgleichheit
Führe mich der *Bhagavân Ratnasambhava,*
Die Göttliche Mutter, *Mâmakî,* sei (meine) Deckung,
Möge (ich) sicher geführt werden durch den schreckensvollen Pfad [über dem Abgrund des *Bardo*
Und versetzt werden in den Zustand Allvollkommener Buddhaschaft.»

Wenn du so mit tiefer Demut und Glauben betest, gehst du in das Herz des *Bhagavân Ratnasambhava* im Vater-Mutter-Aspekt, in einem Regenbogenlichtkreis ein und erreichst Buddhaschaft im *Sambhogakâya,* im Südlichen mit Pracht ausgestatteten Reich.

Der vierte Tag

Wenn man so von Angesicht-zu-Angesicht gesetzt wird, erreicht man, wie schwach auch die geistigen Fähigkeiten sein mögen, sicherlich Befreiung. Dennoch gibt es Menschen, die, obgleich oft von Angesicht-zu-Angesicht gesetzt, so viel böses *Karma* geschaffen oder ihre Gelübde nicht gehalten haben, oder deren Los (für höhere Entwicklung) völlig fehlt, trotzdem nicht erkennen können: ihre Verdunkelungen und ihr

schlechtes *Karma* aus Begehren und Geiz erzeugen Schauer vor den Klängen und Strahlungen, so daß sie fliehen. (Wenn man zu dieser Sorte von Menschen gehört), werden dann am vierten Tag der *Bhagavân Amitâbha*[43] und die begleitenden Gottheiten, zusammen mit dem Lichtpfad aus dem *Pretaloka,* der aus Geiz und Anhaften kommt, einen ebenfalls empfangen.
Wieder geschieht das Von-Angesicht-zu-Angesicht-Setzen, indem man den Verstorbenen beim Namen ruft, folgendermaßen:
O Edelgeborener, höre gesammelt zu. Am vierten Tag scheint das rote Licht, das die Urform des Elementes Feuer ist. Zu dieser Zeit scheint auf dich aus dem Roten Westlichen Reich des Glücks[44] der *Bhagavân Buddha Amitâbha,* rot an Farbe, einen Lotus in der Hand, auf einem Pfauenthron sitzend und von der Göttlichen Mutter *Gökarmo*[44] umarmt, (zusammen mit) den Bodhisattvas *Avalokiteśvara*[45] und *Mañjuśrî*[46], begleitet von den weiblichen Bodhisattvas *Ghirdhima*[47] und *Âloka*[47]. Die sechs Körper der Erleuchtung scheinen mitten aus einem Regenbogenlichtkreis auf dich.

[43] Text: *sNaṅ-ba-mthaḥ-yas* (sprich: *Nang-wa-tha-yä*), skt. *Amitâbha,* «Grenzenloses Licht». Als eine Verkörperung einer der Buddha-Eigenschaften oder -Weisheiten, die Alles-durchschauende Weisheit, personifiziert Amitâbha das ewige Leben.
[44] Text: *Gos-dkar-mo* (sprich: *Gö-kar-mo*), «die Weißgewandete».
[45] Text: *Spyan-ras-gzigs* (sprich: *Tsche-rä-sie*): skt. *Avalokiteśvara,* «Der Herunterblickende», die Verkörperung von Barmherzigkeit oder Mitleid. Man glaubt, die Dalai Lamas seien seine Inkarnationen; Amitâbha, mit dem er hier aufdämmert, ist sein geistiger Vater; dessen inkarnierte Stellvertreter sind die Taschi Lamas. Er wird oft mit elf Köpfen und tausend Armen gemalt, und einem Auge in jeder Handfläche – als «der große Erbarmer» –, seine tausend Arme und Augen zeigen ihn sinngemäß immer auf der Suche, Elend aufzudecken und den Bedrängten zu helfen. In China wird Avalokiteśvara zu der Großen Göttin der Barmherzigkeit Kwanyin, dargestellt durch eine weibliche Figur, die ein Kind in den Armen hält.
[46] Text: *ḥJam-dPal* (sprich: *Dscham-pal*): skt. *Mañjuśrî,* «Von sanfter Glorie». Eine vollständigere tibetische Form ist *ḥJam-dPal-dbyaṅs* (sprich: *Dscham-pal-yang*): skt. *Mañjughoṣa,* «Der Herrliche mit der sanften Stimme». Er ist «Der Gott der mystischen Weisheit», der buddhistische Apoll, gewöhnlich dargestellt mit dem flammenden Licht-Schwert in seiner erhobenen rechten Hand und dem Lotusgestützten Buch der Weisheit, der *Prajñâpâramitâ,* in seiner Linken.
[47] Text: *Ghir-dhi-ma* und *Âloka,* entstellte Form von skt. *Gîtâ,* «Gesang», und *Âloka,* «Licht»: tib. *gLu-ma* (sprich: *Lu-ma*), und *sNaṅ-gSal-ma* (sprich: *Nang-sal-ma*). *Gîtâ,* gewöhnlich mit einer Leier dargestellt, personifiziert (oder symbolisiert) Musik und Gesang, und *Âloka,* eine Lampe tragend, personifiziert (oder symbolisiert) Licht. Auf das Element Feuer bezogen, wie hier, ist ihre Farbe rot.

Die Urform der Gesamtheit der Wahrnehmung (tib. *ḥdu-śes*), als das rote Licht Alles-unterscheidender Weisheit, glänzend rot, mit Sternenwelten und Satellitensternenwelten verherrlicht, hell, durchsichtig, herrlich und blendend, das vom Herzen des *Bhagavân Amitâbha* im Vater-Mutter-Aspekt ausgeht, trifft dein Herz (so strahlend), daß du es kaum anzusehen vermagst. Fürchte es nicht.

Zugleich damit scheint auf dich ein trübes rotes Licht[48] aus dem *Pretaloka,* das Seite an Seite mit dem Licht der Weisheit kommt. Hüte dich, es lieb zu gewinnen! Gib Anhänglichkeit (und) Schwäche (für es) auf.

Zu dieser Zeit wirst du unter dem Einfluß starker Anhänglichkeit vor dem blendenden roten Licht erschrecken und vor ihm fliehen (wollen). Und du wirst eine Zuneigung zu jenem trüben roten Licht[48] des *Pretaloka* gewinnen.

Fürchte dich dann nicht vor dem herrlichen, blendenden, durchsichtigen, strahlenden roten Licht. Wenn du es als Weisheit erkennst und deinen Geist im Zustand der Entsagung verharren läßt, wirst du unzertrennlich (darein) eingehen und Buddhaschaft erreichen.

Wenn du es nicht erkennst, denke: «Es sind die Gnadenstrahlen des *Bhagavân Amitâbha;* zu ihnen will ich meine Zuflucht nehmen», vertraue einfach darauf und bete zu ihm. Das ist der Haken der Gnadenstrahlen des *Bhagavân Amitâbha.* Vertraue demütig darauf; fliehe nicht. Selbst wenn du fliehst, wird es dir – unzertrennlich (von dir selbst) – folgen. Fürchte es nicht. Laß dich nicht von dem trüben roten Licht des *Pretaloka* anziehen. Das ist der Lichtpfad, der aus den Ansammlungen deines starken Verhaftetseins (mit *saṃsârischer* Existenz) herrührt, der gekommen ist, dich zu empfangen. Wenn du dich daran klammerst, wirst du in die Welt Unglücklicher Geister fallen und unerträgliches Elend von Hunger und Durst erleiden. Du wirst keine Möglichkeit haben, (darin) Befreiung zu erreichen[49]. Jenes trübe rote Licht ist eine Unterbrechung, um dich vom Pfad der Befreiung abzuziehen. Klammre dich nicht daran, und gib gewohnte Neigungen auf. Sei nicht schwach. Vertraue dem hellen, leuchtenden roten Licht. Setze dein Vertrauen zielstrebig auf *Bhagavân Amitâbha,* im Vater-Mutter-Aspekt, und bete so:

[48] Der autorisierte Blockdruck hat hier: «ein trübes gelbes Licht».

[49] Wörtlich: «Für Befreiung wird da keine Zeit sein.» Wenn der Verstorbene einmal ein *Preta,* ein unglücklicher Geist, geworden ist, dann ist normalerweise ein Erreichen Nirvâṇas nach dem Tode nicht mehr möglich; er muß dann auf die Gelegenheit warten, die ihm eine Wiedergeburt in der Menschenwelt bietet, wenn sein Dasein im *Pretaloka* beendet ist.

«Ach, wandernd im *saṃsâra* – ob der Macht starker Anhänglichkeit –
Auf den leuchtenden Lichtpfad der Unterscheidenden Weisheit
Führe mich der *Bhagavân Amitâbha,*
Die Göttliche Mutter, Sie, die Weißgewandete, sei (meine) Deckung,
Möge (ich) sicher geführt werden durch den gefährlichen Hinterhalt des *Bardo*
Und versetzt werden in den Zustand Allvollkommener Buddhaschaft.»

Wenn du also demütig und ernstlich betest, wirst du in das Herz des *Bhagavân Amitâbha* im Vater-Mutter-Aspekt, im Regenbogenlichtkreis eingehen und Buddhaschaft im *Sambhogakâya* erlangen, im Westlichen Reich, das da heißt «das Glückliche».

Der fünfte Tag

Es ist unmöglich, daß man dadurch nicht befreit wird. Jedoch trotz dieses Von-Angesicht-zu-Angesicht-Gesetztwerdens wandern manche Wesen, durch langen Umgang mit Neigungen unfähig, diese aufzugeben, und da durch schlechtes Karma und Eifersucht Schauer und Schrecken durch die Töne und Strahlungen erweckt werden – wobei es den Strahlenhaken der Gnade nicht gelingt, sie zu fassen –, hinunter auch zum fünften Tag. (Wenn man ein solches Wesen ist) wird darauf der *Bhagavân Amoghasiddhi*[50] mit den ihn begleitenden Gottheiten und dem Licht und den Strahlen seiner Gnade kommen, einen zu empfangen. Und ein Licht, das von der *Asura-loka* ausgeht, erzeugt von der üblen Leidenschaft der Eifersucht, wird einen ebenfalls empfangen.

Das Von-Angesicht-zu-Angesicht-Setzen geschieht diesmal, nachdem man den Verstorbenen beim Namen gerufen hat, so:

O Edelgeborener, höre gesammelt zu. Am fünften Tag scheint das grüne Licht der Urform des Elementes Luft auf dich. Zu dieser Zeit wird aus dem Grünen Nördlichen Reich der Erfolgreichen Ausübung Bester Handlungen der *Bhagavân Buddha Amoghasiddhi,* grün an Farbe, einen gekreuzten *Dorje* in der Hand[51], auf einem himmelüberspannenden Har-

[50] Text: *Don-yod-grub-pa* (sprich: *Don-yö-tub-pa*): skt. *Amoghasiddhi* = «Der unfehlbare Zielverwirklicher».

[51] Das ist ein *Dorje* mit vier Köpfen, wie er auf S. 93 abgebildet ist. Er symbolisiert Gleichgewicht, Unveränderlichkeit und Allmacht.

pyenthron sitzend[52], von der Göttlichen Mutter der Getreuen *Târâ*[53] umarmt, auf dich scheinen, mit seinen Begleitern, den beiden Bodhisattvas *Vajrapâṇi*[54] und *Dîpana*[55], begleitet von den beiden weiblichen Bodhisattvas, *Gandhema*[56] und *Nidhema*[57]. Diese sechs Bodhisattvas werden mitten aus einem Regenbogenlichtkreis auf dich scheinen.

Die Urform der Gesamtheit des Wollens, die als das grüne Licht Alles-wirkender Weisheit scheint, blendend grün, durchsichtig und leuchtend, herrlich und schreckenerregend, geschmückt mit Sternenwelten, die von Satelliten-Strahlungssternenwelten umgeben sind, die aus dem Herzen *Amoghasiddhis* im Vater-Mutter-Aspekt kommen, grün an Farbe, werden dein Herz treffen, (so wunderbar hell), daß du sie kaum anzusehen vermagst. Fürchte sie nicht. Das ist die natürliche Kraft der Weisheit

[52] Text: *śaṅ-śaṅ* (sprich: *schang-schang*) bezieht sich auf eine Art von Geschöpfen gleich denen der Harpyen der klassischen Mythologie, die von der Taille aufwärts menschliche Form und von der Taille abwärts die Gestalt eines Vogels haben; die griechischen Harpyen sind aber weiblich, diese von beiderlei Geschlecht. Daß eine Rasse solcher Harpyen irgendwo in der Welt existiert, ist ein verbreiteter Glaube unter den Tibetern.

[53] Text: *Sgrol-ma* (sprich: *Döl-ma*), *Dölma* (skt. *Târâ*) = «Erlöserin». Es gibt jetzt zwei anerkannte Formen dieser Göttin: die Grüne Dölma, die in Tibet, und die Weiße Dölma, die hauptsächlich in China und der Mongolei verehrt wird. Die königliche Prinzessin aus Nepal, die die Frau des ersten buddhistischen Königs von Tibet wurde, soll eine Inkarnation der Grünen Dölma gewesen sein, und seine Gattin aus dem kaiserlichen Haus von China eine Inkarnation der Weißen Dölma. (Siehe S. 148.)
Der verstorbene Lama Kazi Dawa-Samdup sagte mir, daß die Tibeter in dem Abbild der Königin Victoria auf den englischen Münzen eine Ähnlichkeit mit der Dölma erkannten und daß sich daher zu jener Zeit der Glaube entwickelt habe, Dölma sei noch einmal wiedergeboren worden, um die Welt in der Person der großen Königin von England zu beherrschen. Dank dieses Glaubens seien die britischen Vertreter der Königin bei ihren Verhandlungen mit Lhasa außerordentlich freundlich aufgenommen worden, wobei sie wahrscheinlich nicht geahnt hätten, worauf diese Freundschaft beruhte.

[54] Text: *Phyag-na rDo-rJe* (sprich: *Tscha-na dordsche*): «Den Dorje in der Hand schwingend»: skt. *Vajrapâṇi.*

[55] Text: *Sgrib-pa-rnam-sel* (sprich: *Dib-pa-nam-sel*): «Aufklärer von Verdunkelungen»: skt. *Dîpana*, auch *Dîpaka*.

[56] skt.-tib. Textvermischung. Entsprechend tib. *Dri-cha-ma* (skt. *Gandhâ*), «Sie, die Wohlgerüche ausstreut», eine der acht Muttergottheiten *(Mâtṛis)* des Hindu-Pantheons. Sie wird eine Muschelvase mit Wohlgerüchen haltend *(dri)* dargestellt.

[57] skt.-tib. Textvermischung. Entsprechend tib. *Źal-zas-ma* (sprich: *Schal-sa-ma*), «Sie, die Zuckerwerk hält». Obwohl eine Göttin wie Gandhema, Nidhema (skt. *Naivedyâ*), kann sie nicht in die formelle Liste der acht *Mâtṛis* aufgenommen werden, denn die acht sind in unserem Text schon genannt worden. Beide Göttinnen sind grün von Farbe, wie das Licht der Alles-wirkenden Weisheit.

deines eigenen Geistes. Verharre im Zustand großer Entsagung der Unparteilichkeit. Daneben (d. h. neben dem grünen Licht der Alles-wirkenden Weisheit) scheint ein Licht von trüber grüner Farbe[58] aus dem *Asura-loka* auf dich, erzeugt aus der Ursache des Eifersuchtsgefühls; es kommt Seite an Seite mit den Weisheitsstrahlen. Meditiere darüber mit Unparteilichkeit – weder mit Abneigung noch Zuneigung. Habe es nicht gern: (selbst) wenn du geringe geistige Fähigkeiten hast, habe es nicht gern.
Darauf wirst du durch den Einfluß starker Eifersucht[59] vor der blendenden Strahlung des grünen Lichtes erschrecken und vor ihr fliehen (wollen), und du wirst eine Vorliebe für jenes trübe grüne Licht[58] des *Asura-loka* bekommen. Fürchte dann nicht das herrliche und durchsichtige, leuchtende und blendende grüne Licht, sondern erkenne es als Weisheit, und in jenem Zustand laß deinen Geist in Entsagung verharren. Oder (denke) auch: «Es sind die Strahlenhaken des Gnadenlichtes des *Bhagavân Amoghasiddhi,* das die Alles-wirkende Weisheit ist.» Glaube (so) daran. Fliehe nicht vor ihm.
Selbst wenn du vor ihm fliehen würdest, würde es dir unzertrennlich (von dir selber) folgen. Fürchte es nicht. Liebe nicht jenes trübe grüne Licht des *Asura-loka.* Das ist der *karmische* Pfad erworbener starker Eifersucht, der dich zu empfangen kam. Wenn du davon angezogen wirst, wirst du in den *Asura-loka* fallen und in unerträgliches Elend von Streit und Krieg geraten[60]. (Das ist eine) Unterbrechung, die dir den Pfad zur Befreiung versperren will. Laß dich nicht davon anziehen. Gib deine Neigungen auf. Sei nicht schwach. Vertraue der blendenden grünen Strahlung, und dieweil du dein ganzes Denken zielstrebig auf den *Bhagavân Amoghasiddhi* im Vater-Mutter-Aspekt richtest, bete so:

«Ach, wandernd im *saṃsâra* – ob der Macht starker Eifersucht –
Auf den leuchtenden Lichtpfad Alles-wirkender Weisheit
Führe mich der *Bhagavân Amoghasiddhi,*
Die Göttliche Mutter, die Getreue *Târâ,* sei (meine) Deckung.

[58] Der autorisierte Blockdruck gibt hier: «ein Licht von trüber roter Farbe».
[59] Hier, wie im vorangehenden und folgenden Paragraphen, ist die erwähnte Eifersucht die *karmische* Neigung zu Eifersucht, die einen Teil des Bewußtseinsgehaltes (oder des Unterbewußten) des Verstorbenen ausmacht, und an diesem, dem fünften Tage der *Bardo*-Existenz, hervorbrechend, verursacht sie die ihr entsprechenden *astralen* Halluzinationen.
[60] Streiten und Kriegführen sind die Hauptleidenschaften eines Wesens, das als ein *Asura* im *Asura-loka* geboren ist.

Möge (ich) sicher geführt werden durch den gefährlichen Hinterhalt des *Bardo*
Und versetzt werden in den Zustand Allvollkommener Buddhaschaft.»

Wenn du so mit tiefem Glauben und Ergebenheit betest, wirst du in das Herz des *Bhagavân Amoghasiddhi* im Vater-Mutter-Aspekt, im Regenbogenlichtkreis eingehen und Buddhaschaft im *Sambhogakâya* erreichen im Nördlichen Reich Aufgehäufter Guter Taten[61].

Der sechste Tag

Indem man so auf verschiedenen Stufen von Angesicht-zu-Angesicht gesetzt wird, sollte man, wie schwach auch die *karmischen* Beziehungen sein mögen, auf der einen oder andern von ihnen zur Erkenntnis kommen, und so man auf irgendeiner von ihnen zur Erkenntnis kommt, ist es unmöglich, nicht befreit zu werden. Trotzdem kann es sein, daß man – obgleich man sehr oft in dieser Weise von Angesicht-zu-Angesicht gesetzt wurde –, weil man sehr lange an starke Neigungen gewöhnt war und es an Vertrautsein mit Weisheit und reiner Zuneigung zu ihr fehlen ließ, von der Macht der eigenen bösen Neigungen trotz dieser vielen Einführungen zurückgeführt wird. Die Strahlenhaken des Gnadenlichts können einen nicht erreichen: so wird man noch weiter hinunter wandern müssen, weil man Schauer und Schrecken vor den Lichtern und Strahlen empfand.
Darauf scheinen auf einen alle Göttlichen Väter-Mütter der Fünf Ordnungen (der *Dhyâni-Buddhas*) mit ihrem Gefolge zugleich. Gleichzeitig scheint auf einen auch das Licht, das von den Sechs *Lokas* ausgeht.
Das Von-Angesicht-zu-Angesicht-Setzen dafür, das den Verstorbenen bei Namen ruft, ist folgendermaßen:
O Edelgeborener, bis gestern hat jede der Fünf Ordnungen der Gottheiten auf dich geschienen, eine nach der anderen, und du bist von Angesicht-zu-Angesicht gesetzt worden, ließest dich aber durch den Einfluß deiner eigenen bösen Neigungen einschüchtern und erschrecken und bist bis jetzt hier geblieben.
Wenn du die Strahlungen der Fünf Weisheitsordnungen als Emanationen aus deinen eigenen Gedankenformen erkannt hättest, hättest du

[61] Der Blockdruck hat «Bereich der Vollkommenen Guten Taten (oder *Handlungen*)»; und dies ist die korrektere Form.

schon zuvor Buddhaschaft im *Sambhogakâya* erreicht und wärest im Regenbogenlichtkreis in die eine oder andere der Fünf Ordnungen der Buddhas eingegangen. Jetzt aber schaue gesammelt zu. Jetzt kommen die Lichter aller Fünf Ordnungen, die da heißen die Lichter der Vereinigung der Vier Weisheiten[62], um dich zu empfangen. Verhalte dich so, daß du sie erkennst.

O Edelgeborener, an diesem, dem sechsten Tage scheinen auf dich vier Farben des Urzustandes der vier Elemente (Wasser, Erde, Feuer, Luft) zugleich. Zu der Zeit scheint aus dem Mittelreich der Ausstreuung des Samens der Buddha[63] *Vairocana,* der Göttliche im Vater-Mutter-Aspekt, mit den begleitenden (Gottheiten) auf dich. Aus dem Östlichen Reich Vorherrschenden Glückes scheint der Buddha *Vajrasattva,* im Vater-Mutter-Aspekt, mit den begleitenden (Gottheiten) auf dich. Aus dem Südlichen mit Pracht Ausgestatteten Reich scheint der Buddha *Ratnasambhava,* der Göttliche im Vater-Mutter-Aspekt, mit den begleitenden (Gottheiten) auf dich. Aus dem Glücklichen Westlichen Reich[64] Aufgehäufter Lotusse scheint der Buddha *Amitâbha,* im Vater-Mutter-Aspekt, zusammen mit den begleitenden (Gottheiten) auf dich. Aus dem Nördlichen Reich Vervollkommneter Guter Taten scheint der Buddha *Amoghasiddhi,* im Vater-Mutter-Aspekt, zusammen mit den Begleitern, mitten aus einem Regenbogenlichtkreis in eben diesem Augenblick auf dich.

O Edelgeborener, auf dem äußeren Kreis dieser fünf Paare der *Dhyâni-Buddhas* scheinen die (vier) Torhüter, die Zornigen: der Siegreiche[65], der Vernichter des Todesgottes[66], der Pferdehalsige König[67], der Nektar-

[62] Die Vier Weisheiten: 1. Die Spiegelgleiche Weisheit (skt. *mahâdarśa-jñâna,* «die Weisheit des Großen Spiegels»); 2. die Weisheit der Wesensgleichheit (skt. *samatâ-jñâna*); 3. die Unterscheidende Weisheit (skt. *pratyavekṣaṇa-jñâna*); 4. die Alles-wirkende Weisheit (skt. *kṛtyânuṣṭhâna-jñâna*).

[63] Bisher wurde jede der Hauptgottheiten *Bhagavân* («Der Erhabene») genannt, aber hier ist «Buddha» die Bezeichnung für «Der Erleuchtete». Der Text enthält tib. *Saṅs-rgyas* (sprich: *Sang-yä*) = skt. Buddha: *Saṅs* = «erwacht [aus dem Schlaf der Unwissenheit]» + *rgyas* = «vollentwickelt (in allen Eigenschaften der Vollkommenheit [oder moralischen Tugenden])».

[64] Zwischen diesem Strich und dem Strich im folgenden Satz ist die Übersetzung des tibetischen Textes auf dem oberen Blatt (35a) unseres Titelbildes enthalten.

[65] Text: *rNam-par-rGyal-ba* (sprich: *Nam-par-gyal-va*): skt. *Vijaya:* «Siegreicher», der Torhüter des Ostens.

[66] Text: *gŚin-rJe-gśed-po* (sprich: *Schin-dsche-sched-po*): skt. *Yamântaka:* «Zerstörer des Yama (des Todes)», der Torhüter des Südens, eine Form von *Śiva* und der zornige Aspekt *Avalokiteśvaras.* Als eine Zornige Gottheit personifiziert er eine der zehn Formen des Zornes (tib. *K'ro-bo* – sprich: *T'o-wo:* skt. *Krodha*).

quirler[68], mit den vier weiblichen Torhütern: der Stachelträgerin[69], der Schlingenträgerin[70], der Kettenträgerin[71] und der Glockenträgerin[72], zusammen mit dem Buddha der *Devas*, genannt «Der Von Höchster Macht»[73], dem Buddha der *Asuras*, genannt «Der von Starker Beschaffenheit»[74], dem Buddha der Menschheit, genannt «der Löwe der *Śâkyas*», dem Buddha des Tierreiches, genannt «der Unerschütterliche Löwe», dem Buddha der *Pretas*, genannt «Der Mit Flammendem Mund», und dem Buddha der Unteren Welt, genannt «Der König der Wahrheit»[75]: – (diese), die Acht Väter-Mütter Torwächter und die Sechs Lehrer[76], die Siegreichen – scheinen auch.

Der allgute Vater und die allgute Mutter[77], die Grossen Vorfahren aller Buddhas: Samantabhadra (und Samantabhadrâ), der Göttliche Vater und die Göttliche Mutter – diese zwei scheinen ebenfalls.

[67] Text: *rTa-mGrin-rGyal-po* (sprich: *Tam-din-gyal-po*): skt. *Hayagrîva*: «Pferdehalsiger König», der Torhüter des Westens.

[68] Text: *bDud-rTsi-ḥKhyil-ba* (sprich: *Dü-tsi-khyil-wa*): «Der Nektarquirler». *bDud-rTsi* (skt. *Amṛta*) bedeutet «Nektar», das «Elixir der Unsterblichkeit». *Amṛtadhara*, wie sein Name im Sanskrit lautet, ist der Torhüter des Nordens.

[69] Text: *lCags-kyu-ma* (sprich: *Tschak-yu-ma*): skt. *Ankuśâ*: «Die Stachelträgerin», die *Prajñâ* oder die weibliche Ergänzung zu *Vijaya*.

[70] Text: *Źags-pa-ma* (sprich: *Schag-pa-ma*): skt. *Pâśadharî*: «Die Schlingenträgerin», die *Prajñâ* des *Yamântaka*.

[71] Text: *lCags-sgrog-ma* (sprich: *Tschak-dog-ma*): skt. *Vajra-śrinkhalâ*: «Die Kettenträgerin», die *Prajñâ* von *Hayagrîva*.

[72] Text: *Dril-bu-ma* (sprich: *Dil-bu-ma*): skt. *Kiṅkini-Dharî*: «Die Glockenträgerin», die *Prajñâ* von *Amṛtadhara*.

Alle Torhüter und ihre weiblichen Emanationen besitzen okkulte Bedeutung in bezug zu den vier Richtungen und zu dem Maṇḍala (oder der Versammlung von Göttern), zu dem sie gehören. Als tantrische Glaubenhütende Gottheiten (tib. *Chos-skyoṅ*: skt. *Dharmapâla*) sind sie vom Rang der Bodhisattvas. Sie symbolisieren auch die vier ruhigen oder friedlichen Methoden, die von den göttlichen Wesen zur Erlösung der lebenden Geschöpfe (von denen die Menschen die höchsten sind) angewandt werden, und dies sind: Mitleid, Zuneigung, Liebe und Strenge Gerechtigkeit.

[73] Text: *dBaṅ-po-rgya-byin* (sprich: *Wang-po-gya-dschin*): «Der Mächtige der hundert Opfer»: skt. *Śatakratu*, ein Name Indras («Der von Höchster Macht»).

[74] Text: *Thag-bZaṅ-ris* (sprich: *Thag-sang-rie*): «[Der von] Starker Beschaffenheit» (skt. *Vîrâcâra*).

[75] Text: *Chos-kyi-rgyal-po* (sprich: *Tschö-kyi-gyal-po*): skt. *Dharmarâja*.

[76] d.h. die Buddhas (bzw. Bodhisattvas) der Sechs Bereiche, in denen *Avalokiteśvara* in diesen Formen erscheint.

[77] Text: *Kun-tu-bZaṅ-mo* (sprich: *Kün-tu-sang-mo*): «Allgute Mutter»; skt. *Samantabhadra*. Die Tantrische Schule glaubt, daß jede Gottheit, selbst die höchste, ihre Prajñâ hat. Trotzdem werden einige Gottheiten gewöhnlich ohne *Prajñâ* dargestellt – zum

Diese zweiundvierzig vollkommen ausgestatteten Gottheiten, die aus deinem Herzen stammen und das Erzeugnis deiner eigenen reinen Liebe sind, scheinen dann. Erkenne sie.
O Edelgeborener, diese Reiche rühren nicht von irgendwo außerhalb (deiner selbst) her. Sie kommen von innerhalb der vier Abteilungen deines Herzens, die, den Mittelpunkt hinzugerechnet, die fünf Richtungen ausmachen. Sie kommen von da innen heraus und scheinen auf dich. Auch die Gottheiten sind nicht von sonst irgendwoher gekommen: sie existieren von Ewigkeit her innerhalb der Fähigkeiten deines eigenen Geistes. Wisse, daß sie von solcher Natur sind[78].
O Edelgeborener, das Ausmaß all dieser Gottheiten ist nicht groß, ist nicht klein, (sondern) dem Verhältnis entsprechend. (Sie haben) ihren Schmuck, ihre Farben, ihre sitzenden Haltungen, ihre Throne und ihre Embleme, die jeder hält.
Diese Gottheiten bilden Gruppen von je fünf Paaren, und jede Gruppe von fünf ist von einem fünffältigen Kreis von Strahlungen umgeben, wobei die männlichen Bodhisattvas an der Natur der Göttlichen Väter teilhaben und die weiblichen Bodhisattvas an der Natur der Göttlichen Mütter. All diese göttlichen Konklaven scheinen auf dich in einer vollständigen Konklave[79]. Sie sind deine eigenen Schutzgottheiten[80]. Erkenne sie als solche.
O Edelgeborener, aus dem Herzen der Göttlichen Väter und Mütter der Fünf Ordnungen scheinen die Lichtstrahlen der Vier Weisheiten vereint

Beispiel Mañjusrî oder Mañjughosa (s. S. 189[46]; obwohl es sich, wie im Fall des *Prajñâpâramitâ* (oft die Mutter genannt), das dieser Gott trägt, um etwas wie eine symbolische Vertretung einer *Prajñâ* handeln kann. Dies ist offensichtlich eine Lehre von universalem Dualismus. Da aber alle Paare von gegensätzlichem Wesen als aus einer Quelle – der Leere des *Dharmakâya* – stammend angesehen werden, so wird der scheinbare Dualismus in der letzten Analyse zum Monismus.

[78] Nach der esoterischen Lehre des Nördlichen Buddhismus ist der Mensch im Sinne der mystischen Philosophien des alten Ägypten und Griechenland der Mikrokosmos des Makrokosmos.

[79] Text: *dKyil-ḥKhor* (sprich: *kying-kor*): skt. *Maṇḍala*, d.h. Kreis, in diesem Fall «Kreis von Göttern».

[80] Auch die Schutzgottheiten sind letzten Endes Gesichte desjenigen, der an sie glaubt. Der *Demtschok Tantra* sagt, die «*Devatâs* sind nur Symbole, welche die verschiedenen Dinge darstellen, die auf dem Pfad vorkommen, wie zum Beispiel die hilfreichen Impulse und die Stufen, die mit ihrer Hilfe erreicht werden»; und «sollten Zweifel aufstehen an der Göttlichkeit dieser *Devatâs*, so sollte man sagen ‹Die *Ḍâkinî* ist nur das Gedächtnis des Körpers›, und sich daran erinnern, daß die Gottheiten den Pfad ausmachen» (vgl. A. Avalon, *Tantric Texts*, London 1919, VII. 41).

besonders klar und fein, wie in Fäden gesponnene Sonnenstrahlen, auf dich und treffen dein Herz.

Auf jenem Strahlungspfad scheinen herrliche Sternenwelten[81] des Lichtes, blau an Farbe, Strahlen aussendend, die *Dharmadhatu*-Weisheit (selber), und jede sieht wie ein umgestülpter Türkiskelch aus, umgeben von gleichen Sternenwelten kleinerer Größe, herrlich und blendend, leuchtend und durchsichtig, und jede ist herrlicher gemacht mit fünf noch kleineren (Satelliten-)Sternenwelten, die mit fünfsternigen Lichtpunkten gleicher Natur umpunktet sind, so daß weder der Mittelpunkt noch die Grenzen (des blauen Lichtpfades) ungeschmückt bleiben durch Sternenwelten und kleinere (Satelliten-)Sternenwelten.

Aus dem Herzen *Vajrasattvas* scheint auf dich der weiße Lichtpfad der Spiegelgleichen Weisheit, weiß und durchsichtig, glorreich und blendend, glorreich und erschreckend, noch glorreicher durch Sternenwelten, die von kleineren Sternenwelten aus durchsichtigem und leuchtendem Licht umgeben sind, jede wie ein umgekehrter Spiegel.

Aus dem Herzen *Ratnasambhavas* scheint auf dich der gelbe Lichtpfad der Weisheit der Gleichheit, (verherrlicht) durch gelbe Sternenwelten (der Strahlung), jede wie ein umgekehrter goldener Kelch, umgeben von kleineren Sternenwelten und die wieder von noch kleineren Sternenwelten.

Aus dem Herzen *Amitâbhas* scheint auf dich der durchsichtige hellrote Lichtpfad der Unterscheidenden Weisheit, auf dem Sternenwelten wie umgekehrte Korallenkelche sind, die Strahlen von Weisheit aussenden, besonders hell und blendend, jede durch fünf (Satelliten-)Sternenwelten gleicher Natur verherrlicht – die weder den Mittelpunkt noch die Grenzen (des roten Lichtpfades) unverherrlicht lassen durch Sternenwelten und kleinere Satelliten-Sternenwelten.

Diese scheinen gleichzeitig auf dein Herz[82].

[81] Das tibetische Wort hier ist *thig-le,* das «Punkt, Tropfen, Samen» und im philosophischen Sinne «letzte Einheit», «schöpferischer Keim» oder «metaphysische Leere» als letztes, unfaßbares Prinzip der Wirklichkeit bedeuten kann, sowie auch «Null» im mathematischen Sinne. Sein Sanskrit-Äquivalent ist «*bindu*». – *Dharmadhatu* ist die Sphäre potentieller Möglichkeiten, die Sphäre des Unentfalteten, in der die Gesetzlichkeit aller Dinge und Erscheinungen keimhaft *(thig-le)* beschlossen liegt. Inwiefern der Ausdruck «Sternenwelten» gerechtfertigt ist, muß mangels besserer Kenntnis der Zusammenhänge und der mystischen Natur dieser Visionen, dahingestellt bleiben (L.A.G.).

[82] Jeder dieser mystischen Strahlen symbolisiert die bestimmte bodhische oder Weisheits-Qualität des Buddha, von dem der Schein ausgeht. Im Tibetischen unseres Tex-

O Edelgeborener, all dies sind die Ausstrahlungen deiner eigenen Geistesfähigkeiten, die da scheinen. Von keiner anderen Stelle sind sie gekommen. Laß dich nicht von ihnen anziehen; sei nicht schwach, habe keine Furcht, sondern verharre in der Stimmung von Nicht-Gedankenbildung[83]. In diesem Zustand gehen alle Formen und Strahlungen in dich ein, und du erlangst Buddhaschaft.
Der grüne Lichtpfad der Weisheit Vervollkommneter Handlungen scheint nicht auf dich, weil die Weisheitsfähigkeit deines Geistes nicht vollkommen entwickelt worden ist.
O Edelgeborener, dies sind die Lichter der Vier Vereinigten Weisheiten, (wovon das ausgeht), was da genannt wird der Innere Pfad durch *Vajrasattva*[84].
Jetzt mußt du dich der Lehren des Von-Angesicht-zu-Angesicht-Setzens, die du von deinem *Guru* erhalten hast, erinnern. Wenn du dich an den Sinn des Vorgangs des Von-Angesicht-zu-Angesicht-Setzens erinnerst, wirst du all diese Lichter, die auf dich scheinen, als das Spiegelbild deines eigenen inneren Lichtes erkennen, und wenn du sie als intime Freunde erkennst, wirst du an sie glauben und (sie bei) dieser Begegnung verstehen, wie ein Sohn seine Mutter versteht.
Und so du an die unveränderliche Natur der reinen und heiligen Wahrheit glaubst, wird in dir der ruhig fließende *Samâdhi* erzeugt, und so du in den Körper des vollkommen entwickelten Geistes eingehst, erreichst du Buddhaschaft im *Samboghakâya*, woraus es keine Rückkehr mehr gibt.
O Edelgeborener, zusammen mit den Weisheitsstrahlungen werden auch die unreinen trügerischen Lichter der Sechs *Lokas* zum Scheinen kommen. So man fragt «Was sind sie?» – (sie sind) ein trübes weißes Licht

tes ist hier eine solche Glut in der poetischen Beschreibung der Lichtpfade, daß der Übersetzer, um etwas von der Schönheit der Originalsprache wiederzugeben, verschiedene Übersetzungen versuchte, deren Ergebnis die vorliegende Fassung ist.

[83] «Die Stimmung von Nicht-Gedankenbildung» wird erreicht im *Samâdhi-Yoga*. Dieser Zustand, der als der Urzustand des Geistes angesehen wird, wird durch das folgende Bild verdeutlicht: Solange ein Mensch auf dem Fluß schwimmend sich passiv dem Strom überläßt, wird er sanft dahingetragen; aber wenn er versucht, einen im Wasser befestigten Gegenstand zu ergreifen, so ist die Ruhe seiner Bewegung dahin. Ähnlich hält Gedankenbildung den natürlichen Fluß des Geistes auf.

[84] Im transzendenten Zustand der Erleuchtung der Buddhaschaft auf dem inneren oder geheimen Pfad in *Vajrasattva* verschmelzen alle die Friedlichen und Zornigen Gottheiten des größeren *Maṇḍala*, das in unserem Text beschrieben wird, zur Einheit; zusammen sind es hundertundzehn – zweiundvierzig im Herzzentrum, zehn im Kehlkopfzentrum und achtundfünfzig im Hirnzentrum. (Vgl. S. 299.)

von den *Devas*, ein trübes grünes Licht aus den *Asuras*, ein trübes gelbes Licht aus Menschenwesen, ein trübes blaues Licht aus den Tieren, ein trübes rötliches Licht aus den *Pretas* und ein trübes rauchfarbiges Licht aus der Hölle[85]. Diese sechs also scheinen zusammen mit den sechs

[85] [A] Es bestehen unvereinbare Gegensätze zwischen den Farben, die diesen Lichtpfaden im Blockdruck (25 b) und in unserem Manuskript zugeteilt werden. Der Blockdruck gibt sie wie folgt: weiß von den *Devas*, rot von den *Asuras*, blau von den Menschenwesen, grün von den Tieren, gelb von den *Pretas*, rauchfarben von der Hölle. Nach dem Übersetzer sollten die Farben der Farbe des Buddha eines jeden Loka entsprechen, also: *Deva* weiß, *Asura* grün, Mensch gelb, Tier blau, *Preta* rot, Hölle rauchfarben oder schwarz.
[B] Der Übersetzer schließt aus dem im vorangehenden Teil der Anmerkung Gesagten, daß der Blockdruck falsch sein müsse und daß auch sein Manuskript an zwei Stellen nicht stimmt, die er dementsprechend verbessert hat. Die Blockdruckversion ist jedoch durchaus logisch, indem sie mit den Prinzipien übereinstimmt, auf denen die Symbolik der Farben und psychischen Qualitäten, sowie der Beziehungen zwischen den Dhyâni-Buddhas und den Sechs Bereichen der Wiedergeburt beruht. Das Hauptprinzip dieser Symbolik ist das der Polarität: Der Bereich himmlischer Freuden steht dem Bereich höllischer Qualen gegenüber, der Bereich titanischer Macht steht dem Bereich tierischer Furcht gegenüber, dem Bereich menschlicher Aktivität und Leistung wird der Bereich handlungsunfähiger Schemen entgegengesetzt, die sich im Hängen an den Objekten früherer Tätigkeiten und Begierden verzehren. Parallel zu dieser Polarität verläuft die komplementäre Anordnung der Farben: Weiß und Schwarz, Rot und Grün, Blau und Gelb. Die Dhyâni-Buddhas, die den verderblichen Eigenschaften dieser Sechs Bereiche entgegenwirken, folgen einem ähnlichen Prinzip der Polarität oder der größtmöglichen Kontrastierung (denn da nur fünf Dhyâni-Buddhas den Sechs Bereichen gegenüberstehen, ist eine absolute Polarität nicht möglich). So wirkt *Vairocanas* dunkles Blau dem trüben Weiß der Götterwelt entgegen, *Vajrasattvas* blendendes Weiß wirkt dem Schwarz (oder der Rauchfarbe) der Höllen entgegen, *Ratnasambhavas* leuchtendes Gelb wirkt dem trüben Blau der Menschenwelt entgegen, *Amitâbhas* leuchtendes Rot wirkt dem trüben Gelb der *Preta*-Welt entgegen, und *Amoghasiddhis* leuchtendes Grün wirkt dem trüben Rot der *Asura*-Welt entgegen. Was den Kopisten, der die Handschrift anfertigte, verwirrt haben mag, war vielleicht die Idee, daß die in den Sechs Bereichen erscheinenden Dhyâni-Bodhisattvas dieselbe Farbe annehmen wie der Bereich, in dem sie wirken. Aber dies hat nichts mit der Farbensymbolik der fünf Dhyâni-Buddhas zu tun, denn die Bodhisattvas, die in den Sechs Bereichen erscheinen, sind die verschiedenen Verwandlungsformen *Avalokiteśvaras*, der sich den Bedingungen eines jeden Bereiches anpaßt, auf Grund seiner teilnehmenden und mitempfindenden Natur. Dies jedoch ändert nichts an den Grundprinzipien des ursprünglichen Ordnungsschemas. Das Polaritätsprinzip erscheint auch in der Gegenüberstellung der psychischen Qualitäten, die durch die Dhyâni-Buddhas einerseits und durch die Sechs Bereiche anderseits dargestellt werden. Die Bereiche, in welche die Wesen absinken, wenn es ihnen nicht gelingt, den geistigen Qualitäten der Dhyâni-Buddhas zu folgen, sind nicht jene Bereiche, die – wenn auch in noch so schwacher oder unvollkommener Weise – eine entfernte Verwandtschaft mit jenen

Strahlungen der Weisheit; du aber habe daraufhin nicht Angst, und laß dich von keiner anziehen, sondern gestatte dir, in der Nicht-Gedanken-Lage zu verharren.

Wenn du vor den reinen Strahlungen der Weisheit erschrickst und dich von den unreinen Lichtern der Sechs *Lokas* anziehen läßt, wirst du einen Körper in einem der Sechs *Lokas* annehmen und *saṃsârisches* Elend erleiden, und du wirst niemals aus dem Ozean des *saṃsâra* befreit, sondern darin herumgewirbelt werden und alle Leiden dort zu kosten haben.

O Edelgeborener, so du nie die erlesenen Worte des *Guru* erhalten hast, wirst du Furcht vor den reinen Strahlungen der Weisheit und deren Gottheiten haben. Und so du Furcht hast, wirst du von den unreinen *saṃsârischen* Dingen angezogen. Laß das nicht geschehen. Vertraue demütig in die blendenden, reinen Strahlungen der Weisheit. Bringe deinen Geist zum Glauben, und denke: «Die barmherzigen Ausstrahlungen der Fünf Ordnungen der Buddhas[86] sind gekommen, um mich aus Barmherzigkeit zu empfangen; ich nehme meine Zuflucht zu ihnen.»

So du der Anziehung zu den trügerischen Lichtern der Sechs *Lokas* nicht nachgibst, sondern all deine Gedanken zielstrebig auf die Göttlichen Väter und Mütter, die Buddhas der Fünf Ordnungen, richtest, bete so:

«Ach, wandernd im *saṃsâra* – durch die Macht der fünf verderblichen Gifte –[87]

Qualitäten aufweisen (so wie ein trübes Rot und ein leuchtendes Rot in ihrer wesentlichen Natur der Röte übereinstimmen), sondern gerade diejenigen, deren Qualitäten diametral denen der Dhyâni-Buddhas oder ihrer *Weisheiten* entgegengesetzt sind. Die Wesen, die sich vom Lichte der überweltlichen Erkenntnis *Vairocanas* abwenden, sinken ab in den Bereich, in dem Unwissenheit und Geistesverfinsterung *(gTi-mug)* die vorherrschenden Eigenschaften sind; die Wesen, die sich von *Vajrasattva-Akṣobhyas* unerschütterlichem Gleichmut und unbestechlicher Unparteilichkeit abwenden, sinken in den Bereich, der dem Haß entsprungen ist; die Wesen, die sich von *Ratnasambhavas* «Weisheit der Wesensgleichheit» abwenden, sinken in den Bereich, in dem Stolz und «Ich-Dünkel» vorherrschen; die Wesen, die sich vom *Amitâbhas* «Unterscheidender Weisheit» abwenden, sinken in den Bereich urteilsloser Begierden, Leidenschaften und Verhaftungen; und endlich, die Wesen, die sich von *Amoghasiddhis* «Alles-vollendender Macht» der Liebe und des Mitleids abwenden, sinken in den Bereich, der von Eifersucht und Streit erfüllt ist (L. A. G.).

[86] Text: *bDe-bar-gŚegs-pa* (sprich: *De-war-scheg-pa*): skt. *Sugata:* wörtliche Bedeutung «Die eingegangen sind in das Glück (oder Nirvâṇa erreicht haben)» – d.h. die Buddhas.

[87] Die fünf verderblichen Gifte, die wie Drogen die Menschheit versklaven und an die Leiden des Daseins in den Grenzen der Sechs *Lokas* binden, sind: Wollust, Haß, Gei-

Auf dem hellen Strahlungspfad der Vier Vereinigten Weisheiten,
Mögen mich führen die Fünf Siegreichen Eroberer,
Die Fünf Ordnungen der Göttlichen Mütter seien (meine) Deckung,
Möge (ich) errettet werden von den unreinen Lichtpfaden der Sechs *Lokas*
Und, gerettet aus den Hinterhalten des gefürchteten *Bardo,*
Versetzt werden in die fünf reinen Göttlichen Reiche.»

Indem man so betet, erkennt man sein eigenes inneres Licht[88], und indem man sein Selbst darin aufgehen läßt, wird in Ver-ein-ung Buddhaschaft erreicht. Durch demütigen Glauben gelangt der gewöhnliche Gläubige dazu, sich selbst zu erkennen und Befreiung zu erreichen; selbst der Geringste kann durch die Kraft des reinen Gebetes die Tore der Sechs *Lokas* schließen und, so er den eigentlichen Sinn der Vier Weisheiten versteht, Buddhaschaft auf dem hohlen Pfad durch Vajrasattva[89] erreichen.

So werden die, die in solch eingehender Weise von Angesicht-zu-Angesicht gesetzt werden und bestimmt sind, befreit zu werden, (die Wahrheit[90]) erkennen; dadurch werden viele Befreiung erreichen.

Die Schlimmsten der Schlimmen, von schwerem, schlechtem *Karma,* die nicht die geringste religiöse Neigung haben – und einige, die ihre Gelüb-

stesverdunklung, Stolz oder Egoismus und Eifersucht (skt. *lobha, dosa, moha, asmimâna, irśâ*).

[88] Text: *rań* («selbst») + *sNań* («Licht»): «Selbstlicht» oder «inneres Licht», d.h. Gedanken oder Ideen, die im Strahlen des Bewußtseinsprinzips erscheinen. Der *Bardo*-Zustand ist der Traumzustand nach dem Tode, der dem wachen oder Erdenleben-Zustand folgt, wie in unserer Einführung (S. 104ff.) erklärt wurde; das Ziel der Lehre des *Bardo Thödol* ist, den Träumer zur Wirklichkeit zu erwecken – zu einem überweltlichen Bewußtseinszustand, zu einer Vernichtung aller Bande *saṃsârischer* Existenz, zu vollkommener Erleuchtung, Buddhaschaft.

[89] *Vajrasattva* wird als eine symbolische Gottheit, ein Widerschein *Akṣobhyas* in den okkulten tibetischen Ritualen als innerlich hohl angesehen. Deshalb vertritt er die Leere; im Zusammenhang damit gibt es viele Traktate mit ausgearbeiteten Kommentaren, die im wesentlichen esoterisch sind. Durch *Vajrasattva* führt ein bestimmter Pfad zur Befreiung; denn er ist die Verkörperung all der hundertzehn Gottheiten, die das *Maṇḍala* der Friedlichen und Zornigen ausmachen (s. S. 199[84]). Um diesen Pfad erfolgreich zu betreten, muß der Neophyte durch den Hierophanten angewiesen werden.

[90] Diese Wahrheit ist, daß hinter all den Erscheinungen der *Bardo*-Ebene keine Wirklichkeit steht, sondern nur die Illusionen, die in der eigenen Seele als Anschwemmungen *saṃsârischer* Erfahrungen aufgespeichert sind. Diese Erkenntnis führt automatisch zu Befreiung.

de nicht hielten –, kommen durch die Macht *karmischer* Trugbilder nicht zur Erkenntnis, auch wenn sie (mit der Wahrheit) von Angesicht-zu-Angesicht gesetzt werden, und irren abwärts.

Der siebente Tag

Am siebenten Tag kommen die Wissenshaltenden Gottheiten aus den heiligen Paradiesesreichen, um einen zu empfangen. Gleichzeitig empfängt einen auch der durch Leidenschaft und Geistesverdunklung erzeugte Pfad zur Tierwelt[91]. Diesmal geschieht das Von-Angesicht-zu-Angesicht-Setzen, das den Verstorbenen bei Namen ruft, folgendermaßen: O Edelgeborener, höre gesammelt zu: Am siebenten Tag scheint die verschiedenfarbige Strahlung der gereinigten Neigungen. Gleichzeitig empfangen einen die Wissenshaltenden Gottheiten[92] aus den heiligen Paradiesesreichen.

Aus dem Mittelpunkt des Kreises (oder des *Maṇḍala*) scheint, umglänzt von der Strahlung des Regenbogenlichts, die oberste Wissenshaltende (Gottheit), der Lotus-Gott des Tanzes, der oberste Wissenshalter, der die *karmischen* Früchte reift, strahlend in allen fünf Farben, umarmt von der (Göttlichen) Mutter, der Roten *Ḍâkinî*[93]; (er) hält ein sichelförmiges Messer und einen Schädel voll Blut[94], tanzt und macht die Bezauberungs-*Mudrâ*[95], (wobei er seine rechte Hand) empor (hält).

[91] Wie die groben physischen Atome eines vom Leben verlassenen irdischen Körpers sich nach und nach trennen und zu den ihnen angemessenen Orten gehen, manche als Gase, manche als Flüssigkeiten, manche als feste Körper, so kommt es auf der Nachtod-Ebene zu einer allmählichen Zerstreuung der psychischen oder geistigen Atome des *Bardo*-Gedankenkörpers, indem jede Neigung – von der *karmischen* Verwandtschaft geleitet – unausweichlich in jene Umgebung gezogen wird, die ihr am meisten entspricht. Daher hat, wie unser Text andeutet, die tierisch-leidenschaftliche Geistesverdunklung eine natürliche Tendenz, sich dem Tierreich zuzuneigen und hier als ein abgelöster Teil der Wesensart des Verstorbenen verkörpert zu werden. (Siehe S. 119 ff.)

[92] Text: *Rig-ḥDzin* (sprich: *Rindsin;* «Wissenshalter»). Diese Gottheiten sind rein tantrisch. (Siehe S. 147 [62].)

[93] Die *Ḍâkinîs* (tib. *mKhaḥ-ḥgro-ma* [oder «Himmelsgeher»]), feenhafte Göttinnen, die besondere geheime Kräfte zum Guten sowohl wie zum Bösen besitzen, sind auch rein tantrisch; und als solche werden sie in den meisten der wichtigen Rituale des Nördlichen Buddhismus angerufen. (Siehe S. 197 [80].)

[94] Esoterisch bedeutet der (menschliche) Schädel und das (auch menschliche) Blut, das ihn füllt, in einem Sinne Verzicht auf das menschliche Leben, die Aufgabe des *saṃsâra* Selbst-Opferung am Kreuz der Welt; und im Messe-Ritual des Lamaismus

Im Osten dieses Kreises scheint die Gottheit, die da heißt Auf-Erden-Weilender Wissenshalter, weiß an Farbe, mit leuchtendem lächelndem Antlitz, umarmt von der Weißen *Ḍâkinî*, der (Göttlichen) Mutter; (er) hält ein sichelförmiges Messer und einen Schädel (voll) Blut, tanzt und macht die Bezauberungs-*Mudrâ*, (wobei er seine rechte Hand) empor (hält).
Im Süden jenes Kreises scheint die Wissenshaltende Gottheit, genannt (Er, der) Macht-über-die-Lebensdauer hat, gelb an Farbe, lächelnd und leuchtend, umarmt von der Gelben *Ḍâkinî*, der (Göttlichen) Mutter; (er) hält ein sichelförmiges Messer und einen Schädel voll Blut, tanzt und macht die Bezauberungs-*Mudrâ*, (wobei er seine rechte Hand) empor (hält).
Im Westen jenes Kreises scheint die Gottheit, genannt die Wissenshaltende Gottheit des Großen Symbols[96], rot an Farbe, lächelnd und strahlend, umarmt von der Roten *Ḍâkinî*, der (Göttlichen) Mutter; (er) hält ein sichelförmiges Messer und einen Schädel (voll) Blut, tanzt und macht die Bezauberungs-*Mudrâ*, (wobei er seine rechte Hand) empor (hält).
Im Norden jenes Kreises scheint die Gottheit, genannt der Selbstentfaltete Wissenshalter, grün an Farbe, mit einem halbzornigen, halblächelnden leuchtenden Antlitz, umarmt von der Grünen *Ḍâkinî*, der (Göttlichen) Mutter; (er) hält ein sichelförmiges Messer und einen Schädel (voll) Blut, tanzt und macht die Bezauberungs-*Mudrâ*, (wobei er seine rechte Hand) empor (hält).
Im äußeren Kreis, rund um diese Wissenshalter herum, kommen unzählige Scharen von *Ḍâkinîs* – *Ḍâkinîs* der acht Verbrennungsplätze, *Ḍâkinîs* der vier Klassen, *Ḍâkinîs* der drei Stätten, *Ḍâkinîs* der dreißig heiligen Plätze und der vierundzwanzig Pilgerorte[97] –, Helden, Heldinnen,

bestehen Ähnlichkeiten zwischen dem Blut (symbolisiert durch eine rote Flüssigkeit) in dem Schädel und dem Wein (als Blut) im Abendmahlskelch der christlichen Kommunion.

[95] Eine *Mudrâ* ist ein mystisches Zeichen, das in einer besonderen Stellung der Hände und Finger oder des Körpers besteht. In der *Mudrâ*, in der eine Fingerspitze auf eine andere gelegt wird, werden die Körperkräfte oder Lebensströme kontrolliert. Die Bezauberungs-*Mudrâ* gehört zu dieser letzten Art und wird mit der rechten Hand so ausgeführt, daß Daumen und Ringfinger sich berühren, Zeige- und kleiner Finger in die Höhe stehen und der Mittelfinger die Handfläche berührt.

[96] Siehe S. 212[115].

[97] Hier werden die *Ḍâkinîs* wie verschiedene Arten feengleicher Wesen dargestellt, die an diesem oder jenem Orte wohnen. Die acht Verbrennungsorte sind die acht der Hindu-Mythologie bekannten; die drei Wohnorte sind das Herzzentrum, das Kehlkopfzentrum und das Hirnzentrum, über die, esoterisch gesprochen, gewisse *Ḍâkinîs* (als

himmlische Krieger und glaubenbeschützende Gottheiten, männliche und weibliche, jede mit den sechs Knochenschmucksachen geschmückt, mit Trommeln und Schenkelknochentrompeten, Schädeltamburinen, Fahnen aus gigantischen menschen-(ähnlichen) Häuten[98], Baldachinen aus Menschenhäuten, Bannern aus Menschenhäuten, Dunst von Weihrauch aus Menschenfett und noch unzählige (andere) Arten musikalischer Instrumente, die (mit Musik) die ganzen Weltensysteme füllen und sie zum Vibrieren, zum Beben und Zittern bringen mit Tönen, die so mächtig sind, daß sie einem das Hirn betäuben, und die verschiedene Schritte tanzen; sie kommen, die Getreuen zu empfangen und die Ungetreuen zu bestrafen[99].

O Edelgeborener, fünffarbige Strahlungen der Gleichzeitig-Geborenen[100] Weisheit, die die gereinigten Neigungen sind, zitternd und blendend wie farbige Fäden, blitzend, strahlend und durchsichtig, glorreich und schauererregend, gehen von den Herzen der fünf Wissenshaltenden Hauptgottheiten aus und treffen dein Herz so hell, daß das Auge es nicht ertragen kann, sie anzublicken.

die Personifikation der psychischen Kräfte, die in jedem Zentrum wohnen) herrschen, geradeso wie andere *Ḍâkinîs* die geweihten Stätten und Pilgerorte beschützen.

[98] Das sind Häute von *Râkṣasas*, einer Art gigantischer dämonischer Wesen von menschlicher Gestalt und gewissen *Siddhis* (d.h. übernormalen Kräften).

[99] Tibetische Lamas benutzen beim Singen ihrer Rituale sieben (oder acht) Arten musikalischer Instrumente: große Trommeln, Zimbeln (meist aus Kupfer), Schneckenmuscheln, Glocken (den Handglocken ähnlich, die beim christlichen Messedienst verwandt werden), Tamburine, kleine Klarinetten (wie die Hochland-Dudelsackpfeifen klingend), große Trompeten und menschliche Schenkelknochentrompeten. Obwohl der Zusammenklang dieser Instrumente weit davon entfernt ist, melodiös zu sein, so behaupten die Lamas doch, daß er psychisch im Gläubigen eine Haltung tiefer Ehrfurcht und Gläubigkeit hervorrufe, weil er das Gegenstück ist zu den natürlichen Tönen, die man den eigenen Körper hervorbringen hört, wenn man die Finger in die Ohren tut, um äußere Geräusche auszuschalten. Die Ohren so verstopfend, hört man einen dröhnenden Laut, wie den, wenn eine große Trommel geschlagen wird, einen klirrenden Laut wie von Zimbeln, einen rauschenden Laut, als ginge ein Wind durch den Wald – wenn eine Schneckenmuschel geblasen wird, ein Läuten wie von Glocken, einen scharf pochenden Ton, wie wenn ein Tamburin benutzt wird, einen stöhnenden Laut wie von einer Klarinette, einen dumpf klagenden Ton, wie er mit einer großen Trompete erzeugt wird, und einen schrillen Ton wie von einer Schenkelknochentrompete.
Dies ist nicht nur interessant als eine Theorie tibetischer sakraler Musik, sondern es gibt uns den Schlüssel zu der esoterischen Interpretation der symbolischen Naturlaute der Wahrheit (auf die im folgenden und auch sonst in unserem Text hingewiesen wird), von denen gesagt wird, sie seien die, oder sie gingen hervor aus den intellektuellen Fähigkeiten in der menschlichen Geisteskraft.

Gleichzeitig scheint ein trübes blaues Licht[101] aus der Tierwelt neben den Strahlungen der Weisheit. Du fühlst dann durch den Einfluß der Trugbilder deiner Neigungen Angst vor der Strahlung der fünf Farben, und da du vor ihr fliehen (willst), fühlst du dich zu dem trüben Licht der Tierwelt hingezogen. Hab keine Angst vor jener leuchtenden Strahlung der fünf Farben, fürchte dich nicht, sondern erkenne die Weisheit als deine eigene.

Innerhalb dieser Strahlungen hallt der natürliche Ton der Wahrheit wie tausend Donner wider. Der Ton kommt wie ein rollender Widerhall, (wozwischen) man hört «Erschlaget! Erschlaget!» und schauererregende *Mantras*[102]. Fürchte dich nicht. Fliehe nicht. Erschrick nicht. Erkenne sie (d.h. diese Töne) als (von) den geistigen Fähigkeiten deines eigenen (inneren) Lichtes (kommend).

Laß dich nicht von dem trüben blauen Licht[101] der Tierwelt anziehen. Sei nicht schwach. Wenn du dich anziehen läßt, wirst du in die Tierwelt fallen, wo geistige Dunkelheit herrscht, und wirst grenzenloses Elend von Sklaverei und Stummheit und Stumpfsinn[103] leiden, und es wird sehr lange Zeit dauern, bis du wieder daraus hervorkommst. Laß dich nicht davon anziehen. Setze deinen Glauben auf die helle, blendende, fünffarbige Strahlung. Richte deinen Geist zielstrebig auf die Gottheiten, die Wissenshaltenden Sieger. Denke zielstrebig so: «Diese Wissenshaltenden Gottheiten, die Helden und *Ḍâkinîs,* sind aus den heiligen Paradiesesreichen gekommen, um mich zu empfangen; ich flehe sie alle an: bis zu diesem Tag bin ich, obgleich die Fünf Ordnungen der Buddhas der Drei Zeiten die Strahlen ihrer Gnade und ihrer Barmherzigkeit alle auf mich gerichtet haben, trotzdem noch nicht von ihnen gerettet worden. Weh über ein Wesen wie mich! Mögen doch die Wissenshaltenden Gottheiten mich nicht noch weiter als bis hierher hinuntergehen lassen, sondern mich am Haken ihrer Barmherzigkeit halten und in die heiligen Paradiese führen.»

Denke zielstrebig in dieser Weise, und bete so:

«O ihr Wissenshaltenden Gottheiten, schenkt mir Gehör.
Führt mich auf dem Pfad durch eure große Liebe.

[100] Das ist die Weisheit, die gleichzeitig geboren wird mit der Erlangung der Erkenntnis: die Gleichzeitig-Geborene Weisheit.

[101] Blockdruck: «trübes grünes Licht».

[102] Siehe Anhang, S. 302–304.

[103] Vgl. S. 202 [90].

Wenn (ich) im *saṃsâra* wandere ob verstärkter Neigungen,
Mögen mich die Scharen der Helden, die Wissenshalter,
Auf den hellen Lichtpfad der Gleichzeitig-Geborenen Weisheit führen,
Die Scharen der Mütter, die *Ḍâkinîs,* seien (meine) Deckung,
Mögen sie mich erretten aus den schreckensvollen Hinterhalten des *Bardo*
Und versetzen in die reinen Paradiesesreiche.»

Wenn man so in tiefem Glauben und Demut betet, besteht kein Zweifel, daß man in reinen Paradiesesreichen[104] geboren wird, nachdem man im Regenbogenlicht ins Herz der Wissenshaltenden Gottheiten eingegangen ist. Auch alle Klassen von Schriftgelehrten (Pandits), die auf dieser Stufe zur Erkenntnis gelangen, erreichen Befreiung; sogar die mit bösen Neigungen werden hier sicherlich befreit.
Hier endet der Teil des Großen *Thödol,* der von dem Angesicht-zu-Angesicht-Setzen der Friedlichen (Gottheiten) des *Tschönyi-Bardo* und dem Von-Angesicht-zu-Angesicht-Setzen des Klaren Lichtes des *Tschikhai-Bardo* handelt.

Das Dämmern der Zornigen Gottheiten vom achten bis zum vierzehnten Tag

Einleitung

Jetzt wird die Art gezeigt, in der die Zornigen Gottheiten dämmern.
In dem obigen *Bardo* der Friedlichen (Gottheiten) gab es sieben Stufen des Pfades [über dem Abgrund]. Das Von-Angesicht-zu-Angesicht-Setzen auf jeder Stufe sollte (den Verstorbenen dahin gebracht haben), auf

[104] Der Verstorbene, der nun in immer tiefere Stufen des *Bardo* gesunken ist, schaut eher zu den Himmelswelten (die Welten der Verkörperung innerhalb des *saṃsâra* sind) als zum Nirvâṇa (das nicht *saṃsârisch* ist) als Zufluchtsort. Dennoch ist theoretisch Nirvâṇa von jeder Stufe des *Bardo* aus erreichbar, praktisch allerdings für den gewöhnlichen Gläubigen nicht, da das verdiente *Karma* nicht dementsprechend ist. Daher strebt der Lama oder Vorleser, das Beste aus der Situation zu machen, in welcher sich der Verstorbene, wie angenommen wird, unvermeidlich befindet.

der einen oder anderen (Stufe) zur Erkenntnis zu gelangen und befreit zu werden.

Unzählige werden durch diese Erkenntnis befreit; (aber) obgleich unzählige in dieser Weise Befreiung erreichen, wird, da die Zahl der lebenden Wesen groß und böses *Karma* mächtig ist, da Verdunkelungen dicht sind (und) Neigungen allzu anhaltend, das Rad der Unwissenheit und des Trugs weder erschöpft noch beschleunigt. Obgleich (alle) so eingehend von Angesicht-zu-Angesicht gesetzt werden, überwiegen doch bei weitem die, die unbefreit abwärtswandern.

Deshalb kommen, wenn (das Dämmern) der Friedlichen und Wissenshaltenden Gottheiten, die einen willkommen heißen, aufgehört hat, die achtundfünfzig flammenumschienenen, zornigen, bluttrinkenden Gottheiten zur Erscheinung, die nur die früheren Friedlichen Gottheiten in umgekehrtem Aspekt sind – je nach dem Platz (oder psychischen Zentrum des *Bardo*-Körpers des Verstorbenen, wovon sie ausgehen); trotzdem gleichen sie ihnen nicht[105].

Dies ist der *Bardo* der Zornigen Gottheiten, und da sie (die Hinunterwandernden) von Furcht, Schrecken und Schauer[106] beeinflußt werden, wird Erkenntnis schwieriger. Der Geist, der nicht an Selbständigkeit zunimmt, geht von einem Ohnmachtszustand zu einer Reihe von Ohnmachtszuständen über. Wenn man (jedoch) mindestens ein wenig erkennt, ist es leichter (auf dieser Stufe) befreit zu werden. Wenn man fragt warum, (so ist die Antwort:) Gerade wegen des Dämmerns der

[105] Bis zu diesem Zeitpunkt sind die zweiundfünfzig Friedlichen und Wissenshaltenden Gottheiten, Emanationen aus dem psychischen Herz- und Kehlkopfzentrum vom *Bardo*-Körper des Verstorbenen, heraufgedämmert. Die Zornigen Gottheiten, die nun dabei sind aufzudämmern, steigen aus dem psychischen Hirnzentrum auf; sie sind die erregten oder zornigen Reflexformen der Friedlichen Gottheiten (die, wenn sie ihren zornigen Aspekten gegenüber gestellt werden, die Wissenshaltenden Gottheiten mit einbeziehen). (Siehe S. 159[2] und Anhang S. 299 f.)

[106] Furcht, Schrecken und Schauer (oder Bezauberung) – des Verstorbenen beim Erblicken der Gottheiten – steigen nur auf beim gewöhnlichen Gläubigen, der, wie der Text erklärt, vor dem Tode nicht eine zureichende Übung in Yoga gehabt hat, die ihn befähigen würde, den *Bardo* gleich beim Sterben als solchen zu erkennen und ihm zu entkommen. Denn der Yoga-Eingeweihte, der den *Bardo* gleich beim Schopf fassen kann, wie der Text es ausdrückt (S. 175), indem er den Tod meistert, und der weiß, daß alle schemenhaften Erscheinungen sowohl in dieser Welt als auch in allen anderen Welten unwirklich und machtlos sind, braucht keinen *Bardo* zu erfahren; sein Ziel ist entweder eine sofortige und bewußte Wiedergeburt unter den Menschen oder in einem der paradiesischen Reiche, oder, wenn er wirklich gereift ist – was ein außerordentlich seltener Umstand wäre – in Nirvâṇa.

Strahlungen, (die) Furcht, Schrecken und Schauer (hervorbringen), ist der Geist gesammelt wachsam in Zielbewußtheit[107].

Wenn man auf dieser Stufe nicht diesen Lehren begegnet, hilft einem das Hören (religiöser Kunde) nichts – selbst wenn sie einem Ozean (an Weite) gleicht. Es gibt sogar disziplinhaltende Äbte (oder *Bhikṣus*[108]) und Doktoren metaphysischer Diskurse, die sich auf dieser Stufe irren, und da sie nicht zur Erkenntnis gelangen, ins *saṃsâra* wandern.

Was die gewöhnliche, weltlich gesinnte Menschheit betrifft, was braucht man sie schon zu erwähnen! Da sie infolge von Furcht, Schrecken und Schauer fliehen, stürzen sie den Abgrund hinunter in die trostlosen Welten und leiden. Aber der Geringste der Geringen der an die mystischen *Mantrayâna*-Lehren Glaubenden wird, sobald er diese bluttrinkenden Gottheiten erblickt, sie als seine Schutzgottheiten erkennen, und das Treffen wird wie das von menschlichen Bekannten sein. Er wird ihnen vertrauen und, indem er in sie eingeht, Buddhaschaft erreichen[109].

Wenn man über die Schilderung dieser bluttrinkenden Gottheiten meditiert hat, dieweil man in der Menschenwelt war, und wenn man ihnen zur Anbetung oder zum Lob etwas unternommen, oder wenigstens wenn man ihre gemalten Ebenbilder und Figuren gesehen hat, gelangt man, so man das Dämmern der Gottheiten auf dieser Stufe gewahrt, zu Erkenntnis und Befreiung. Darin liegt die Kunst.

Wiederum werden beim Tod jener disziplinhaltenden Äbte und Doktoren metaphysischer Diskurse (die in diesen *Bardo*-Lehren unterrichtet blieben), wie emsig sie sich auch religiösen Übungen hingegeben haben und wie klug sie auch – in der Menschenwelt – in der Darlegung der Lehren gewesen sein mögen, keine phänomenalen Zeichen wie ein Re-

[107] Nicht eher vergeht die eine Strahlung, bis eine andere aufdämmert; da dem Verstorbenen nicht ein Augenblick der Zerstreuung bleibt, wird sein Intellekt gesammelt (d.i. zielbewußt) wachsam.

[108] Das tibetische Äquivalent für skt. «*Bhikṣu*», einen voll-ordinierten buddhistischen Mönch, ist «Gelong» *(dGe-sLoṅ)*.

[109] Das Blut symbolisiert *saṃsârische* Existenz; das Bluttrinken, das Dürsten danach ist das Trinken und das Stillen des Durstes nach *saṃsârischer* Existenz. Denn der Gläubige, der selbst auf dieser Stufe dazu gebracht werden kann, zu erkennen, daß diese Gottheiten nichts sind als *karmische* Personifikationen seiner eigenen Neigungen, geboren aus gelebtem, getrunkenem Leben, und der außerdem die überlegene Macht hat, sie ohne Wanken anzusehen (wie in Bulwer Lyttons *Zanoni* der Neophyt zum Weiterkommen den «Bewohner der Schwelle» ansehen muß), indem er ihnen begegnet wie alten Bekannten und dann Persönlichkeit in ihnen verliert, sieht die Erleuchtung zur Erkenntnis der wahren Natur *saṃsârischer* Existenz aufdämmern und damit die vollkommene Erleuchtung, die Buddhaschaft genannt wird.

genbogenschein (bei der Totenverbrennung) noch Knochenreliquien (aus der Asche) kommen. Und dies darum, weil sie, als sie lebten, die mystischen (oder esoterischen) Lehren niemals in ihrem Herzen bewahrt und weil sie verächtlich von ihnen gesprochen haben, und weil sie niemals die Gottheiten der mystischen (oder esoterischen) Lehren (durch Einweihung) kennenlernten; wenn diese dann im *Bardo* dämmern, erkennen sie sie nicht. Wenn sie plötzlich (sehen), was sie nie zuvor gesehen haben, halten sie es für feindlich, und weil dadurch ein feindliches Gefühl erzeugt wird, kommen sie deswegen in elende Zustände. Wenn deshalb die Befolger der Disziplinen und die Metaphysiker die Übungen der mystischen (oder esoterischen) Lehren nicht in sich haben, stellen sich nicht solche Zeichen wie der Regenbogenschein ein, noch bilden sich jemals Knochenreliquien und samengleiche Knochen (aus den Knochen bei ihrer Totenverbrennung[110]).

Den Geringsten der Geringen unter den *mantrayânischen* (Gläubigen) – der von sehr ungeschliffenen Manieren sein mag, lässig, taktlos – und der vielleicht nicht nach seinen Gelübden lebt und in jeder Weise geschmacklos in seinen Gewohnheiten ist, vielleicht sogar unfähig, durch die Ausübung seiner Lehren zu einem erfolgreichen Ergebnis zu gelangen –, lasse niemand Mangel an Achtung fühlen, noch zweifle man an ihm, sondern habe Ehrfurcht vor den esoterischen (oder mystischen) Lehren, (an die er sich hält). Dadurch allein kann man auf dieser Stufe Befreiung erreichen. Selbst wenn die Taten in der Menschenwelt (von einem, der solche Ehrfurcht zeigt,) nicht sehr geschmackvoll gewesen sein mögen, wird doch bei seinem Tod wenigstens eine Art von Zeichen erscheinen, wie Regenbogenstrahlung, Knochenbilder und Knochenreliquien: und dies deshalb, weil die esoterischen (oder mystischen) Lehren große Geschenkwellen[111] besitzen.

[110] Der unter fast allen Völkern seit undenklichen Zeiten herrschende Glaube, daß ungewöhnliche Erscheinungen den Tod (wie die Geburt) und die Bestattung großer Helden und Heiliger kennzeichnen, herrscht auch unter den Tibetern; und die Lamas glauben, daß solche Erscheinungen eine rein rationale Erklärung haben, so wie unser Text sie hier darlegt. Mehr noch, die Lamas behaupten, daß, wenn ein vermeintlicher Heiliger wirklich ein Heiliger ist, unter den verkohlten Knochen seines Scheiterhaufens einige gefunden werden, die zu wundervollen Formen gestaltet sind wie Figuren, und daß kleine perlengleiche (oder, wie der Text sagt, samengleiche) Klümpchen in der Asche der verbrannten Knochen erscheinen werden.

[111] Das heißt, daß die esoterischen Lehren zu verwirklichen sind – weil sie auf der Wahrheit selbst beruhen –; einer, der sie befolgt oder auch nur verehrt, wird dadurch automatisch in Rapport mit ganz bestimmten psychischen Kräften gebracht.

OṂ MAṆÎ PADME HÛṂ

Das Mantra des Tscheräsie

[vgl. S. 328]

(Die) mystischen *mantrayânischen* Gläubigen (von) gewöhnlicher und höherer (psychischer Entwicklung), die über die Vorstellungs- und Vervollkommnungsprozesse meditiert haben und die Kerne (oder Kernmantras[112]) geübt haben, brauchen nicht so weit hinunter auf dem *Tschönyi-Bardo* zu wandern. Sobald sie zu atmen aufhören, werden sie in die reinen Paradiesesreiche durch die Helden und Heldinnen und die Wissenshalter[113] geführt. Als Zeichen dafür ist der Himmel wolkenlos; sie gehen in Regenbogenstrahlung ein, es gibt Sonnenschauer, süßen Geruch von Weihrauch (in der Luft), Musik in den Himmeln, Strahlungen, Knochenreliquien und Bilder (von ihrer Beerdigungsfeier).

Deshalb ist dieser *Thödol* den Äbten (oder Vorgesetzten), den Doktoren und solchen Mystikern, die ihre Gelübde nicht gehalten haben, und allen gewöhnlichen Leuten unerläßlich[114]. Die aber, die über die Große Ver-

[112] Das will sagen: jene Gläubigen, die auf ernsthaft wissenschaftliche Art unter einem erfahrenen *Guru* die Intonation gewisser heiliger *Mantras,* genannt Kernmantras, geübt haben. Beispiele solcher *Mantras* sind: *OṂ Maṇî Padme HÛṂ; OṂ Vagîś-varî MÛṂ; OṂ Vajrapâṇi HÛṂ:* die drei Kernmantras der «Drei Protektoren» des Lamaismus; das erste ist das Kernmantra des Bodhisattva Tscheräsie (skt. *Avalokita*), des «Gütig Herabschauenden», des Großen Erbarmers, der das «Juwel» *(maṇî)* im Lotus *(padme)* des eigenen Herzens ist; das zweite das des Bodhisattva Jampalyang (skt. *Mañjughoṣa*), des «Herrn der Mystischen Weisheit»; und das dritte das des Bodhisattvas Tschakdor (skt. *Vajrapâṇi,* des «Schwingers des Vajra».

[113] Vgl. die folgende Stelle aus einem Gebet für den Sterbenden in «The Book of the Craft of Dying», Kap. VI, Comper's Ed. (S. 45): «Wenn deine Seele deinen Körper verläßt, [mögen] herrliche Engelgruppen dir entgegenkommen: die siegreichen Heerscharen, würdige Richter und Senatoren der heiligen Apostel treffen sich mit dir: die schönen, weißen, leuchtenden Gruppen der heiligen Bekenner mit der siegreichen Zahl ruhmvoller Märtyrer kommen dir entgegen: die freudigen Gruppen heiliger Jungfrauen empfangen dich: und die würdige Gemeinschaft heiliger Patriarchen öffnet dir den Ort der Ruhe und Freude, und sie würdigen dich, unter denen zu sein, unter denen sie sind, in Ewigkeit.»

[114] Die Lamas halten daran fest, daß, wenn auch reine Güte und Buchwissen wünschens-

vollkommnung und das Große Symbol[115] meditiert haben, werden das Klare Licht im Augenblick des Todes erkennen, und sie alle werden den *Dharmakâya* erreichen und daher nicht das Lesen dieses *Thödol* brauchen. Wenn sie das Klare Licht im Augenblick des Todes erkennen, werden sie auch die Visionen der Friedlichen und Zornigen während des *Tschönyi-Bardo* erkennen und den *Sambhogakâya* erreichen; oder wenn sie während des *Sipa-Bardo* zur Erkenntnis gelangen, den *Nirmâṇakâya* erreichen; und da sie dann auf höheren Ebenen Geburt annehmen, werden sie in der nächsten Wiedergeburt dieser Lehre begegnen und sich dann der Fortdauer des *Karma* erfreuen[116].

Deshalb ist dieser *Thödol* die Lehre, durch die Buddhaschaft ohne Meditation erreicht werden kann; die Lehre, die befreit, indem man sie nur hört, die Lehre, die Wesen mit sehr schlechtem Karma auf den Gehei-

wert seien für die Gläubigen, die Befreiung suchen, doch geistige Weisheit, verbunden mit unerschütterlichem Glauben und das Beiseite-Lassen von allem Intellektualismus unerläßlich seien. Eine der Regeln der großen tibetischen Yogis, die alle Neophyten gelehrt wird, ist: «Wahrlich, es ist schwer, durch Verstandeswissen allein Befreiung zu erreichen; durch Glauben wird Befreiung leicht erlangt.»

[115] «Die Große Vervollkommnung» bezieht sich auf die grundlegende Lehre, die den Weg zu Vervollkommnung oder Buddhaschaft behandelt, wie sie durch die Schule des *Guru* Padmasambhava gelehrt wird. «Das Große Symbol» (tib. *Chag-chen:* skt. *Mahâ-Mudrâ*) bezieht sich auf ein altindisches Yoga-System, das dieser gleichen Schule verwandt ist, heutzutage aber besonders von den Anhängern der halbreformierten Kargyütpa-Sekte angewandt wird, die in der zweiten Hälfte des 11. Jahrhunderts n.Chr. gegründet wurde durch den gelehrten tibetischen Yogi *Marpa,* der, nachdem er in Indien als Schüler des Pandit *Atiśa* und dessen Schüler *Naropa* sich aufgehalten hatte, das Große Symbol nach Tibet einführte. *Milarepa,* der beliebteste aller tibetischen Yogis, der *Marpas* Nachfolger war, entwickelte die Übung des Großen Symbols und machte es zur Grundlehre der Sekte. (Siehe S.152.)

[116] Wenn Erkenntnis der Wirklichkeit erreicht wird, sobald sie zum erstenmal aufdämmert, d.h. wenn der Träumer im *saṃsârischen* Dasein während des *Tschönyi-Bardo* zum göttlichen Zustand des *Sambhogakâya* erwacht, ist der normale Kreis der Wiedergeburten gebrochen; und der Erwachte kehrt willentlich und voll bewußt zur Menschenwelt zurück als eine Göttliche Inkarnation, um an der Erhebung der Menschheit zu arbeiten. Wenn die Erkenntnis bis zum *Sipa-Bardo* hinausgeschoben und *Nirmâṇakâya* erreicht wird, so ist das nur ein teilweises Erwachen, nicht eine ungetrübte Realisation der Wirklichkeit, denn der *Sipa-Bardo* ist eine sehr viel tiefere Ebene als der *Tschönyi-Bardo;* aber selbst dann ist das große Geschenk geistig erleuchteter Geburt auf einer der höheren Ebenen – *Deva-loka, Asura-loka* oder Menschen-*Loka* – gewonnen, und wenn er aufs neue in der Menschenwelt geboren ist, dann wird der Gläubige dank der im früheren Erdenleben erworbenen Neigungen das Studium der mystischen *Mantrayâna*-Lehren und die Yoga-Übungen an dem Punkt wieder aufnehmen, wo sie durch den Tod unterbrochen wurden – dies bedeutet die Fortdauer des *Karma.*

men Pfad führt, die Lehre, die sofort (die, die in sie eingeweiht sind, und die, die nicht eingeweiht sind) scheidet: die tiefe Lehre, die sofort Vollkommene Erleuchtung verleiht. Die lebenden Wesen, die von ihr erreicht werden, können nicht mehr in unglückliche Zustände kommen.
Diese (Lehre) und die *Tahdol*(-Lehre)[117], die miteinander verbunden einem goldenen, mit Türkisen besetzten *Maṇḍala* gleichen – verbinde sie.
Nachdem somit der unentbehrliche Charakter des *Thödol* gezeigt worden ist, folgt jetzt das Von-Angesicht-zu-Angesicht-Setzen mit dem Dämmern der Zornigen (Gottheiten) im *Bardo*.

Der achte Tag

Indem man wiederum den Verstorbenen bei Namen ruft, (wende man sich) so (an ihn):
O Edelgeborener, höre gesammelt zu. Da du nicht fähig warst, zur Erkenntnis zu gelangen, als die Friedlichen (Gottheiten) im obigen *Bardo* auf dich schienen, bist du bis hierher gewandert. Jetzt, am achten Tag, werden die bluttrinkenden Zornigen Gottheiten scheinen. Handle so, daß du sie erkennst, ohne zerstreut zu sein.
O Edelgeborener, der Große Glorreiche *Buddha-Heruka*[118], dunkelbraun an Farbe, mit drei Köpfen, sechs Händen und vier fest aufstehenden Füßen, das rechte (Gesicht) weiß, das linke rot, das mittlere dunkelbraun, mit einem Körper, von dem Strahlungsflammen ausgehen, mit neun weitoffenen Augen, mit schrecklichem Blick, mit Augenbrauen, die wie Blitze zucken, mit glänzenden, übereinandergestellten, hervorstehenden Zähnen, der sich Luft macht mit tönenden Ausrufen wie «a la la» und «ha ha» und durchdringenden, pfeifenden Tönen, das Haar von einer rötlich-gelben Farbe, das ihm zu Berge steht und Strahlung ausschickt, die Köpfe geschmückt mit getrockneten (Menschen-)Schädeln und den

[117] Text: *bTags-grol* (sprich: *Tah-dol*), ein kleines tibetisches Werk, ganz aus *Mantras* bestehend, das als Beigabe zum *Bardo Thödol* benutzt wird. Wenn der Abgeschiedene mit der Kenntnis der *Tahdol-Mantras* gestorben ist, dann geben sie ihm als kräftige Talismane sicheres Geleit durch den *Bardo* und eine glückliche Wiedergeburt. Sehr oft wird eine Abschrift des *Tahdol* (oder vielleicht auch nur die Abschrift einiger seiner *Mantras* auf einem schmalen Papierstreifen zu einer dünnen Rolle aufgewickelt) an den Leichnam gebunden und mit ihm verbrannt oder begraben – ebenso wie gewöhnlich eine Abschrift des Ägyptischen Totenbuches mit der Mumie begraben wurde.
[118] Text: *dPal-chen-po Bud-dha Heruka* (sprich: *Pal-tschen-po Bud-dha Heruka*): «Großer Ruhmreicher Buddha-Heruka».

(Symbolen von) Sonne und Mond; schwarze Schlangen und rohe (Menschen-)Köpfe bilden eine Girlande für seinen Körper; die erste seiner rechten Hände trägt ein Rad, die mittlere ein Schwert, die letzte eine Schlachtaxt; die erste seiner linken Hände eine Glocke, die mittlere eine (menschliche) Schädelschale, die letzte eine Pflugschar; sein Körper umarmt von der Mutter *Buddha-Krodheśvarî*[119], deren rechte Hand seinen Hals umklammert und deren linke seinem Mund eine rote Schale vorhält, (gefüllt mit Blut), die einen Gaumenlaut (von sich gibt) wie ein Knistern (und) ein Klirren und ein Rumpeln so laut wie Donner; (aus den beiden Gottheiten) schlagen leuchtende Flammen der Weisheit, die aus jeder Haarpore (des Körpers) herauslodern und jede enthält einen flammenden *Dorje;* (die beiden Gottheiten zusammen,) die dastehen, (ein) Knie gebeugt und (das andere) gerade und straff auf einem Podest, das auf einem gehörnten Adler[120] ruht, kommen aus deinem eigenen Hirn und scheinen lebhaft auf dich. Fürchte das nicht. Laß dich nicht einschüchtern. Wisse, daß dies die Verkörperung deines eigenen Geistes ist. Da es deine eigene Schutzgottheit ist, laß dich nicht erschrecken. Habe keine Angst, denn in Wirklichkeit ist es der *Bhagavân Vairocana* im Vater-Mutter-Aspekt. Zugleich mit der Erkenntnis wird Befreiung erreicht: so du erkennst, gehst du in der Schutzgottheit auf und gewinnst Buddhaschaft im *Sambhogakâya.*

Der neunte Tag

So man aber vor ihnen flieht, kommen am neunten Tag die durch Schauer und Schrecken erzeugten, bluttrinkenden (Gottheiten) der Vajra-Ord-

[119] Entstellte Sanskritform im Text: *Bud-dha Kro-ti-shva-ri-ma* (sprich: *Buddha Krotischau-ri-ma*), d.i. die Mächtige Zornige Mutter der «Buddha-Ordnung». Das dem Namen der Göttin vorgesetzte Wort «Buddha» soll nicht ausdrücken, daß sie ein «weiblicher Buddha» ist, sondern daß sie, wie ihr männlicher Partner, der «Buddha-Ordnung» angehört. Die Gottheiten des Zentrums des *Maṇḍalas* der Wissenshalter gehören der «Buddha-Ordnung» an, deren Symbol das Gesetzesrad *(dharmacakra)* ist. Die übrigen Ordnungen sind die *Vajra*-Ordnung, die *Ratna*-(oder «Juwelen»-)Ordnung, die *Padma*-(oder «Lotus»-)Ordnung und die *Karma*-Ordnung (deren Symbol der Doppelvajra ist [L.A.G.]).
[120] Dies sind die *Garuḍas* der indischen und tibetischen Mythologie. Sie werden dargestellt mit Adlerkopf und Menschen-Vogel-Körper, denn sie haben zwei Menschenarme, zwei Adlerflügel und zwei Adlerfüße. Sie verkörpern symbolisch Energie und höheres Streben.

nung, um einen zu empfangen. Darauf ist das Von-Angesicht-zu-Angesicht-Setzen, das den Verstorbenen beim Namen ruft, so:
O Edelgeborener, höre gesammelt zu. (Er) von der bluttrinkenden Vajra-Ordnung, mit Namen *Bhagavân Vajra-Heruka,* dunkelblau an Farbe, mit drei Gesichtern, sechs Händen und vier festaufstehenden Füßen, in der ersten Rechten einen *Dorje* (haltend), in der mittleren eine (menschliche) Schädelschale, in der letzten eine Schlachtaxt; in der ersten linken eine Glocke, in der mittleren eine (menschliche) Schädelschale, in der letzten eine Pflugschar; sein Körper umarmt von der Mutter *Vajra-Krodheśvarî,* deren rechte (Hand) seinen Hals umklammert und deren linke seinem Mund eine rote Schale, (gefüllt mit Blut), anbietet, kommen vom östlichen Viertel deines Hirns und scheinen auf dich. Fürchte dicht nicht. Erschrick nicht. Laß dich nicht einschüchtern. Wisse, daß dies die Verkörperung deines eigenen Geistes ist. Da es deine eigene Schutzgottheit ist, erschrick nicht. In Wirklichkeit (ist es) der *Bhagavân Vajrasattva,* Vater und Mutter. Glaube an sie. Wenn du sie erkennst, wirst du sofort Befreiung erreichen. Wenn du (sie) so nennst, sie als deine Schutzgottheiten erkennst, dich mit ihnen vereinst, wirst du Buddhaschaft erreichen.

Der zehnte Tag

So man sie jedoch nicht erkennt, da die Verdunkelungen böser Taten zu groß sind, und vor ihnen durch Schrecken und Schauer flieht, kommen dann am zehnten Tag die bluttrinkenden (Gottheiten) der Juwelen-Ordnung, einen zu empfangen. Darauf geschieht das Von-Angesicht-zu-Angesicht-Setzen, das den Verstorbenen beim Namen ruft, so:
O Edelgeborener, höre zu. Am zehnten Tag kommt die bluttrinkende (Gottheit) der Juwelen-Ordnung, mit Namen *Ratna-Heruka,* gelb an Farbe, (mit) drei Gesichtern, sechs Händen, vier fest aufstehenden Füßen, dessen rechtes (Gesicht) weiß, dessen linkes rot, dessen mittleres dunkelgelb ist, von Flammen umgeben, in der ersten seiner sechs Hände ein Juwel, in der mittleren einen Dreizack-Stab, in der letzten einen Stab, in der ersten der Linken eine Glocke, in der mittleren eine menschliche Schädelschale, in der letzten einen Dreizack-Stab; sein Körper umarmt von der Mutter *Ratna-Krodheśvarî,* deren Rechte seinen Hals umklammert und deren Linke seinem Mund eine rote (mit Blut gefüllte) Schale anbietet, aus dem südlichen Viertel deines Hirns hervor und scheint auf dich. Fürchte dich nicht, erschrick nicht. Laß dich nicht einschüchtern.

Erkenne dies als die Verkörperung deines eigenen Geistes. Da (es) deine eigene Schutzgottheit ist, erschrick nicht. In Wirklichkeit (ist es) der *Bhagavân Ratnasambhava* im Vater-Mutter-Aspekt. Glaube an ihn. (Ihn) erkennen und Befreiung erreichen, ist eins.
Indem man (sie) so nennt und sie als Schutzgottheiten erkennt, sich mit ihnen vereint, erreicht man Buddhaschaft.

Der elfte Tag

Wenn jedoch trotz dieses Von-Angesicht-zu-Angesicht-gesetzt-Werdens durch die Macht böser Neigungen Schrecken und Schauer erzeugt werden, man sie nicht als Schutzgottheiten erkennt und vor ihnen flieht, kommt am elften Tag die bluttrinkende Lotus-Ordnung, einen zu empfangen. Darauf ist das Von-Angesicht-zu-Angesicht-Setzen, das den Verstorbenen bei Namen ruft, so:
O Edelgeborener, am elften Tag kommt die bluttrinkende (Gottheit) der Lotus-Ordnung, genannt der *Bhagavân Padma-Heruka,* von rötlich schwarzer Farbe, (mit) drei Gesichtern, sechs Händen und vier fest aufgesetzten Füßen, das Rechte (Gesicht) weiß, das linke blau, das mittlere dunkelrot, in der ersten Rechten seiner sechs Hände einen Lotus haltend, in der mittleren einen Dreizack-Stab, in der letzten eine Keule; in der ersten der Linken eine Glocke, in der mittleren eine (menschliche) Schädelschale, mit Blut[121] gefüllt, in der letzten eine kleine Trommel; sein Körper von der Mutter *Padma-Krodheśvarî* umarmt, deren rechte Hand seinen Hals umschlingt, deren linke seinem Mund eine (mit Blut gefüllte) rote Schale darreicht, Vater und Mutter in Vereinigung, kommt aus dem westlichen Viertel deines Hirns und scheint auf dich. Habe keine Furcht. Erschrick nicht. Laß dich nicht einschüchtern. Freue dich. Erkenne (sie) als das Erzeugnis deines eigenen Geistes; da (sie) deine eigene Schutzgottheit (sind), fürchte dich nicht. In Wirklichkeit sind sie der *Bhagavân Amitâbha* im Vater-Mutter-Aspekt. Glaube an sie. Zugleich mit der Erkenntnis wird Befreiung erreicht. Durch die Erkenntnis, daß sie Schutzgottheiten sind, wirst du in Vereinung (in sie) eingehen und Buddhaschaft erreichen.

[121] Wörtlich «mit roter Substanz gefüllt», ebenso an späteren Parallelstellen. Beim lamaistischen Ritual wird gewöhnlich eine rote flüssige Farbe zur Darstellung des Blutes genommen (Symbol für den Verzicht auf das Leben oder auf *saṃsârische* Existenz), wie roter Wein beim Abendmahl der Christen.

Wenn man trotz solches Von-Angesicht-zu-Angesicht-Setzens durch böse Neigungen noch weiter rückwärts geführt wird und Schrecken und Schauer entstehen, kann es sein, daß man nicht zur Erkenntnis kommt und flieht. Darauf kommen am zwölften Tag die bluttrinkenden (Gottheiten) der Karmischen Ordnung, begleitet von *Kerima, Htamenma* und *Wang-tschugma*[122], um dich zu empfangen. Wenn man sie nicht erkennt, kann man in Schrecken fallen. Darauf geschieht das Von-Angesicht-zu-Angesicht-Setzen, das den Verstorbenen beim Namen ruft, so:

O Edelgeborener, am zwölften Tag wird die bluttrinkende Gottheit der Karmischen Ordnung, mit Namen *Karma-Heruka,* von dunkelgrüner Farbe, (mit) drei Gesichtern, sechs Händen und vier fest aufgesetzten Füßen, das rechte (Gesicht) weiß, das linke rot, das mittlere dunkelgrün, majestätisch (von Erscheinung), in der ersten Rechten der sechs Hände ein Schwert haltend, in der mittleren einen Dreizack-Stab, in der letzten eine Keule; in der ersten der Linken eine Glocke, in der mittleren eine (menschliche) Schädelschale, in der letzten eine Pflugschar; sein Körper umarmt von der Mutter *Karma-Krodheśvarî,* deren Rechte seinen Hals umklammert und deren Linke seinem Mund eine rote Schale anbietet, Vater und Mutter in Vereinigung, die aus dem nördlichen Viertel deines Hirns hervorkommen, auf dich scheinen. Fürchte dich nicht. Erschrick nicht. Laß dich nicht einschüchtern. Erkenne sie als die Verkörperung deines eigenen Geistes. Da (sie) deine eigene Schutzgottheit sind, habe keine Angst. In Wirklichkeit sind sie der *Bhagavân Amoghasiddhi* im Vater-Mutter-Aspekt. Glaube, sei demütig und ihnen zugeneigt. Zugleich mit Erkenntnis wird Befreiung über dich kommen. Indem du sie als Schutzgottheiten erkennst, wirst du in Vereinung (in sie) eingehen und Buddhaschaft erreichen. Durch des *Guru* auserwählte Lehre kommt man

[122] Diese drei Ordnungen von Gottheiten sind Göttinnen indischen und tibetischen Ursprungs, die *Kerima* haben menschliche Gestalt, die *Htamenma* und die *Wang-tschugma* haben, wie die (mehr oder weniger totemistischen) ägyptischen Gottheiten, menschenähnliche Körper und Tierköpfe; und jede Gottheit symbolisiert irgendeinen bestimmten *karmischen* Impuls oder Trieb, der im *Bardo*-Bewußtsein des Verstorbenen als eine Halluzination erscheint. *Kerima* scheint ein sanskrit-tibetisches Wortgemisch zu sein (von skt. *Keyûrî*), das, in Tibet in Umlauf gekommen, unverändert in unseren Text aufgenommen wurde. *Htamenma* (wie das tib. *Phra-men-ma* gesprochen) ist wahrscheinlich eine Ordnung vorbuddhistischer Gottheiten, die zur alten Bön-Religion Tibets gehören. *Wang-tschug-ma* (wie das tib. *Dvang-phyug-ma* gesprochen) ist die tibetische Übersetzung des Sanskritwortes *Isvarî,* das «Mächtige Göttinnen» bedeutet.

dazu, sie als die Gedankenformen zu erkennen, die den eigenen geistigen Fähigkeiten entspringen. Wenn zum Beispiel jemand eine Löwenhaut (als Löwenhaut) erkennt, ist er (von Furcht) befreit; denn selbst wenn es nur eine ausgestopfte Löwenhaut ist, man sie aber nicht als solche erkennt, entsteht Furcht; wenn man jedoch von irgend jemand erfährt, daß es nur eine Löwenhaut ist, wird man von der Furcht befreit. Ähnlich ist es hier, wenn die Scharen bluttrinkender Gottheiten, enorm an Ausmaßen, mit stämmigen Gliedern, so groß wie die Himmel, aufdämmern, entstehen natürlich Schauder und Schrecken in einem. Sobald [aber] das Von-Angesicht-zu-Angesicht-Setzen gehört wird, erkennt (man) sie als die eigenen Schutzgottheiten und die eigenen Gedankenformen. Wenn dann auf das Mutter-Klare-Licht – an das man vorher gewöhnt war – ein sekundäres Licht, das Nachwuchs-Klare-Licht erzeugt wird, und das Mutter- und das Nachwuchs-Klare-Licht zusammenkommen wie zwei intime Bekannte, verschmelzen sie unzertrennlich in eines, und (daraus) dämmert eine selbstbefreiende Strahlung auf dich; durch Selbsterleuchtung und Selbsterkenntnis wird man befreit.

Der dreizehnte Tag

Wenn dies Von-Angesicht-zu-Angesicht-Setzen nicht erreicht wird, fallen auch gute Leute auf dem Wege[123] von hier zurück und wandern in den *saṃsâra*. Dann kommen die Acht Zornigen, die *Kerimas* und die *Htamenmas,* die verschiedene (Tier-)Köpfe haben, aus deinem eigenen Gehirn hervor und scheinen auf dich. Darauf ist das Von Angesicht-zu-Angesicht-Setzen, das den Verstorbenen bei Namen ruft, so:

O Edelgeborener, höre gesammelt zu. Am dreizehnten Tag kommen aus dem östlichen Viertel deines Hirns die Acht *Kerimas* hervor und bescheinen dich. Fürchte dich nicht.

Aus dem Osten deines Hirns scheint auf dich die Weiße *Kerima*[124], einen Menschenleichnam als Keule in der Rechten und eine mit Blut gefüllte (menschliche) Schädelschale in der Linken. Habe keine Angst.

Aus dem Süden die Gelbe *Tseurima*[125], die Bogen und Pfeil zum Schuß bereit hält; aus dem Westen die Rote *Pramoha*[126], die ein *Makara*-Ban-

[123] Oder «psychischer Entwicklung sich unterziehend».

[124] Text: *Kerima*, entstellt aus dem skt. *Keyûrî*, Name einer indischen Friedhofsgöttin.

[125] Entstellte Sanskritform im Text, Name einer anderen indischen Friedhofsgöttin.

[126] tib.-skt. des Textes.

ner[127] hält; aus dem Norden die Schwarze *Petali*[128], die einen *Dorje* und eine mit Blut gefüllte Schädelschale hält; aus dem Südosten die Rote *Pukkase*[129], die Därme in der Rechten hält und sie (mit) der Linken in ihren Mund führt; aus dem Südwesten die Dunkelgrüne *Gasmarî*[130], deren Linke eine mit Blut gefüllte Schädelschale hält, und deren Rechte mit einem *Dorje* darin herumrührt und (die) es sich (dann) majestätisch schmecken läßt; aus dem Nordwesten die Gelblich Weiße *Tsandhali*[131], die einen Kopf von einem Leichnam abreißt, deren Rechte ein Herz hält und deren Linke den Leichnam zum Mund führt, (den sie dann) ißt; aus dem Nordosten die Dunkelblaue *Smascha*[132], die einen Kopf von einem Leichnam abreißt und (davon) ißt: diese, die Acht *Kerimas* der Stätten (oder Acht Richtungen) scheinen auch auf dich, wobei sie die Fünf Bluttrinkenden Väter umringen. Habe jedoch keine Angst.

O Edelgeborener, von dem Kreis außerhalb von ihnen scheinen die Acht *Htamenmas* der (acht) Regionen (des Hirnes) auf dich: aus dem Osten die Dunkelbraune Löwenköpfige, die Hände auf der Brust gekreuzt, im Mund einen Leichnam, die Mähne schüttelnd; aus dem Süden die Rote Tigerköpfige, die Hände nach unten gekreuzt, grinsend und die Fangarme zeigend, mit hervortretenden Augen zuschauend; vom Westen die Schwarze Fuchsköpfige, deren Rechte ein Rasiermesser hält und deren Linke einen Darm, (aus dem sie) das Blut ißt und aufleckt; vom Norden die Dunkelblaue Wolfsköpfige, deren beide Hände einen Leichnam aufreißen und die mit hervorquellenden Augen zuschaut; vom Südosten die

[127] Text: *chu-srin* (sprich: *tschu-sin*): «Wasserlöwe» oder «Leviathan» (skt. *Makara*, Krokodil), ein mythologisches Ungeheuer, das seinen Ursprung im indischen Krokodil hat.

[128] tib.-skt. des Textes.

[129] tib.-skt. des Textes.

[130] tib.-skt. des Textes.

[131] Eine Textform, von skt. *Caṇḍali* abgeleitet, die offensichtlich auf den Geist eines Weibes von niederer Kaste hinweist (d.h. *Tschandalî*), das, wie eine jede der Göttinnen unseres Textes hier, auf Friedhöfen und Verbrennungsplätzen umherstreicht. All solche Göttinnen, die hier erscheinen, sind wohl als Symbole gedacht – jede auf ihre eigene Art –, um dem Verstorbenen wie in einem Einweihungsdrama die Natur der *saṃsârischen* Existenz einzuprägen: ihre Vergänglichkeit, ihre Unzulänglichkeit und die Notwendigkeit, sich darüber zu erheben, indem man sie durch Weltentsagung überwindet: denn alle die Göttinnen gehen, wie der Text wiederholt lehrt, aus dem geistigen Gehalt hervor, den die *saṃsârische* Existenz des Wahrnehmenden ihm hinterlassen hat.

[132] Statt dieser tib.-skt. Form in unserem Text bringt der Blockdruck *Smaśalî*, und das ist die korrektere Form.

Gelblich-Weiße Geierköpfige, die einen gigantischen (menschenförmigen) Leichnam auf der Schulter trägt und ein Skelett in der Hand hält; aus dem Südwesten die Dunkelrote Friedhofsvogelköpfige, die einen gigantischen Leichnam auf der Schulter trägt; vom Nordwesten die Schwarze Krähenköpfige, deren Linke eine Schädelschale trägt und deren Rechte ein Schwert hält und (die) Herz und Lungen ißt; aus dem Nordosten die Dunkelblaue Eulenköpfige, die einen *Dorje* in der Rechten und ein Schwert in der Linken hält und ißt.
Diese Acht *Htamenmas* der (acht) Regionen, die ebenfalls von Bluttrinkenden Vätern umgeben sind und aus deinem Hirn entspringen, kommen, auf dich zu scheinen. Fürchte dich nicht. Erkenne sie als die Gedankenformen deiner eigenen Geistesfähigkeiten.

Der vierzehnte Tag

O Edelgeborener, am vierzehnten Tag kommen die Vier Weiblichen Torhüterinnen, die auch von innerhalb deines eigenen Gehirns stammen, um auf dich zu scheinen. Erkenne auch hier wiederum. Vom östlichen (Viertel) deines Hirns scheint die Weiße Tigerköpfige Stachelstockhaltende Göttin, die eine mit Blut gefüllte Schädelschale in der Linken hält, aus dem Süden die Gelbe Sauköpfige Schlingenhaltende Göttin, aus dem Westen die Rote Löwenköpfige eiserne-Ketten-haltende Göttin, und vom Norden die Grüne Schlangenköpfige Glocken-tragende Göttin. So entspringen die Vier Weiblichen Torhüterinnen auch aus dem Innern deines eigenen Hirns und scheinen auf dich. Erkenne sie als Schutzgottheiten.
O Edelgeborener, auf dem äußeren Kreis dieser dreißig zornigen Gottheiten kommen *Herukas,* die achtundzwanzig verschiedenköpfigen mächtigen Göttinnen, die verschiedene Waffen tragen und aus dem Innern deines eigenen Gehirns entspringen, um auf dich zu scheinen. Fürchte dich nicht. Erkenne, was da auch scheinen mag, als die Gedankenformen deiner eigenen Geistesfähigkeiten. Rufe dir zu dieser höchst wichtigen Zeit die auserwählten Lehren des *Guru* zurück.
O Edelgeborener, aus dem Osten (dämmert) die Dunkelbraune Yakköpfige *Râkṣasa*-Göttin, die einen *Dorje* und einen Schädel hält, und die Rötlich-gelbe Schlangenköpfige *Brahma*-Göttin, einen Lotus in der Hand, und die Grünlich-schwarze Leopardenköpfige Große Göttin, einen Dreizack in der Hand; und die Blaue Affenköpfige Göttin des Aus- und

Nachfragens, mit einem Rad; und die Rote Schneebärköpfige Jungfraugöttin, einen kurzen Speer in der Hand; und die Weiße Bärköpfige Indra-Göttin, die aus dem Inneren des (östlichen Viertels deines eigenen) Hirnes stammen, scheinen dich an; /[133] fürchte das nicht.

O Edelgeborener, aus dem Süden (dämmert) die Gelbe Fledermausköpfige freudvolle Göttin mit einem Rasiermesser in der Hand und die Rote *Makara*köpfige Friedliche (Göttin), mit einer Urne in der Hand; und die Rote Skorpionköpfige *Amrita*-Göttin, einen Lotus in der Hand; und die Weiße Gabelweihköpfige Mondgöttin, / einen *Dorje* in der Hand; und die Dunkelgrüne Fuchsköpfige Stabhaltende Göttin, eine Keule in der Hand schwingend; und die Gelblichschwarze Tigerköpfige *Râkṣasî,* eine mit Blut (gefüllte) Schädelschale in der Hand: (diese), die Sechs *Yoginîs* des Südens, die aus dem Innern des (südlichen Viertels deines eigenen) Hirnes[134] stammen, werden auf dich scheinen; fürchte das nicht.

O Edelgeborener, aus dem Westen (dämmern) die Grünlichschwarze Geierköpfige Esser-Göttin, die einen Stab in der Hand hält, und die Rote Pferdeköpfige freudvolle Göttin, die den Riesenrumpf eines Leichnams trägt; und die Weiße Adlerköpfige Mächtige Göttin, eine Keule in der Hand, und die Gelbe Hundsköpfige *Râkṣasî,* einen *Dorje* in der Hand und ein Rasiermesser und (die damit) schneidet; und die Rote Hupuköpfige Wunschgöttin, die Pfeil und Bogen zielend in der Hand hält; und die Grüne Hirschköpfige Reichtumbeschützer-Göttin, eine Urne in der Hand: (diese), die Sechs *Yoginîs* des Westens, die aus dem Innern des (westlichen Viertels deines eigenen) Hirnes stammen, werden auf dich scheinen; fürchte das nicht.

O Edelgeborener, aus dem Norden (dämmern) die Blaue Wolfsköpfige Windgöttin, die mit einem Wimpel in der Hand winkt, und die Rote Steinbockköpfige Frauengöttin, die einen spitzen Pfahl in der Hand hält, und die Schwarze Sauköpfige Saugöttin, die eine Schlinge aus Fangzähnen in der Hand hält, und die Rote Krähköpfige Donnergöttin, die einen Kindesleichnam in der Hand hält; und die Grünlichschwarze Elefantenköpfige Großnäsige Göttin[135], die einen großen Leichnam in der Hand

[133] Zwischen diesem Strich und dem Strich hinter «Mondgöttin» im folgenden Satz ist die Übersetzung des tibetischen Textes auf dem unteren Blatt (67a) unseres Titelbildes enthalten.

[134] Diese eingeklammerten Worte hier (und in den drei entsprechenden weiteren Stellen dieses Abschnitts) sind aus dem Text des Blockdrucks übernommen; in unserem Manuskript fehlen sie.

[135] Hier sagt der Blockdruck nur «die Große Elefantenköpfige Göttin».

hält und Blut aus einem Schädel trinkt; und die Blaue Schlangenköpfige Wassergöttin, die eine Schlangenschlinge in der Hand hält: (diese), die Sechs *Yoginîs* des Nordens, die aus dem Innern (des nördlichen Viertels) deines eigenen Hirnes stammen, werden auf dich scheinen: fürchte das nicht.

O Edelgeborener, die vier aus dem Innern deines Hirns stammenden *Yoginîs* des Todes scheinen auf dich: vom Osten die Schwarze Kuckuckköpfige Mystische Göttin[136], die einen Eisenhaken in der Hand hält; vom Süden die Gelbe Ziegenköpfige Mystische Göttin mit einer Schlinge in der Hand; vom Westen die Rote Löwenköpfige Mystische Göttin mit einer Eisenkette in der Hand; und vom Norden die Grünlich-schwarze Schlangenköpfige Mystische Göttin: (diese), die Vier Torbewachenden *Yoginîs,* die aus dem Innern des Gehirns stammen, scheinen auf dich.

Da diese Achtundzwanzig Mächtigen Göttinen aus den körperlichen Kräften *Ratnasambhavas,* (Einer) der Sechs *Heruka*-Gottheiten, entspringen, erkenne sie[137].

O Edelgeborener, die Friedlichen Gottheiten entspringen aus der Leere des *Dharmakâya*[138]; erkenne sie. Aus der Strahlung des *Dharmakâya*[139] entspringen die Zornigen Gottheiten; erkenne sie.

Wenn du zu der Zeit, wo die Achtundfünfzig Bluttrinkenden Gottheiten[140], die aus deinem eigenen Gehirn entspringen, auf dich scheinen, sie als die Strahlung deines eigenen Geistes erkennst, gehst du sogleich – im Zustand der Vereinung – in den Körper der Bluttrinkenden ein und erreichst Buddhaschaft.

O Edelgeborener, wenn du jetzt nicht erkennst und vor den Gottheiten aus Furcht fliehst, werden wieder Leiden dich überwältigen. Wenn man das nicht weiß (und) Furcht vor den Bluttrinkenden Gottheiten hat,

[136] Text: *rDo-rJe-ma* (sprich: *Dordsche-ma*): «Sie, [genannt] der Dorje», oder «Sie, [genannt] die Mystische»; daher «Mystische Göttin». Der Blockdruck bringt «Weiße Kuckucksköpfige Mystische Göttin».

[137] Stattdessen bringt der Blockdruck folgenden sinnverwandten Satz: «Da diese Achtundzwanzig Mächtigen Göttinnen auch Ausflüsse der Macht der selbstgeschaffenen Zornigen Gottheiten sind, erkenne sie.»

[138] Sie sind die Ausflüsse [Emanationen] des leeren oder ursprünglichen, ruhigen, ungestalteten Aspektes des *Dharmakâya*-Zustandes, die den Menschen als Mikrokosmos des Makrokosmos ansehen.

[139] Sie sind die Ausflüsse des aktiv strahlenden Aspektes des *Dharmakâya*-Zustandes – das Klare Licht scheint in der ursprünglichen Leere –, die Menschen, als der Mikrokosmos des Makrokosmos, sind davon untrennbar.

[140] Hier sollte die Symbolik des Bluttrinkens beachtet werden. (Siehe S. 209[109].)

(wird man) eingeschüchtert und erschreckt und ohnmächtig. Seine eigenen Gedankenformen wandeln sich in trügerische Erscheinungen, und man wandert in den *saṃsâra;* so man sich aber nicht einschüchtern oder erschrecken läßt, wandert man nicht in den *saṃsâra.*

Ferner sind die Körper der größten der Friedlichen und Zornigen Gottheiten (an Größe) den Grenzen der Himmel gleich; die mittleren sind so groß wie der Berg *Meru*[141], die kleinsten wie achtzehn Körper (von der Größe) deines eigenen, einer auf den andern gestellt. Laß dich davon nicht erschrecken, laß dich nicht einschüchtern. Wenn du alle bestehenden Erscheinungen, die als göttliche Formen und Strahlungen hervorleuchten, als Ausstrahlungen deines eigenen erkennst, erreichst du sogleich im Augenblick der Erkenntnis Buddhaschaft. Der Ausspruch «Buddhaschaft wird in einem Augenblick erreicht» kann hier angewandt werden. Wenn man das im Sinne behält, erreicht man Buddhaschaft, indem man in Vereinung in die Strahlungen und die *Kâyas* eingeht.

O Edelgeborener, was auch für schreckliche und erschreckende Visionen du sehen magst, erkenne sie als deine eigenen Gedankenformen.

O Edelgeborener, wenn du dies nicht erkennst und dich fürchtest, scheinen alle Friedlichen Gottheiten in der Form des *Mahâkâla*[142] auf dich, und alle Zornigen Gottheiten in der Form des *Dharmarâja,* des Todesgottes[143]; und deine eigenen Gedankenformen werden Trugbilder (oder *Mârâs*) und du wanderst in den *saṃsâra.*

O Edelgeborener, wie gut man sich auch in den Schriften auskennen mag – sowohl in den *Sûtras* als den *Tantras* –, und wenn man auch Religion ein *Kalpa* lang ausgeübt hat, wenn man nicht seine eigenen Gedankenformen erkennt, erreicht man nicht Buddhaschaft. Wenn man seine eigenen Gedankenformen erkennt, erreicht man durch einen wichtigen Kunstgriff und durch ein einziges Wort Buddhaschaft.

[141] Der Berg Meru (tib. *Ri-rab*) ist der zentrale mystische Berg der buddhistischen Kosmographie. (Siehe S. 137 ff.) Die Wirbelsäule, die zentrale Stütze der menschlichen Körperstruktur, wird in den *Tantras* und in Werken über Yoga analog als der Berg Meru des Menschen, des Mikrokosmos, symbolisiert.

[142] Text: *mGon-po-Nag-po* (sprich: *Gon-po-Nag-po*): skt. *Kâlanâth,* im allgemeinen in Indien als *Mahâkâla* bekannt. Auf dieser Stufe vermischen sich alle illusorischen Formen der Friedlichen Gottheiten und erscheinen als diese eine Gottheit.

[143] Text: *gŚin-rJeḥi-chos-kyi-rGyal-po* (sprich: *Schin-jeï-tschö-kyi-gyal-po):* skt. *Dharmarâja* + *Yamarâja.* Wie hier und im Zweiten Buch des *Bardo Thödol* (s. S. 245[39]) beschrieben, nimmt diese illusorische Gottheit gewöhnlich viele und verschiedene Formen an, ist aber fähig, sie zu einer einzigen Gestalt zu verschmelzen.

Wenn man seine Gedankenformen nicht, sobald man stirbt, erkennt, erscheinen die Formen des *Dharmarâja,* des Todesgottes, noch weiterhin auf dem *Tschönyi-Bardo.* Der größte der Körper *Dharmarâjas,* des Todesgottes, der (an Weite) den Himmeln gleichkommt, der mittlere dem Berg *Meru* und der kleinste achtzehnmal deinem eigenen Körper, kommen und füllen die Weltsysteme. Sie erscheinen, mit ihrem oberen Zahn die Unterlippe beißend, mit glasigen Augen, die Haare oben auf dem Kopf zusammengebunden, großleibig, schmaltaillig, eine *(karmische)* Merktafel[144] in der Hand, von ihrem Mund gehen Klänge aus, als da sind: «Schlage! Erschlage!» (Menschen-)Gehirn schleckend, Blut trinkend, Köpfe von den Leichnamen reißend, Herzen herausreißend: so kommen (sie) und füllen die Welten.
O Edelgeborener, wenn solche Gedankenformen hervorstrahlen, habe keine Angst, laß dich auch nicht erschrecken; da der Körper, den du jetzt besitzest, ein geistiger Körper aus *(karmischen)* Neigungen ist, kann er, auch wenn er geschlagen und (in Stücke) zerhackt wird, doch nicht sterben. Da dein Körper in Wirklichkeit aus Leere besteht, brauchst du keine Furcht zu haben. Auch die [Körper des] Todesgottes sind Emanationen der Strahlungen deines eigenen Geistes; sie bestehen nicht aus Stoff; Leere kann Leere nichts anhaben. Jenseits der Emanationen deiner eigenen Geistesfähigkeiten, außerhalb (davon) existieren die Friedlichen und Zornigen, die Bluttrinkenden, die Verschieden-Köpfigen, die Regenbogenlichter, die erschreckenden Formen des Todesgottes in

[144] Text: *khram-śiṅ* (sprich: *tam-sching*) bezieht sich auf ein Brett – entweder auf ein Folterbrett, wie die, auf denen in Tibet die Verbrecher gestreckt und gestäupt werden, oder, wie hier, auf ein Brett, das mit *karmischen* Vermerken über des Verstorbenen Leben beschrieben ist. *Khram* ist der Name für eine aufgerollte Liste von Vermerken oder das Verzeichnis einer Liste von Einkünften; *śiṅ* allein bedeutet «Holz». So können wir die beiden Worte übersetzen als «Holz-Register» oder «Merktafel». In der großen tibetischen Arthus-ähnlichen Sage, die im Tibetischen *Ge-sar-bsgruṅs* (sprich: *Ke-sar-dûng*) oder Kesar-Sage heißt (Autor unbekannt, aber wahrscheinlich aus dem 8. oder 9. Jahrhundert n. Chr. stammend), und die so volkstümlich ist, daß viele Tibeter sie auswendig können, kommt ein Knabe von dreizehn Jahren vor, der, als er wünscht, an einer Schlacht teilzunehmen, von zärtlichen Verwandten zurückgehalten wird. Aber er stößt sie zur Seite, indem er sagt: «Der Ort der Krankheit, der Ort des Todes und der Ort der Verbrennung sind in Übereinstimmung mit dem *karmischen* Register des Todesgottes»; und hier ist das tibetische Wort für Register *khram.*
Die Beglaubigung unserer Übersetzung dieser Stelle ist wichtig, weil sie, wie andere Stellen im *Bardo Thödol,* besonders die engverwandte Stelle im Zweiten Buch (S. 244–247), die das Gericht beschreibt, auffallende Übereinstimmung mit Teilen des *Ägyptischen Totenbuches* aufweist.

Wirklichkeit nicht: darüber gibt es keinen Zweifel. Wenn man dies weiß, verschwinden von selber alle Furcht und Schrecken, man verschmilzt in den Zustand der Vereinung, und Buddhaschaft wird erreicht.
Wenn du in dieser Weise zur Erkenntnis kommst, deinen Glauben und deine Zuneigung zu den Schutzgottheiten dartust und glaubst, daß sie gekommen sind, um dich auf dem schmalen Pfad über dem Abgrund des *Bardo* zu erretten, so denke: «(ich) nehme meine Zuflucht (zu ihnen)» und erinnere dich der Kostbaren Dreieinigkeit, indem du Liebe und Glauben gegen sie (die Dreieinigkeit) zeigst. Wer auch deine eigene Schutzgottheit sein mag, erinnere dich (ihrer) jetzt, (und) indem du sie bei Namen rufst, bete so:

«(Ach), ich wandere im *Bardo,* eile zu meiner Hilfe.
Durch deine Gnade richte mich auf, o Kostbare Schutzgottheit!»

Indem du den Namen deines eigenen *Guru* anrufst, bete so:

«(Ach), ich wandere jetzt im *Bardo,* errette mich!
(O) entzieh mir nicht deine Gnade!»

Glaube auch an die Bluttrinkenden Gottheiten und bringe ihnen dieses Gebet dar:

«Ach! da (ich jetzt) – durch die Kraft überwältigender Trugbilder – im *samṣâra* wandere,
Auf den Lichtpfad der Erlösung von Schrecken, Furcht und Schauer
Mögen die Scharen der *Bhagavâns,* die Friedlichen und Zornigen, mich führen,
Mögen die Scharen der Zornigen Göttinnen, Reich an Raum, (meine) Deckung sein
Und mich erretten aus den schreckensvollen Abgründen des *Bardo*
Und mich in den Zustand der Vollkommen Erleuchteten Buddhas versetzen.
Wenn ich wandere allein, getrennt von lieben Freunden,
Wenn die leeren Formen der eigenen Gedanken hier scheinen,
Mögen die Buddhas durch die Kraft ihrer Gnade
Furcht, Schauer und Schrecken im *Bardo* nicht aufkommen lassen.
Wenn die fünf hellen Weisheitslichter hier scheinen,
Möge Erkenntnis kommen ohne Schrecken und Schauer;

Wenn die göttlichen Körper der Friedlichen und Zornigen hier scheinen,
Möge die Versicherung der Furchtlosigkeit erzielt und der *Bardo* erkannt werden.
Wenn durch die Macht bösen *Karmas* Elend gekostet wird,
Mögen die Schutzgottheiten das Elend zerstreuen,
Wenn der natürliche Ton der Wirklichkeit (wie) tausend Donner widerhallt,
Mögen sie in die Klänge der Sechs Silben[145] verwandelt werden.

[145] Es sind die des Kern-*Mantras* von Tscheräsie (Avalokiteśvara): *Oṃ Maṇî Padme Hûṃ*. (Siehe S. 211[112].) Da Tscheräsie der Gott-Patron, die nationale Schutzgottheit von Tibet und dies sein *Mantra* ist, so glaubt man, daß seine Wiederholung – sowohl in der Menschenwelt als auch auf der *Bardo*-Ebene – den Kreislauf der Wiedergeburten zu Ende bringt und damit den Eingang ins Nirvâṇa öffnet; daher seine Bedeutung im Gebet des *Bardo*. In dem tibetischen Werk *Maṇî-bkaḥ-ḥbum* (sprich: *Ma-ṇi-kahbum*), d.h. «Geschichte des *Maṇî* (oder *Mantra* des Tscheräsie)» wird von diesem *Mantra* gesagt, es sei «das innerste Wesen allen Glückes, allen Gedeihens, allen Wissens und das große Mittel zur Befreiung»; es heißt auch, daß das *Oṃ* die Tür zur Wiedergeburt unter den Göttern schließt, *Ma* unter den *Asuras* (oder Titanen), *ni* unter den Menschen, *Pa* unter den untermenschlichen Geschöpfen, *dme* unter den *Pretas* (oder unglücklichen Geistern), und *Hûṃ* unter den Bewohnern der Hölle. Dementsprechend wird jeder der sechs Silben die Farbe des Lichtpfades gegeben, die den sechs Daseinszuständen entspricht, also: *Oṃ*, der weiße Lichtpfad des *Deva-loka* (oder der Götterwelt), *Ma*, der grüne Lichtpfad der *Asura-loka* (oder der Welt der Titanen), *ni*, der gelbe Lichtpfad des *Manuṣya-loka* (oder Menschenwelt), *Pa*, der blaue Lichtpfad des *Tiryaka-loka* (oder der Tierwelt), *dme*, der rote Lichtpfad des *Preta-loka* (oder der Welt der Geister), und *Hûṃ*, der rauchfarbene oder schwarze Lichtpfad des *Naraka-loka* (oder der Höllenwelt)*.
* Die Farben der sechs Silben entsprechen den sechs Erscheinungsformen *Avalokiteśvaras* in den sechs Bereichen, nicht aber den trüben Lichtpfaden, die zu ihnen hinführen und die mit dem Aussprechen der sechs Silben *vermieden* werden sollen. Obwohl auf diese Weise die Pforten der Wiedergeburt in diesen Welten geschlossen werden, soll das Aussprechen jeder Silbe die entsprechende Erscheinungsform *Avalokiteśvaras* aufrufen und so zur Befreiung der in diesen Bereichen lebenden und leidenden Wesen beitragen (L.A.G.).
Es gibt eine alte tibetische Volkserzählung von einem frommen Gläubigen, der versuchte, seine unfromme Mutter gläubigen Sitten geneigt zu machen; es gelang ihm aber nur, sie an das Aufsagen dieses *Mantra* zu gewöhnen. Und da ihr schlechtes *Karma* ihr gutes *Karma* überwog, so kam sie bei ihrem Tode in die Hölle. Daraufhin eilte ihr Sohn, der schon im Yoga fortgeschritten war, zu ihrer Rettung herbei; und als sie ihn sah, da konnte sie, weil sie auf Erden das *Mantra* aufgesagt hatte, es auch in der Hölle hersagen, und im Augenblick wurden sie und alle, die es hörten, von der Hölle befreit: denn, wie die Geschichte am Ende lehrt, «so groß ist die Macht des *Mantra*».
Der Ursprung dieses *Mantra* kann durch die *Tertön*-Werke nachgewiesen werden, die die Einführung (während des 8. Jahrhunderts) des Tantrischen Buddhismus nach Ti-

Dieweil (ich) schutzlos hier dem *Karma* zu folgen habe,
Flehe ich den Gnädig Barmherzigen[146] an, mich zu beschützen;
Dieweil (ich) das Elend *Karmischer* Neigungen hier erleide,
Möge die Glückseligkeit Klaren Lichtes dämmern;
Mögen die Fünf Elemente[147] nicht als Feinde aufstehen,
Sondern ich die Reiche der Fünf Ordnungen der Erleuchteten erblicken.»

Bringe so in ernstem Glauben und Demut dein Gebet dar, wodurch alle Furcht verschwinden und Buddhaschaft im *Sambhogakâya* zweifelsohne erreicht wird: wichtig ist dies. Wiederhole es gesammelt in dieser Art drei- oder (sogar) siebenmal.
Wie schwer auch böses und wie schwach das übrige *Karma* sein mag, so ist es doch nicht möglich, daß Befreiung nicht erreicht wird, (wenn man nur erkennt). Wenn man jedoch, obwohl alles auf diesen (Stufen des *Bardo*) getan worden ist, nicht zur Erkenntnis gelangt, wird dann – da die Gefahr besteht, daß man noch weiter wandert, in den dritten *Bardo*, genannt der *Sipa-Bardo* – das Von-Angesicht-zu-Angesicht-Setzen dafür eingehend im folgenden gezeigt.

Der Schluß, der die grundlegende Bedeutung der Bardo-Lehren zeigt

Was auch die religiösen Übungen irgendeines Menschen gewesen sein mögen – ob ausgiebig oder begrenzt –, so entstehen doch während der

bet behandeln. Dr. Waddell ist geneigt, daran zu zweifeln, daß diese *Tertön*-Werke damals (d.h. zur Zeit *Padmasambhavas*) versteckt worden sind und in späteren Jahrhunderten wieder aufgedeckt, wie die *Tertöns* (d.h. die Entdecker solcher verlorenen Bücher) behaupten, und vermutet, daß ihre Zusammenstellung vom 14. bis 16. Jahrhundert geschah – eine versuchsweise und vielleicht irrige Theorie (vgl. L.A. Waddell, *Lamaism in Sikhim*, in der *Gazetteer of Sikhim*, hrsg. von H.H. Risley, Calcutta 1894, S. 289; auch unsere Einleitung S. 147–151). Auf alle Fälle scheint zum mindesten der Tradition nach (die gewöhnlich ebenso vertrauenswürdig ist wie die aufgezeichnete Geschichte) das *Mantra* gleichzeitig mit der Einführung des Buddhismus nach Tibet gekommen oder dort entstanden zu sein.

[146] Das ist Tscheräsie (*Avalokiteśvara*).

[147] Das sind: Erde, Wasser, Feuer, Luft und Äther.

Augenblicke des Todes verschiedene irreführende Trugbilder, und deshalb ist dieser *Thödol* unentbehrlich. Denen, die viel meditiert haben, dämmert die wirkliche Wahrheit, sobald der Körper und das Bewußtseinsprinzip voneinander scheiden. Erfahrung während des Lebens zu erwerben ist wichtig: die, die (dann) (die wahre Natur) ihres eigenen Seins[148] erkannt und somit etwas Erfahrung haben, erreichen große Macht während des *Bardo* der Augenblicke des Todes, wenn das Klare Licht dämmert.

Auch die Meditation über die Gottheiten des Mystischen Pfades des *Mantra*, (sowohl auf den) imaginierenden als auch den vervollkommnenden Stufen, während des Lebens, ist von großem Einfluß, wenn die friedlichen und zornigen Visionen auf dem *Tschönyi-Bardo* dämmern[149]. Da somit die Übung in diesem *Bardo* von besonderer Bedeutung sogar während des Lebens ist, halte dich daran, lies ihn, lerne ihn auswendig, trage ihn genau im Sinn, lies ihn regelmäßig dreimal; laß die Worte und ihre Bedeutungen sehr klar sein; es sollte so sein, daß (du) die Worte und ihre Bedeutung nicht vergißt, selbst wenn hundert Henker (dich) verfolgen.

Er heißt die Große Befreiung durch Hören, weil selbst Menschen, die die fünf grenzenlosen Sünden[150] begangen haben, sicher sein können, befreit zu werden, wenn sie ihn durch den Pfad des Ohres hören. Lies ihn deshalb mitten in großen Versammlungen. Verbreite ihn. Wenn man ihn einmal gehört hat, selbst wenn man ihn nicht versteht, wird man sich im Zwischenzustand an ihn erinnern, ohne daß ein Wort fehlt, denn der Geist wird (dort) neunfältig heller. Und so sollte er in die Ohren aller lebenden Personen gesprochen, er sollte über den Kissen aller Kranken gelesen, er sollte neben allen Leichnamen gelesen werden: er sollte weithin verbreitet werden.

Die dieser (Lehre) begegnen, sind tatsächlich glücklich. Mit Ausnahme derer, die viel Verdienst gesammelt und viele Verdunkelungen überwun-

148 Wörtlich «Bewußtseinsprinzip».

149 Vgl. die folgende Stelle aus *The Book of the Craft of Dying*, Kap. V, Comper's Ed. (S. 37): «Jener Mensch, den es gelüstet und der gern glücklich und sicher und verdienstvoll sterben will, ohne Gefahr, der muß sichtbarlich auf der Hut sein und diese Kunst des Sterbens fleißig studieren und lernen, auch die oben erwähnten Anordnungen darüber, solange er noch bei Gesundheit ist, und darf nicht warten, bis der Tod bei ihm eintritt.»

150 Das sind: Vatermord, Muttermord, zwei religiöse Parteien in Krieg gegeneinander bringen, einen Heiligen töten und zu versuchen, daß Blut vom Körper eines *Tathâgata* (d.h. eines Buddha) fließt.

den haben, ist es schwer, ihr zu begegnen. Selbst wenn man ihr begegnet, ist es schwer, sie zu verstehen. Befreiung wird gewonnen, indem man einfach nicht ungläubig ist[151], wenn man sie hört. Halte deshalb diese (Lehre) sehr hoch: Sie ist der Inbegriff[152] aller Lehren.

Das Von-Angesicht-zu-Angesicht-Setzen, während man Wirklichkeit im Zwischenzustand erfährt, genannt «Die Lehre, Die Befreit, Indem Man Sie Einfach Hört, Und Das, Was Befreit, Indem Es Einfach Mitgegeben (Wird)[153]», ist beendet[154].

[151] d.h. sich öffnet.

[152] Hier bringt der Blockdruck: «dies ist das *Tantra* aller Lehren».

[153] Das weist auf den *Tahdol* hin (siehe S. 272[44]).

[154] Der Blockdruck, der in allem Wesentlichen und in fast allen wichtigen Einzelheiten Wort für Wort mit unserem Manuskript übereinstimmt, enthält (auf Blatt 48b) als parallelen Schlußsatz des *Tschönyi-Bardo* den folgenden, der von unserem abweicht: «Die Lehre für den Zwischenzustand, das Von-Angesicht-zu-Angesicht-Setzen während des Erlebnisses der Wirklichkeit, von ‹der Großen Befreiung durch Hören während des Zwischenzustandes, vom Befreien durch bloßes Gehörtwerden und Befreien durch bloßes Gesehenwerden› ist beendet.»

ZWEITES BUCH
DER SIPA-BARDO

Dies gilt als der gute Hauptteil von dem, was da heißt «Das tiefe Wesen der Befreiung durch Hören», – Der Erinnerer – Das klare Von-Angesicht-zu-Angesicht-Setzen im Zwischenzustand, wenn man Wiedergeburt sucht[1]

Text: *srid-pa bar-doḥi ṅo-sprod gsal-ḥdebs thos-grol źes bya-ba zab-paḥi ñiṅ-khu źes-baḥi dbu-phyogs legs* (sprich: *si-pa bar-doï ngo-tö sal-deb thö-dol sche-tscha-wa sab-paï nying-khu sche-waï u-tschog-le*).

[1] Da der *Bardo Thödol* im Blockdruck in zwei deutlich voneinander getrennte Bücher eingeteilt ist – während in unserem Manuskript Buch II eine ununterbrochene Fortführung von Buch I ist –, enthalten die ersten vier Blätter seines zweiten Buches – ungleich unserem Manuskript – eine Zusammenfassung der einführenden Teile seines ersten Buches; und der Titel von Buch II des Blockdrucks lautet: *Bar-do thos-grol chemmo las srid-pa bar-doḥi ṅo sprod bźugs-so* (sprich: *Bar-do thö-dol tschen-mo lä si-pa bardoï ngo-tö schug-so*), das bedeutet: «Hierin lieget das Von-Angesicht-zu-Angesicht-Setzen im Zwischenzustand der [oder auf der Suche der] Weltlichen Existenz (d.i. Wiedergeburt), von der ‹Großen Befreiung durch Hören auf der Nachtod-Ebene›.»

«Das innerste Wesen aller Dinge ist ein und dasselbe, vollkommene Stille und Ruhe, und zeigt keine Zeichen von ‹Werden›; das Nichtwissen jedoch in seiner Blindheit und seinem Wahn wird nicht der Erleuchtung gewahr und kann deshalb nicht wahrheitsgetreu all jene Umstände, Unterschiede und Tätigkeiten erkennen, welche die Erscheinungen des Weltalls charakterisieren.» – Aśvaghoṣa.

Das Erwachen des Glaubens
(Nach D. T. Suzukis Übersetzung)

Die Huldigungen

Den versammelten Gottheiten, den Schutzgottheiten, den *Gurus*
Sei demütig Huldigung dargebracht:
Mögen sie Befreiung im Zwischenzustand gewähren[2].

Einleitende Verse

Oben im großen *Bardo Thödol*
Ward der *Bardo* genannt *Tschönyi* gelehrt;
Und jetzt wird vom *Bardo* namens *Sipa*
Der lebhafte Erinnerer beschert.

[2] Wörtlich «Handle so, daß im Zwischenzustand befreit» – ein direktes Anflehen der Gottheiten, Schutzgottheiten und *Gurus*, bei uns in die dritte Person übertragen, um sich dem Text besser anzupassen.

ERSTER TEIL
DIE NACHTOD-WELT

(Einleitende Belehrungen für den Offizianten[3]): Obgleich schon zuvor, dieweil im *Tschönyi-Bardo,* viele lebhafte Mahnungen gegeben worden sind, ist doch – abgesehen von denen, die mit der wirklichen Wahrheit sehr vertraut waren, und denen, die ein gutes *Karma,* die nicht damit vertraut waren, und für die von bösem *Karma,* die ob des Einflusses davon von Furcht und Schrecken befallen wurden, Erkenntnis schwer. Sie gehen hinunter zum vierzehnten Tag, und um sie von neuem lebhaft zu beeindrucken, muß das folgende gelesen werden.

Der Bardo-Körper: Seine Geburt und seine übernormalen Fähigkeiten

Nachdem der Dreieinigkeit Anbetung dargebracht und das Gebet, das die Hilfe der Buddhas und Bodhisattvas anruft, verrichtet worden ist, rufe den Verstorbenen bei Namen und sprich dann drei- oder siebenmal so:

O Edelgeborener, höre gut zu und bewahre im Herzen, daß Geburt in der Höllenwelt, in der *Deva*-Welt und in diesem *Bardo*-Körper von der Art ist, die genannt wird übernormale[4] Geburt.

Tatsächlich, als du die Strahlungen der Friedlichen und Zornigen im *Tschönyi-Bardo* erfuhrst, aber unfähig warst, sie zu erkennen, fielst du

[3] Meistens wird es ein *Lama* – es kann aber auch der *Guru* des Verstorbenen sein, ein «Glaubensbruder» oder ein Weiser, der sich in den Texten auskennt.

[4] Text: *rdzüs-skyes* (sprich: *zü-kye*), d.h. «verkleidet geboren werden» – *rdzüs* = «verkleiden» + *skyes* = «geboren werden» – oder «auf übernatürliche Art geboren werden», d.h. «übernormale Geburt». Wie der Text weiter erklären wird, ist der Geburtsprozeß in den Nachtod-Zuständen dem auf Erden bekannten völlig ungleich.

durch Furcht in Ohnmacht für drei und einen halben Tag[5] (nach deinem Hinscheiden), und als du dann aus diesem Bewußtseinsschwund wieder zu dir kamst, muß der Wissende in dir in seinem Urzustand auferstanden und ein strahlender Körper, der dem früheren Körper gleicht, hervorgesprungen sein[6] – wie das *Tantra* sagt –:

«Mit einem Körper (anscheinend) von Fleisch, (der dem) früheren (gleicht) und dem, der erzeugt werden soll,
Ausgestattet mit allen Sinnesfähigkeiten und der Macht zu ungehinderter Bewegung.
Karmische wunderbare Kräfte besitzend,
Sichtbar reinen himmlischen Augen (*Bardo*-Wesen) gleicher Natur.»

Folgendermaßen lautet dann die Lehre:
Jener (strahlende Körper), auf den hingewiesen wird als (ähnlich) «dem früheren und dem zu erzeugenden» – (was bedeutet, daß man einen Körper haben wird, genau wie den Körper aus Fleisch und Blut, den früheren menschlichen, den Körper der Neigungen) –, ist auch mit gewissen Zeichen und Schönheiten der Vervollkommnung ausgestattet, so wie Wesen von hoher Bestimmung sie besitzen.
Dieser Körper, aus Wunsch (geboren), ist eine Gedankenform-Halluzination im Zwischenzustand und heißt Wunschkörper. Wenn du nun als ein *Deva* geboren werden sollst, erscheinen dir Visionen aus der *Deva*-Welt; ebenso erscheint dir – wo immer du auch geboren werden sollst, ob als ein *Asura* oder ein Mensch oder als ein Tier[7] oder ein *Preta* oder ein Wesen in der Hölle – eine Vision des entsprechenden Ortes.
Demgemäß deutet das Wort «früher» (in dem Zitat) an, daß du vor den dreieinhalb Tagen gedacht hast, daß du dieselbe Art von Körper haben werdest wie dein früherer Körper aus Fleisch und Blut, den du in deiner früheren Existenz durch die gewohnten Neigungen[8] gehabt hast; und das

[5] Durch einen Irrtum, wahrscheinlich bei der Abschrift, hat der Text hier «vier».

[6] Dieses Hervorspringen, die Geburt des *Bardo*-Körpers, etwa dreieinhalb Tage nach dem Tode, d. h. nach Verlauf von dreieinhalb bis vier Tagen (vergleichbar der vorgeburtlichen Zeit auf der irdischen Ebene, die gewöhnlich im Schlaf oder Traum oder in Unbewußtheit verbracht wird), soll augenblicklich vor sich gehen. «Wie eine Forelle, die aus dem Wasser springt» ist der Vergleich, den tibetische *Gurus* anwenden, um den Vorgang zu erklären; es ist der tatsächliche Prozeß des In-den-Zwischenzustand-geboren-Werdens, parallel zur Geburt in unserer Welt.

[7] Das heißt esoterisch ein tierisches Menschenwesen (vgl. S. 203, 206 und 115–136).

[8] Das will sagen, daß die gewohnheitsmäßige (oder *karmische*) Vorliebe für *saṃsāri-*

Wort «erzeugt» ist so gebraucht, weil dir nachher die Vision deiner künftigen Geburtsgegend erscheinen wird. Somit bezieht sich der Ausdruck «der frühere und der erzeugt werden soll» als Ganzes auf diese (d.h. auf den soeben abgelegten Fleischeskörper und den Fleischeskörper, der bei der Wiedergeburt angenommen werden soll).
Folge jetzt nicht den Visionen, die dir erscheinen. Laß dich nicht anziehen; sei nicht schwach: wenn du sie durch Schwäche liebgewinnst, mußt du unter die Sechs *Lokas* wandern und Schmerz erleiden.
Bis vor kurzem warst du unfähig, den *Tschönyi-Bardo* zu erkennen, und hast so weit hinunterwandern müssen. Wenn du dich jetzt fest an die wirkliche Wahrheit hältst, mußt du deinen Geist gesammelt in der Verfassung des Nichtstun, Nichtshaltens des unverdüsterten, ursprünglichen, hellen, leeren Zustands deines Geistes verharren lassen, zu dem du durch deinen *Guru* geführt worden bist[9]. (Dadurch) wirst du Befreiung erreichen, ohne daß du die Pforten des Schoßes zu betreten hast. Wenn du aber unfähig bist, dich zu kennen, so meditiere über deine Schutzgottheit und deinen *Guru*, wer sie auch sein mögen, in einem Zustand großer Zuneigung und demütigen Vertrauens, so als ob sie die Krone deines Kopfes[10] umschatten würden. Dies ist von großer Bedeutung. Laß dich nicht ablenken.

sche Existenz, die sich aus dem Durst nach Leben, aus dem Wunsch geboren zu werden ergibt, die einzige Ursache dafür ist, daß man einen Körper hat, sei er nun menschlich oder von irgendeiner anderen Art. Das Ziel, das der Gläubige erreichen muß, ist «das Ungewordene, das Ungeborene, das Ungeschaffene, das Ungeformte» – Nirvâṇa.

[9] Es wird hier vorausgesetzt, daß der Verstorbene, als er noch in der Menschenwelt war, zum mindesten einigen Elementarunterricht über geistige Konzentration oder Kontrolle des Denkprozesses genossen hat, genug, um den Zustand des Nicht-Gedanken-Formens zu verwirklichen, der beschrieben wird als «die Verfassung des Nichtstuns, Nichtshaltens» des uneingeschränkten, ursprünglichen Geistes; und das ist der Yoga-Zustand, den Patanjali (in seinen Yoga-Aphorismen, I, 2) definiert als «die Aufhebung der Umgestaltungen des denkenden Prinzips». Eine andere Übertragung der gleichen Stelle ist: «Yoga ist die Verhinderung geistiger Veränderungen» (Rama Prasad, *Patanjali's Yoga Sûtras* in *The Sacred Books of the Hindus*, Allahabad 1912, IV., 5).

[10] Oder «unmittelbar darüber»; oder wörtlich «als seien sie auf der Krone deines Kopfes». Die Bedeutung ist hier eine okkulte: die Brahmanische Öffnung, durch die das Bewußtseinsprinzip gewöhnlich den Körper verläßt, entweder vorübergehend in der yogischen Trance oder endgültig beim Tode, liegt auf dem Scheitel des Kopfes; wenn die Vorstellung unmittelbar über dieser Öffnung zentriert wird, so erwachsen dem Schauenden ganz bestimmte psychische oder geistige Vorteile daraus. (Vgl. S. 166[11].)

(Anweisungen für den Offizianten): Also sprich, und wenn Erkenntnis daraus folgt, wird Befreiung erreicht, ohne daß man in die Sechs *Lokas* wandern muß. Wenn jedoch durch den Einfluß schlechten *Karmas* die Erkenntnis erschwert wird, sage darauf wie folgt:

O Edelgeborener, höre wieder zu. «Ausgestattet mit allen Sinnesfähigkeiten und der Macht zu ungehinderter Bewegung» bedeutet, (daß, obgleich) du während des Lebens augenblind, taub oder lahm gewesen bist, trotzdem deine Augen auf dieser Nachtod-Ebene Formen sehen und deine Ohren Töne hören und alle deine anderen Sinnesorgane ungeschwächt und sehr scharf und vollständig sein werden. Deshalb wird von dem *Bardo*-Körper als «mit allen Sinnesfähigkeiten ausgestattet» gesprochen. Jene (Art von Existenz, in der du dich jetzt befindest), ist ein Zeichen dafür, daß du verstorben bist und im *Bardo* wanderst. Handle entsprechend diesem Wissen. Erinnere dich der Lehren; erinnere dich der Lehren.

O Edelgeborener, «ungehinderte Bewegung» bedeutet, daß dein jetziger Körper, da er ein Wunschkörper ist – seit dein Geist von seinem Sitz[11] getrennt worden ist –, nicht ein Körper von grobem Stoff ist, so daß du jetzt die Macht hast, durch jede Felsenmasse, Hügel, Felsblöcke, Erde, Häuser und selbst durch den Berg *Meru* ohne Hindernis einfach hindurchzugehen[12]. *Bodh-Gayâ* und den Mutterschoß[13] ausgenommen, kannst du jetzt sogar durch den König der Berge, den Berg *Meru* selbst,

[11] Der «Sitz» ist der menschliche Körper, der zurückgelassen wurde.

[12] Diese Macht ist in der Menschenwelt übernatürlich, normal aber im vierdimensionalen Nachtod-Zustand. In der Menschenwelt können solche Kräfte, die einem jeden eingeboren sind, durch Fortschritte im Yoga entwickelt und geübt werden. Der Buddha beschreibt einige davon so: «In diesem Fall nimm an, daß sich ein Wesen des Besitzes mystischer Macht verschiedener Art erfreut: aus einem wird er vielgestaltig, aus dem Vielgestaltigsein zu Einem; vom Sichtbar-Sein wird er unsichtbar; ungehindert geht er auf die andere Seite einer Mauer oder eines Festungswalles oder eines Berges wie durch Luft; er wandelt auf dem Wasser, ohne es zu teilen, wie auf festem Grund; er reist mit gekreuzten Beinen durch den Himmel, wie die Vögel auf den Flügeln» – *(Brâhmaṇa Vagga, Aṅguttara-Nikâya)*.

[13] Zu diesen beiden Orten kann der Verstorbene willentlich nicht bewußt gehen, es sei denn, er sei schon von früher her mit einem sehr hohen Grad geistiger Erleuchtung begabt; denn vom *Bodh-Gayâ* (als einem großen psychischen Zentrum) und vom Mutterschoß (als dem vorbestimmten Weg zur Wiedergeburt) gehen solche psychischblendenden Strahlungen aus, daß der gewöhnliche Verstand von Schrecken überwältigt würde, gerade so, wie wenn im *Bardo* die verschiedenen Strahlungen aufdämmern; er wird sie daher vermeiden. (Vgl. Stanze 6 aus «Der Pfad der Guten Wünsche, der vor Furcht im Bardo schützt», S. 285 f.).

geradeaus und rückwärts, ungehindert hindurchgehen. Auch das ist ein Zeichen dafür, daß du im *Sipa-Bardo* wanderst. Erinnere dich der Lehren deines *Guru* und bete zu dem Barmherzigen Gott.

O Edelgeborener, du bist tatsächlich ausgestattet mit der Kraft, deine Gestalt, Größe und Zahl zu verändern[14], was jedoch nicht die Frucht irgendeines *Samâdhi* ist, sondern eine Kraft, die dir natürlich kam, und deshalb ist es die Natur *karmischer* Macht[15]. Du bist fähig, in einem Augenblick die vier Kontinente rund um den Berg *Meru*[16] zu durchschreiten. Oder du kannst unverzüglich in jedwedem Platz erscheinen, wo du auch wünschest. Es liegt in deiner Macht, innerhalb der Zeit dort zu erscheinen, die ein Mensch braucht, um sich zu bücken oder seine Hand auszustrecken. Diese verschiedenen Täuschungs- und Formverwandlungskräfte wünsche jedoch nicht, wünsche sie nicht[17].

Es gibt keine (solchen Kräfte), die du auf deinen Wunsch hin nicht anwenden kannst. Die Fähigkeit, sie ungehindert auszuüben, ist jetzt in dir. Wisse dies, und bete zum *Guru*.

O Edelgeborener, «reinen himmlischen Augen gleicher Natur sichtbar» bedeutet, daß (Wesen) von gleicher Natur, die von gleicher Konstitution (oder gleichem Wissensgrade) im Zwischenzustand sind, gegenseitig einander sehen[18]. Zum Beispiel sehen solche Wesen einander, die bestimmt

[14] Text: *rdzu-hphrul* (sprich: *zu-tül*); *rdzu* bedeutet «Kraft, die eigene Gestalt zu verwandeln»; und *hphrul* bedeutet «Kraft, die eigene Größe und Zahl zu verändern» durch willentliches Erscheinen oder Verschwinden, als einzelner oder als viele, groß oder klein. Wenn sie auf der Erdenebene durch Yoga-Übungen entwickelt worden ist, dann wird solch wunderbare Macht eine dauernde Gabe und kann im Körper oder außerhalb des Körpers angewandt werden (wie z. B. im *Bardo*).

[15] Der Text setzt voraus, daß der Verstorbene die wunderbare Macht als Folge seines Aufenthaltes – durch die Wirkungen des *Karma* – im Zwischenzustand besitzt, wo eine solche Macht natürlich ist, und nicht auf Grund des Verdienstes, das er durch die Übung im Yoga erworben hat, als er noch im menschlichen Körper weilte.

[16] Siehe S. 137–140, Kosmographie betreffend.

[17] Die fortgeschrittensten der Lamas lehren den Schüler, zu seinem eigenen Besten nicht psychischen Mächten dieser Art nachzujagen, denn wenn der Schüler nicht moralisch reif ist, sie weise zu gebrauchen, werden sie ein ernstes Hindernis für seine höhere geistige Entwicklung: er kann sie nicht gefahrlos anwenden, ehe nicht seine niedere leidenschaftliche Menschennatur vollkommen gemeistert ist.

[18] Die Lamas sagen, daß es zusätzlich zu den normalen menschlichen Augen mit ihrem begrenzten Gesicht fünf Sorten von Augen gibt: 1. Augen des Instinktes (oder Augen des Fleisches), wie die der Vögel und Raubtiere, die in den meisten Fällen ein größeres Gesichtsfeld als die menschlichen Augen haben; 2. Himmlische Augen, wie die der *Devas*, die fähig sind, sowohl die Menschenwelt wie ihre eigene zu sehen, und die früheren und künftigen Geburten von Wesen in beiden Welten durch viele Lebens-

sind, unter *Devas* geboren zu werden (und so weiter). Bleib nicht an diesem Anblick in die, (die du siehst), hängen, sondern meditiere über den Barmherzigen.
«Reinen himmlischen Augen sichtbar» bedeutet (auch), daß die *Devas*, die (rein) aus Verdienst geboren werden, den reinen himmlischen Augen derer sichtbar sind, die *Dhyâna* üben. Diese werden sie nicht zu allen Zeiten sehen: wenn sie geistig (auf sie) konzentriert sind, sehen sie (sie), wenn nicht, sehen sie (sie) nicht. Manchmal, selbst wenn sie *Dhyâna* üben, kann es sein, daß sie abgelenkt werden (und sie nicht sehen)[19].

Merkmale der Existenz im Zwischenzustand

O Edelgeborener, der Besitzer jener Art von Körper wird Orte sehen, (die er zuvor auf der Erdenebene gekannt hat) und Verwandte, wie man sie in Träumen sieht.
Du siehst deine Verwandten und Angehörigen und sprichst zu ihnen, erhältst aber keine Antwort. Wenn du sie und deine Familie dann weinen siehst, denkst du «Ich bin tot, was soll ich tun?» und empfindest großes Elend, genau wie ein Fisch, der (aus dem Wasser) auf rotheiße Kohlenglut geworfen wird. Solches Elend erlebst du nun. Aber dich elend zu fühlen, hilft dir jetzt nichts. Wenn du einen göttlichen *Guru*[20] hast, bete zu ihm. Bete zu der Schutzgottheit, dem Barmherzigen. Auch wenn du an deinen Verwandten und Angehörigen hängst, wird es dir nichts helfen. So löse

zeiten; 3. Augen der Wahrheit, wie die Augen der Bodhisattvas und Arhats, die fähig sind, durch Hunderte von Weltperioden *(kalpas)* rückwärts und in die Zukunft zu sehen; 4. göttliche Augen der höchst entwickelten Bodhisattvas, fähig, durch Millionen vergangener und zukünftiger Weltperioden zu sehen; und 5. Augen der Weisheit der Buddhas, fähig, in der gleichen Weise durch die Ewigkeit zu sehen.

[19] Gewöhnlich geschieht es nur bei durch *Dhyâna* veranlaßtem Hellsehen oder kommt auf natürliche Weise bei besonders begabten Hellsehern vor, wenn sie auf die *Deva*-Welt gerichtet sind, daß die *Devas* gesehen werden; zuweilen erscheinen die *Devas* jedoch unerwartet. Das *Tri-Piṭaka* ist wie die kanonische Literatur des Nördlichen Buddhismus voll von Visionen und unerwarteten Besuchen von *Devas*, wie die heiligen Bücher der Christen und Moslems erfüllt sind von der Kunde über die Engel.

[20] Dies bezieht sich auf einen übermenschlichen *Guru* der *Divyaṅga*-Ordnung. (Siehe Anhang S. 304.)

dich von ihnen, bete zum Barmherzigen Gott, (dann) wirst du Kummer, Schrecken und Schauer nicht kennen.

O Edelgeborener, wenn du durch den ewig sich bewegenden Wind des *Karma* (hin und her) getrieben wirst, ist dein Geist, da er keinen Gegenstand hat, auf dem er ruhen kann, wie eine Feder, die vom Wind dahingetrieben wird, reitend auf dem Pferde des Atems[21]. Unaufhörlich und unfreiwillig wanderst du umher. All denen, die da weinen, (sagst du) «Hier bin ich, weinet nicht». Da sie dich aber nicht hören, denkst du «Ich bin tot». Und wieder fühlst du dich zu dieser Zeit sehr elend. Sei nicht in dieser Weise elend.

Es wird da ein graues, dämmergleiches Licht sein, sowohl nachts als am Tag und zu allen Zeiten[22]. In dieser Art des Zwischenzustands wirst du entweder für eine, zwei, drei, vier, fünf, sechs oder sieben Wochen verweilen, bis zum neunundvierzigsten Tag[23]. Man sagt, daß das Elend des *Sipa-Bardo* gewöhnlich zweiundzwanzig Tage lang erlebt wird, aber infolge des entscheidenden Einflusses des *Karma* kann keine bestimmte Periode mit Sicherheit angegeben werden.

O Edelgeborener, ungefähr zu dieser Zeit wird der heftige Wind des *Karma*, der schrecklich und schwer zu ertragen ist, doch von hinten (weiter) treiben, mit furchtbaren Stößen. Fürchte das nicht. Das ist dein eigenes Trugbild. Dicke, schauervolle Finsternis ist dauernd vor dir, und mitten aus ihr heraus kommen solch schreckenerregende Ausrufe wie «Schlage! Erschlage!» und ähnliche Drohungen[24]. Fürchte sie nicht.

In anderen Fällen, bei Menschen mit sehr schlechtem *Karma*, stoßen *karmisch* erzeugte, fleisch-essende *Râkṣasas* (oder Dämonen), die verschiedene Waffen tragen, (den Ruf) aus «Schlage! Erschlage!» und Ähnli-

[21] Wie der rastlose Wind ist *Karma* immer in Bewegung, und der Intellekt, losgelöst vom menschlichen Körper, ist sein Spielzeug.

[22] Yogis erklären das, indem sie sagen, weil im *Bardo*-Körper, der ein geistgeborener Wunschkörper ist, das Nervensystem des irdischen Körpers fehlt, ist das Licht von Sonne, Mond und Sternen dem Verstorbenen nicht sichtbar. Nur das natürliche Licht der Natur (von mittelalterlichen Alchemisten und Mystikern als das «Astral-Licht» bezeichnet) kann im Nachtod-Zustand gesehen werden; und von diesem Astral-Licht wird gesagt, es sei überall durch den ganzen Äther verbreitet, wie ein irdisches Zwielicht, jedoch hell genug für die Augen der ätherisch geschaffenen Wesen im *Bardo*. (Vgl. S. 167[14].)

[23] Siehe unsere Einführung, S. 83f.

[24] Der Bewohner des *Bardo* ist auf Grund der *karmischen* Wirkungen der Selbstsucht während des Lebens in der Menschenwelt von dem Glauben besessen, daß alle anderen *Bardo*-Wesen mit ihm in Feindschaft leben; darum hat er diese schrecklichen Halluzinationen, wie in einem Alptraum. (Vgl. S. 223f.)

ches und machen einen entsetzlichen Tumult. Sie kommen auf einen zu, als ob sie es um die Wette täten, welcher (von ihnen) einen zuerst packen wird. Auch dämmern schemenhafte Trugbilder, daß man von verschiedenen schrecklichen Raubtieren verfolgt wird. Schnee, Regen, Dunkelheit, heftige (Wind-)stöße, und Halluzinationen, daß man auch von vielen Leuten verfolgt werde; (auch) Getöse wie von Bergen, die zusammenbröckeln und von zornig überschäumenden Meeren und Geheul von Feuer und von (plötzlich) auffahrenden, wütenden Winden[25].

Wenn diese Klänge kommen, flieht man erschreckt vor ihnen, nach jeder Richtung, ganz gleich wohin. Aber der Weg ist von drei schrecklichen Abgründen versperrt – (einem) weißen, (einem) schwarzen und (einem) roten. Sie sind schreckenerregend und tief, und es ist einem, als ob man sogleich in sie hinunterfiele. O Edelgeborener, sie sind in Wirklichkeit keine Abgründe, sie sind Zorn, Wollust und Dummheit[26].

Wisse zu dieser Zeit, daß es der *Sipa-Bardo* ist, (in dem du dich befindest). Rufe den Barmherzigen bei Namen, und bete ernstlich so: «O Barmherziger Gott und mein *Guru* und Kostbare Dreieinigkeit, gebt es nicht zu, daß ich (so und so mit Namen) in die unseligen Welten falle.» Handle so, daß du dies nicht vergißt.

Andere, die Verdienst gesammelt und sich ernstlich der Religion gewidmet haben, erleben verschiedene entzückende Freuden und Glück und Wohlsein in vollem Maße. Jene Klasse neutraler Wesen aber, die weder Verdienst erworben noch schlechtes *Karma* geschaffen hat, erlebt weder Freuden noch Leiden, sondern eine Art farbloser unempfindlicher

[25] In «Die sechs Lehren», einem Traktat über die praktische Anwendung verschiedener Yogas, das wir aus dem tibetischen Original übersetzt haben, gibt es eine Parallelstelle, die das wie folgt ausschmückt: «Wenn man den Pfad während des Zweiten *Bardo* nicht findet (d.h. während des *Tschönyi-Bardo*), dann [werden] vier Töne, genannt die ‹schreckenerregenden Töne› [gehört]: von der Lebenskraft des Erdelementes ein Ton wie das Einstürzen eines Berges; von der Lebenskraft des Wasserelementes ein Ton wie das Brechen [sturmgepeitschter] Ozeanwogen; von der Lebenskraft des Feuerelementes ein Ton wie von einem brennenden Dschungel; von der Lebenskraft des Luftelementes ein Ton wie von tausend gleichzeitig widerhallenden Donnern.» Hier werden die psychischen Resultanten des Auflösungsprozesses, den man Tod nennt, beschrieben, wie sie die vier gröberen Elemente, aus denen der menschliche Körper in seiner Gesamtheit sich zusammensetzt, angreifen. Das Ätherelement wird nicht genannt, weil nur in diesem Element allein – d.h. im ätherischen oder *Bardo*-Körper – das Bewußtseinsprinzip weiterbesteht. (Vgl. S. 168 [17].)

[26] Die Abgründe sind *karmische* Illusionen, symbolisch für die drei bösen Leidenschaften; und das Hinunterfallen in sie symbolisiert den Eintritt in einen Schoß vor der Wiedergeburt. (Siehe S. 201 [87].)

Gleichgültigkeit. O Edelgeborener, was auch in dieser Weise kommt – was für entzückende Freuden du erleben magst –, laß dich nicht von ihnen anziehen; sei nicht (in sie) vernarrt; denke: «Der *Guru* und die Dreieinigkeit mögen (mit diesen nach Verdienst gegebenen Freuden) angebetet werden.» Gib alles Hingerissensein und Verlangen auf.

Selbst wenn du weder Freude noch Schmerz erlebst, sondern nur Gleichgültigkeit, laß deinen Geist in dem ungestörten Zustand (der Meditation über) das Große Symbol verharren, ohne zu denken, daß du meditierst[27]. Dies ist von großer Wichtigkeit.

O Edelgeborener, zu dieser Zeit verweilst du kurze Zeit an Brückenköpfen, in Tempeln, bei den *Stûpas* der acht Arten[28], du bist aber nicht fähig, sehr lange dort zu bleiben, denn dein Geist ist von deinem (irdischen) Körper getrennt worden[29]. Ob deiner Unfähigkeit, länger zu verweilen, fühlst du dich oftmals beunruhigt und gequält und von Schrekken gepackt. Manchmal ist das Wissen in dir trüb, manchmal flüchtig

[27] Text: *bsGom-med-yeṅs-med* (sprich: *gom-me-yeng-me*) – «Nicht-Meditation – Nicht-Zerstreuung» beziehen sich auf einen Zustand geistiger Konzentration, in dem kein Gedanke an die Meditation selbst sich einschleichen darf. Dies ist der Zustand des *Samâdhi*. Wenn man daran denkt, daß man meditiert, so verhindert der Gedanke schon die Meditation; daher die Warnung an den Verstorbenen.

[28] Das bezieht sich auf die acht Anlässe, derentwegen ein *Stûpa* (oder eine Pagode) gebaut wird. Zwei solche Beispiele mögen zur Erläuterung dienen: 1. *rNam-rGyal-mChod-rTen* (sprich: *nam-gyal-tschö-ten*): *mChod-rTen* (oder *chorten* – *stûpa*) kann man hier übersetzen als «Gegenstand der Verehrung» und *rNam-rGyal* als «Sieg»; daher ist also diese Art von Pagode zum Gedächtnis eines Sieges, d.h. ein Monument; *myaṅ-ḥDas-mChod-rTen* (sprich: *nyang-dä-tschö-ten*) bezieht sich auf ein *Stûpa*, das als Monument zur Bezeichnung der Stelle gebraucht wird, wo ein Heiliger oder Weiser starb oder des Verbrennungsplatzes der Urne, die eines solchen Asche enthielt. Andere Pagoden sind rein symbolische Bauten, die – wie die christlichen Kreuze – als Gegenstand der Andacht und Verehrung errichtet wurden. In Ceylon wie in Tibet sind viele Pagoden (*Stûpas*) nur als Schreine für heilige Bücher oder Reliquien errichtet worden. Die großen, kürzlich geöffneten *Stûpas* von Nordwest-Indien, nahe Peshawar, und in Taxila enthielten Knochenreliquien und andere Dinge. Zwei von ihnen enthielten authentische Stückchen der Knochen des Buddha.

[29] Wie ein Mensch bei Nacht allein über einen Höhenweg wandernd seine Aufmerksamkeit auf die wichtigsten Kennzeichen der Landschaft richtet, große alleinstehende Bäume, Häuser, Brückenköpfe, Tempel, *Stûpas* usf., so haben die Toten auf ihre eigene Weise ähnliche Erfahrungen bei ihrer Erdenwanderung. Durch *karmische* Neigungen werden sie zu vertrauten Winkeln in der Menschenwelt gezogen, aber da sie einen geistigen oder Wunschkörper haben, so können sie nicht lange an irgendeinem Ort verweilen. Wie unser Text ausführt: sie werden hierhin und dorthin getrieben durch die Winde *karmischen* Verlangens – wie eine Feder vor einem Windstoß.

und ohne Zusammenhang. Darauf kommt dir der Gedanke: «Ach, ich bin tot, was soll ich tun?» Und ob dieses Gedankens wird der Wissende betrübt, und dein Herz fröstelt und du erlebst unendliches Elend vor Kummer[30]. Da du an keinem Platz verweilen kannst, und dich gezwungen fühlst, weiter zu gehen, denke nicht an verschiedene Dinge, sondern laß den Geist in seinem eigenen (Ur-)Zustand verharren.

Was die Nahrung betrifft, so kannst du nur das zu dir nehmen, was dir dargereicht wird und keine andere Nahrung[31]. Was Freunde in jener Zeit betrifft, so gibt es nichts Sicheres darüber[32].

Dies sind die Merkmale des Herumwanderns auf dem *Sipa-Bardo* des Geist-Körpers. Zu dieser Zeit hängen Glück und Elend vom *Karma* ab. Du siehst dein eigenes Haus, die Diener, Verwandten und den Leichnam und denkst: «Jetzt bin ich tot, was soll ich tun?» und bedrückt von schwerem Kummer kommt dir der Gedanke: «Ach, was würde ich nicht (dafür) geben, einen Körper zu besitzen.» Und in diesem Gedanken wanderst du hin und her und suchst einen Körper.

Du könntest zwar deinen toten Körper neunmal wieder betreten – aber ob des langen Zeitraumes, den du im *Tschönyi-Bardo* verbracht hast, ist er erfroren, wenn es Winter ist, zerfallen, wenn es Sommer ist, oder deine Verwandten haben ihn verbrannt oder beerdigt oder ins Wasser geworfen oder ihn den Vögeln und Raubtieren gegeben[33]. Da du somit keinen Platz hast, in den du eingehen kannst, bist du unzufrieden und hast

[30] Es sollte hier bedacht werden, daß all die schrecklichen Erscheinungen und aller Kummer ausschließlich *karmisch* sind. Wäre der Verstorbene geistig entwickelt gewesen, so würde seine *Bardo*-Existenz von Anfang an friedlich und glücklich gewesen sein, und er wäre gar nicht so weit hinuntergewandert. Der *Bardo Thödol* beschäftigt sich hauptsächlich mit dem Durchschnittsindividuum und nicht mit hochentwickelten Menschenwesen, die der Tod zur höheren Wirklichkeit befreit.

[31] Wie die Feen und die Geister der Toten nach keltischem Glauben oder die Dämonen des altgriechischen Glaubens, so sollen auch die Bewohner des *Bardo* sich von unsichtbaren ätherischen Essenzen nähren, die sie entweder aus der Nahrung, die ihnen auf der Menschenebene geboten wird, oder auch aus dem allgemeinen Haushalt der Natur herausziehen. In «Die Sechs Lehren», auf die schon oben (S. 241 [25]) verwiesen wurde, findet sich dieser Hinweis auf die Bewohner des *Bardo:* «Sie leben von Düften [oder den geistigen Essenzen materieller Dinge].»

[32] Freunde kann es im Zwischenzustand geben oder nicht geben, wie auf Erden; aber selbst wenn sie da sind, so sind sie machtlos, irgendeinem schlechten *Karma* des Verstorbenen entgegenzuwirken. Er muß seinem eigenen Weg folgen, wie sein *Karma* ihn bezeichnet hat.

[33] Alle Arten der Behandlung eines Leichnams werden in Tibet angewandt, auch die Mumifizierung. (Siehe S.101–104.)

die Empfindung, daß du in Spalte und Risse zwischen Felsen und Blökken hineingedrückt wirst[34]. Das Erleben dieser Art von Elend ereignet sich im Zwischenzustand, wenn man Wiedergeburt sucht. Auch wenn du einen Körper suchst, wirst du doch nichts als Mühsal gewinnen. Gib den Wunsch nach einem Körper auf, und erlaube deinem Geist, im Zustand der Entsagung zu verharren, und handle so, daß du darin verweilen kannst.

Indem man so von Angesicht-zu-Angesicht gesetzt ist, erreicht man Befreiung im *Bardo*.

Das Gericht

(Weisungen für den Offizianten): Trotzdem wiederum kann es möglich sein, daß man ob des Einflusses von schlechtem *Karma* sogar dann nicht erkennt. Rufe deshalb den Verstorbenen bei Namen und sprich wie folgt:

O Edelgeborener (Soundso), höre zu. Daß du so leidest, kommt von deinem eigenen *Karma;* niemand anderer ist daran schuld: es kommt durch dein eigenes *Karma.* Bete deshalb ernstlich zu der Kostbaren Dreieinigkeit, das wird dich beschützen. Wenn du weder betest noch weißt, wie man über das Große Symbol noch über irgendeine Schutzgottheit meditiert, wird der Gute Genius[35], der zugleich mit dir geboren wurde, jetzt kommen und deine guten Taten (mit) weißen Kieselsteinen nachzählen, und der Böse Genius[36], der gleichzeitig mit dir geboren wurde, wird kommen und deine schlechten Taten (an) schwarzen Kieseln nachzählen. Darauf wirst du aufs höchste geängstigt, eingeschüchtert und er-

[34] Das symbolisiert das Hineingeraten in unerwünschte Schöße, wie die von menschlichen Wesen tierischer Natur.

[35] Text: *Lhan-cig-skyes-paḥi-lha* (sprich: *Lhan-tschig-kye-paï-lha*) = «gleichzeitig-geborener Gott (oder guter Geist, oder Genius)», die Personifikation von des Menschen höherer oder göttlicher Natur; in Sikkimesisch volkstümlich bekannt als *Lha-kar-tschung,* «Kleiner weißer Gott».

[36] Text: *Lhan-cig-skyes-paḥi-ḥdre* (sprich: *Lhan-tschig-kye-paï-de*) = «gleichzeitig-geborener Dämon (oder böser Geist oder Genius)», die Personifikation von des Menschen niederer oder fleischlicher Natur; in Sikkimesisch volkstümlich bekannt als *bDud-nag-chuṅ* (sprich: *Dü-nag-tschung*), «Kleiner schwarzer *Mâra* (oder Dämon)».

schreckt sein, wirst zittern und versuchen zu lügen, indem du sagst: «Ich habe keine böse Tat begangen.»
Darauf sagt der Todesgott: «Ich will den Spiegel des *Karma* befragen.» Indem er dies sagt, sieht er in den Spiegel, worin sich jede gute und böse Tat lebhaft widerspiegelt. Lügen ist nutzlos.
Darauf schlingt (eine der Ausführenden Furien des) Todesgottes ein Seil um deinen Hals und zerrt dich weg; sie schneidet deinen Kopf ab, nimmt dein Herz heraus, reißt deine Eingeweide heraus, leckt dein Hirn aus, trinkt dein Blut, ißt dein Fleisch und nagt an deinen Knochen[37]; du aber bist unfähig zu sterben. Selbst wenn dein Körper in Stücke zerhackt wird, erholt er sich wieder. Das wiederholte Zerhacken bereitet furchtbaren Schmerz und Qual.
Selbst zu der Zeit, wo die Kiesel gezählt werden, laß dich nicht ängstigen, nicht erschrecken; lüge nicht, und fürchte nicht den Gott des Todes. Da dein Körper ein Geist-Körper ist, kann er nicht sterben, selbst wenn er geköpft und gevierteilt wird. Dein Körper ist in Wirklichkeit von der Natur der Leere[38]; so brauchst du keine Angst zu haben. Die Todesgötter[39] sind deine eigenen Halluzinationen. Dein Wunschkörper ist ein

[37] Diese Qualen symbolisieren die Ängste im Gewissen des Verstorbenen; denn das Gericht, wie es hier beschrieben wird, symbolisiert das Aufstehen des Guten Genius im Gericht gegen den Bösen Genius, der Richter ist das Gewissen selbst in seinem strengen Aspekt von Unparteilichkeit und Liebe zur Rechtschaffenheit; der Spiegel ist das Gedächtnis. Ein Element – das rein menschliche Element – des Bewußtseinsinhaltes des Verstorbenen tritt hervor und versucht, mit lahmen Entschuldigungen den Anschuldigungen zu begegnen, indem es sagt: «Wegen dieser und jener Umstände mußte ich so und so handeln.» Ein anderes Element des Bewußtseinsinhaltes tritt hervor und sagt: «Du wurdest von diesen und jenen Motiven bewegt; deine Taten gehören zur schwarzen Farbe.» Dann erhebt sich ein etwas freundlicheres dieser Elemente und widerspricht: «Aber ich habe diese und jene Rechtfertigung; und aus diesen Gründen verdient der Verstorbene Vergebung.» Und so – erklären die Lamas – geht das Gericht weiter. (Vgl. S. 111 ff.)

[38] Das bedeutet, daß der «Astral»- oder Wunsch-Körper gewöhnliche physische Beschädigung nicht erleiden kann. «Wie durch eine Wolke kann ein Schwert durch den *Bardo*-Körper gestoßen werden, ohne ihn zu verletzen» – erklären die Lamas –, oder er gleicht den Formen, die bei den materialisierenden Sitzungen von Nekromanten und Geist-Medien gesehen werden.

[39] Diese Todesgötter sind *Yamarâja* und sein Gerichtshof von Gehilfen, vielleicht eingeschlossen die ausführenden Furien. Diese letzteren sind als Marterfurien vergleichbar den Eumeniden in Aischylos' großem Drama – Elemente des eigenen Bewußtseinsinhalts. Nach dem *Abhidhamma* des Südlichen Buddhismus gibt es Geist (skt. *cit*, tib. *sems* – sprich: *sem*) und Impulse des Geistes (skt. *cittavṛitti*, tib. *sems-ḥbyuṅ* – sprich: *sem-dschung*); und die Impulse des Geistes sind die Furien. (Vgl. S. 222 ff.)

Körper von Neigungen und leer. Leere kann Leere nichts anhaben; Eigenschaftslosigkeit kann Eigenschaftslosigkeit nichts anhaben.

Von unseren eigenen Halluzinationen abgesehen gibt es in Wirklichkeit außerhalb unserer selbst keine solchen Dinge wie Todesgott oder Gott oder Dämon oder Stierköpfiger Todesgeist[40]. Handle so, daß du dies erkennst.

Handle jetzt so, daß du erkennst, daß du im *Bardo* bist. Meditiere über *Samâdhi* des Großen Symbols. Wenn du nicht weißt, wie man meditiert, so analysiere einfach sorgfältig die wahre Natur von dem, was dich erschreckt. In Wirklichkeit ist es nicht und zu nichts geformt, sondern ist eine Leere, die *Dharmakâya*[41] ist.

Jene Leere ist nicht von der Natur der Leere des Nichts, sondern eine Leere, von deren wahrer Natur du dich eingeschüchtert fühlst und vor der dein Geist klar und leuchtender scheint: das ist die Geistes(verfassung) des *Sambhogakâya.*

In dem Zustand, in dem du jetzt existierst, erfährst du in einer unerträglichen Intensität Leere und Helle als unzertrennlich – die Leere hell von Natur und die Helle leer von Natur und die Helle unzertrennlich von der Leere –, ein Zustand des Ur- (oder unveränderten) Geistes, der der *Âdikâya*[42] ist. Und die Kraft davon scheint ungehindert und strahlt überallhin; es ist der *Nirmâṇakâya.*

O Edelgeborener, höre gesammelt auf mich. Indem du einfach die vier *Kâyas* erkennst, erreichst du bestimmt vollkommene Befreiung in jedem von ihnen. Sei nicht zerstreut. Hier liegt die Grenzscheide zwischen Buddhas und lebenden Wesen[43]. Dieser Augenblick ist von großer Bedeutung; wenn du jetzt zerstreut bist, wirst du unzählige Zeiträume brauchen, um aus dem Morast des Elends herauszukommen[44].

Ein Ausspruch, dessen Wahrheit hier angewandt werden kann, heißt:

[40] Text: *Ragśa-gLaṅ-mGo* (sprich: *Ragscha-lang-go*): «Stierköpfiger Geist des Todes», gewöhnlich mit einem Büffelkopf dargestellt. Der oberste Schutzgott der Gelugpa oder Gelbmützen-Sekte, genannt *Jampal Schinjesched* (tib. *ḥJam-dPal-gŚin-rJe-gŚed*), d.h. «*Jampal* (skt. *Mañjuśrî*), der Vernichter des Totengottes (skt. *Yamântaka*)» wird oft dargestellt als blaue büffelköpfige Gottheit.

[41] Siehe S. 85–90.

[42] tib. *mGo-bo-ñid-sku:* skt. *Âdikâya* («Erster Körper»), was sinnverwandt ist mit *Dharmakâya.*

[43] Dank der Kenntnis der wahren Natur *saṃsârischer* Existenz – daß alle Erscheinungen unwirklich sind –, sind Buddhas oder vollkommen Erleuchtete ganz von unerleuchteten, empfindenden Geschöpfen abgesonderte Wesen.

[44] Wörtlich «du findest keine Zeit, in der du herauskommen könntest.»

«In einem Augenblick von Zeit wird eine deutliche Unterscheidung geschaffen;
In einem Augenblick von Zeit wird Vollkommene Erleuchtung erreicht.»

Bis zu dem Augenblick, der soeben vergangen ist, ist dir all dieser *Bardo* aufgedämmert, und trotzdem hast du nicht erkannt, weil du zerstreut warst. Deshalb hast du all die Furcht und Schrecken erlebt. So du (auch) jetzt zerstreut bist, werden die Stränge der göttlichen Barmherzigkeit der Barmherzigen Augen brechen[45], und du wirst zu dem Platz gehen, von wo es keine (sofortige) Befreiung gibt. Deshalb sei vorsichtig. Selbst wenn du bis jetzt noch nicht erkannt hast – trotzdem du von-Angesicht-zu-Angesicht saßest –, wirst du jetzt erkennen und hier Befreiung erreichen.

(Weisungen an den Offizianten): So es ein ungebildeter Kerl ist, der nicht weiß, wie man meditiert, so sage ihm dies:

O Edelgeborener, wenn du nicht weißt, wie man meditiert, handle so, auf daß du den Barmherzigen erkennst, und den *Sangha,* den *Dharma* und den *Buddha,* und bete. Denke an all diese Ängste und erschreckenden Schemen als an deine eigenen Schutzgottheiten oder den Barmherzigen[46]. Rufe dir den mystischen Namen ins Gedächtnis zurück, der dir zur Zeit deiner heiligen Einweihung, als du ein Mensch warst, gegeben ward, und den Namen deines *Guru* und sage sie dem Gerechten König der Todesgötter[47]. Selbst wenn du Abgründe hinunterfällst, wirst du dich nicht verletzen. Vermeide Schauer und Schrecken.

[45] Dies ist eine wörtliche Übersetzung und bedeutet, daß die Strahlen der Gnade oder des Mitleids von *Tscheräsie* aufhören werden zu dämmern.

[46] Damit soll gesagt werden, daß Prüfungen und Leiden, obwohl sie *karmisch* sind, als göttliche Prüfungen wirken und also, da sie zum Besten des Verstorbenen dienen, auch als solche angesehen werden sollten, d.h. als die Schutzgottheit, oder als *Tscheräsie* selbst.

[47] Dieses Aufdecken des Einweihungsnamens hat den Zweck, eine okkulte Verbindung zwischen dem Verstorbenen und dem König des Todes herzustellen – d.h. zwischen dem Menschlichen und dem Göttlichen im Menschen –, in sehr ähnlicher Weise, wie ein Freimaurer sich einem anderen Freimaurer kenntlich macht durch ein geheimes Losungswort.

Der Alles-bestimmende Einfluß des Gedankens

(Weisungen an den Offizianten): Dies sagte; denn bei solchem Von-Angesicht-zu-Angesicht-Setzen sollte trotz der früheren Nichtbefreiung sicherlich hier Befreiung erreicht werden[48]. Möglich (jedoch), daß Befreiung selbst nach diesem Von-Angesicht-zu-Angesicht-Setzen nicht erreicht wird, und da es wesentlich ist, daß mit der Anwendung ernst und andauernd fortgefahren werde, so rufe den Verstorbenen wieder bei Namen, und sprich wie folgt:

O Edelgeborener, deine jetzigen Erlebnisse bestehen aus augenblicklichen Freuden, denen folgt augenblicklicher Kummer von großer Intensität, wie (gestraffte und entspannte) mechanische Bewegungen von Schleudermaschinen[49] (einander folgen). Hänge nicht im geringsten (an den Freuden), sei auch nicht unzufrieden (ob der Leiden).

Wenn du auf einer höheren Ebene geboren werden sollst, wird dir die Vision dieser höheren Ebene dämmern.

Deine lebenden Verwandten opfern vielleicht – zum Wohl für dich, den Verstorbenen – viele Tiere[50] und verrichten religiöse Zeremonien und ge-

[48] Wörtlich «wird erreicht werden».

[49] Das will heißen, das eine Mal wird das gute *Karma* wirksam und erhebt den Verstorbenen zu einer spirituellen Geistesverfassung, und dann wird der Verstorbene wieder, wenn das schlechte *Karma* die Oberhand gewinnt, hinuntergestoßen in geistige Depression. Der Handhaber der Schleuder ist *Karma,* das die Schleuder bis zum äußersten spannt und dann wieder losläßt, immer abwechselnd.

[50] Jedesmal, wenn ein Tier geopfert wird – mutmaßlich um nachher zum Essen zubereitet zu werden –, soll der Verstorbene unfähig sein, der *karmischen* Folge zu entfliehen, denn das Opfer ist in seinem Namen gebracht worden, so daß die Schrecken direkt auf ihn kommen. Er ruft den Lebenden zu, einzuhalten, aber da sie ihn nicht hören, ist er geneigt, böse zu werden; Zorn aber muß er auf jeden Fall vermeiden, denn wenn ihm auf der *Bardo*-Ebene erlaubt wird aufzusteigen, dann zwingt er ihn wie ein schweres Gewicht nieder in den untersten geistigen Zustand, genannt Hölle.
In Tibet wie in Indien stammen die Tieropfer für den Verstorbenen aus alten Zeiten, lange vor dem Auftauchen des Buddhismus, der sie natürlich verbietet. Überbleibsel davon haben sich in Tibet erhalten, ohne die Zustimmung der Lamas, wie unser Text klar beweist. Wenn sie heute noch ausgeübt werden, so nur selten und durch das rohe Volk abgelegener Distrikte, das nur dem Namen nach buddhistisch ist.
Ausgenommen der Yogi oder Lama, der nach der höchsten geistigen Entwicklung verlangt – mit der Fleischessen unvereinbar sein soll –, sind die Tibeter ausgesprochene Esser von Tierleichnamen, wie die Brahmanen von Kashmir (die infolgedessen von den reinlebenden Brahmanen Indiens nicht als Brahmanen anerkannt werden); sie

ben Almosen. Du magst, da dein Sehen nicht gereinigt ist, geneigt sein, ob ihrer Handlungen sehr zornig zu werden, und dadurch in diesem Augenblick deine Geburt in der Hölle verursachen; was auch deine Hinterbliebenen tun mögen, benimm dich so, daß kein zorniger Gedanke in dir aufsteigen kann, und meditiere über Liebe für sie.

Fernerhin, selbst wenn du fühlst, daß du an den weltlichen Gütern, die du zurückgelassen, hängst, oder daß du, weil du diese deine weltlichen Güter im Besitz anderer Leute und von ihnen genossen siehst, aus Schwäche an ihnen hängen oder deinen Nachfolgern zürnen solltest, so wird dies Gefühl den entscheidenden Augenblick in der Weise beeinflussen, daß, selbst wenn du bestimmt warst, auf höheren und glücklicheren Ebenen geboren zu werden, du dann in der Hölle geboren werden mußt, oder in der Welt der *Pretas* (oder unglücklichen Geister). Selbst wenn du an den zurückgelassenen weltlichen Gütern hängst, kannst du sie doch nicht besitzen, und sie können dir nichts nützen. Gib deshalb die Schwäche und das An-ihnen-Hängen auf, wirf sie vollends weg, verzichte auf sie von ganzem Herzen. Ganz gleich, wer deine weltlichen Güter genießt, habe kein Gefühl von Geiz, sondern verzichte bereitwillig auf sie. Denke, daß du sie der Kostbaren Dreieinigkeit und deinem *Guru* darbringst, und verharre in dem Gefühl des Nicht-daran-Hängens, frei von der Schwäche (des Wunsches).

Wiederum, wenn das *Kamkanî-Mantra*[51] als Beerdigungsritus für dich vorgetragen oder irgendein Ritus zur Loslösung von bösem *Karma* – das deine Geburt in niederen Regionen zur Folge haben könnte – für dich vollzogen wird, und du siehst, daß sie in einer unrichtigen Weise vollzogen werden, vermischt mit Schlaf und Zerstreuung und Nichtbeobach-

entschuldigen ihr Fleischessen mit klimatischen Gründen und der ökonomischen Notwendigkeit. Obwohl Tibet arm ist an Getreiden, Gemüsen und Früchten, scheint dies doch hauptsächlich ein unbewußter Versuch, eine rassische Prädisposition zum Fleischessen, die von Nomaden- und Hirtenvorfahren ererbt worden ist, zu verbergen. Selbst in Ceylon, wo eine solche Entschuldigung für Buddhisten nicht gelten kann, dem Verbot, Leben zu nehmen, nicht zu gehorchen, hat das Fleischessen schon rasche Fortschritte gemacht seit der Einführung des Christentums, das, ungleich dem Buddhismus, leider nicht Freundlichkeit gegen Tiere als religiösen Grundsatz lehrt, da selbst St. Paulus der Meinung ist, daß Gott sich nicht um Ochsen kümmert (s. 1. Kor. IX, 9). Und noch immer steht auf Ceylons Heiligem Berge Mihintale als Zeuge eines reineren Buddhismus das alte Edikt, in eine Steinplatte geschnitten, das – wie auch die Edikte des Asoka – das Töten jeglichen Tieres, sei es zum Opfer oder zur Nahrung, verbietet.

[51] Dieses *Mantra* soll die magische Kraft haben, die dem Toten dargebrachte Nahrung so umzuwandeln, daß er sie genießen kann.

tung der Gelübde, daß sie der Reinheit (seitens eines Priesters) ermangeln und Leichtfertigkeit verraten – was du alles sehen kannst, weil du mit einer begrenzten karmischen Kraft des Vorauswissens[52] ausgestattet bist –, könnte es dir an Glauben fehlen und dich sogar zu völligem Unglauben (an deine Religion) bringen. Du kannst jede Angst und Furcht, alle schwarzen Handlungen, irreligiöses Betragen und unrichtig vollzogene Rituale[53] erkennen. In deinem Geist könntest du denken: «Ach tatsächlich, sie lassen mich im Stich.» Wenn du dies denkst, wirst du außerordentlich bedrückt sein und durch tiefen Groll ungläubig werden, den Glauben verlieren, statt Liebe und demütiges Vertrauen (zu gewinnen). Dies beeinträchtigt den entscheidenden Augenblick, und du wirst sicherlich in einem der elenden Zustände geboren werden.
Solche (Gedanken) werden dir nicht nur nichts nützen, sondern sogar sehr schaden. Wie unrichtig auch das Ritual und wie ungeziemend das Benehmen der Priester auch seien, die deine Beerdigungsriten vollziehen, (denke): «Fürwahr! Meine eigenen Gedanken müssen unrein sein. Wie kann es möglich sein, daß die Worte Buddhas unrichtig sein sollten? Es ist wie das Widerspiegeln der Makel auf meinem eigenen Gesicht, das ich im Spiegel sehe; meine eigenen Gedanken müssen (tatsächlich) unrein sein. Was diese (d.h. die Priester) betrifft, so ist der *Saṅgha* ihr Körper, der *Dharma* ihre Äußerung, und in ihrem Geist sind sie tatsächlich der *Buddha:* zu ihnen nehme ich meine Zuflucht.»
Indem du so denkst, vertraue auf sie und übe dich in aufrichtiger Liebe zu ihnen. Was dann auch die Hinterbliebenen für dich tun, es wird dir immer zum Wohle gereichen. Deshalb ist die Übung jener Liebe von großer Bedeutung; vergiß dies nicht.
Wiederum, selbst wenn du in einem der elenden Zustände geboren werden solltest und das Licht jenes elenden Zustandes auf dich schiene, würde doch das Entzücken durch deine Freude beim Anblick deiner Nachfolger und Verwandten, die weiße[54] Religionsriten – unvermischt mit bö-

[52] In ihrer Fülle schließt diese Kraft des Vorauswissens die Kenntnis von Vergangenheit, Gegenwart und Zukunft, die Fähigkeit, die Gedanken anderer zu lesen, und das ungetrübte Wissen um die eigenen Möglichkeiten und Grenzen mit ein. Nur hochentwickelte Wesen, wie zum Beispiel Yoga-Eingeweihte, erfreuen sich solcher vollen Kraft des Vorauswissens. Auf der *Bardo*-Ebene – ungleich der Menschenwelt – besitzt ein jedes Wesen dank dem Freisein vom hindernden groben physischen Körper ein gewisses Maß dieser Kraft, wie der Text klar macht.

[53] Das sind Furcht und Schrecken oder Unsauberkeit oder Nachlässigkeit auf seiten irgendeiner Person, die die Bestattungsriten vollzieht.

[54] «Weiß» im Gegensatz zu «schwarz» (wie in «schwarze Magie» oder Zauberei).

sen Taten – ausüben, und der Äbte und gelehrten Priester, die sich – Körper, Sprache und Gedanke – der Ausübung richtiger verdienstvoller Rituale widmen, ganz von selbst so den entscheidenden Augenblick bestimmen, daß sogar, auch wenn du eine Geburt in unglücklichen Zuständen verdienst, deine Geburt auf einer höheren und glücklicheren Ebene dadurch bewirkt wird. (Deshalb) solltest du nicht unfromme Gedanken schaffen, sondern allen gegenüber reine Zuneigung und demütigen Glauben ausüben, ohne jemanden zu verurteilen. Dies ist von höchster Bedeutung. Sei deshalb vorsichtig.

O Edelgeborener, um zusammenzufassen: da dein jetziger Geist im Zwischenzustand nichts Festes hat, wovon er abhängen könnte, da er von geringem Gewicht und dauernd in Bewegung ist, hat jeder Gedanke, der dir jetzt kommt – sei er fromm oder unfromm –, große Gewalt; denke deshalb nicht an unfromme Dinge, sondern rufe dir irgendwelche fromme Übungen zurück; oder wenn du nicht an solche Übungen gewohnt warst, (so bringe) reine Zuneigung und demütigen Glauben (auf); bete zu dem Barmherzigen oder zu deinen Schutzgottheiten; sprich völlig entschlossen dieses Gebet:

«Ach, wandernd allein, getrennt von liebenden Freunden[55],
Wenn mir die leere widergespiegelte Gestalt meiner eigenen geistigen Vorstellungen dämmert,
Mögen die Buddhas (mir) ihre Kraft der Barmherzigkeit schenken
Und gewähren, daß es weder Furcht, Schauer noch Schrecken im *Bardo* gibt.
Wenn ich Elend erfahre, durch die Macht bösen *Karmas,*
Mögen die Schutzgottheiten das Elend zerstreuen.
Wenn die tausend Donner des Klanges der Wirklichkeit widerhallen,
Mögen sie alle Klänge der Sechs Silben[56] sein.
Wenn *Karma* folgt und kein Beschützer da ist,
Möge der Barmherzige mich beschützen, so bete ich.
Wenn (ich) die Leiden *karmischer* Neigungen hier erfahre,
Möge die Strahlung des beglückenden klaren Lichtes des *Samâdhi* auf mich scheinen.»

[55] Vgl. das Folgende aus dem *Orologium Sapientiae,* Comper's Ed. (S. 119): «Wo ist nun die Hilfe meiner Freunde? Wo sind nun die guten Ratschläge unserer Verwandten und der anderen?»
[56] *Oṃ-Ma-ṇi-Pad-me-Hûṃ.*

Ernstes Gebet in dieser Form wird dich sicher weiter führen; du kannst vollends ruhig sein, daß du nicht betrogen wirst. Von großer Wichtigkeit ist dies: wenn dies hergesagt wird, ruft es erneut Erinnerung hervor; und Erkenntnis und Befreiung werden erreicht.

Das Dämmern der Lichter der Sechs Lokas

(Weisungen an den die Riten-Ausübenden): Wenn jedoch, selbst wenn diese (Belehrung) so oft wiederholt wird, Erkenntnis schwer ist – infolge des Einflusses von bösem *Karma* –, ist es doch von großem Nutzen, wenn dieses Von-Angesicht-zu-Angesicht-Setzen viele Male wiederholt wird. Noch einmal (also) rufe den Verstorbenen bei Namen, und sprich wie folgt:

O Edelgeborener, wenn du unfähig gewesen bist, das Obige zu fassen, wird der Körper des vergangenen Lebens fürderhin immer verschwommener und der Körper des zukünftigen Lebens immer klarer. Traurig darüber (denkst du): «Ach, was für ein Elend ich durchmache! Ganz gleich, was für einen Körper ich bekomme, jetzt will ich mich aufmachen und (ihn) suchen.» Indem du so denkst, gehst du hin und her, unaufhörlich und verwirrt. Darauf scheinen die Lichter der Sechs *saṃsârischen Lokas* auf dich. Das Licht des Ortes, in dem du kraft des *Karma* geboren werden sollst, leuchtet am deutlichsten.

O Edelgeborener, höre zu. Wenn du wissen willst, was jene sechs Lichter sind: es scheinen da auf dich ein trübes weißes Licht aus der *Deva*-Welt, ein trübes rotes Licht aus der *Asura*-Welt, ein trübes blaues Licht aus der Menschenwelt, ein trübes grünes Licht aus der Tierwelt, ein trübes gelbes Licht aus der *Preta*-Welt, und ein rauchfarbenes Licht aus der Höllenwelt[57]. Zu dieser Zeit hat dein eigener Körper kraft des *Karma* teil an der Farbe des Lichtes des Ortes, in dem du geboren werden sollst.

O Edelgeborener, die besondere Kunst dieser Lehren ist in diesem Augenblick besonders wichtig: was für ein Licht jetzt auf dich scheint, meditiere darüber, als sei es der Barmherzige; von was für einem Ort das

[57] Hier stimmt das Manuskript mit dem Blockdruck überein, was darauf hinweist, daß die Abweichungen in früheren Teilen der Handschrift Irrtümer des Abschreibers waren (s. S. 200[85] [L. A. G.]).

Licht auch kommen mag, betrachte jenen Ort, als ob er der Barmherzige sei (oder in ihm existiere). Dies ist eine außerordentlich tiefe Kunst; es verhindert Geburt. Oder wer auch deine Schutzgottheit sein mag, meditiere über die Form für lange Zeit – als sichtbar, jedoch in Wirklichkeit nicht existierend, wie eine von einem Zauberer hervorgerufene Form. Dies nennt man die reine Täuschungsform. Darauf laß die (Vorstellung von der) Schutzgottheit, angefangen mit den äußeren Umrissen, wegschmelzen, bis überhaupt nichts mehr davon sichtbar bleibt, und versetze dich in den Zustand der Klarheit und der Leere[58] – die du nicht als ein Etwas wahrnehmen kannst – und verharre in diesem Zustand für eine kleine Weile. Meditiere wiederum über das Klare Licht: tu dies abwechselnd. Erlaube danach auch deinem eigenen Geist, langsam[59] wegzuschmelzen, (angefangen) bei den äußeren Umrissen.

Wohin Äther[60] dringt, dringt Bewußtsein; wohin Bewußtsein dringt, dringt der *Dharmakâya*. Verharre ruhig in dem ungeschaffenen Zustand des *Dharmakâya*. In diesem Zustand wird Geburt verhindert und Vollkommene Erleuchtung gewonnen.

[58] Dieser Ausdruck «die Klarheit und die Leere» für die folgenden Anweisungen scheint synonym zu sein mit dem «Klaren Licht» oder dem «Klaren Licht und der Leere».

[59] Dieser Vorgang entspricht den beiden Stufen des *Samâdhi:* der Stufe der Gesichte und der Stufe der Vollkommenheit. (Siehe S. 195[62].)

[60] Text: *Nam-mKhaḥ* (sprich: *nam-kha*): skt. *Âkâśa:* «Äther» oder «Himmelsraum» *(sky)*.

ZWEITER TEIL
DER VORGANG DER WIEDERGEBURT

Das Schließen der Schoßespforte

(Weisungen an den Offizianten): Wenn man wiederum durch große Nachlässigkeit in frommen Übungen und Mangel an Vertrautheit nicht verstehen kann, mögen einen Trugbilder überkommen, und man wird zu den Schoßespforten wandern. Die Belehrung über das Schließen der Schoßespforten wird sehr wichtig: rufe den Verstorbenen bei Namen, und sage dies:

O Edelgeborener, wenn du das Obige nicht verstanden hast, hast du in diesem Augenblick durch den Einfluß des *Karma* den Eindruck, daß du entweder aufsteigst oder dich auf einer Ebene entlang bewegst oder hinuntergehst. Meditiere daraufhin über den Barmherzigen. Besinne dich. Darauf treffen dich, wie schon oben gesagt, Windstöße und eisige Stürme, Hagelschauer und Dunkelheit und der Eindruck, daß du von vielen Menschen verfolgt wirst. Wenn man von diesen (Halluzinationen) wegflieht, haben die, die nicht mit einem verdienstvollen *Karma* ausgestattet sind, den Eindruck, daß sie nach Stätten des Elends fliehen; die, die mit verdienstvollem *Karma* ausgestattet sind, haben den Eindruck, daß sie zu Stätten der Glückseligkeit kommen. Darauf, o Edelgeborener, scheinen auf dich die Zeichen des Geburtsortes und Kontinents, in dem du geboren werden sollst. Für diesen Augenblick gibt es verschiedene wesentliche, tiefe Lehren. Höre gesammelt zu. Auch wenn du nicht durch das bisherige Von-Angesicht-zu-Angesicht-Setzen begriffen hast, (wirst du doch) hier begreifen, (denn) sogar die, die es an frommen Übungen sehr haben mangeln lassen, erkennen diese Zeichen. Deshalb höre zu.

(Weisungen an den Offizianten): Jetzt ist es sehr wichtig, die Methoden zum Schließen der Schoßespforte zu gebrauchen. Dazu muß man die höchste Sorgfalt anwenden. Es gibt zwei (Haupt-)Arten des Schließens: das Wesen, das eintreten würde, am Eintreten zu verhindern, und die Schoßestür zu schließen, durch die es eintreten könnte.

Methode, den Eingang in einen Schoß zu verhindern

Die Belehrungen, um das Wesen am Eintreten zu verhindern, sind folgende:
O Edelgeborener (so und so mit Namen), wer auch deine Schutzgottheit gewesen sein mag, meditiere ruhig über sie – wie über die Spiegelung des Mondes im Wasser, sichtbar, aber nicht (als ein Mond) existierend, wie ein magisch erzeugtes Trugbild. Wenn du keine besondere Schutzgottheit hast, meditiere entweder über den barmherzigen Gott oder über mich, und, den Sinn darauf gerichtet, meditiere in Ruhe.
Darauf laß die (vorgestellte Form der) Schutzgottheit von den Umrissen an wegschmelzen, und meditiere ohne jedes Formen von Gedanken über das leere Klare Licht. Dies ist eine sehr tiefe Kunst; dadurch geht man nicht in einen Schoß ein.

Die erste Methode, die Schoßespforte zu schließen

Auf diese Weise meditiere; wenn aber sogar dies nicht genügen sollte, um dich zu verhindern, in einen Schoß einzugehen, und du bereit bist, in einen einzugehen, so gibt es dann die tiefe Lehre über das Schließen der Schoßespforte. Vernimm sie hier:

«Wenn dann, ach, der *Sipa-Bardo* dir dämmert,
Halte einen einzigen Entschluß im Sinn,
Und reihe so weiter die Kette guten *Karmas*[1];
Schließ ab die Schoßespforte, und vergiß nicht den Widerstand[2].
Dies ist eine Zeit, wo Ernsthaftigkeit und reine Liebe nötig sind;
Gib Eifersucht auf und meditiere über den *Guru* im Vater-Mutter-Aspekt.»

Mit deinem eigenen Mund wiederhole dies deutlich; besinne dich lebhaft

[1] Um Resultate zu erzielen, muß das angehäufte Verdienst, das aus den guten Taten im Erdenleben stammt, wirksam gemacht werden, das heißt, es muß mit der *Bardo*-Existenz des Verstorbenen verknüpft werden.

[2] Normalerweise neigt *Bardo*-Existenz immer dazu, den Verstorbenen wieder zurückzuführen zur Geburt; und das liegt an den *karmischen* Neigungen, die der Erleuchtung der Buddhaschaft entgegenstehen. Daher muß der Verstorbene diese eingeborene Tendenz mit jeder erreichbaren Hilfe bekämpfen.

seiner Bedeutung und meditiere darüber. Dies in Übung umzusetzen, ist wesentlich.

Die obige Lehre: «Wenn dann der *Sipa-Bardo* mir (oder einem) dämmert», bedeutet, daß du jetzt im *Sipa-Bardo* wanderst. Als Zeichen dafür wirst du, wenn du ins Wasser oder in den Spiegel schaust, keine Spiegelung deines Gesichtes oder Körpers sehen; auch wirft dein Körper keinen Schatten. Du hast jetzt deinen groben materiellen Körper von Fleisch und Blut abgelegt. Dies sind die Anzeichen, daß du im *Sipa-Bardo* umherwanderst. Zu dieser Zeit mußt du ohne Zerstreuung einen einzigen Entschluß in deinem Sinn formen. Die Formung eines einzigen Entschlusses ist jetzt sehr wichtig. Es ist, wie wenn man den Lauf eines Pferdes durch den Gebrauch der Zügel lenkt.

Was immer du wünschest, wird sich ereignen. Denke nicht an schlechte Handlungen, die den Lauf (deines Sinnes) ändern könnten. Erinnere dich deiner (geistigen) Verwandtschaft mit dem Leser dieses *Bardo Thödol* oder mit irgend jemand, von dem du Lehren, Einweihung oder geistige Vollmacht zur Lesung religiöser Texte erhalten hast, solange du in der Menschenwelt warst. Beharre im Verrichten guter Taten: dies ist sehr wesentlich. Laß dich nicht ablenken. Die Grenze zwischen Aufwärts- und Abwärtsgehen ist jetzt hier. Wenn du auch nur für eine Sekunde Unentschlossenheit duldest, hast du Elend zu ertragen für lange Zeit.

Dies ist der Augenblick. Klammere dich an ein einziges Ziel. Ausdauernd füge die Kette guter Taten zusammen.

Es ist jetzt für dich an der Zeit, die Schoßespforte zu schließen. «Dies ist eine Zeit, wo Ernsthaftigkeit und reine Liebe nötig sind», was besagen will, daß jetzt die Zeit gekommen ist, wo erst einmal die Schoßespforte geschlossen werden sollte, wozu es fünf Methoden des Schließens gibt. Dies bewahre wohl im Herzen.

Die zweite Methode, die Schoßespforte zu schließen

O Edelgeborener, zu dieser Zeit wirst du Visionen von männlichen und weiblichen Wesen in Vereinigung sehen. Wenn du sie siehst, sei eingedenk, dich zurückzuhalten und nicht zwischen sie zu treten. Betrachte Vater und Mutter als deinen *Guru* und die Göttliche Mutter[3]; meditiere

[3] «Der Vater und die Mutter» sind Mann und Frau in Vereinigung gesehen; der *Guru* ist der himmlische oder geistige *Guru*, nicht der menschliche, und die Göttliche Mutter ist des *Gurus Prajñâ*.

über sie und verneige dich. Übe demütig deinen Glauben; bringe geistige Anbetung mit großer Inbrunst dar, und gelobe, (von ihnen) religiöse Führung zu erbitten.
Durch diesen Entschluß allein sollte der Schoß sicherlich geschlossen werden; so er aber sogar dadurch nicht geschlossen wird und du dich bereit findest, in ihn einzugehen, meditiere über den Göttlichen *Guru* als Vater-Mutter[4] als über irgendeine Schutzgottheit oder über die Barmherzige Schutzgottheit und ihre *Prajñâ*, und indem du über sie meditierst, huldige ihnen mit geistigen Opfergaben. Gelobe ernstlich, (von ihnen) eine Gunst zu erbitten. Dadurch sollte die Schoßespforte geschlossen werden.

Die dritte Methode, die Schoßespforte zu schließen

So der Schoß auch dadurch nicht geschlossen wird, und du bereit bist, in ihn einzugehen, wird dir hier die dritte Methode gezeigt, dich der Zuneigung und Abneigung zu erwehren:
Es gibt vier Arten von Geburt: Geburt durch Ei, Geburt durch Schoß[5], übernormale Geburt und Geburt durch Hitze und Feuchte[6]. Unter diesen vier[7] stimmen Geburt durch Ei und Geburt durch Schoß dem Charakter nach überein.
Wie oben gesagt, erscheinen Visionen von männlichen und weiblichen Wesen in Vereinigung. Wenn man zu dieser Zeit durch Gefühle von Anziehung und Abstoßung in den Schoß eingeht, kann man entweder als ein Pferd, ein Federvieh, ein Hund oder als ein Mensch geboren werden[8].
Wenn man (im Begriff ist), als ein männliches Wesen geboren zu werden,

[4] Das ist der *Guru* mit der *Prajñâ*, wie oben angegeben.

[5] Text: *brZus-skyes* (sprich *su-kye*): skt. *Svayambhû:* «übernormale (oder wunderbare) Geburt» durch Übersetzung oder Übertragung des Bewußtseinsprinzips von einem *Loka* in einen anderen. (Siehe S. 160.)

[6] Das bezieht sich auf das Keimen von Samen und Sporen, den Geburtsprozeß im Pflanzenreich.

[7] «Das Brahmanentum anerkennt auch vier Arten von Geburt: *svedaja* (schweißgeboren oder feuchtgeboren), *aṇḍaja* (eigeboren), *jarâyuja* (schoßgeboren) und *udbhijja* (Pflanzenwuchs).» – Sj. Atal Behari Ghosh.

[8] Esoterisch bedeutet diese Stelle, daß man in Übereinstimmung mit dem *Karma* mit den besonderen Neigungen wiedergeboren werden kann, die die verschiedenen genannten Tiere symbolisieren. Platon hat in «Der Staat» Tiersymbole in der gleichen Weise verwendet. (Siehe S. 258[9].)

dämmert dem Wissenden das Gefühl von sich selber als einem männlichen Wesen, und ein Gefühl starken Hasses und Eifersucht gegenüber dem Vater und Anziehung gegenüber der Mutter wird erzeugt. Wenn man (im Begriff ist), als ein weibliches Wesen geboren zu werden, dämmert dem Wissenden das Gefühl von sich selber als einem weiblichen Wesen, und ein Gefühl starken Hasses gegen die Mutter und großer Anziehung und Liebe dem Vater gegenüber wird erzeugt. Durch diese sekundäre Ursache erfährt der Wissende – (wenn er) den Ätherpfad betritt, gerade in dem Augenblick, wenn das Sperma und das Ei sich vereinen wollen – die Seligkeit des gleichzeitiggeborenen Zustandes, während welchen Zustandes er in Bewußtlosigkeit verfällt. (Später) findet er sich in ovale Formen eingeschlossen, im embryonalen Zustand, und wenn er dann aus dem Schoß herauskommt und die Augen öffnet, findet er sich vielleicht in einen jungen Hund verwandelt. Früher ist er ein Mensch gewesen, jetzt aber, wo er ein Hund geworden ist, macht er die Leiden in einer Hundehütte durch; oder (vielleicht) als ein junges Schwein in einem Schweinestall, oder als eine Ameise in einem Ameisenhaufen, oder als ein Insekt oder eine Made in einem Loch, oder als ein Kalb, oder als ein Zicklein, oder ein Lamm[9], von welcher Gestalt es kein (sofortiges) Zurück gibt. Stummheit, Dumpfheit und elende Verdunkelung des Geistes erleidet er und macht die verschiedensten Leiden durch. Auf gleiche Weise kann man in die Hölle wandern oder in die Welt unglücklicher Geister, oder durch die Sechs *Lokas* und unerdenkliches Elend erleiden.

Die, die sehr gierig danach (d.h. nach *saṃsârischer* Existenz) sind, oder die sie nicht zutiefst fürchten – o schauderhaft, schauderhaft, o weh! –,

[9] Hier sehen wir den Tiersymbolismus in solchem Maße ausgedehnt, daß er durchaus eine Parallele bildet zu dem Abschnitt in Platons «Der Staat», wo die Wahl von Tierkörpern für die nächste Inkarnation beschrieben wird. (Siehe S. 257[8], auch S. 122 bis 128.) Die volkstümliche oder exoterische Auslegung solcher Stellen in unserem Text wie dieser hier (vgl. S. 203, 206, 234f. hierin) würde ebenso vernünftig scheinen, wie wenn man sie auf ähnliche Stellen im Platon anwenden würde; und außerdem: der Abschreiber und vielleicht auch der oder die Zusammensteller des *Bardo Thödol* können Exoteriker gewesen sein, oder zum mindesten wollte ihr Text die exoterische Auslegung betonen im Glauben, wie ihn Priester oft vertreten haben und wie manche ihn sogar heute noch vertreten, daß furchterregende Lehren (z.B. die christliche Lehre, daß die Hölle ein ewiger Zustand sei), obwohl sie wörtlich genommen unwahr sind, dennoch wie Peitschenhiebe wirken, um die niedrigeren Mentalitäten wachsam und vielleicht auch tugendhafter zu erhalten. Dessen ungeachtet gibt es für unseren eigenen (mehr oder weniger entstellten) Text, wie für den Platons, einen esoterischen Schlüssel zur wahren Bedeutung, wie wir ihn in unserer Einführung S. 131 ff. gegeben haben.

und die, die keine Lehren von einem *Guru* erhalten haben, fallen in dieser Weise in die tiefen Abgründe des *saṃsâra* und leiden grenzenlos und unerträglich. Auf daß dich nicht ein gleiches Geschick treffe, höre lieber auf meine Worte, und bewahre diese meine Lehren im Herzen.
Weise die Gefühle von Anziehung und Abstoßung zurück, und erinnere dich einer Methode zur Schließung der Schoßespforte, die ich dir jetzt zeigen will. Schließe die Schoßespforte, und erinnere dich des Widerstandes. Dies ist die Zeit, wo Ernsthaftigkeit und reine Liebe nötig sind. Wie schon gesagt: «Gib Eifersucht auf und meditiere über den *Guru* als Vater-Mutter.»
Wie schon oben erklärt, wird dir, wenn du als ein männliches Wesen geboren werden sollst, Zuneigung zur Mutter und Abneigung gegen den Vater, und wenn du als ein weibliches Wesen geboren werden sollst, Zuneigung zum Vater und Abneigung gegen die Mutter, zusammen mit einem aufkommenden Gefühl von Eifersucht (gegen den einen oder andern) dämmern.
Für diese Zeit gibt es eine tiefe Lehre. O Edelgeborener, wenn Zuneigung und Abneigung entstehen, meditiere wie folgt:
«Ach, was für ein Wesen von schlechtem *Karma* bin ich! Daß ich bis jetzt im *saṃsâra* gewandert bin, geschah zufolge Zuneigung und Abneigung. Wenn ich noch weiter Zuneigung und Abneigung fühle, werde ich in endlosem *saṃsâra* wandern und in dem Ozean des Elends für lange Zeit leiden und noch tiefer hineinsinken. Jetzt darf ich nicht aus Zuneigung und Abneigung handeln. Weh mir, von jetzt an will ich niemals aus Zuneigung und Abneigung handeln.»
Indem du so meditierst, entschließe dich fest, dich an diesen (Vorsatz) zu halten. Es ist in den *Tantras* gesagt worden, «die Pforte des Schoßes wird schon dadurch allein geschlossen».
O Edelgeborener, laß dich nicht ablenken. Halte deinen Geist zielstrebig auf diesen einen Entschluß gerichtet.

Die vierte Methode, die Schoßespforte zu schließen

Wiederum, wenn sogar dies den Schoß nicht schließt und man bereit ist, in den Schoß einzugehen, sollte dann der Schoß durch die Lehre, (genannt) «Das Unwahre und das Trügerische»[10], geschlossen werden. Darüber sollte wie folgt meditiert werden:

[10] Text: *bDen-med-sGyu-ma-lTa-bu* (sprich: *Den-med-gyu-ma-tabu*): «Nicht-wahr

«Oh, das Paar, der Vater und die Mutter, der schwarze Regen, die Windstöße, die klirrenden Klänge, die erschreckenden Schemen und alle Erscheinungen sind ihrer wahren Natur nach Trugbilder. Wie sie auch erscheinen mögen, es ist doch keine Wahrheit (in ihnen); alle Stoffe sind unwirklich und falsch. Wie Träume und wie Schemen sind sie; sie bleiben nicht, sie haben keine Beständigkeit. Was nützt es, (an ihnen) zu hängen! Was nützt es, Furcht und Schrecken vor ihnen zu haben! Das hieße, das Nicht-Existierende als das Existierende sehen. All dies sind Halluzinationen unseres eigenen Geistes. Der trügerische Geist selbst existiert nicht von Ewigkeit her; von wannen sollten daher diese äußeren (Erscheinungen) existieren?

Da ich diese (Dinge) bisher nicht in jener Weise verstanden habe, habe ich das Nicht-Existierende für das Existierende gehalten, das Unwirkliche für das Wirkliche, das Trügerische für das Tatsächliche, und bin so lange im *saṃsâra* gewandert. Wenn ich sie aber auch jetzt nicht als Trugbilder erkenne, (werde ich) lange Zeitalter hindurch im *saṃsâra* wandern und sicherlich in den Morast verschiedenartiger Nöte geraten.

Tatsächlich sind alle diese wie Träume, wie Halluzinationen, wie Echos, wie die Städte der Duftesser[11], wie eine Luftspiegelung, wie gespiegelte Formen, wie Gaukelbilder, wie der im Wasser gesehene Mond – nicht wirklich, auch nicht für einen Augenblick. In Wahrheit sind sie unwirklich, sind sie falsch.»

Indem man sich zielstrebig an diesen Gedankengang hält, wird der Glaube, daß sie wirklich sind, zunichte, und wenn dies der inneren Kontinuität (des Bewußtseins) eingeprägt wird, kehrt man um. Wenn das Wissen von der Unwirklichkeit in dieser Weise tief eingeprägt wird, wird die Schoßespforte geschlossen.

Die fünfte Methode, die Schoßespforte zu schließen

Falls jedoch, auch wenn dies getan ist, das (Die-Erscheinungen-) Für-wirklich-Halten weiter besteht, ist die Schoßespforte nicht geschlossen; und wenn man bereit ist, in den Schoß einzugehen, sollte man die Scho-

[und] täuschung-artig», der Titel eines tibetischen Traktats über die Unwirklichkeit der Phänomene.

[11] Text: *Dri-za* (sprich: *Di-za*): «Duft-Esser»; skt. *Gandharva*, die Feen der indischen und buddhistischen Mythologie. Ihre Städte sind fantastisch geformte Wolken, die sich in Regen auflösen und verschwinden. (Vgl. S. 243 [31].)

ßestür schließen, indem man über das Klare Licht meditiert, was die fünfte (Methode) ist. Die Meditation vollzieht sich folgendermaßen: «Siehe, alle Stoffe sind mein eigenes Bewußtsein[12], und dieses Bewußtsein ist Leerheit, ist ungeboren und unaufhörlich.»

Indem du so meditierst, erlaube dem Geist, in dem ungeschaffenen (Zustand) zu ruhen – wie zum Beispiel Wasser in Wasser gegossen. Dem Geist sollte seine eigene leichte, mentale Haltung gestattet werden, in seiner natürlichen (oder unveränderten) Lage, klar und vibrierend. Indem man diesen entspannten, ungeschaffenen (Geisteszustand) beibehält, kann man sicher sein, daß die Schoßespforten der vier Arten von Geburt[13] geschlossen bleiben. Meditiere in dieser Weise, bis das Schließen erfolgreich vollzogen ist.

(Weisungen an den Offizianten): Viele sehr tiefe Lehren für das Schließen der Schoßespforte sind oben gegeben worden. Es ist unmöglich, daß sie Leute von der höchsten, der durchschnittlichen und der geringsten intellektuellen Fähigkeit nicht befreien sollten. Fragt man, warum dies so ist – es ist erstens, weil das Bewußtsein im *Bardo* (da es übernormale Auffassungskraft[14] in einer beschränkten Weise besitzt), versteht, was auch immer dann zu ihm gesprochen wird. Zweitens, weil – obgleich (früher) taub oder blind – hier, zu dieser Zeit, alle unsere Fähigkeiten vollkommen sind und man hören kann, was an einen gerichtet wird. Drittens, da man andauernd von Schauer und Schrecken verfolgt wird, denkt man: «Was ist am besten?» und da man somit von bewußter Wachsamkeit ist, hört man immer, was einem auch gesagt wird. Da das Bewußtsein ohne eine Stütze[15] ist, geht es sofort zu jedwedem Platz, zu dem der Geist es schickt. Viertens, es ist leicht, es zu lenken[16]. Das Ge-

[12] Text: *rNam-śes* (sprich: *Nam-sche*): Bewußtseinsprinzip: skt. *Vijñâna*. Der Übersetzer zog es vor, hier dem Zusammenhang entsprechend «Geist» zu setzen als synonym mit «Bewußtsein».

[13] Wie oben erwähnt auf S. 257.

[14] Text: *mṄon-śes* (sprich: *ngon-sche*), bezieht sich auf bestimmte Gaben übernormaler Auffassung (skt. *Abhijñâ*), von denen gewöhnlich sechs aufgezählt werden: 1. übernormales Gesicht und 2. Gehör, 3. Gedankenlesen, 4. Kenntnis von wunderbarer Kraft, 5. Erinnerung an frühere Existenzen, 6. Kenntnis von der Vernichtung der Leidenschaften. Für den normalen Verstorbenen ist solche «übernormale Auffassungskraft» beschränkt (oder erschöpflich) und nur wirksam im Nachtod-Zustand; während sie für einen Buddha oder einen Gläubigen, der vollkommen ausgebildet im Yoga ist, ein dauernder und unbegrenzter Besitz auf allen Bewußtseinsebenen ist.

[15] Das heißt ohne den irdischen Körper.

[16] Wörtlich «Viertens, das Hin und Her des Mundes [des Bewußtseinsprinzips oder Wissenden, wie das eines Pferdemaules mit einem Gebiß] ist leicht».

dächtnis[17] ist neunmal heller als zuvor. Selbst wenn (man zuvor) dumm (war), wird zu dieser Zeit durch das Wirken des *Karma* der Geist außerordentlich klar und fähig zu meditieren, was immer ihm auch gelehrt wird. (Deshalb ist die Antwort): Es ist so, weil er (d.h. der Wissende) diese Gaben besitzt.

Daß der Vollzug der Bestattungsriten wirksam sein kann, ist gleichfalls aus diesem Grunde. Deshalb ist es von höchster Wichtigkeit, mit dem Lesen des Großen *Bardo Thödol* für neunundvierzig Tage durchzuhalten. Selbst wenn man nicht bei einem Von-Angesicht-zu-Angesicht-Setzen befreit wird, sollte man doch bei einem andern befreit werden; darum eben sind so viele verschiedene Von-Angesicht-zu-Angesicht-Setzen nötig.

Das Wählen der Schoßespforte

(Weisungen an den Offizianten): Es gibt trotzdem viele Arten von denen, die – obgleich erinnert und belehrt, ihre Gedanken zielstrebig zu richten – nicht befreit werden, durch die große Macht böser *karmischer* Verdunkelungen und weil sie nicht an fromme Taten gewöhnt sind, aber an unfromme Taten Äonen lang gewöhnt waren. Deshalb wird, wenn die Schoßespforte noch nicht zuvor geschlossen worden ist, hier nun auch eine Lehre für die Wahl einer Schoßespforte gegeben. Indem du die Hilfe aller Buddhas und Bodhisattvas anrufst, wiederhole nun das Zufluchtnehmen, und indem du den Verstorbenen nochmals dreimal bei Namen rufst, sprich wie folgt:

O Edelgeborener (Soundso), höre zu. Obgleich die obigen von-Angesicht-zu-Angesicht-setzenden Lehren zielstrebig gegeben worden sind, hast du sie doch nicht verstanden. Deshalb ist es, falls die Schoßespforte nicht geschlossen worden ist, fast an der Zeit, einen Körper anzunehmen. Triff deine Wahl des Schoßes (gemäß) dieser besten Lehre. Höre aufmerksam zu, und behalte sie im Sinn.

[17] Text: *dran-pa* (sprich: *tanpa*), wörtlich «Zug (oder Strom) des Bewußtseins»; bedeutet im allgemeinen «Bewußtsein» oder «Erinnerung» oder «Gedächtnis»: skt. *smṛti*.

O Edelgeborener, jetzt kommen die Zeichen und Merkmale des Geburtsortes. Erkenne sie. Indem du den Geburtsort beobachtest, wähle auch den Kontinent[18].

Wenn du im Östlichen Kontinent des *Lü-pah* geboren werden sollst, ist ein See, geschmückt mit Schwänen, Männchen und Weibchen, zu sehen. Geh nicht dahin. Erinnere dich des Abscheus (gegen das Dorthingehen)[19]. Wenn man dorthin geht, kommt man auf einen Kontinent, der – obgleich er mit Glück und Bequemlichkeit ausgestattet – einer ist, in dem Religion nicht vorherrscht. Deshalb gehe nicht dorthin.

Wenn du im Südlichen Kontinent von *Dsambuling* geboren werden sollst, siehst du große entzückende Wohnungen. Geh dahin ein, wenn du schon in einen eingehen mußt.

Wenn man im Westlichen Kontinent von *Balongtschöd* geboren werden soll, ist ein See, geschmückt mit Pferden, Hengsten und Stuten, (die an den Küsten grasen), zu sehen. Geh selbst da nicht hin, sondern komm hierher zurück. Obgleich es dort Reichtum und Fülle gibt, ist das doch ein Land, wo Religion nicht vorherrscht; deshalb gehe nicht dorthin.

Wenn du im Nördlichen Kontinent von *Daminyan* geboren werden sollst, ist ein See, geschmückt mit männlichem und weiblichem Vieh, (das an seinen Ufern grast) oder Bäumen (rund um ihn herum) zu sehen. Obgleich es dort Lebensdauer und Verdienste gibt, ist doch jener Kontinent einer, auf dem Religion nicht vorherrscht, deshalb geh nicht dahin. Dies sind die mahnenden Zeichen (oder Visionen) des Wiedergeburt-Annehmens in jenen (Kontinenten). Erkenne sie, tritt nicht ein[20].

Wenn man als ein *Deva* geboren werden soll, sieht man auch entzückende Tempel (oder Wohnungen), die aus verschiedenen kostbaren Metallen gebaut sind[21]. Man darf da hineingehen; also geh da hinein.

[18] In der Beschreibung dieser Kontinente, die nun folgt, sind tibetische Namen gegeben; in unserer Einführung (S. 139f.) sind daneben noch die Sanskritnamen mit ergänzender Beschreibung gegeben.

[19] Text: *rulog:* «Empörung» oder «Abscheu». Durch die Erinnerung an den Abscheu, d.h. die geistige Haltung, die einen dort nicht eintreten läßt, wird der Verstorbene dazu gebracht, auf der Hut zu sein.

[20] Dieser Paragraph steht im Manuskript am falschen Platz, denn er ist abgeschrieben, als käme er nach «zu sehen» im Paragraphen direkt darüber in unserer Übersetzung.

[21] Die christliche Vorstellung vom Himmel als einem endgültigen Platz, mit Straßen von Gold und Mauern aus kostbaren Steinen, verdankt ihren Ursprung wahrscheinlich vorchristlichen Glaubensformen, entsprechend den Hindu- und buddhistischen

Wenn man als ein *Asura* geboren werden soll, wird man entweder einen reizenden Wald sehen oder Kreise von Feuer, die in entgegengesetzten Richtungen sich drehen. Erinnere dich des Abscheus und gehe um keinen Preis da hinein.

Wenn du unter Tieren[22] geboren werden sollst, erscheinen Felsenhöhlen und tiefe Löcher in der Erde und Nebel. Geh nicht da hinein.

Wenn du unter *Pretas* geboren werden sollst, siehst du trostlose, baumlose Ebenen und enge Höhlen, Dschungellichtungen und Walddickichte. Wenn man dahin geht und Geburt als ein *Preta* annimmt, wird man die verschiedensten Qualen von Hunger und Durst erleiden. Erinnere dich des Abscheus, und geh um keinen Preis da hinein. Mache große Anstrengungen, (nicht hineinzugehen).

Wenn man in der Hölle geboren werden soll, hört man Gesänge (wie Wehklagen) ob des schlechten *Karma.* (Man wird) gezwungen, widerstandslos da hineinzugehen. Düstere Länder, schwarze Häuser und weiße Häuser und schwarze Löcher in der Erde und schwarze Wege, auf denen man entlang zu gehen hat, erscheinen. Und wenn man dahin geht, kommt man in die Hölle, und dieweil man unerträgliche Schmerzen von Hitze und Kälte erduldet, dauert es sehr lange, bis man wieder herausfindet[23]. Geh nicht mitten dorthin hinein.

Es ist gesagt worden: «Strenge deine Energie bis zum äußersten an»; dies ist jetzt nötig.

Vorstellungen vom Himmel der *Devas*. Nirvâṇa ist irreführend der Himmel der Buddhisten genannt worden: ein Himmel schließt einen Ort und *saṃsârische* Erscheinungen ein, wohingegen Nirvâṇa nicht-*saṃsârisch* ist, sondern jenseits aller Erscheinungen, «das Ungewordene, Ungeborene, Ungemachte, Ungeformte» – ein Begriff, der dem volkstümlichen oder exoterischen Christentum ganz und gar fremd ist und nur im esoterischen Christentum gefunden wird, d.h. bei den Gnostikern, die von den Konzilien der exoterischen Christenheit sehr unweise offiziell als Ketzer hingestellt wurden.

[22] Oder, wie im Text auf Seite 273f. (wo der Schlüssel zur esoterischen Bedeutung der Hinweise auf «Geburt unter Tieren» gegeben ist) unter menschlichen Wesen, die «der Tiergattung gleichen».

[23] Wörtlich «Es wird nicht Zeit sein, [bald] da herauszukommen». Der Buddhismus wie der Hinduismus schreiben dem Höllenzustand nicht ewige Verdammnis zu; sie sind in dieser Beziehung logischer als die christliche Theologie, die diese Theorie einst aufstellte.

Der Schutz gegen die quälenden Furien

O Edelgeborener, da man von hinten durch *karmische* quälende Furien[24] verfolgt wird, fühlt man sich unfreiwillig gezwungen, weiter zu gehen, auch wenn man es nicht gern tut, (und mit) quälenden Furien vor einem und Lebensabschneidern, die als Vorhut einen führen, und Dunkelheit und *karmischen* Orkanen und Getöse und Schnee und Regen und schrekkenerregenden Hagelstürmen und Wirbelwinden eisiger Stürme, entsteht der Gedanke, vor ihnen zu fliehen.

Indem man darauf aus Furcht nach einer Zuflucht sucht, (betrachtet man) die zuvor genannten Visionen großer Wohnungen, Felshöhlen, Erdhöhlen, Dschungels und Lotusblüten, die sich schließen (wenn man sie betritt), und man entkommt, indem man sich innerhalb (eines dieser Orte) verbirgt und Angst hat, von dort herauszukommen, und denkt: «Herauszukommen ist jetzt nicht gut». Und dieweil man Angst hat, von dort zu scheiden, fühlt man sich sehr zu seinem Zufluchtsort hingezogen, (der eben der Schoß ist). In der Furcht, daß einem, wenn man herausgeht, Schauer und Schrecken des *Bardo* begegnen, und aus Furcht, daß man ihnen begegne, verbirgt man sich innerhalb (des Ortes des gewählten Schoßes) und nimmt dadurch einen sehr unerfreulichen Körper an und macht verschiedene Leiden durch.

Das ist ein Zeichen dafür, daß böse Geister und *Râkṣasas* (oder Dämonen) sich störend einmischen[25]. Für diese Lage gibt es eine tiefe Lehre. Höre zu und achte sie:

Zu dieser Zeit, wenn dich die quälenden Furien verfolgen und Schauer und Schrecken sich einstellen – (stelle dir) sofort entweder den Obersten *Heruka* oder *Hayagrîva* oder *Vajrapâṇi*[26] (vor) oder (irgendeine andere) Schutzgottheit, wenn du eine solche hast, vollkommen an Form, von riesigem Körper, mit massiven Gliedern, zornig und schreckenerregend von Erscheinung, die alle unheilstiftenden Geister zu Staub zermalmen kann. Stell dir dies sofort vor. Die Gabenwellen und die Macht ihrer Gnade werden dich von den quälenden Furien trennen, und du wirst die Kraft gewinnen, die Schoßespforte richtig zu wählen. Dies ist die wichtige Kunst der sehr tiefen Lehre, bewahre sie deshalb ganz genau im Sinn.

[24] Text: *gŚed-ma* (sprich: *sched-ma*): «Quäler» oder «Leben-Nehmer», hier gebraucht für die «quälenden Furien». (Vgl. S. 245[39].)

[25] Das heißt, sie mischen sich ein, um Geburt oder gute Geburt zu verhindern.

[26] Jede dieser drei Gottheiten, die im *Tschönyi-Bardo* aufdämmern (siehe S. 192[54], 196[67], 213[118]), soll in besonderer Weise fähig sein, die bösen Geister zu bannen.

O Edelgeborener, die *Dhyânî* und andere Gottheiten werden geboren kraft des *Samâdhi* (oder Meditation). *Pretas* (oder unglückliche Geister oder Schatten) und boshafte Geister gewisser Ordnungen sind jene, die während des Zwischenzustandes ihr Fühlen (oder ihre geistige Haltung) änderten und dadurch jene Gestalt annahmen, die sie nachher behielten, und *Pretas*, böse Geister und *Râkṣasas* wurden, die die Kraft besitzen, ihre Form zu verwandeln. Alle *Pretas*, die im Raum existieren und den Himmel durchreisen, und die achtzigtausend Arten der Unfug anrichtenden Gespenster sind zu dem geworden, indem sie ihre Gefühle änderten, (dieweil sie) im Geist-Körper (auf der *Bardo*-Ebene waren)[27].

[27] Dadurch, daß sie zu der falschen Annahme gekommen sind, der Zwischenzustand sei ein wünschenswerter oder gefestigter Daseinszustand, und daß alle seine Bewohner – Geister, *Pretas*, Dämonen und abgeschiedene menschliche Wesen – sich mit der Zeit an den *Bardo* gewöhnen, wird ihre normale Entwicklung aufgehalten. Es ist die Ansicht der erleuchtetsten Lamas, daß, wann immer ein Geist aufgerufen wird, wie in solchen Geisterbeschwörungen, wie sie heutzutage im ganzen Westen üblich sind, dieser Geist durch den Kontakt mit dieser Welt und das Vorherrschen des traditionellen animistischen Glaubens über das «Dort-und-dann» beschränkt wird in der Illusion, daß der *Bardo* ein Zustand sei, der wirklichen geistigen Fortschritt ermögliche, und also keinen Versuch mache, ihn aufzugeben. Der aufgerufene Geist beschreibt gewöhnlich den *Bardo* (der vor allem das Reich der Illusion ist), in dem er nun wohnt, mehr oder weniger dem entsprechend, was er vom Jenseits geglaubt hat, als er noch im fleischlichen Körper war; denn grad wie einTräumer in der Menschenwelt im Traumzustand die Erfahrung des Wachzustandes noch einmal erlebt, so erlebt der Bewohner des *Bardo* Halluzinationen in *karmischer* Übereinstimmung mit dem Gehalt seines Bewußtseins, der durch die Menschenwelt geschaffen wurde. Seine symbolischen Visionen sind, wie der *Bardo Thödol* wiederholt betont, nur die psychischen Reflexe von Gedankenformen, die vom Erdenleben als geistiges Unterpfand oder Samen des *Karma* mit hinüber genommen worden sind. (Siehe S. 107–111.) Das wird erwähnt, um zu erklären, weshalb außer den alleraußergewöhnlichsten Geistern keiner, wenn er gerufen wird, irgendeine vernünftige Philosophie über die Welt, in der er nun lebt, anzubieten hat; sie werden als bloße Spielzeuge des *Karma* angesehen, ohne geistigen Zusammenhang und Stabilität der Persönlichkeit – sehr häufig sogar als sinnlose Geister oder psychische «Schalen», die vom Bewußtseinsprinzip abgeworfen wurden und die, wenn sie mit einem menschlichen «Medium» in Rapport kommen, zu automatengleichem Leben galvanisiert werden.
Es ist wahr, daß Geisterbeschwörungen einer gewissen Art auch in Tibet, wie überall in der Mongolei und in China, ausgeführt werden von Lamas, die eine Klasse orakelnder Priester bilden, die bei wichtigen Problemen politischer Art sogar vom Dalai Lama selbst zu Rate gezogen werden. Doch die gerufenen Geister sind Schutzgottheiten einer niederen Ordnung, genannt die «Exekutiv-Ordnung» (tib. *bKaḥ-sDod*, sprich: *ka-dö*, d.h. «einer, der Befehle erwartet»), und absichtlich niemals Geister oder Schemen von Männern und Frauen, die erst vor kurzem verstorben sind. Einige von diesen *bKaḥ-sDod* sind nach dem Glauben der Tibeter die Geister von Lamas und

Wenn man zu dieser Zeit sich der Großen Symbol-(Lehren) betreffs der Leere erinnert, so ist das am besten. Wenn man darin keine Übung hat, so übe man die (geistigen) Kräfte[28], alle Dinge als Illusion (oder *Mâyâ*) (zu betrachten). Selbst wenn dies unmöglich sein sollte, so laß dich doch durch nichts anziehen. Wenn man über die Schutzgottheit, den Großen Barmherzigen, meditiert, erreicht man Buddhaschaft im *Sambhogakâya*.

Gläubigen, die – oft durch die Ausübung schwarzer Magie – es versäumt haben, geistige Erleuchtung noch in der Menschenwelt zu erlangen, oder die sonst, in der Weise, wie es hier im Text beschrieben ist, vom normalen Weg des Fortschritts abgewichen sind. So sind sie in vielen Fällen zu dämonischen und übelwollenden Geistern geworden, deren Fortschritt nicht dadurch aufgehalten worden ist, daß sie der irdischen Ebene verhaftet blieben durch den Anruf von «Medien» bald nach ihrem Tode, sondern natürlich durch ihr sehr schlechtes *Karma*. Solche *bKaḥ-sDod* sollen, obwohl sie sich oft mit gewöhnlichen Geistern von Toten zeigen, dem ungeübten «Medium» und den Teilnehmern geistig und seelisch großen Schaden zufügen, so daß nicht selten Wahnsinn und moralische Unverantwortlichkeit die Folgen sind. Aus diesen Gründen sagen die Lamas, daß solche «Geist-Forschungen» nur von Meistern der okkulten oder magischen Wissenschaften ausgeführt werden sollten und nicht ohne weiteres von der führerlosen Menge.

In Sikkim, wo unsere Übersetzung gemacht wurde, wird Nekromantie, genau wie die heute im Westen übliche, schon seit undenklichen Zeiten und auch heute noch geübt. Die Leptschas, Nachkommen der primitiven Rassen in Sikkim, die noch einen großen Teil der Landbevölkerung ausmachen, sind in ihren Anbetungen ebenso gründlich animistisch wie die amerikanischen Rothäute; und großenteils durch ihren Einfluß ist die Anrufung von Toten unter dem buddhistischen Laienvolk in Sikkim weit verbreitet worden, das häufig sowohl tibetisches wie Leptscha-Blut in sich hat. Auch im buddhistischen Bhutan ist solche Geist-Anrufung üblich. In beiden Ländern jedoch bekämpfen die Lamas sie eifrig, wenn auch ziemlich erfolglos.

Es wird gesagt, daß die Verzögerung für einen *Bardo*-gebundenen Geist eine Zeit von fünfhundert bis tausend Jahren ausmachen kann; und, in besonderen Fällen, Jahrtausende. All diese Zeit kann der Verstorbene weder weiterschreiten zu einem paradiesischen Bereich noch in der menschlichen Welt wiedergeboren werden, da Flucht aus dem *Bardo* nicht möglich ist. Schließlich jedoch wird er in einen Schoß eintreten, und der *Bardo* kommt zu einem Ende.

[28] Text: *rTsal* (sprich: *tsal*): «Kräfte»; an anderer Stelle in unserem Text *dBaṅ-po* (sprich: *wang-po*), das mit «Fähigkeiten» übersetzt wurde.

Das alternative Wählen: Übernormale Geburt oder Schoßesgeburt

So du jedoch, o Edelgeborener, ob des Einflusses des *Karma* in einen Schoß eingehen mußt, wird dir jetzt die Lehre über die Wahl der Schoßespforte erklärt. Höre zu.

Geh nicht in irgendeinen beliebigen Schoß ein, der dir gerade unterkommt. Wenn du durch quälende Furien gezwungen wirst, hineinzugehen, meditiere über *Hayagrîva*.

Da du jetzt eine geringe übernormale Fähigkeit des Vorauswissens besitzest, wirst du alle Orte (der Geburt) einen nach dem andern kennenlernen[29]. Wähle dementsprechend.

Es gibt zwei Alternativen: Die Verlegung (des Bewußtseinsprinzips) in ein reines Buddhareich und die Wahl der unreinen *saṃsârischen* Schoßespforte, die folgendermaßen erreicht werden können:

Übernormale Geburt durch Eingehen in ein Paradiesesreich

Im ersten Fall – der Verlegung in ein reines Paradies – geschieht die Projektion (durch Denken oder Meditieren) folgendermaßen:

«Ach, wie kummervoll ist es, daß ich während all den unzähligen *Kalpas* seit unbegrenzter, anfangloser Zeit bis jetzt im Morast des *saṃsâra* gewandert bin! O wie schmerzlich, daß ich nicht schon zur Buddhaschaft befreit worden bin durch das Wissen, daß das Bewußtsein das Selbst[30]

[29] In einer Reihe von Visionen wird der Wissende das Los oder das Geschick erkennen, das mit jedem wahrgenommenen Schoß oder Geburtsort verbunden ist. Hier werden wir wieder an die Episode im zehnten Buch von Platons «Staat» erinnert, wo eine Gruppe griechischer Helden im Jenseits bei der Wahl ihrer Körper für die nächste Inkarnation beschrieben wird.

[30] Text: *rig-pa* («Bewußtsein») + *bDag* (sprich: *dag*, d.h. «Selbst»: skt. *âtmâ*). Wenn wir in diesem Zusammenhang «Bewußtsein» als das eigentliche und wahre Bewußtsein ansehen, d.h. das Unterbewußtsein – und diese Bedeutung ist gemeint –, dann würde diese Stelle genau mit der Psychologie des Westens übereinstimmen, die auf Grund vieler gesammelter Tatsachen sehr wohl behaupten kann, daß das Unterbewußtsein als das Lagerhaus aller Gedächtnisaufzeichnungen aus diesem Leben oder aus hypothetischen vergangenen Leben das wahre Selbst ist – das Bett, in dem ununterbrochen der «Lebensstrom» dahinfließt, von einem Daseinszustand zum anderen, und der, umgewandelt durch die Alchemie Vollkommener Erleuchtung, zu überweltli-

ist, bisher und zuvor. Dieser *saṃsâra* ekelt mich jetzt, erschreckt mich, macht mich krank; jetzt ist die Stunde gekommen, mich zur Flucht vor ihm zu rüsten. Ich selbst will so handeln, auf daß ich in dem Glücklichen Westlichen Reich zu Füßen des Buddha *Amitâbha*[31] wiedergeboren werde, wunderbarerweise mitten aus einer Lotusblüte.»[32]

Indem du so denkst, richte den Entschluß (oder Wunsch) ernstlich (auf jenes Reich), oder auch auf jedes Reich, das du wünschest – das Vorherrschend-glückliche Reich, oder das Dichtgeformte Reich, oder das Reich (Derer mit) Langem Haar[33], oder das Unbegrenzte *Vihâra* der Lotusstrahlung[34] in *Urgyans* Gegenwart –, oder richte deinen Wunsch nach jenem Reich, das du am meisten ersehnst, in unablenkbarer Zielstrebigkeit (des Geistes). Wenn man es so macht, findet (die) Geburt in jenem Reich sofort statt.

Oder wenn du ersehnst, in die Gegenwart von *Maitreya,* in die *Tuṣita*-Himmel zu gelangen, wird – wenn du einen ernstlichen Wunsch in gleicher Weise dahin richtest und denkst: «Ich will in die Gegenwart des *Maitreya* in die *Tuṣita*-Himmel[35] gelangen, denn hier im Zwischenzustand hat die Stunde für mich geschlagen» – Geburt wunderbarerweise in einer Lotusblüte[36] in der Gegenwart des *Maitreya* erreicht.

chem Bewußtsein wird, d.h. zum Bewußtsein des Buddha. (Vgl. W.Y.Evans-Wentz, *The Fairy-Faith in Celtic Countries,* Oxford University Preß, 1911, Kap.XII.)

Daß diese Ansicht in Übereinstimmung mit den aufgezeichneten Lehren des Buddha selbst ist, geht aus dem *Lonaphala Vagga* des *Aṅguttara-Nikâya* hervor, wo er die *Yoga*-Methode zur Wiederaufdeckung von Erinnerungen darlegt, die dem Unterbewußtsein eingeboren sind (siehe unsere Einführung, S. 116f.). Sobhita, einer von den Schülern des Buddha, wurde vom Buddha selbst als hervorragend in der «Fähigkeit, sich früherer Existenzen zu erinnern», erklärt (vgl. *Etaddagga Vagga, Aṅguttara-Nikâya*). Er stand im Rufe, systematisch seine früheren Existenzen durch 500 *Kalpas* zurückrufen zu können; und in dem gleichen *Vagga* nennt der Buddha eine unter seinen Schülerinnen, *Bhaddâ Kapilânî,* hervorragend «in der Fähigkeit, die Abstammungslinie früherer *skandhas* (oder menschlicher Körper) zurückzuverfolgen».

[31] Hier, wie auch an anderen Stellen dieses Traktates, darf der Buddha Amitâbha nicht als eine persönliche Gottheit aufgefaßt werden, sondern als eine göttliche Macht oder ein göttliches Prinzip, dem Glücklichen Westlichen Reich innewohnend oder aus ihm hervorgehend.

[32] Siehe folgende Anm. 36.

[33] Dies ist das Paradies von *Vajrapâṇi* (siehe S.192[54]).

[34] Dies ist das Reich, in dem der Große *Guru* Padmasambhava (hier Urgyan genannt) jetzt regiert.

[35] *Maitreya,* der nächste *bodhische* Weltlehrer, verbringt seine Zeit jetzt in den *Tuṣita*-Himmeln, wo er als König regiert. (Siehe S.184[29].)

[36] Geburt in einer Lotusblüte in den *Tuṣita*-Himmeln oder in der *Deva*-Welt bedeutet

So jedoch solch (eine übernormale Geburt) nicht möglich ist und es einem Freude macht, in einen Schoß einzugehen, oder man in ihn einzugehen hat, gibt es eine Lehre für die Wahl der Schoßespforte unreinen *saṃsâras*. Höre zu:

Indem du mit deiner übernormalen Kraft der Voraussicht, wie erwähnt, über die Kontinente blickst, wähle den, in dem Religion vorherrscht, und gehe da hinein.

So Geburt über einem Haufen von Unreinheit[37] erreicht werden soll, lockt einen eine Empfindung von süßem Duft zu jener unreinen Masse, und dadurch wird Geburt erreicht.

Wie sie (die Schöße oder Visionen) auch zu sein scheinen, betrachte sie nicht, wie sie sind (oder scheinen), und indem du dich weder anziehen noch abstoßen läßt, sollte ein guter Schoß gewählt werden. Auch hierbei lenke den Wunsch – da es wichtig ist, ihn zu lenken – so:

«Ach, ich sollte Geburt als ein Weltherrscher annehmen oder als ein Brahmane, gleich einem großen Sal-baum[38], oder als der Sohn eines Adepten von *siddhischen* Kräften[39], oder in einer fleckenlosen hierarchischen Linie, oder in der Kaste eines Mannes, der von Glauben erfüllt ist: und so geboren, mit großem Verdienst ausgestattet, sollte ich fähig sein, allen lebenden Wesen dienen zu können.»

Indem du so denkst, lenke deinen Wunsch, und tritt in den Schoß ein. Sende zur gleichen Zeit deine Gabenwellen (der Gnade oder des guten Willens) aus auf dem Schoß, den du betrittst, (und verwandle ihn dadurch) in eine himmlische Wohnung[40]. Und indem du glaubst, daß die Sieger und ihre

esoterisch reine Geburt, d.h. Geburt ohne Eintritt in einen Schoß; Schoßesgeburt wird als unrein angesehen.

[37] Das ist der Same und das Ei im befruchteten Schoß.

[38] Text: *sala:* skt. *śala* (die *shorea robusta*), einer der Hartholz-Waldbäume Indiens, der bedeutende Größe erreicht; das tibetische Wort für Brahmane ist *Bram-ze* (sprich: *Bramse*). Die alten Inder sahen den Sal-Baum mit seinem prächtigen Blattwerk und den schönen Blüten als den kostbarsten Baum an; und für die Buddhisten ist er geheiligt durch die Geburt und den Tod des Erleuchteten, die unter seinem schützenden Schatten geschahen.

[39] Text: *grub-pa-thob-pa* (sprich: *dub-pa-thob-pa*): skt. *Siddha-purusha:* «Eingeweihter in die *siddhischen* (oder Yogi-)Kräfte».

[40] Die Bedeutung könnte anders so ausgedrückt werden: Durch Übung deiner übernormalen Kräfte sieh den Schoß, in den du eintrittst, als eine himmlische Wohnung an.

Söhne (oder Bodhisattvas) der Zehn Richtungen[41] und die Schutzgottheiten, besonders der Große Barmherzige, dir dazu Kraft verleihen, bete zu ihnen und gehe in den Schoß ein.

Wenn man die Schoßespforte so wählt, besteht eine Möglichkeit des Irrtums: durch den Einfluß des *Karma* können gute Schöße schlecht erscheinen, und schlechte Schöße können gut erscheinen; solcher Irrtum ist möglich. Da auch zu dieser Zeit die Kunst der Lehre wichtig ist, tue darauf folgendes:

Auch wenn ein Schoß gut erscheint, laß dich nicht anziehen; wenn er schlecht erscheint, laß dich nicht von ihm abstoßen. Frei zu sein von Zuneigung und Abneigung oder von dem Wunsch, zu nehmen oder zu meiden – einzugehen in der Stimmung vollkommener Unparteilichkeit – ist die höchste der Künste. Außer für die wenigen, die etwas praktische Erfahrung (in psychischer Entwicklung) gehabt haben, ist es schwer, die Reste der Krankheit böser Neigungen loszuwerden.

(Weisungen an den Offizianten): Deshalb werden die, die unfähig sind, Zuneigung und Abneigung aufzugeben, die von niedrigster Mentalität und schlechtem *Karma,* leicht ihre Zuflucht unter Tieren[42] suchen. Das Mittel, den Verstorbenen davon abzuhalten, ist wiederum, ihn so beim Namen zu rufen:

O Edelgeborener, wenn du dich nicht von Zuneigung und Abneigung befreien kannst und nicht die (Kunst der) Wahl der Schoßespforte kennst, rufe – ganz gleich welche der obigen Visionen erscheinen mag – die Kostbare Dreieinigkeit an, und nimm (deine) Zuflucht (zu ihr). Bete zu dem Großen Barmherzigen. Gehe aufrechten Hauptes. Erkenne dich im *Bardo.* Lege alle Schwäche und Zuneigung zu deinen Söhnen und Töchtern und irgendwelchen Verwandten, die du zurückgelassen hast, ab; sie können dir nichts helfen. Geh auf dem Weißen Licht(pfad) der *Devas* oder auf dem Blauen Licht(pfad) der Menschenwesen; geh in die großen Wohnungen der kostbaren Metalle und in die entzückenden Gärten.

(Weisungen an den Offizianten): Wiederhole diese (Rede an den Verstorbenen) siebenmal. Darauf sollten «Die Anrufung der Buddhas und Bodhisattvas», «Der Pfad der Guten Wünsche, der vor der Furcht im *Bardo* schützt», «Die Wurzelworte (oder Verse) des *Bardo*» und «Der Erretter (oder Pfad der guten Wünsche zur Errettung) aus den Pfaden über den

[41] Dies sind: die vier Kardinalpunkte, die vier Mittelweg-Punkte und Nadir (Fußpunkt) und Zenit (Scheitelpunkt).

[42] Oder, esoterisch, unter den Schößen tierischer Menschenwesen. (Vgl. S. 264[22].)

Abgrund (oder Gefahrvollen Engen Durchgangswegen) des *Bardo*»[43] dargebracht werden. Sie müssen dreimal gelesen werden. Der «*Tahdol*», der die Körpergesamtheit[44] befreit, sollte auch vorgelesen werden. Darauf sollte auch gelesen werden «Der Ritus, der von selbst befreit kraft der Gewohnheit[45] (ihn auswendig zu können)».

Die allgemeine Schlußfolgerung

Wenn man dies genau liest, können die Gläubigen (oder Yogis), die im Verstehen fortgeschritten sind, den besten Gebrauch vom Hinüberge-

[43] Diese vier Gebete (oder «Pfade der Guten Wünsche») werden im Nachtrag gebracht, S. 279–290.

[44] Die Gesamtheit eines lebendigen Menschenkörpers ist nach einigen tibetischen *Yoga*-Systemen zusammengesetzt aus siebenundzwanzig Teilen: 1. die fünf Elemente (Erde, Wasser, Feuer, Luft, Äther); 2. die fünf *Skandhas* (Körper-Gesamtheit, Gefühls-Gesamtheit, Wahrnehmungs-Gesamtheit, Willens-Gesamtheit, Bewußtseins-Gesamtheit); 3. die fünf Lüfte (fallende Luft, wärme-ausgleichende Luft, Durchzug, steigende Luft, leben-erhaltende Luft); 4. die fünf Sinnesorgane (Nase, Ohren, Augen, Zunge, Haut); 5. die sechs Fähigkeiten (Gesicht, Geruch, Gehör, Tasten, Wahrnehmen, Denken); und 6. die Geisteskraft. Diese siebenundzwanzig Teile machen die vergängliche Persönlichkeit aus. Hinter ihnen allen steht das Unterbewußtsein, der Wissende, der, ungleich der Persönlichkeit, das Prinzip darstellt, das fähig ist, Nirvâṇa zu verwirklichen.
Einige Teile aus dem Text des *Tahdol* sind zu *Yantras* (oder Talismanen – siehe S. 213 [117]) gemacht worden und werden sowohl dem lebenden wie dem toten Körper umgehängt; beim Tode werden sie mit dem Leichnam entweder verbrannt oder begraben, denn der Volksglaube sagt, daß dadurch Befreiung für die Körpergesamtheit erreicht wird.
«Die Astrologie für den Toten» – ein tibetisches Werk in vielen Fassungen zur Bestimmung der angemessenen Zeit (der Todesaugenblick wird dabei als Basis für die astrologischen Berechnungen benutzt), des rechten Platzes und der Methode der Leichenbehandlung, sowie des Nachtod-Reiches, für das der Verstorbene bestimmt ist, und des Landes und der Umstände, unter denen er auf Erden wiedergeboren werden wird – schreibt solchen Gebrauch des *Tahdol* vor.

[45] Text: *Chös-spyod-bag-chags-rañ-grol* (sprich: *Tschö-tschod-bag-tschag-rang-dol*), der Titel einer metrischen Fassung des *Bardo Thödol* in gekürzter Form, die leicht auswendig gelernt und dann gewohnheitsmäßig hergesagt werden kann. Auf sie wird hingewiesen, weil sie auf Grund einer solchen angenommenen Gewohnheit oder Neigung befreiend wirken soll, denn es wird vorausgesetzt, daß der Verstorbene das Ritual aus-

hen[46] im Augenblick des Todes machen. Sie brauchen den Zwischenzustand nicht zu durchschreiten, sondern verscheiden auf dem Großen Stracks-Aufwärts(-Pfad)[47]. Andere, die etwas weniger geübt sind (in geistigen Dingen), nehmen, wenn sie das Klare Licht im *Tschikhai-Bardo* im Augenblick des Todes erkennen, (den Kurs) aufwärts. Die, welche noch niedriger sind als diese, werden befreit – je nach ihren besonderen Fähigkeiten und *karmischen* Verbindungen –, wenn die eine oder andere der Friedlichen oder Zornigen Gottheiten ihnen dämmert, während der folgenden (zwei) Wochen, dieweil sie im *Tschönyi-Bardo* weilen.
Da es verschiedene Wendepunkte[48] gibt, sollte Befreiung beim einen oder andern durch Erkennen erreicht werden. Die aber mit schlechtem *Karma* in Verbindung stehen, deren Verdunkelungsmasse (ob) schlechter Handlungen sehr groß ist, müssen weiter hinunter zum *Sipa-Bardo* wandern. Da es aber wie Sprossen an einer Leiter viele Arten Von-Angesicht-zu-Angesicht-Setzen (oder Erinnern) gibt, sollte Befreiung auf der einen oder andern durch Erkennen erreicht werden. Die jedoch mit schwächstem *Karma* in Verbindung stehen, die nicht erkennen, verfallen dem Einfluß von Schauer und Schrecken. (Für sie) gibt es verschiedengradige Lehren zur Schließung der Schoßespforte und zur Wahl der Schoßespforte; und bei der einen oder anderen von ihnen sollten sie die Methode des Vorstellens erfaßt und die unbegrenzten Vorteile (davon) zur Hebung ihrer eigenen Lage (angewandt) haben. Selbst die geringsten von ihnen, die der Tierordnung gleichstehen, werden – durch Anwendung des Zufluchtnehmens – fähig, sich vom Ins-Elend-Gehen abzuwenden, und indem sie die große (Gabe) eines vollkommen ausgestatteten und befreiten Menschenkörpers[49] (gewinnen), in der nächsten Geburt einen

wendig kann und durch das Vorlesen daran erinnert wird und dadurch seine Befreiung zustande bringt.

[46] Siehe S. 160.

[47] Siehe S. 164[2].

[48] Oder «enge Durchgänge», oder «Hinterhalte».

[49] Text: *dal-ḥbyor-phun-sum-tshogs-paḥi-mi-lüs* (sprich: *tal-dschor-phün-sum-tsog-paï-mi-lü*): «ein vollkommen ausgestatteter und befreiter Menschenkörper»; «befreit» schließt Freiheit von den acht Knechtschaften ein: dies sind 1. die immer-wiederkehrende Runde der Freuden, die das Dasein als *Deva* begleiten; 2. das unaufhörliche Kriegführen, das das Dasein als *Asura* begleitet; 3. die Hilflosigkeit und Sklaverei, die ein Dasein unter Bedingungen wie jenen, die in der Tierwelt vorherrschend sind, begleiten; 4. die Qualen von Hunger und Durst, die das Dasein als *Preta* begleiten; 5. die Extreme von Hitze und Kälte, die das Dasein in der Hölle begleiten; 6. der Unglaube oder die entartete Religion, die mit dem Dasein unter gewissen Rassen der

Guru treffen, der ein tugendreicher Freund ist, und so die (rettenden) Gelübde erreichen.

Wenn diese Lehre einen trifft, (dieweil man im) *Sipa-Bardo,* so ist dies dem Zusammenfügen guter Taten vergleichbar, wie wenn man eine Rinne in (die Bruchstelle einer) gebrochenen Wasserleitung legt: Solchermaßen ist diese Lehre[50].

Es ist unmöglich, daß die von schwerem, schlechtem *Karma* nicht befreit werden, wenn sie diese Lehre hören (und erkennen). So man fragt, warum: Es ist so, weil man zu jener Zeit, wo alle die Friedlichen und Zornigen Gottheiten da sind, um (einen) zu empfangen, und die *Mâras* und die Unterbrecher auch da sind, um (einen) mit jenen zusammen zu empfangen, durch das bloße Hören dieser Lehre dann seine Ansichten umkehrt und Befreiung erreicht; denn es gibt dort keinen Körper aus Fleisch und Blut, auf den man sich verlassen kann, sondern einen Geistkörper, der (leicht) beeinflußbar ist. In was für einer Form man auch im *Bardo* wandern mag, man hört und kommt; denn man besitzt einen gewissen Sinn übernormaler Wahrnehmung und des Vorauswissens, und indem man sofort sich erinnert und begreift, kann der Geist gewandelt (oder beeinflußt werden). Deshalb ist sie (d.h. diese Lehre) hier von großem Nutzen. Sie ist wie der Mechanismus einer Schleudermaschine[51]. Sie ist wie das Bewegen eines großen hölzernen Balkens, den hundert Menschen nicht tragen können, der aber, wenn man ihn aufs Wasser legt, in einem Moment dahingezogen werden kann, wohin man ihn ha-

Menschheit verbunden sind; 7. die physischen oder 8. sonstigen Hindernisse, die gewisse Arten menschlicher Geburt begleiten.

Um einen vollkommen ausgestatteten Menschenkörper zu gewinnen, muß man einen innerlichen Glauben besitzen, Ausdauer, Verstand, Aufrichtigkeit und Demut als ein frommer Gläubiger, und zu einer Zeit geboren werden, in der die Religion vorherrscht (d.h. wenn ein Erleuchteter inkarniert wird oder während seine Lehren die treibende Kraft in der Welt sind), und dann muß man einen großen, geistig entwickelten *Guru* finden.

[50] Wenn eine Wasserleitung unterbrochen ist, so ist die Stetigkeit im Fluß des Wassers unterbrochen. Der Erfolg der Lehre ist wie die Reparatur einer Leitung durch Einsetzen einer Rinne, die das Wasser über die Bruchstelle führt (dies als Symbol für die Unterbrechung des Bewußtseinsstromes durch den Tod). Dabei wird das Verdienst der guten Taten in der Menschenwelt dazu benutzt, den Verstorbenen vorwärts zu tragen: die Stetigkeit ist wieder hergestellt.

[51] Wie eine Schleudermaschine einen befähigt, einen großen Stein auf eine Schießscheibe oder ein bestimmtes Ziel hinzulenken, so befähigt diese Lehre den Verstorbenen, sich selbst zum Ziel der Befreiung zu führen.

ben will[52]. Sie ist, wie wenn man das Maul eines Pferdes durch einen Zaum lenkt[53].

Geh deshalb nah heran an den (Körper) dessen, der aus diesem Leben geschieden ist – wenn der Körper da ist – und präge (dem Geist des Verstorbenen) dies lebhaft immer wieder ein, bis Blut und die gelbliche Wasserausscheidung aus den Nasenlöchern hervorkommen. Zu der Zeit sollte der Leichnam nicht gestört werden. Die Regeln, die dafür befolgt werden sollten, (auf daß dies Einprägen wirksam sei,) sind: kein Tier sollte wegen des Verstorbenen geschlachtet werden[54], noch sollten Verwandte weinen und Trauerklagen in der Nähe des toten Körpers ausstoßen[55]. (Laß die Familie) soweit wie möglich tugendhafte Taten verrichten[56].

Auch auf anderen Wegen kann diese Große Lehre des *Bardo Thödol* sowohl wie alle anderen religiösen Texte (dem Toten oder Sterbenden) dargelegt werden. Wenn diese (Lehre) dem *Führer*[57] angehängt und (zusammen mit dem *Führer*) hergesagt wird, wird sie sehr wirksam.

Auch noch auf andere Arten sollte sie so oft wie möglich rezitiert werden[58]. Die Worte und Bedeutungen sollten (von jedermann) auswendig gelernt werden; und wenn der Tod unvermeidlich ist und die Todesanzeichen erkannt werden, sollte man – so die Kraft es erlaubt – sie selbst hersagen und über die Bedeutungen nachdenken. Wenn die Kraft es

[52] Wie Wasser das Bewegen des Balkens ermöglicht, so macht diese Lehre es möglich, den Verstorbenen zu dem Ort oder dem Daseinszustand zu führen, der ihm am meisten entspricht, oder sogar zur Buddhaschaft.

[53] Wie mit einem Zaum, der Gebiß und Lauf des Pferdes kontrolliert, so kann der Verstorbene mit dieser Lehre auf seinem Weg nach dem Tode geführt oder umgewendet werden.

[54] Dies bezieht sich nicht auf Tieropfer für den Toten, sondern auf den nichtbuddhistischen Brauch, Tiere zu schlachten, um Fleisch für die Lamas und die Gäste des Trauerhauses bereitzuhaben, während die Bestattungsriten vollzogen werden. Leider wird dieses Verbot sehr oft übersehen; und wenn auch vielleicht dort keine Tiere getötet werden, so können doch geschlachtete Tiere aus einiger Entfernung hergebracht werden – ein Handeln nach dem Buchstaben, aber nicht im Geiste dieses Buddhistischen Gebotes, nicht zu töten. (Siehe S. 248[50].)

[55] Weinen und Wehklagen waren unter den tibetischen und den verwandten Himalaja-Völkern, wie unter den Völkern Indiens und Ägyptens, seit undenklichen Zeiten üblich; aber der Buddhismus wie der Islam dulden sie nicht.

[56] Solche Taten sind zum Beispiel das Verpflegen der Lamas und der Armen, Almosengeben, das Überreichen religiöser Texte oder Bildnisse an Klöster und die Ausstattung von Klöstern, wenn der Verstorbene großen Reichtum hinterlassen hat.

[57] Siehe S. 159[5].

[58] Wörtlich «stets rezitiert werden».

nicht erlaubt, sollte dann ein Freund das Buch lesen und es einem lebhaft einprägen. Es befreit zweifelsohne.

Die Lehre ist derart, daß sie befreit, wenn man sie sieht, ohne Meditation oder *Sâdhanâ*[59] zu brauchen; diese Tiefe Lehre befreit, indem man sie hört oder sieht. Diese Tiefe Lehre befreit die von großem, schlechtem *Karma* durch den Geheimen Pfad. Man sollte ihre Bedeutung und die Worte nicht vergessen, selbst wenn man von sieben Bluthunden verfolgt wird[60].

Durch diese Auserwählte Lehre erreicht man Buddhaschaft im Augenblick des Todes. Würden (selbst) die Buddhas der Drei Zeiten (der Vergangenheit, der Gegenwart und der Zukunft) suchen, sie könnten keine Lehre finden, die diese überträfe.

Damit sind die Tiefen Herztropfen der *Bardo*-Lehre, genannt der *Bardo Thödol,* der verkörperte Wesen befreit, beendet.

(Hier endet das Tibetanische Totenbuch.)

[59] Text: *Bsgrub* (sprich: *Dub*): skt. *Sâdhanâ,* «vollkommene Weihe», die gewöhnlich eine sehr sorgsame Ausführung eines mehr oder weniger technischen und ausgearbeiteten Rituals verlangt.

[60] Wilde Bluthunde sind in den meisten tibetischen Ortschaften zahlreich, und die Reisenden schützen sich mit besonderen Zaubermitteln gegen sie. Diese Erwähnung der sieben Bluthunde ist rein tibetisch und ein zusätzlicher innerer Beweis dafür, daß der *Bardo Thödol* in Tibet selbst seine Form gefunden hat, wenn auch das meiste von seinem Stoff aus der indischen Mythologie und aus Systemen der *Yoga*-Philosophie stammt.

NACHTRAG
DER PFAD DER GUTEN WÜNSCHE
RITUALE UND GEBETE

«Vollende, Puññâ, den Kreis des heiligen Lebens,
Wie rundet am fünfzehnten Tag der Mond seinen Lauf.
Erfüll die vollkommene Kenntnis des Pfads,
Zerstreu all das Dunkel der Unwissenheit.»

Puññâ, eine Bhikkhunî
Psalmen der frühen Buddhisten I, iii

(In dem Manuskript, das der Lama Kazi Dawa-Samdup zusammen mit Dr. Evans-Wentz übersetzte, folgen dem Text des *Bardo Thödol* dreizehn Blätter mit Ritualen und Gebeten [wörtlich «Pfad der guten Wünsche»], die alle berufsmäßigen Leser des *Bardo Thödol* meistens auswendig kennen und wenn nötig anwenden[1]; sie werden hier auf Deutsch folgendermaßen wiedergegeben:)

1. Die Anrufung der Buddhas und Bodhisattvas

(Weisungen an den Offizianten:) Das Anrufen der Buddhas und Bodhisattvas um Beistand, wenn (jemand) im Sterben liegt, geschieht (folgendermaßen):

Bringe der Dreieinigkeit dar, was ihr an tatsächlichen Opfergaben (von dem Sterbenden oder seiner Familie) dargebracht werden kann, zusammen mit geistig erwirkten Opfergaben. Und dieweil du in der Hand süß duftenden Weihrauch hältst, wiederhole mit großer Inbrunst folgendes:

O ihr Buddhas und Bodhisattvas, die ihr in den zehn Richtungen[2] verweilt, ausgestattet mit großer Barmherzigkeit, ausgestattet mit Vorauswissen, ausgestattet mit dem göttlichen Auge, ausgestattet mit Liebe, ihr, die ihr lebenden Wesen Schutz gewährt, geruht durch die Macht eurer großen Barmherzigkeit hierher zu kommen; geruht diese tatsächlich hier ausgebreiteten und die geistig erwirkten Opfergaben anzunehmen.

O ihr Barmherzigen, ihr besitzt die Weisheit des Verstehens, die Liebe der Barmherzigkeit, die Macht, göttliche Taten (zu tun) und zu beschützen, in unbegreiflichem Maße. Ihr Barmherzigen, (der so und so) geht nun aus dieser Welt in die Welt des Jenseits. Er verläßt diese Welt. Er tut einen großen Sprung. Keine Freunde (hat er). (Sein) Elend ist groß. (Er ist) ohne Verteidiger, ohne Beschützer, ohne Streitkräfte und Getreue. Das Licht dieser Welt ist ihm untergegangen. Er geht an einen andern Ort. Er kommt in dichteste Finsternis. Er fällt einen steilen Abgrund hinunter. Er betritt eine Dschungeleinsamkeit. Er wird von *kar-*

[1] Die Anweisungen zum Gebrauch dieser Rituale und Gebete sind im *Bardo Thödol* enthalten (siehe S. 162, 271 f.).

[2] Vgl. S. 271[11].

mischen Mächten verfolgt. Er geht in die endlose Stille ein. Er wird vom großen Ozean weggetragen. Er wird vom Wind des *Karma* verweht. Er geht in der Richtung, wo es nichts Festes gibt. Er ist von der großen Auseinandersetzung erfaßt. Er ist vom großen Geist der Heimsuchung besessen. Er schaudert und erschrickt vor den Boten des Todesgottes. Das vorhandene *Karma* läßt ihn sein bisheriges Sein wiederholen. Keine Kraft hat er. Es ist die Zeit für ihn gekommen, wo er allein gehen muß.
O ihr Barmherzigen, verteidigt (den so und so), der verteidigungslos ist. Beschützt ihn, der unbeschützt ist. Seid seine Streitkräfte und Getreuen. Beschützt (ihn) vor der großen Dunkelheit des *Bardo*. Wendet ihn ab von dem roten (oder Sturm-)Wind des *Karma*. Wendet ihn ab von dem großen Schauer und Schrecken der Todesgötter. Errettet ihn aus dem langen, engen Durchgangsweg des *Bardo*.
O ihr Barmherzigen, laßt die Kraft eurer Barmherzigkeit nicht schwach sein, sondern kommt ihm zu Hilfe. Laßt ihn nicht ins Elend geraten. Vergesset nicht eure alten Gelöbnisse und laßt die Kraft eurer Barmherzigkeit nicht schwach sein.
O ihr Buddhas und Bodhisattvas, laßt nicht die Anwendungskraft eurer Barmherzigkeit schwach gegen diesen einen sein. Fangt ihn mit (den Haken) eurer Gnade[3]. Laßt nicht dies empfindende Wesen unter die Macht bösen *Karmas* fallen.
O du Dreieinigkeit, beschütze ihn vor dem Elend des *Bardo*[4]. Sprich dies mit großer Demut und Glauben, wiederhole es selbst, und laß (alle) andern (Anwesenden) es dreimal wiederholen.

[3] Siehe S. 185[33].

[4] Es ist interessant, mit diesem nordbuddhistischen Gebet das folgende mittelalterliche christliche Gebet an den Heiligen Michael aus *The Craft to Know Well to Die*, Kap. VI, Comper's Ed. (S. 84–85) zu vergleichen: «Heiliger Michael, Erzengel Gottes, errette uns nun von dem (ge)rechten hohen Gericht. O unbesiegbarer Streiter, sei mit uns und stehe du diesem (Name), unserem Bruder, bei, der sich mühsam seinem Ende zuarbeitet, und verteidige ihn mächtig gegen den höllischen Drachen und gegen alle Betrügereien der bösen Geister. O mehr noch, wir bitten dich, der du der recht klare und sehr schöne Offenbarer der Göttlichkeit bist, am Ende, daß in dieser letzten Lebensstunde dieses (Name), unseres Bruders, du gnädig und süß seine Seele an deine recht heilige Brust nehmen mögest; und daß du ihn bringen wollest zum Ort der Erfrischung, des Friedens und der Ruhe. Amen.»

2. «Der Pfad der guten Wünsche zur Errettung aus dem gefährlichen engen Durchgangsweg des Bardo»

1

O ihr in den zehn Richtungen weilenden Sieger und eure Söhne,
O ihr ozeangleiche Versammlung allguter Sieger, der Friedlichen und der Zornigen,
O ihr *Gurus* und *Devas,* und ihr *Ḍâkinîs,* ihr Getreuen,
Leiht (euer) Ohr jetzt, um (eurer) großen Liebe und Barmherzigkeit willen:
Huldigung (sei euch), o ihr versammelten *Gurus* und *Ḍâkinîs,*
Aus eurer großen Liebe heraus führt uns den Pfad entlang.

2

Daß, wenn – durch Täuschung – ich und andere im *saṃsâra* wandern,
Den hellen Lichtpfad gesammelten Hörens, Nachdenkens und Meditierens entlang
Uns führen die *Gurus* der erleuchteten Linie,
Daß die Scharen der Mütter unsere Deckung seien,
Daß wir errettet werden auf dem schreckensvollen, schmalen Pfad (über dem Abgrund) des *Bardo,*
Daß wir versetzt werden in den Zustand vollkommener Buddhaschaft.

3

Daß, wenn – durch heftigen Zorn – (wir) im *saṃsâra* wandern,
Den hellen Lichtpfad der spiegelgleichen Weisheit entlang,
Uns führe der *Bhagavân Vajrasattva,*
Daß die Mutter *Locanâ* unsere Deckung sei,
Daß wir errettet werden aus dem schreckensvollen schmalen Pfad des *Bardo,*
Daß wir versetzt werden in den Zustand vollkommener Buddhaschaft.

4

Daß, wenn (wir) – durch großen Stolz – im *saṃsâra* wandern,
Den hellen Lichtpfad der Weisheit der Wesensgleichheit entlang,
Uns führe der *Bhagavân Ratnasambhava,*
Daß die Mutter *Mâmakî* unsere Deckung sei,

Daß wir errettet werden aus dem schreckensvollen schmalen Pfad des *Bardo*,
Daß wir versetzt werden in den Zustand vollkommener Buddhaschaft.

5

Daß, wenn – durch große Anhänglichkeit – (wir) im *saṃsâra* wandern,
Den hellen Lichtpfad unterscheidender Weisheit entlang,
Uns führe der *Bhagavân Amitâbha*,
Daß die Mutter mit dem weißen Gewand unsere Deckung sei,
Daß wir errettet werden aus dem schreckensvollen schmalen Pfad des *Bardo*,
Daß wir versetzt werden in den Zustand vollkommener Buddhaschaft.

6

Daß, wenn – durch große Eifersucht – (wir) im *saṃsâra* wandern,
Den hellen Lichtpfad alles-wirkender Weisheit entlang,
Uns führe der *Bhagavân Amoghasiddhi*,
Daß die Mutter, die getreue *Târâ*, unsere Deckung sei,
Daß wir errettet werden aus dem schreckensvollen schmalen Pfad des *Bardo*,
Daß wir versetzt werden in den Zustand vollkommener Buddhaschaft.

7

Daß, wenn (wir) – durch große Geistesverdunklung – im *saṃsâra* wandern,
Den hellen Lichtpfad der Weisheit der Wirklichkeit entlang,
Uns führe der *Bhagavân Vairocana*,
Daß die Mutter des großen Raumes unsere Deckung sei,
Daß wir errettet werden aus dem schreckensvollen schmalen Pfad des *Bardo*,
Daß wir versetzt werden in den Zustand vollkommener Buddhaschaft.

8

Daß, wenn (wir) – durch große Täuschung – im *saṃsâra* wandern,
Den hellen Lichtpfad der Abkehr von eingebildeter Furcht, Schauer und Schrecken entlang,
Uns führen die Scharen der *Bhagavâns* der Zornigen,
Daß die Scharen der zornigen Göttinnen, reich im Raum, unsere Deckung seien,

Daß wir errettet werden aus dem schreckensvollen schmalen Pfad
des *Bardo*,
Daß wir versetzt werden in den Zustand vollkommener Buddhaschaft.

9

Daß, wenn – durch starke Neigungen – (wir) im *saṃsâra* wandern,
Den hellen Lichtpfad der gleichzeitig geborenen Weisheit entlang,
Uns führen die heroischen Wissenshalter,
Daß die Scharen der Mütter, die *Ḍâkinîs*, unsere Deckung seien,
Daß wir errettet werden aus dem schreckensvollen schmalen Pfad
des *Bardo*,
Daß wir versetzt werden in den Zustand vollkommener Buddhaschaft.

10

Daß die ätherischen Elemente nicht als Feinde aufstehen;
Daß es geschehe, daß wir das Reich des blauen Buddha sehen.
Daß die wäßrigen Elemente nicht als Feinde aufstehen;
Daß es geschehe, daß wir das Reich des weißen Buddha sehen.
Daß die erdigen Elemente nicht als Feinde aufstehen;
Daß es geschehe, daß wir das Reich des gelben Buddha sehen.
Daß die feurigen Elemente nicht als Feinde aufstehen;
Daß es geschehe, daß wir das Reich des roten Buddha sehen.
Daß die luftigen Elemente nicht als Feinde aufstehen;
Daß es geschehe, daß wir das Reich des grünen Buddha[5] sehen.
Daß die Elemente der Regenbogenfarben nicht als Feinde aufstehen;
Daß es geschehe, daß alle Reiche der Buddhas zu sehen sind.
Möge es dahin kommen, daß (wir) alle Töne (im *Bardo*) als unsere
eigenen Töne erkennen;
Möge es dahin kommen, daß (wir) alle Strahlungen als unsere eigenen
Strahlungen erkennen;
Möge es dahin kommen, daß (wir) den *Tri-kâya* im *Bardo* erreichen.

[5] Der blaue Buddha ist *Samantabhadra*, der weiße Buddha *Vajrasattva*, der gelbe Buddha *Ratnasambhava*, der rote Buddha *Amitâbha*, der grüne Buddha *Amoghasiddhi*. Hier nimmt *Samantabhadra* die Stellung ein, die oft *Vairocana* gegeben wird, denn beide Gottheiten sind wesensgleich, obwohl *Vairocana* zuweilen in weißer Farbe, statt blau, dargestellt wird. (Vgl. den *Bardo Thödol*, der Erste am fünften Tage.)

3. «Die Wurzelverse der Sechs Bardos»

1

O daß jetzt, wo der *Geburtsort-Bardo*[6] mir dämmert,
Indem ich Müßiggang aufgebe – da es keinen Müßiggang in (eines Gläubigen) Leben gibt –
Indem ich in die Wirklichkeit gesammelt eintrete, zuhörend, nachdenkend und meditierend,
Indem ich auf den Pfad (Wissen von der wahren Natur der) Erscheinungen und des Geistes mitbringe, der *Tri-kâya* erzielt werde:
Daß, wenn einmal die menschliche Gestalt erreicht worden ist,
Es keine Zeit (noch Gelegenheit) gebe, sie (oder das menschliche Leben) zu vergeuden.

2

O daß jetzt, wo der *Traum-Bardo* mir dämmert,
Indem ich das unmäßige, leichenhafte Schlafen des Schlafes der Geistesverdunklung aufgebe,
Das Bewußtsein gesammelt in seinem natürlichen Zustand bewahrt bleibe;
(Daß ich), indem ich die (wahre Natur der) Träume erfasse, (mich) im klaren Licht der wunderbaren Wandlung übe:
Daß, nicht handelnd wie das Vieh in Trägheit,
Das Verschmelzen der Ausübung des Schlaf(zustandes) und des tatsächlichen (oder wachen) Erlebens (von mir) hoch geschätzt werde[7].

3

O daß jetzt, wo der *Dhyâna-Bardo* mir dämmert,
Indem ich die ganze Masse von Zerstreuungen und Trugbildern aufgebe,
(Der Geist) in der Stimmung endlosen gesammelten *Samâdhis* verharre,
Daß Festigkeit sowohl auf den Vorstellungs- wie den Vollkommenheits-(Stufen) erreicht werde:

[6] Siehe Lama Govindas einleitendes Vorwort, S. 36[4].

[7] Es gibt ein sehr tiefes *Yoga*-System in dem es das Ziel des Gläubigen ist, absichtlich in den Traumzustand einzutreten und hierin Versuche weiterzuführen mit dem vollen Bewußtsein, im Traumzustand zu sein, und dann in den Wachzustand zurückzukehren mit vollkommener Erinnerung des Erlebten; dabei wird die Unwirklichkeit beider Zustände erkannt – erkannt, daß beide nur Täuschung sind, ganz und gar auf Erscheinungen gegründet.

Daß ich, wenn ich zu dieser Zeit zielstrebig (alle anderen) Handlungen beiseite setzend, meditiere,
Nicht unter die Macht irreführender betäubender Leidenschaften falle.

4

O daß ich jetzt, wo der *Bardo des Todesaugenblicks* mir dämmert,
Indem ich Zuneigung und Verlangen und Schwäche für alle (weltlichen Dinge) aufgebe,
Gesammelt sei im Raum der hellen (erleuchtenden) Lehren[8],
Daß ich (fähig sei), in den Himmelsraum der Ungeborenen hinüberzufließen:
Die Stunde ist gekommen, wo ich von diesem Körper, der aus Fleisch und Blut besteht, zu scheiden habe:
Daß ich wisse, daß der Körper nicht von Dauer und trughaft ist.

5

O daß ich jetzt, wo der *Bardo der Wirklichkeit* mir dämmert,
Indem ich alle Schauer, Furcht und Schrecken von allen (Erscheinungen) aufgebe,
Was da erscheint, als meine eigenen Gedankenformen erkenne,
Daß ich sie als Schemen im Zwischenzustand kenne;
(Es ist gesagt worden:) «Es kommt eine Zeit, wo der Hauptwendepunkt erreicht wird;
Fürchte nicht die Scharen der Friedlichen und Zornigen, die deine eigenen Gedankenformen sind.»

6

O daß ich jetzt, wo der *Bardo der Wiedergeburt* mir dämmert,
Indem ich mich zielstrebig an einen einzigen Wunsch halte,
(Fähig sei), den Lauf guter Taten durch wiederholte Anstrengungen fortzusetzen[9];
Daß die Schoßespforte geschlossen, der Abscheu in Erinnerung bleibe;
Die Stunde ist gekommen, wo Anstrengung und reine Liebe nötig sind;
(Daß ich) Eifersucht ablege und über den *Guru*, als Vater-Mutter, meditiere.

[8] Oder «Möge ich eintreten in den hellen Raum der Unzerstreutheit [und der erleuchtenden] Lehren».
[9] Wörtlich «[Möge ich fähig sein] mich mit (den Resten der) guten Taten durch wiederholte Anstrengungen zu vereinen». (Vgl. S. 212[116].)

7

(O) der du es aufschiebst, an das Herannahen des Todes zu denken,
Der du dich den nutzlosen Geschäften dieses Lebens widmest,
Kurzsichtig bist du, daß du deine große Gelegenheit vergeudest;
Irrig, tatsächlich, ist dein Zweck jetzt, wenn du mit leeren Händen (aus diesem Leben) zurückkommst:
Da du die heilige Lehre als dein wahres Bedürfnis kennst,
Willst du (dich) nicht dem heiligen *Dharma* wenigstens jetzt (noch) widmen?

Epilog

So sagen die großen Adepten[10] voller Hingabe.
Wenn du die auserwählte Lehre des *Guru* nicht im Sinne bewahrst,
Handelst du dann nicht, (o *Schischya*), als ein Verräter an dir selbst?
Es ist von großer Bedeutung, daß man diese Wurzelworte kenne.

4. «Der Pfad der Guten Wünsche, der vor Furcht im Bardo schützt»

1

Wenn (das Würfelspiel) meines Lebens zu Ende ist,
Die Verwandten in dieser Welt mir nichts helfen,
Wenn ich ganz allein im *Bardo* wandere,
(O) ihr friedlichen und zornigen Sieger, übt die Macht eurer Barmherzigkeit,
Auf daß das Dunkel der Unwissenheit zerstreut werde.

2

Wenn wandernd allein, geschieden von liebenden Freunden,
Die Gestalten meiner leeren Gedankenformen mir hier dämmern,
(Mögen die) Buddhas die Macht ihrer göttlichen Barmherzigkeit ausüben,
Auf daß es dahin komme, daß weder Schauer noch Schrecken im *Bardo* herrschen.

[10] Text: *Grub-chen* (sprich: *Dub-tschen*); skt. *Mahâ-siddha*.

3

Wenn die hellen Strahlungen der fünf Weisheiten jetzt auf mich
scheinen,
Möge es dahin kommen, daß ich weder erschauernd noch erschreckt sie
als von mir selbst kommend erkenne,
Wenn die Schemen der friedlichen und zornigen Formen mir hier
dämmern,
Möge es dazu kommen, daß ich die Gewißheit der Furchtlosigkeit
erreiche und so den *Bardo* erkenne.

4

Wenn ich Elend erfahre ob der Macht bösen *Karmas*,
Möge es dahin kommen, daß die Sieger, die Friedlichen und Zornigen,
das Elend zerstreuen,
Wenn der (aus sich) selbst existierende Klang der Wirklichkeit (wie)
tausend Donner widerhallt,
Möge es dazu kommen, daß er in die Klänge der *Mahâyâna*-Lehren[11]
verwandelt werde.

5

Wenn (ich) unbeschützt (bin und) *karmischen* Einflüssen hier zu folgen
habe,
Flehe ich die friedlichen und zornigen Sieger an, mich zu beschützen,
Wenn ich Elend erdulde, ob des *karmischen* Einflusses der Neigungen,
Möge es dahin kommen, daß das selige *Samâdhi* des Klaren Lichtes (mir)
dämmere.

6

Wenn ich übernormale Wiedergeburt im *Sipa-Bardo* annehme,
Möge es so sein, daß die verführenden Offenbarungen des *Mâra* sich
nicht darin ereignen;
Wenn ich dahinkomme, wohin immer ich wünsche,
Möge es so sein, daß ich nicht trügerische Furcht und Schauer durch
böses *Karma* erfahre.

7

Wenn das Brüllen der wilden Tiere ertönt,
Möge es geschehen, daß es in die geheiligten Klänge der sechs Silben[12]
verwandelt werde,

[11] Das heißt in die Klänge des *Mantras* «*OṂ-ma-ṇi-pa-dme-HÛṂ*» und anderer *Mantras* der *Mahâyâna*- und *Mantrayâna-Lehren* (vgl. Stanze 7 unten; auch S. 226[145]).
[12] Diese sind: *OṂ-ma-ṇi-pa-dme-HÛṂ!* (Vgl. S. 226[145].)

Wenn verfolgt von Schnee, Regen, Wind und Dunkelheit,
Möge es geschehen, daß ich mit den himmlischen Augen heller Weisheit sehe.

8

Möge es geschehen, daß alle Wesen der gleichen harmonischen Ordnung im *Bardo*
Ohne Eifersucht (aufeinander)[13] Geburt auf höheren Ebenen erhalten;
Wenn (mir bestimmt ist), großes Elend von Hunger und Durst zu erleiden,
Möge es geschehen, daß ich nicht die Qualen von Hunger und Durst, von Hitze und Kälte erfahre[14].

9

Wenn ich die zukünftigen Eltern in Vereinigung sehe,
Möge es so sein, daß ich sie als das (göttliche) Paar sehe, die Sieger, den friedlichen und zornigen Vater und Mutter,
Wenn ich die Kraft erreiche, irgendwo zum Wohl der andern geboren zu werden,
Möge es so sein, daß ich den vollkommenen Körper erhalte, ausgezeichnet mit den Zeichen und Zierden[15].

10

Wenn ich den Körper eines männlichen Wesens – (was) besser (ist) – erhalte,
Möge es dahin kommen, daß ich alle befreie, die mich sehen und hören;
Möge es so sein, daß böses *Karma* mir nicht folgen darf,
Daß jedoch, was an Verdiensten (ich habe), mir folge und vermehrt werde.

11

Wo und wann ich auch geboren werden soll,
Möge es so sein, daß ich dort die Sieger, die Friedlichen und Zornigen Gottheiten, treffe,

[13] Das kann sich auch beziehen auf die Eifersucht, die aufsteht, wenn man entweder als Mann oder als Frau Wiedergeburt findet. (Siehe S. 257 f.)

[14] «Hunger und Durst» beziehen sich auf die Leiden, die das Dasein als *Preta* (oder unglücklicher Geist) begleiten; «Hitze und Kälte» auf die Existenz in den heißen und kalten Höllen.

[15] Das bezieht sich auf den Körper eines Buddha, in dem verschiedene übernormale Zeichen und Kräfte erscheinen.

Da ich dann gehen und sprechen kann, sobald (ich) geboren (bin)[16],
Möge es so sein, daß ich den nicht vergessenden Geist erhalte und mich meines früheren Lebens[17] (oder früherer Leben) erinnere.

12

In allen verschiedenen Überlieferungen, in den großen, kleinen und mittleren,
Möge es dahin kommen, daß ich fähig werde, Meisterschaft bloß durch Hören, Nachdenken und Sehen zu erreichen;
In was für einem Ort ich geboren werde, möge er von günstiger Verheißung sein.
Möge es dahin kommen, daß alle lebenden Wesen mit Glück ausgestattet seien.

13

Ihr Sieger, friedlich und zornig, laßt es dahin kommen,
Daß ich und andere euch im Ebenbild eurer Körper,
(In der Zahl eurer) Anhänger, der Dauer eurer Lebenszeit, dem Ausmaß eurer Reiche
Und (als Ebendbild der) Güte eures göttlichen Namens
Eurem wahren Selbst in all diesem gleichkommen.

[16] Dies ist ein Hinweis auf den Buddha, von dem man sagt, daß er nach seiner Geburt sechsundfünfzig Schritte getan habe, sieben vorwärts und sieben rückwärts in jeder der vier Kardinalrichtungen, und daß er jedesmal am Ende der vierzehn Schritte einen göttlichen mahnenden Ausspruch getan habe. Nach dieser übernormalen Verrichtung sei er, wie ein gewöhnliches Baby, nicht fähig gewesen zu gehen oder zu sprechen bis zum normalen Alter.

[17] Im *Saṃgîti Sutta, Dîgha-Nikâya* des *Pâli*-Kanon des Südlichen Buddhismus findet sich folgende Erklärung vom Buddha selbst über das Nicht-Vergessen (und das Vergessen) früherer Inkarnationen:
«Es gibt vier Bewandtnisse für den Eintritt des Embryo in den Mutterleib:
Brüder, in dieser Welt kommt man zu Existenz in der Mutter Schoß, ohne es zu wissen, bleibt darin, ohne es zu wissen, und kommt aus der Mutter Schoß, ohne es zu wissen; das ist die erste.
Brüder, man kommt zu Existenz in der Mutter Schoß wissentlich, bleibt darin, ohne es zu wissen, und kommt daraus hervor, ohne es zu wissen; das ist die zweite.
Brüder, man kommt zu Existenz in der Mutter Schoß wissentlich, bleibt wissentlich darin und kommt daraus hervor, ohne es zu wissen; das ist die dritte.
Brüder, in dieser Welt kommt man zu Existenz in der Mutter Schoß wissentlich, bleibt wissentlich darin und kommt wissentlich daraus hervor; das ist die vierte.»
(Vgl. die durch den Buddha gelehrte Methode der Erinnerung an vergangene Leben, S. 115 ff.)

14

Durch die göttliche Gnade der unzähligen allguten Friedlichen und Zornigen
Und durch die Segenskräfte der reinen Wirklichkeit,
(Und) durch die Segenskräfte der zielstrebigen Hingabe der mystisch Gläubigen,
Möge es dahin kommen, daß, was auch gewünscht, es hier sogleich erfüllt werde.
«Der Pfad der guten Wünsche, der Schutz vor den Ängsten im *Bardo* gewährt», ist beendet.

5. Kolophon

(Das Manuskript schließt mit den folgenden sieben Versen des Lama oder Schreibers, der es zusammentrug, der aber – getreu der alten lamaistischen Lehre, wonach die menschliche Persönlichkeit gedemütigt und die Schriften allein vor dem Blick lebender Wesen erhöht werden sollten – seinen Namen nicht aufgezeichnet hat):
Mögen durch meine vollkommen reine Absicht
Beim Verfassen dieses (Werks), durch die Wurzel der Verdienste daraus,
Jene beschützerlosen lebenden Wesen, Mütter,
In den Zustand des Buddha[18] versetzt (werden).
Möge die strahlende Pracht günstiger Verheißung die Welt erleuchten[19],
Möge dieses Buch von günstiger Verheißung sein[20],
Mögen Tugend und Güte in jeder Weise vervollkommnet werden.

(Hier endet das Manuskript des *Bardo Thödol*.)

[18] Indem er das ganze geistige Verdienst, das aus der Aufgabe der Abschrift unserer Kopie des *Bardo Thödol* erwächst, den Müttern, ganz gleich welcher Rasse und Religion, widmet, damit ihnen geholfen werde, die Buddhaschaft zu erlangen, bekennt sich der Schreiber zu der Haltung von Hochachtung und Ehrfurcht, die der Buddhismus den Frauen immer erwiesen hat.
[19] Wörtlich «*Jambudvîpa*», der eigentliche Sanskritname für das Reich der menschlichen Wesen.
[20] Der Text dieses Verses ist *Mañgalam: dGeho* (sprich: *Gewo*), der sanskritische und der tibetische Ausdruck (jeder davon bedeutet «Laß es [d.h. dieses Buch] glückbringend sein») als Hinzufügung legt nahe, daß der Schreiber zum mindesten eine begrenzte Kenntnis des Sanskrit besaß.

ANHANG

Diese Zusätze, die unsere Einleitung und Erläuterung ergänzen sollen, bestehen aus sieben Abschnitten: 1. Yoga, 2. Tantrismus, 3. *Mantras* oder Machtworte, 4. *Guru* und *Schischya* (oder *Tschela*)[1] und Initiationen, 5. Wirklichkeit, 6. Nördlicher und Südlicher Buddhismus und Christentum, und 7. Das mittelalterlich-christliche «Jüngste Gericht».

1. Yoga

Das Wort *Yoga,* das oft in unseren Anmerkungen zum *Bardo-Thödol*-Text erscheint, wird von der Sanskritwurzel *Yuj* abgeleitet, die «verbinden» bedeutet und mit dem englischen Verb to yoke (vgl. Joch, unterjochen) eng verwandt ist, also ein Verbinden, Jochen der niederen menschlichen Natur mit der höheren göttlichen Natur andeutet, derart, daß die höhere die niedere lenken kann[2]; und dies, so wesentlich für erfolgreiche Anwendung der *Bardo*-Lehren, wird durch die Kontrolle des Denkprozesses zustande gebracht. Solange der Geist von solchen Denkformen und Denkvorgängen eingenommen ist, wie sie aus der die Menschheit im allgemeinen beherrschenden falschen Vorstellung hervorgehen, daß das, was in Erscheinung tritt, wirklich sei, besteht ein Zustand von geistiger Verdunkelung, genannt Unwissenheit, der wahres Wissen nicht zuläßt. Nur wenn alle verdunkelnden und irrigen Begriffe unterbunden werden und der Geist von ihnen reingefegt ist, läßt sich die ursprüngliche unveränderte Geistesverfassung, die immer von diesen aus Unkenntnis entstehenden Denkformen und Denkprozessen frei ist, verwirklichen; und in ihrer Verwirklichung dämmert die Erleuchtung auf, die im *Bardo Thödol* als das Klare Urlicht des *Dharmakâya* symbolisiert wird.

Ein Spiegel mit dicker Staubschicht oder eine mit schlammigem Wasser gefüllte Kristallvase versinnbildlicht den Geist des normalen Menschen, der von Unkenntnis, der Folge von Ketzereien und falschem Wissen,

[1] skt. *śiṣya* (oder *cela*).

[2] Manche Gelehrte bezweifeln diese allgemein anerkannte Erklärung und meinen, das Wort *Yoga* bedeute wahrscheinlich Praxis im Gegensatz zu Theorie in der Religion. Das würde dann *Yoga*-Übung solcher Art bedeuten, wie sie zu unbedingter Kontrolle der geistigen Vorgänge führt und zur Realisierung der Wirklichkeit. In diesem Sinne kann man *Yoga* als ein System angewandter Psychologie ansehen, die weitaus höher entwickelt ist als irgendeine der westlichen Wissenschaft bekannte.

verdunkelt ist. *Yoga* ist eine wissenschaftliche Methode, den Staub vom Spiegel und die erdigen Teilchen aus dem Wasser zu entfernen. Nur wenn so der Geist klar und durchsichtig gemacht ist, kann er das «Licht der Wirklichkeit» reflektieren und der Mensch dazu kommen, sich selbst zu erkennen. *Mâyâ,* oder Illusion, ist der Schleier der Isis, der die «unbeschmutzte und unbeschmutzbare Wirklichkeit» vor den Menschen verbirgt; durchstoßen wird dieser Schleier und sichtbar gemacht, was er verbirgt, durch Verfahren, die so bestimmt und sicher in ihren psychischen Erfolgen sind, wie die in einem chemischen Laboratorium in Europa oder Amerika angewandten es in physischen Resultaten sind. Wie Gold von Unreinheiten mittels chemischer Verfahren getrennt werden kann, so kann Wahrheit von Irrtum geschieden werden durch *Yoga*-Methoden.

Wie die Grundlehren des Buddhismus, so lassen sich auch die Grundlehren des *Bardo Thödol* nicht ohne «Rechtes Wissen» praktisch anwenden. Daß «Rechtes Wissen» überhaupt in des Gläubigen Leben wirksam wird, sollte nicht bloß von Glauben oder Theorie abhängen, sondern von Verwirklichung; und Verwirklichung «Rechten Wissens» ist unmöglich ohne solche Geisteszucht, wie sie der *Yoga* in sich schließt. Daß dies so ist, bestätigen die kanonischen Schriften aller Schulen des Buddhismus[3].

Es ist nicht unsere Absicht, hier die besonderen Schwierigkeiten der verschiedenen Ansichten und Schulen des *Yoga* zu diskutieren; denn obgleich technische Ausdrücke und manche der rein philosophischen oder theoretischen Teile der Systeme von der Kunst der Geisteszucht bei den Hindus, Buddhisten und anderen erheblich voneinander abweichen, so sind wir doch nach eingehender Forschung im Zusammenleben mit *Yogis* verschiedener Schulen davon überzeugt, daß das Ziel für alle Yogis letztlich im Esoterischen identisch ist, nämlich: Befreiung von der Sklaverei *saṃsârischer* oder an Erscheinungen gebundener Existenz, die die Hindus *Mukti* und die Buddhisten Nirvâṇa nennen[4].

[3] *Yoga*-Übungen wurden in den *Mahâyâna*-Buddhismus eingeführt von *Asaṅga,* einem Mönch aus *Gandhâra* (Peshawar, Indien). Man sagt, er sei von *Maitreya* selbst, dem kommenden Buddha, inspiriert worden und habe so die Schriften der *Yogâcâra*-(d.h. Meditations-)Schule, genannt «Die fünf Bücher von *Maitreya*», hervorgebracht (vgl. Waddell, «The Buddhism of Tibet», S. 128).

[4] Der Herausgeber besitzt eine Anzahl sehr wichtiger Übersetzungen des verstorbenen Lama Kazi Dawa-Samdup von tibetischen Abhandlungen über Yoga, von denen eine aus Altindien stammt. Sollte der Herausgeber zur Veröffentlichung ermutigt werden,

Vieles vom *Bardo Thödol* kann nur dann verstandesmäßig erfahren werden, wenn zumindest eine elementare Erklärung des Yoga vorausgeht, wie wir sie hier gegeben haben. So wird, um nur eine der wichtigsten Yoga-Lehren herauszugreifen, das Klare Licht, auf das in unserem Text so oft hingewiesen wird, am besten vom Standpunkt des Yoga-Schülers aus erklärt, obgleich es der gesamten Menschheit im allentscheidenden Augenblick des Todes aufgeht (dämmert). Als solches versinnbildlicht das Klare Licht die visuelle Verfassung, in der man sich im Augenblick des Todes und danach im Zwischenzustand befindet. Wenn die Sicht nicht durch *karmische* Neigungen, die die Quelle aller Phänomene und schemenhaften Erscheinungen im *Bardo* sind, getrübt ist, so sieht der Verstorbene die Wirklichkeit als das Klare Licht und kann, wenn er dies will, auf das *saṃsâra* verzichten und in Nirvâṇa eingehen, jenseits des Kreislaufs von Tod und Wiedergeburt.
Solche Klarheit geistiger Einsicht ist natürlich äußerst selten; sie ist die Frucht unzähliger Reinkarnationen richtigen Verhaltens; immerhin ist es der Zweck der *Bardo-Thödol*-Lehren, zu versuchen, jedermann beim Sterben oder nach dem Tode auf den Pfad zu bringen, der zu seiner Verwirklichung führt. Die Lamas behaupten, daß es für den Unerleuchteten ganz unmöglich sei, die Natur des Klaren Lichts zu begreifen, es sei denn, daß man durch Übung in geistiger Konzentration völlige Kontrolle über den Denkprozeß erreicht hat und vor dem Tode vermöge erfahrener Erleuchtung (d.h. Erkennen des Klaren Lichts in Ekstase noch im menschlichen Körper) zum Rechten Wissen gelangt ist.

2. Tantrismus[5]

Da der *Bardo Thödol* selbst eine mehr oder weniger tantrische[6] Arbeit ist und demnach zum großen Teil auf Yoga-Philosophie fußt, ist eine gewis-

so hofft er, über die Ergebnisse seiner eigenen Forschungen im Yoga ausführlicher berichten zu können.

[5] Allgemeine Hinweise (auch für die folgenden Abschnitte 3. und 4.): A. Avalon (Sir John Woodroffe) *Tantra of the Great Liberation* (London 1913), die Einleitung, und *The Six Centres and the Serpent Power* (London 1919); Sir John Woodroffe *Shakti and Shâkta* (London 1920); auch Rama Prasad *Nature's Finer Forces* (London 1890).

[6] Was ein *Tantra* ist und was nicht, ist nicht leicht zu definieren. Nach seiner tibeti-

se Vertrautheit mit dem Tantrismus wie auch dem Yoga für alle Leser dieses Buches wünschenswert. So bringen wir hier – nur im Umriß und daher meistens ohne Einzelheiten und unvollständig – als Ergänzung das Folgende über Tantrismus.

In den vorbereitenden Anweisungen verweist der *Bardo Thödol* auf die Lebenskraft oder «Lebens-Lüfte», die man den *Tantras* gemäß wie folgt beschreiben kann:

Die *Lebenskraft* (skt. *Prâṇa*). – Das menschliche Bewußtseinsprinzip, «der Wissende», kleidet sich, wenn inkarniert, in fünf Hüllen (skt. *Kośa*), und zwar: 1. die physische Hülle *(Anna-maya-kośa);* 2. die Lebenshülle *(Prâṇa-maya-kośa);* 3. die Hülle, in welcher das gewöhnliche Bewußtsein des Menschen wohnt *(Mano-maya-kośa);* 4. diejenige des Un-

schen Etymologie bedeutet *Tantra* (tib. *Rgyud,* sprich: *Gyüd*) wörtlich «Faden», Abhandlung oder Dissertation religiöser Art, und gehört gewöhnlich der Yoga-Schule *Yogâcâra Mahâyâna* (siehe S. 294[3]) an. Religiös betrachtet gibt es zwei Hauptgruppen der *Tantras:* die eine der Hindus, die andere der Buddhisten. Hindu-Tantra erscheint meist in der Form eines Dialogs zwischen dem Gott *śiva* – als dem göttlichen *Guru* – und seiner *śakti* Pârvatî, oft in ihren zornigen Formen als *Bhairava* und *Bhairavî.* Im buddhistischen *Tantra* sind diese spezifischen Hindu-Gottheiten durch buddhistische Gottheiten, Buddhas und ihre *Prajñâs,* oder durch Götter und Göttinnen ersetzt. Ein Charakteristikum beider Klassen von *Tantras* ist, daß sie meist auf der Yoga-Philosophie beruhen. Welche der beiden Klassen die ältere ist, ist eine noch unentschiedene Frage; aber die ältesten *Tantras* sind wahrscheinlich weit älter als europäische Kritiker angenommen haben, die ihren Ursprung in die bereits christliche Ära gelegt haben. Manche *Tantras* sind unbestreitbar ganz modern. Nach Meinung orthodoxer Hindus sind die *Tantras* vedischen Ursprungs und bestimmt, als die wichtigsten Schriften für diese Zeit, das *Kâlî-Yuga,* zu dienen. Manche Buddhisten erheben für die *Tantras* den Anspruch rein buddhistischen Ursprungs. Die Ansicht der Hindus ist jedoch die zumeist anerkannte.

Als Enzyklopädien des Wissens ihrer Zeiten sind die *Tantras* sehr zahlreich. Manche befassen sich mit der Natur des Kosmos, seiner Entwicklung und Auflösung, der Klassifikation lebender Wesen und verschiedener Himmel, Höllen und Welten; ferner mit den von Gott eingesetzten Regeln, die das Verhalten der Menschen und ihre Beziehungen zueinander lenken; andere betreffen die zahlreichen Formen des Gottesdienstes und der Ausbildung des Geistes, Zeremonienriten, Meditation, Yoga, Pflichten der Könige, Gesetz, Sitte, Medizin, Astrologie, Astronomie, Magie, kurz, den ganzen Umkreis der Wissensgebiete des Ostens.

Sofern der *Bardo Thödol* ein Ritual ist, das sich auf Yoga gründet und hauptsächlich das Wissen um Geburt, Tod und Wiedergeburt behandelt, verwoben mit Beschreibungen der verschiedenen Seinszustände und Wesen, die das All bevölkern, und die Wege zum Erlangen der Seligkeiten lehrt, ist es ein tantrisches Werk, obgleich, genau ausgedrückt, nicht ein *Tantra.* – Zu eingehender Kenntnis der *Tantras* sei der Studierende auf *Principles of Tantra,* Teil I, von Arthur Avalon (London 1914) verwiesen.

terbewußtseins *(Vijñâna-maya-kośa);* und 5. die Hüllen des alles überschreitenden seligen Bewußtseins der Wirklichkeit *(Ânanda-maya-kośa).* In der Lebenshülle wohnt die Lebenskraft (skt. *Prâṇa*), die sich aufspaltet in zehn «Lebenslüfte» (*vâyu,* abgeleitet von der Wurzel *vâ,* «atmen» oder «blasen», verweist auf die bewegende Kraft von *Prâṇa*). Wie man sagt, daß die Dämonen in Platons Okkultismus die Funktionen des kosmischen Körpers regeln, so regeln diese *Vâyu,* zusammengesetzt aus negativem *Prâṇa,* die Funktionen des menschlichen Körpers. Fünf davon sind grundlegend: 1. das *Prâṇa,* das die Atmung regelt; 2. der *Udâna,* der die aufsteigende Lebenskraft (oder Lebensluft) regelt; 3. der *Apâna,* der die absteigende Lebenskraft regelt, die Winde, Exkremente, Urin und Samen ausstößt; 4. das *Samâna* als die Gesamtkraft der *Vâyu* zündet das Körperfeuer an, wodurch die Nahrung verdaut und dann durch das Blut verteilt wird; und 5. der *Vyâna,* der Verteilung und Ausbreitung in allen Stoffwechselvorgängen regelt. Die fünf niederen «Lüfte» sind: *Nâga, Kûrmma, Krikara, Deva-datta* und *Dhananjaya,* die jeweils Schlucken, das Öffnen und Schließen der Augen, Verdauungshilfe, Gähnen und Schwellung verursachen.

Die psychischen Nerven oder Kanäle (skt. *Nâḍî*). – Als nächstes werden in unserem Text die psychischen Nerven erwähnt. Sanskritwerke über *Yoga* sagen, es gibt vierzehn vornehmliche *Nâḍî* und Hunderttausende von geringeren *Nâḍî* im menschlichen Körper, gerade wie die Physiologen des Westens sagen, daß es so viele Hauptnerven und Nebennerven gebe. Aber die *Nâḍî* des Ostens und die Nerven des Westens sind, obwohl sie den gleichen Namen haben, nicht dasselbe. Die *Nâḍî* sind unsichtbare Kanäle für das Fließen psychischer Kräfte, deren Weiterleitung durch die «Lebenslüfte» *(Vâyu)* bewirkt wird.

Von den vierzehn vornehmlichen *Nâḍî* sind es drei, die grundlegende Bedeutung haben. Dies sind, wenn wir unserem Text folgen, der Mittelnerv (skt. *Suṣumṇâ-Nâḍî*), der linke Nerv *(Iḍâ-Nâḍî)* und der rechte Nerv *(Piṅgalâ-Nâḍî).* Der *Suṣumṇâ-Nâḍî,* der Haupt- oder Mittelnerv, liegt in der Wirbelsäule (skt. *Brâhma-daṇḍa*), dem «Berg Meru» des menschlichen Körpers, wenn man den Menschen als den Mikrokosmos des Makrokosmos ansieht. Die *Iḍâ-Nâḍî* zur Linken und die *Piṅgalâ-Nâḍî* zur Rechten winden sich um ihn, wie die Schlangen sich um den Heroldsstab des Götterboten Hermes winden. Man nimmt an, daß dieser antike Heroldsstab die *Suṣumṇâ-Nâḍî* und die umschlingenden Schlangen *Iḍâ-Nâḍî* und *Piṅgalâ-Nâḍî* versinnbildlichen. Trifft dies zu, so sehen wir, wie der esoterische Symbolkodex des Westens dem des Ostens entspricht.

Die *psychischen Nervenzentren* (skt. *Cakra*). – Der *Suṣumṇâ-Nâḍî* bildet die große Hauptstraße für den Durchgang der psychischen Kräfte durch den menschlichen Körper. Diese Kräfte sammeln sich in Zentren, oder *Cakras,* entlang der *Suṣumṇâ-Nâḍî* und sind durch diese miteinander verknüpft; in diesen Zentren sind aufgespeichert die Lebenskraft oder das Lebensfluidum, auf dem alle psychophysischen Vorgänge letzten Endes beruhen. Von diesen sind sechs von grundlegender Wichtigkeit. Als das erste dieser Zentren kennt man den «Wurzelstock» *(Mûlâdhâra)* des *Suṣumṇâ-Nâḍî;* er befindet sich in der Gegend des Afters und ist die geheime Quelle der Lebenskraft, über welche die Göttin *Kuṇḍalinî* herrscht. Als nächstes darüber liegt das zweite *Cakra* oder «Lotus», *Svâdhiṣṭhâna* genannt, welches das Zentrum des Geschlechtsorgans ist. Das Nabel-Nervenzentrum liegt darüber, es wird in Sanskrit *Maṇipûra-cakra* genannt. Das nächste ist das Herz-Nervenzentrum, das *Anâhata-cakra.* In der Kehle befindet sich das fünfte, *Viśuddha-cakra* benannte. Im *Âjñâ-cakra,* dem sechsten Zentrum, das zwischen den Augenbrauen liegt und auf Bildern des Buddha und von Hindu-Gottheiten durch das dritte Auge dargestellt wird, kommen die drei psychischen Hauptnerven *(Nâḍî): Suṣumṇâ, Iḍâ* und *Piṅgalâ* zusammen und trennen sich dann. Über allen diesen befindet sich im kausalen Bereich des psychischen Menschen als die Sonne des Körpers, die ihre Strahlen über den Kosmos des Menschenkörpers herniedersendet, das oberste oder siebente *Cakra,* der tausendblättrige Lotus (oder *Cakra*), genannt *Sahasrâra Padma;* durch dieses hat *Suṣumṇâ-Nâḍî* ihren Ausgang, die «Öffnung des Brahma» (skt. *Brâhma-randhra*), auf die in unserem Text verwiesen ist; durch diese verläßt das Bewußtseinsprinzip normalerweise beim Tod den Körper.

Das erste Ziel des Yoga-Übenden ist, das zu erwecken, was in den *Tantras* die Schlangenkraft genannt und als die Göttin *Kuṇḍalinî* personifiziert wird. Wie eine schlafende Schlange liegt diese mächtige okkulte Kraft aufgerollt im *Mûlâdhâra-cakra,* am unteren Ende der Wirbelsäule, und enthält die Wurzel der *Suṣumṇâ-Nâḍî.* Ist die Schlangenkraft einmal zu Aktivität erweckt, so muß sie die psychischen Nervenzentren eines nach dem andern durchdringen, bis sie, wie Quecksilber in einer magischen Röhre aufsteigend, den tausendblättrigen Lotus im Hirnzentrum erreicht. Von da breitet sie sich wie der Gipfel eines Springbrunnens aus und fällt als ein Schauer himmlischer Ambrosia nieder, um alle Teile des psychischen Körpers zu ernähren. So erfährt der Yogi, von höchster Geisteskraft erfüllt, die Erleuchtung.

Maṇḍalas. – Von den psychischen Zentren oder *Cakras* sind es hauptsächlich drei, mit denen sich der *Bardo Thödol* beschäftigt: 1. das Herz-Zentrum *(Anâhata-cakra);* 2. das Kehl-Zentrum *(Viśuddha-cakra);* 3. das Hirn-Zentrum *(Sahasrâra Padma).* Von diesen sind zwei von besonderer Wichtigkeit: das Hirn-Zentrum, manchmal «nördliches» Zentrum genannt, und das Herz-Zentrum oder «südliches» Zentrum. Diese beiden bilden die zwei Pole des menschlichen Organismus. Man sagt, sie seien die ersten Zentren, die sich im Embryo bilden, und ihr irdisches *Prâṇa,* das aus dem zentralen *Prâṇa*-Sammelbecken in der Sonne unseres Planetensystems stammt, bestimme ihre Bildung.
Verwandt mit diesen drei hauptsächlichsten *Cakras* gibt es drei Haupt-*Maṇḍalas* oder mystische Gruppierungen von Gottheiten, unterteilt in vierzehn helfende *Maṇḍalas,* entsprechend den ersten vierzehn (7 + 7) Tagen des *Bardo,* wie in unserem Text beschrieben.
Das erste dieser drei höchsten *Maṇḍalas* umfaßt 42 Gottheiten, unterteilt in sechs niedere *Maṇḍalas,* entsprechend den ersten sechs Tagen des *Tschönyi-Bardo;* sie strahlen vom Herz-Zentrum aus. Das zweite *Maṇḍala* umfaßt 10 wichtige Gottheiten, die am siebenten Tage erscheinen; diese strahlen vom Kehlkopf-Zentrum aus. Das dritte *Maṇḍala* umfaßt 58 Hauptgottheiten, die sich auf sieben untergeordnete *Maṇḍalas,* entsprechend den letzten sieben Tagen des *Tschönyi-Bardo* verteilen und vom Hirn-Zentrum ausstrahlen. Die ersten 42 und die letzten 58 bilden das Große *Maṇḍala* der 100 oberen Gottheiten, wobei die 42 als die Friedlichen, die 58 als die Zornigen bezeichnet werden. Die anderen zehn Gottheiten, die zum Kehlkopf-Zentrum gehören und in der Mitte zwischen den 42 des Herz-Zentrums und den 58 des Hirn-Zentrums erscheinen, rechnet man zu den 42 Friedlichen Gottheiten. Zusammengefaßt zu dem größeren *Maṇḍala* des vollständigen *Tschönyi-Bardo* sind es also 110 Hauptgottheiten.
Man wird auch bemerken, daß es eine bestimmte Orientierung bei all den *Maṇḍalas* gibt.
Die fünf *Dhyâni-Buddhas* mit ihren *Prajñâs*[7] sind die prominenten Gott-

[7] Es ist sehr zu bedauern, daß tatsächlicher Mißbrauch der tantrischen Lehre des «Vater-Mutter»-Aspekts, sei es durch willentliche Entstellung oder, wie es meist der Fall ist, infolge Mißverstehens zu Praktiken (wie bei gewissen dekadenten Sekten oder Individuen in Indien) geführt hat, die, in manchen Fällen unter der Obhut organisierter Gesellschaften, von Nichteingeweihten in Amerika und Europa fälschlich als tantrisch bezeichnet werden und den Tantrismus in unverdienten Mißkredit gebracht haben. Solch unglückliches Ergebnis durch Mangel an Führung unter richtig ausgebildeten Gurus rechtfertigt den hohen Eingeweihten des orientalischen Okkultismus in seiner strengen Weigerung,

heiten, die an den ersten fünf Tagen dämmern. Am ersten Tag erscheinen nur *Vairocana* und seine *Prajñâ*. Dann erscheinen an jedem der vier folgenden Tage zusammen mit einem der übrigen vier *Dhyâni-Buddhas* und deren *Prajñâs* zwei Bodhisattvas und ihre *Prajñâs*. Dann, am sechsten Tag, gesellen sich zu diesen in *einem Maṇḍala* erscheinenden Gottheiten weitere 16 Gottheiten: 8 Torhüter, die sechs Buddhas von den Sechs *Lokas* und der Âdibuddha mit *Prajñâ;* und all diese Gottheiten vereint stellen die 42 Gottheiten des Herz-Zentrums dar.
Dann, nach dem Erscheinen der 10 «Wissenshaltenden Gottheiten» (in den «Huldigungen», S. 159, die Lotus-Gottheiten genannt) des Kehlkopf-Zentrums am dazwischenliegenden siebenten Tag, erscheinen während der übrigen sieben Tage die 58 Gottheiten des Hirn-Zentrums wie folgt: an jedem der ersten fünf Tage, also vom achten bis zwölften Tag, einer der *Herukas* mit seiner *Prajñâ,* zusammen zehn Gottheiten; am dreizehnten Tag die acht Kerima und die acht Htamenma; am vierzehnten Tag vier Torhüter und die 28 tierköpfigen Gottheiten. Hinter dem Symbolismus von Gottheiten und *Maṇḍalas* und psychischen Zentren steht die rationale Erklärung, nämlich daß jede Gottheit, wie sie von ihrem besonderen psychischen Zentrum aus in Erscheinung tritt, darstellt, wie ein entsprechender Impuls oder eine Leidenschaft des komplexen Bewußtseins in nachtodliche *karmische* Tätigkeit übergeht.
Wie in einem Einweihungs-Mysterienspiel kommen die Schauspieler an jedem Tag des *Bardo* auf die Geistesbühne des Verstorbenen, der ihr alleiniger Zuschauer ist; und ihr Regisseur ist das *Karma*. Die höheren oder göttlicheren Elemente des Bewußtseinsprinzips des Verstorbenen tauchen zuerst im vollen Glanz des Klaren Urlichts auf; und dann, in immer mehr abnehmendem Glanz, werden die Visionen weniger und weniger glücklich – die Friedlichen Gottheiten des Herz-Zentrums und dann die des Kehlkopf-Zentrums werden abgelöst von den Zornigen Gottheiten des Hirn-Zentrums. Schließlich, wenn die rein menschlichen und roheren Neigungen, personifiziert in den grimmigsten der Zornigen Gottheiten[8], als schreckenerregende und drohende, spukhafte Halluzinationen in das Feld geistiger Vision kommen, flieht der sie Wahrnehmende

die geheimen Lehren seines Kults jemandem zu offenbaren, es sei denn sorgfältig vorbereiteten Schülern, die nach langer Probezeit als würdig befunden wurden; dies war die Ansicht des verstorbenen Lama Kazi Dawa-Samdup wie auch seines verstorbenen *Guru* in Bhutan.

[8] Von den Zornigen Gottheiten gibt es zwei Klassen: die weniger zornigen (tib. *To-wo*) und die zornigen (tib. *Drag-po*). Siehe Waddell, op. cit. S. 332–333.

in Entsetzen vor ihnen – seinen eigenen Gedankengebilden – in den Schutz des Mutterschoßes und macht sich damit zum Spielball von *Mâyâ* und zum Sklaven der Unwissenheit. Mit anderen Worten, ähnlich wie der irdische Leib zur Reife heranwächst und dann welkt und nach seinem Tode zerfällt, so entwickelt sich der Nachtod-Körper, d.h. der Geisteskörper, von den himmlischen Tagen seiner *Bardo*-Kindheit in die weniger idealen Tage seiner *Bardo*-Reife, schwindet dann und stirbt im Zwischenzustand, wenn, diesen verlassend, der «Wisser» wiedergeboren wird.

Einen Schlüssel zu den einzelnen Elementen des Bewußtseins, wie sie sich im Zwischenzustand manifestieren, gewinnt man aus der Bedeutung der tantrischen Einteilungen der Lotusblüten oder *Cakras* in Blumenblätter. Zum Beispiel wird der Lotus des Herz-Zentrums oder *Anâhata-cakra* als der rotfarbige Lotus mit zwölf Blütenblättern beschrieben, wobei jedes Blatt eines der Hauptelemente der Persönlichkeit *(vritti)* folgendermaßen darstellt: 1. Hoffnung *(âśâ)*; 2. Sorge oder Angst *(cintâ)*; 3. Anstrengung *(ceṣṭhâ)*; 4. Besitzgefühl *(mamatâ)*; 5. Arroganz oder Heuchelei *(dambha)*; 6. Schlaffheit *(vikalatâ)*; 7. Dünkelhaftigkeit *(ahaṅgkâra)*; 8. Unterscheidungskraft *(viveka)*; 9. Habgier *(lolatâ)*; 10. Zweideutigkeit *(kapatatâ)*; 11. Unentschlossenheit *(vitarka)*; 12. Bedauern *(anutâpa)*.

Der Lotus des Kehlkopf-Zentrums oder *Viśuddha-cakra*, auch *Bhâratiṣṭhâna* genannt, besteht aus sechzehn Blättern. Die ersten sieben symbolisieren die sieben Noten der Sanskritmusik. Das achte Blatt symbolisiert das «Gift» der Sterblichkeit. Die nächsten sieben stellen die sieben Samen-*Mantras* dar, und das sechzehnte Blatt ist das Symbol für den Nektar der Unsterblichkeit *(amṛta)*.

Jedem der tausend Lotusblätter des Hirn-Zentrums werden verschiedenfarbige Buchstaben des sanskritischen oder tibetischen Alphabets und andere Symbole esoterisch zugeschrieben; und dieses *Cakra* soll potentiell alles enthalten, was in den anderen *Cakras* (deren Erzeuger es ist) oder im Weltall existiert.

Ebenso symbolisiert jeder der *Dhyâni-Buddhas*, wie an anderer Stelle von einem anderen Gesichtspunkt aus erklärt, bestimmte geistige Attribute des Kosmos. So wenden sich die Tantra-Anhänger des Nordbuddhismus an *Vairocana* als die universale Kraft, die alles Physische wie auch Geistige hervorbringt oder ihm die Form gibt; *Vajrasattva* (als der Reflex von *Akṣobhya*) ist die universale Kraft, die man herbeiruft, um übles *Karma* durch Verdienst auszugleichen; *Ratnasambhava*, um alles, was man sich wünscht, zu erzeugen; *Amitâbha* für langes Leben und Weisheit; *Amoghasiddhi* für Erfolg in Kunst und Handwerk. In rein esoterischer Auffassung sollen in *Vajrasattva* alle die anderen Friedlichen und Zornigen Gottheiten des *Maṇḍala* oder des *Bardo Thödol* verschmolzen oder enthalten sein.

3. Mantras oder Machtworte

Ein Schlüssel zur Kraft der *Mantras*, durchweg im Sinne des *Bardo Thödol* verstanden, liegt in der altgriechischen Theorie der Musik, und zwar insofern, als, wenn der Grundton eines bestimmten Körpers oder Stoffes bekannt ist, dieser Körper oder Stoff mittels seines Grundtones zerlegt werden kann. Wissenschaftlich läßt sich dieses ganze Problem verstehen durch die Kenntnis des Schwingungsgesetzes. Jeder Organismus weist sein eigenes Schwingungsmaß auf, und das trifft auch zu für jeden unbelebten Gegenstand, vom Sandkorn bis zum Berge, und sogar für jeden Planeten und jede Sonne. Ist dieses Maß bekannt, so kann mit dessen okkulter Anwendung der Organismus oder die Form zerlegt werden.
Für den Adepten des Okkultismus bedeutet die Kenntnis des *Mantra* irgendeiner Gottheit gleichzeitig zu wissen, wie man auf psychische Weise oder gabendarbringend, ähnlich wie bei drahtloser oder telepathischer Verbindung, aber über diese hinausgehend, eine Verbindung mit dieser Gottheit herstellen kann. Zum Beispiel kann ein Adept «des linken Pfades», d.h. ein Schwarzmagier, mittels *Mantras* Elementarwesen und andere Geister niederen Ranges aufrufen und beherrschen, weil einem jeden ein bestimmtes Schwingungsmaß zu eigen ist, und wenn dies bekannt und als Klang in einem *Mantra* formuliert ist, gibt es dem Magier die Macht, dieses Elementarwesen oder den Geist, dem es zugehört, durch Auflösung sogar zu vernichten. Wie ein Wegelagerer einen Reisenden mit vorgehaltener Pistole zwingt, ihm sein Geld auszuliefern, so zwingt ein Schwarzmagier mittels eines *Mantra* einen Geist, so zu handeln, wie der Magier es will.
Infolge dieser überlegenen Macht des Klanges, wenn er in *Mantras* dem bestimmten Schwingungsmaß von Geistern und geistigen wie physischen Kräften entsprechend formuliert ist, werden die *Mantras* eifersüchtig gehütet. Und um diese Schutzherrschaft zu wahren, sind Reihen von *Gurus*

(d.h. Religionslehrern) eingesetzt, unter deren Obhut die Kraftworte gestellt sind. Anwärter für die Einweihung in diese Bruderschaft von Hütern der Mysterien müssen notwendigerweise gut geprüft werden, bevor ihnen die Schätze anvertraut werden können, und sie dadurch zu deren Hütern gemacht werden.

Nachdem der *Schischya* gründlich geprüft worden ist, wird ihm das *Mantra,* das Macht über die schlafende Göttin *Kuṇḍalinî* verleiht, gegeben; und wenn er es ausspricht, erwacht die Göttin und kommt zu ihm, um seine Befehle entgegenzunehmen. Dann ist der *Guru* sehr nötig, denn die erwachte Göttin kann ebenso zerstören wie retten, je nachdem das *Mantra* weise oder unweise angewandt wird.

Wie die äußere Luft in lauten Tönen vibriert, so werden die inneren «Lebenslüfte» *(prâṇa-vâyu)* in Bewegung gesetzt und genutzt durch Verwendung der *Mantra*-Klänge: zuerst fängt die Göttin den subtilen okkulten Klang auf und läßt ihn in Tönen göttlicher Musik von ihrem Throne im Wurzelstock des Psychischen Zentrums aufsteigen, von einem Zentrum zum anderen, immer höher, bis seine Musik den Lotus der Tausend Blütenblätter erfüllt und dort gehört und vom Obersten *Guru* beantwortet wird.

Das Sichtbarmachen einer Gottheit, wie es in unserem Text häufig verlangt wird, besteht oft nur darin, daß man sich die wesentlichen Charakteristika dieser Gottheit in anderer Weise in Gedanken vorstellt. Eine gleiche Yoga-Wirkung ergibt sich, indem man sich das *Mantra,* das der betreffenden Gottheit entspricht, sichtbar vorstellt oder es hörbar ausspricht; denn eine jede Gottheit wird veranlaßt, zu erscheinen, wenn ihr *Mantra* artikuliert ausgesprochen wird. Nur wenn die *Mantras* richtig intoniert werden, üben sie ihre Wirkung aus; gedruckt und mit den Augen des Uneingeweihten gesehen, erscheinen sie ganz sinnlos – und das sind sie wirklich ohne die Führung eines menschlichen *Guru.*

Ferner erfordert das korrekte Aussprechen des *Mantra* einer Gottheit sowohl körperliche Sauberkeit wie auch Kenntnis seiner richtigen Intonation. Deshalb muß der Gläubige erst mittels Reinigungs-*Mantras* den Mund und die Zunge säubern und dann das *Mantra* selbst durch ein Verfahren, das als Beleben oder Erwecken der schlafenden Macht des *Mantra* bezeichnet wird.

Die okkulte Fähigkeit, ein *Mantra* richtig anzuwenden, überträgt übernormale Kräfte, *Siddhi* genannt[9], und diese lassen sich, je nach dem

[9] *Siddhi* bedeutet hier Kräfte, die man durch Yoga-Übungen erlangt hat. Wörtlich ist *Siddhi* das Erreichen irgendeines Zieles.

Charakter des Adepten, entweder als weiße Magie zu guten Zwecken oder als schwarze Magie zu bösen Zwecken verwenden; der Pfad zur Rechten und der zur Linken sind nämlich die gleichen bis zu diesem Punkt praktischer Anwendung der Früchte, die sich aus der psychischen Entwicklung ergeben haben. Der eine Pfad führt nach oben zur Befreiung, der andere hinab zur Versklavung.

4. Der Guru und der Schischya (oder Tschela)[10] und die Initiationen

Sehr oft weist der *Bardo Thödol* den Sterbenden oder Verstorbenen an, sich geistig auf seine Schutzgottheit oder auch seinen geistigen *Guru* zu konzentrieren oder sie sich sichtbar vorzustellen, und dann wieder sich der Lehren zu erinnern, die ihm von seinem menschlichen *Guru* besonders zur Zeit seiner mystischen Einweihung erteilt wurden. Yogis und Tantriker kommentieren gewöhnlich solch rituale Anweisungen mit dem Hinweis, daß es drei Arten von *Gurus* gebe, denen Ehrfurcht und Anbetung zu erweisen sei. Die erste und höchste ist rein übermenschlich und wird in Sanskrit *Divyaṅga* genannt, was «himmlische (oder göttliche) Reihe» bedeutet; die zweite ist die der höchst entwickelten Menschenwesen im Besitz übernormaler *siddhischer* Kräfte und daher *Siddhaṅga* genannt; die dritte ist die der gewöhnlichen Religionslehrer und daher *Mânavaṅga*, «menschliche Reihe», genannt[11].

Frauen sowohl wie Männer können *Gurus* sein, wenn sie dafür qualifiziert sind. Dem *Schischya* wird in der Regel eine Probezeit von einem Jahr auferlegt, bevor er die erste Einweihung empfängt. Erweist er sich am Ende dieser Zeit als unwürdiges Gefäß für die höheren Lehren, so wird er nicht angenommen. Andernfalls nimmt ihn der *Guru* in seine Obhut und bereitet ihn sorgfältig zur psychischen Entwicklung vor. Ein *Schischya* wird während seiner Probezeit nur angewiesen, die jeweiligen

[10] skt. *śiṣya* (oder *cela*).

[11] Die drei Reihen von *Gurus* werden so benannt nicht wegen eines Unterschiedes in ihren Kräften, sondern wegen ihrer verschiedenen Aufenthaltsorte. Im *Tantrarâja* (Kap. I) heißt es, daß die *Gurus* des *Divya*-Ordens immer in *Śivas* Himmel weilen, die des *Siddha*-Ordens sowohl in der Menschenwelt wie in den Himmelswelten, aber die des *Mânava*-Ordens nur auf der Erde.

Übungen durchzuführen, die als seinen (oder ihren) besonderen Bedürfnissen entsprechend angesehen werden. Wenn dann die Probezeit zu Ende ist, sagt der *Guru* dem *Schischya,* warum die Übungen vorgenommen wurden, und gibt auch an, welche Ergebnisse schließlich sicher zu erwarten sind, wenn die Übungen erfolgreich durchgeführt werden. Ist der *Guru* einmal gewählt, so hat der *Schischya* normalerweise kein Recht, dem *Guru* nicht zu gehorchen oder einen anderen *Guru* zu nehmen, bis es erwiesen ist, daß der erste *Guru* den *Schischya* nicht weiter führen kann. Wenn sich der *Schischya* infolge guten *Karmas* schnell entwickelt und den Entwicklungsgrad des *Guru* erreicht, wird der *Guru,* wenn er den *Schischya* nicht weiter führen kann, wahrscheinlich von selbst den *Schischya* einem weiter fortgeschrittenen *Guru* zuweisen.

Um einen *Schischya* einzuweihen, muß der *Guru* sich erst selbst vorbereiten, gewöhnlich in einer mehrtägigen Folge von speziellen Ritualübungen, wobei sich der *Guru* durch Anrufung der Gnadenwellen der göttlichen Reihe von *Gurus* in direkte Verbindung mit der geistigen Ebene setzt, auf der sich die göttlichen *Gurus* befinden. Wenn der menschliche *Guru* im Besitz *siddhischer* Kräfte ist, so glaubt man, daß diese Vereinigung so real ist wie drahtlose oder telepathische Verbindung zwischen zwei Menschen auf der Erdenebene.

Die eigentliche Einweihung, die folgt, besteht darin, daß dem *Schischya* das geheime *Mantra,* das «Kraft- und Machtwort», gegeben wird, wobei Vereinung zustande kommt zwischen dem *Schischya* als dem neuen Mitglied der geheimen Bruderschaft und dem Höchsten *Guru,* der für alle unter ihm stehenden *Gurus* und *Schischyas* die Stelle des Göttlichen Vaters einnimmt. Die Lebenskraft oder «Lebenslüfte» *(prâṇa-vâyu)* dienen als psycho-physisches Bindeglied, das das Menschliche mit dem Göttlichen vereint; und da die Lebenskraft im «Siebenten Psychischen Zentrum», dem tausendblättrigen Lotus, gesammelt worden ist, werden durch die Wirksamkeit der erwachten Schlangenkraft von diesem Zentrum wie durch eine drahtlose Empfangsstation die geistigen Gnadenwellen des obersten *Guru* aufgenommen. So geht die göttliche Gnade in den menschlichen Organismus ein und leuchtet auf, wie Elektrizität aufglüht, wenn sie in das Vakuum einer elektrischen Birne geleitet wird; und damit geschieht die wahre Einweihung und die Erleuchtung des *Schischya.*

In der okkulten Sprache der indischen und tibetischen Mysterien sitzt der oberste *Guru* auf seinem Throne im Kelche des tausendblättrigen Lotus. Dorthin wird der *Schischya,* geführt vom menschlichen *Guru,* durch

die Macht der Schlangenkraft der erwachten Göttin *Kuṇḍalinî* geleitet; er verbeugt sich zu Füßen des Göttlichen Vaters und erhält den Segen und die Einweihung. Der Schleier der *Mâyâ* ist gelüftet, und das Klare Licht scheint ungehindert in das Herz des *Schischya.* Wie eine Kerze durch die Flamme einer anderen Kerze entzündet wird, so wird die göttliche Kraft vom Göttlichen Vater, dem obersten *Guru,* dem Neugeborenen, dem Menschen-*Schischya,* mitgeteilt.
Das bei der Einweihung erteilte geheime *Mantra* ist, wie das ägyptische «Kraft- und Machtwort», das Losungswort, das für den bewußten Übergang vom verkörperten zum entkörperten Zustand erforderlich ist. Wenn der Eingeweihte geistig genügend entwickelt ist, bevor die Zeit kommt, wenn er den Erdenleib im Tode aufgibt und sich im Augenblick des Verlassens der irdischen Ebene auf das mystische *Mantra* besinnen kann, dann wird der Wechsel ohne Verlust des Bewußtseins eintreten; und der vollentwickelte *Schischya* wird von Inkarnation zu Inkarnation keine Unterbrechung der Kontinuität des Bewußtseins erleiden.

5. Wirklichkeit

Indem der Buddhismus aller Schulen die Voraussetzung einer Seele ablehnt, behauptet er, daß persönliche Unsterblichkeit unmöglich ist, weil alle persönliche Existenz nur ein Fließen von Unbeständigkeit und fortwährendem Wechsel ist, das *karmisch* abhängt von der falschen Auffassung, daß Phänomene oder Schemen-Erscheinungen, -Zustände und -Wesen real seien. Mit anderen Worten: der Buddhismus hält daran fest, daß ein individualisierter Geist und ein individualisiertes Bewußtsein die Wirklichkeit nicht erkennen können.
So ist auch der Wesenskern der Lehren des *Bardo Thödol,* daß, solange der Geist menschlich, d.h. individuell ist, solange er sich als einzeln und von allen anderen gesondert ansieht, er nur der Spielball von *Mâra,* d.h. Unkenntnis, ist, die ihn veranlaßt, das sinnetäuschende Panorama von Existenzen innerhalb des *saṃsâra* für wirklich zu halten, und ihn daher verführt, sich im Sumpf der Erscheinungen zu verirren.
Anhänger der semitischen Bekenntnisse sind schon nach ihrer Überlieferung so vollständig beherrscht von der Theorie einer Seele und persönlichen Unsterblichkeit nach dem Tode, in einem Himmel oder einer Hölle,

daß es ihrer Ansicht nach keine Alternative geben kann; ihnen scheint die buddhistische Ablehnung dieser Theorie fälschlich als eine Lehre, die eine völlige Verneinung des Seins bedeutet.

Nach dem *Bardo Thödol* hängt das Erkennen der Wirklichkeit ganz davon ab, daß der Geist von allem Irrtum, allem falschen Glauben gereinigt wird und einen Zustand erreicht, in dem *Mâra* nicht mehr herrscht. Ist er einmal von aller *karmischen* Verdunkelung und von dem Hauptwahn befreit, daß Erscheinungen – in Himmeln, Höllen oder Welten – real sind, dann dämmert das «Rechte Wissen» auf; alle Formen gehen über in das, was Nicht-Form ist, alle Phänomene in das, was jenseits der Phänomene ist, alle Unkenntnis wird zerstreut vom «Licht der Wahrheit», Persönlichkeit hört auf, individuelles Dasein und Sorge sind zu Ende, Geist und Materie werden als identisch erkannt, das irdische Bewußtsein wird überirdisch, und eins mit dem *Dharmakâya,* erreicht der Pilger das Ziel.

Der große Patriarch *Aśvaghoṣa,* der im 1. Jahrhundert n. Chr.[12] die wesentlichen Lehren des *Mahâyâna*-Buddhismus niedergeschrieben hat, wie sie zuerst mündlich von den Eingeweihten unmittelbar aus der Zeit des Buddha überliefert waren, hat in seinem bedeutenden Aufsatz «Das Erwachen des Glaubens»[13] die Lehren über die Wirklichkeit auch wie folgt dargelegt:

Über die Unwissenheit: «Die Wahre Wirklichkeit ist ursprünglich eine einzige, aber die Grade der Unwissenheit sind unendlich; darum unterscheiden sich die Naturen der Menschen dementsprechend in ihrem Cha-

[12] Die genaue Zeit des *Aśvaghoṣa* ist ungewiß. Nach Suzuki, der dieser Frage mit großer Sorgfalt nachgespürt hat, lebte *Aśvaghoṣa* in der Zeit von der letzten Hälfte des 1. Jahrhunderts v. Chr. bis etwa 50 oder 80 n. Chr. – Auf alle Fälle ist seine Zeit nicht später anzusetzen als in das erste Jahrhundert der christlichen Zeitrechnung. (T. Suzuki: *The Awakening of Faith,* Chicago 1900, S. 17.)

[13] Es gibt zwei englische Übersetzungen von «The Awakening of Faith» aus dem Chinesischen: eine von einem christlichen Missionar für China, dem verstorbenen Rev. Timothy Richard, die 1894 entstand und 1907 in Shanghai veröffentlicht wurde; die andere von dem gelehrten japanischen Buddhisten Teitaro Suzuki, die 1900 in Chicago erschien. Wir geben hier in Parallelen Auszüge von beiden. Ebenso gibt es zwei chinesische Versionen, die sich beide auf die ursprüngliche, jetzt verlorene, Sanskritfassung gründen: eine 554 n. Chr. entstandene von Paramartha (auch Kulanatha genannt), einem indischen buddhistischen Missionar, der 546 n. Chr. nach China kam und 569 im Alter von 71 Jahren starb; die andere wurde im Jahre 700 n. Chr. von *Śikṣânanda* begonnen, der ebenfalls indischer buddhistischer Missionar war und in China im Jahre 710 im Alter von 59 Jahren starb. Richards Übersetzung ist nach Paramarthas Fassung, die Suzukis nach der des *Śikṣânanda* gemacht.

rakter. Zahlreicher als die Sandkörner des Ganges sind unbeherrschte Gedanken; manche entstehen aus irrigen Begriffen, andere aus der Dummheit der Sinne und Wünsche. So steigen aus der Unwissenheit wilde Gedanken aller Art auf und weisen von Anfang bis zu Ende unendliche Unterschiede auf, die nur Ju Lai [d.h. der *Tathâgata*] allein kennt.»[14]
«Sobald der Mensch auf Grund der Wahren Wirklichkeit weiß, daß es keine objektive Welt gibt, ergeben sich spontan (d.h. ohne Vorbedacht und Handlung) die verschiedenen Mittel, dieser Wahren Wirklichkeit zu folgen und zu gehorchen, und die Unwissenheit verschwindet, wenn sie dieser Kraft lange ausgesetzt ist. Wenn Unwissenheit verschwindet, steigen auch keine falschen Ideen mehr auf. Wenn diese falschen Ideen nicht aufsteigen, endet auch die frühere objektive Welt. Wenn die Kräfte aufhören zu bestehen, so hören auch die falschen Mächte der zeitlichen Seele auf zu bestehen; und das wird Nirvâṇa genannt: wenn die natürlichen Kräfte der Wahren Wirklichkeit allein wirken.»[15]
Über Phänomene: «Alle Phänomene sind ursprünglich im Geist und haben in Wirklichkeit keine äußere Form; da keine Form da ist, ist es also ein Irrtum, zu denken, daß irgend etwas da sei. Alle Phänomene

[14] Richards Übersetzung (S. 18). Vgl. Suzukis Übersetzung (S. 89): «Obwohl alle Wesen gleicherweise im Besitz des So-Seins sind, variiert die Intensität [des Einflusses] der Unwissenheit, des Prinzips der Individuation, das von Ewigkeit her wirkt, in so vielfältigen Graden, wie es kaum Sandkörner im Ganges gibt. Und genau so ist es mit solch verstrickenden Vorurteilen (*kleśa* oder *âśrava*) wie dem Ich-Begriff, intellektuellen und Gefühlsvorurteilen usw., [deren Duft-Kraft wechselt je nach dem Karma, das ein jedes Individuum früher angesammelt hat] – all das kann nur der *Tathâgata* verstehen. Daher diese unermeßlichen Unterschiedsgrade in bezug auf Glauben u.dgl.»
[15] Richards Übersetzung (S. 17) Vgl. Suzukis Übersetzung (S. 86–87). «Wegen dieses Duft-Einflusses [d.h. durch das So-Sein, das die Unwissenheit durchduftet] sind wir imstande zu glauben, daß wir in uns selbst ein So-Sein besitzen, dessen innerste Natur rein und unbefleckt ist; und wir erkennen auch, daß alle Phänomene in der Welt nichts sind als illusorische Manifestationen der Seele *(âlaya-vijñâna)*, und daß sie keine eigene Realität haben. Indem wir so die Wahrheit richtig verstehen, können wir die Mittel zur Befreiung anwenden, können die Handlungen durchführen, die übereinstimmen [mit dem Dharma]. Wir zerpflücken nicht, noch klammern wir uns an etwas. Dank dieser Disziplin und Gewöhnung während des Verlaufes unzähliger *asamkheya-kalpas* [ungezählter Zeitalter] haben wir die Unwissenheit vernichtet. Sobald die Unwissenheit so vernichtet ist, wird der Geist *(âlaya-vijñâna)* nicht mehr gestört und hört auf, Gegenstand der Individuation zu sein. Sobald der Geist nicht mehr gestört wird, ist die Auflösung der Umwelt in Einzelteile aufgehoben. Wenn auf diese Weise Ursache und Bedingung der Verunreinigung, ihre Ergebnisse und all die geistigen Störungen zunichte geworden sind, so heißt es, daß wir Nirvâṇa erreichen und daß die verschiedenen von selbst ablaufenden Schauspiele der Aktivität erreicht worden sind.»

entstehen nur aus falschen Vorstellungen im Geist. Ist der Geist unabhängig von diesen falschen Vorstellungen, dann verschwinden alle Phänomene.»[16]

«Demnach sind die Phänomene der drei Welten [des Wunsches, der Form und der Nichtform] Erzeugnisse des Geistes. Ohne Geist gibt es also praktisch keine objektive Existenz. Also entsteht alles Dasein aus unvollkommenen Ideen in unserem Geist. Aber der Geist kann sich selbst nicht sehen, denn er hat keine Form. Wir sollten wissen, daß alle Phänomene von unvollkommenen Ideen im endlichen Geist erzeugt werden. Demnach ist jede Existenz ein Reflex in einem Spiegel, ohne Substanz, nur ein Phantom des Geistes. Wenn der begrenzte Geist handelt, dann entstehen alle Arten von Dingen; hört der endliche Geist auf zu handeln, dann hören alle Arten von Dingen auf.»[17]

Über Raum: «Die Menschen müssen erkennen, daß Raum nichts ist. Er hat keine Existenz und ist keine Wirklichkeit. Er ist ein Begriff im Gegensatz zur Wirklichkeit. Wir sagen nur, dies oder jenes ist sichtbar, damit wir zwischen Dingen unterscheiden können.»[18]

[16] Richards Übersetzung (S. 26). Vgl. Suzukis Übersetzung (S. 107): «In einem Wort: alle Arten relativer Existenz, unsere Welt der Erscheinungen als Ganzes genommen, werden einfach durch die Zersplitterung des verwirrten Geistes geschaffen. Sind wir davon entbunden, so verschwinden alle Arten relativer Existenz von selbst.»

[17] Richards Übersetzung (S. 10). Vgl. Suzukis Übersetzung (S. 77–78): «Demnach sind die drei Gebiete [oder *triloka*, nämlich das Gefühlsgebiet *(kâmaloka)*, das Gebiet körperlichen Daseins *(rûpaloka)*, das Gebiet der Unkörperlichkeit *(arûpaloka)*] nichts als Selbst-Manifestationen des Geistes [d. h. *âlaya-vijñâna*, was praktisch dasselbe ist wie So-Sein, *bhûtatathatâ*]. Getrennt vom Geist gäbe es nicht so etwas wie die sechs Sinne. Warum? Weil alle Dinge, die ja den Grund ihrer Existenz dem Geist *(âlaya-vijñâna)* verdanken, durch Subjektivität *(smṛti)* erzeugt werden, alle Arten der Selbst-Zersplitterung des Geistes sind. Der Geist an sich aber ist frei von allen Attributen, er ist nicht differenziert. Daher kommen wir zu dem Schluß, daß alle Dinge und Bedingungen in der Welt der Erscheinungen, die nur durch die Unwissenheit *(avidyâ)* und Subjektivität *(smṛti)* auf seiten aller Lebewesen angenommen und eingesetzt worden sind, nicht mehr Realität haben als Bilder in einem Spiegel. Sie entwickeln sich einfach aus der Ideenwelt eines aufteilenden Geistes. Wenn dieser gestört wird, entsteht die Mannigfaltigkeit der Dinge; aber wenn er beruhigt ist, verschwindet die Mannigfaltigkeit der Dinge.»

[18] Richards Übersetzung (S. 25–26). Vgl. Suzukis Übersetzung (S. 107): «Deutlich sei klargestellt, daß Raum nichts ist als eine Art Zersplitterung und daß er keine eigene reale Existenz hat. Wo Raum wahrgenommen wird, da wird eine Verschiedenheit von Dingen nebeneinander wahrgenommen, im Gegensatz dazu spricht man aber von Raum, als ob er unabhängig existierte. Raum existiert also nur in bezug auf unser aufteilendes Bewußtsein.»

Über Geist und Materie: «Geist und Materie sind ewig dasselbe. Wie das Wesen der Materie Weisheit ist, so ist das Wesen der Materie ohne Form und wird Verkörperung der Weisheit genannt. Da das manifestierte Wesen der Weisheit die Materie ist, wird sie die alldurchdringende Verkörperung der Weisheit genannt. Die unmanifestierte Materie ist ohne Größe; je nach Willen kann sie sich durch das ganze Universum hin zeigen als die unmeßbaren *Pusas* [d.h. intelligente fromme Männer oder Bodhisattvas], als unmeßbare inspirierte Geister, unmeßbare Herrlichkeiten, alle verschieden, ohne Größe und ohne sich gegenseitig zu widersprechen. Dies ist, was gewöhnliche Sinne nicht begreifen können, da es das Werk Absoluter Wirklichkeit ist.»[19]

«Gemäß der Absoluten Wirklichkeit gibt es keine Unterscheidung zwischen Geist und Materie; diese Unterscheidungen erscheinen nur wegen der Verunreinigung des im Kreislauf von Leben und Tod Begrenzten.»[20].

«Was die Verunreinigungen der Welt betrifft – sie sind alle falsch; sie haben keine Realität hinter sich ...»[21]

«Schließlich sollte man, um von falschen Begriffen frei zu werden, wissen, daß Reinheit und Unsauberkeit beides relative Ausdrücke sind und

[19] Richards Übersetzung (S.24–25). Vgl. Suzukis Übersetzung (S.103–104): «Materie *(rûpa)* und Geist *(citta)* sind von Anbeginn an keine Dualität. So sprechen wir [vom Universum als] einem System der Vernunft *(prajñâkâya)*, weil wir sehen, daß die wirkliche Natur der Materie nur die Norm des Geistes ausmacht. Wiederum sprechen wir [vom Universum als] von einem System von Stofflichkeit *(dharmakâya)*, weil wir sehen, daß die wahre Natur des Geistes nur die Norm der Materie ausmacht. Abhängig vom *Dharmakâya* manifestieren sich nun alle *Tathâgatas* in körperlichen Formen und sind ununterbrochen an allen Punkten des Raumes gegenwärtig. Und die Bodhisattvas in den zehn Weltgegenden sind, je nach ihren Fähigkeiten und Wünschen, imstande, unendliche «Körper des Segens» und unendliche «herrliche Länder» zu manifestieren, von denen jedes, obgleich mit den Zeichen der Individualität gestempelt, die anderen nicht hindert, mit ihm zu verschmelzen, und diese [gegenseitige Verschmelzung] erleidet keine Unterbrechung. Aber die Manifestation des *Dharmakâya* in [unbegrenzten] Körperformen ist dem Gedanken und Verständnis gewöhnlicher Leute unfaßbar; denn es ist die freie und subtilste Betätigung des So-Seins.»

[20] Richards Übersetzung (S.26). Vgl. Suzukis Übersetzung (S.108–109): «Man verstehe deutlich, daß So-Sein *(bhûtatathatâ)* nichts zu tun hat mit irgendeiner Form von Unterscheidung infolge Verunreinigung, und daß selbst, wenn wir davon sprechen, daß es unzählige verdienstliche Eigenschaften hat, diese frei sind von Spuren von Verunreinigung.»

[21] Richards Übersetzung (S.27). Vgl. Suzukis Übersetzung (S.109): «...unreine Objekte ... sind nichts als Nicht-Ganzheiten, haben von vornherein keine Eigenexistenz *(svabhāva)*, ...»

keine selbständige Existenz haben. Obgleich alle Dinge von Ewigkeit her weder Geist noch Stoff sind, weder unbegrenzte Weisheit noch endliches Wissen, weder existierend noch nicht-existierend, sondern im Grunde nicht ausdrückbar sind, verwenden wir dennoch Worte; wir sollten aber wissen, daß des Buddha kundiger Gebrauch von Worten, um die Menschen zu führen, darin bestand, die Menschen zu veranlassen, ihre Vermutungen aufzugeben und zur Absoluten Wirklichkeit zurückzukehren, da auch der beste menschliche Gedanke über all diese Dinge nur zeitbedingt ist und nicht die Absolute Wahrheit.»[22]

Über die Natur des ursprünglichen Geistes: «Der Geist ist von Anbeginn an reiner Natur, aber da er von einem begrenzten Standpunkt aus gesehen wird, der von begrenzten Ansichten getrübt ist, ist auch sein Bild getrübt. Obgleich diese Verunreinigung vorliegt, bleibt doch seine ursprüngliche reine Natur ewig unverändert. Dieses Mysterium versteht allein der Erleuchtete.»[23]

«Wenn es nicht eine wahre wirkliche Natur des Geistes gäbe, würde das ganze Dasein nicht existieren; es gäbe nichts, es aufzuzeigen. Wenn die

[22] Richards Übersetzung (S. 27–28). Vgl. Suzukis Übersetzung (S. 112–13): «Wenn man völlig frei von Zersplitterung und Anhaften ist, wird man verstehen, daß alle Dinge, seien sie nun rein oder unrein, nur relatives Dasein haben. Man wisse also, daß alle Dinge in der Welt von Anfang an weder Materie *(rûpa)*, noch Geist *(citta)*, noch Verstand *(prajñâ)*, noch Bewußtsein *(vijñâna)*, noch Nichtsein *(abhâva)*, noch Sein *(bhâva)* sind; sie sind überhaupt unerklärbar. Der Grund, warum der Tathâgata sich trotzdem bemüht, durch Worte und Definitionen zu belehren, liegt in seiner guten, ja ausgezeichneten Geschicklichkeit [oder Kundigkeit, *upâya-kauśalya*]. Nur provisorisch macht er Gebrauch von Worten und Definitionen, um alle Lebewesen zu leiten, während es seine wirkliche Absicht ist, sie zu veranlassen, den Symbolismus aufzugeben und in die reale Wirklichkeit *(tattva)* einzutreten. Denn wenn sie sich an Vernunftschlüssen erfreuen, sich der Sophisterei ergeben und damit ihre subjektive Individualität fördern, wie könnten sie die wahre Weisheit *(tattvajñâna)* haben und Nirvâṇa erlangen?»

[23] Richards Übersetzung (S. 13). Vgl. Suzukis Übersetzung (S. 79–80): «Während das Wesen des Geistes ewig rein und klar ist, ermöglicht der Einfluß der Unwissenheit die Existenz eines unreinen Geistes. Aber trotz der Verunreinigung ist der Geist selbst ewig, klar, rein und der Umwandlung nicht unterworfen. Da seine ursprüngliche Natur frei von Zersplitterung ist, kennt er in sich keinerlei Änderung, obgleich er überall die verschiedenen Arten des Daseins hervorruft. Wenn die Einheit der Gesamtheit der Dinge *(dharmadhatu)* nicht erkannt wird, dann entsteht sowohl Unwissenheit als auch Zersplitterung; und alle Phasen des unreinen Geistes werden damit entwickelt. Aber die Bedeutung dieser Lehre ist so außerordentlich tief und unergründlich, daß sie nur von Buddhás und niemand sonst voll verstanden werden kann.»

wahre wirkliche Natur des Geistes bestehen bleibt, dann dauert auch der endliche Geist an. Nur wenn die Torheit des endlichen Geistes aufhört, wird auch der endliche Geist aufhören. Es ist nicht die Weisheit der wahren Wirklichkeit, die aufhört.»[24]

«Wie ein Mensch, der sich verirrt hat, den Osten Westen nennt, obgleich Ost und West sich nicht wirklich geändert haben, so hat sich die Menschheit in Unwissenheit verirrt, indem sie den Geist des Universums seine Gedanken nennt! Aber der Geist ist, was er immer war, ganz unverändert durch Menschengedanken. Wenn die Menschen bedenken und sich klar machen, daß der Absolute Geist keiner Gedanken wie der menschlichen bedarf, werden sie dem rechten Weg folgen, um das Grenzenlose zu erreichen.»[25]

Über die Natur des Absoluten: «Es ist weder das, was einmal einen Ursprung hatte, noch das, was einmal enden wird; es ist wirklich ewig. Seiner Natur nach ist es immer aller Möglichkeiten voll und wird als groß in Licht und Weisheit beschrieben, indem es allen Dingen Licht gibt, wirklich und wissentlich. Seine wahre Natur ist die des reinen Geistes, ewig voller Freude, das wahre Wesen der Dinge, rein, ruhig und ohne Wechsel; demnach frei, mit einer Fülle von Tugenden und *bodhischen* Attributen, zahlreicher als die Sandkörner des Ganges, göttlich, ohne Ende, ohne Wechsel und unaussprechlich.»[26]

[24] Richards Übersetzung (S. 15). Vgl. Suzukis Übersetzung (S. 84): «Laß Unwissenheit vernichtet werden, so wird das Symptom der Störung [im Geist] auch vernichtet, während das Wesen des Geistes [d.h. sein So-Sein] dasselbe bleibt. Nur wenn der Geist selbst vernichtet wäre, dann würden alle Wesen aufhören zu existieren, weil es dann nichts gäbe, wodurch sie sich manifestieren könnten. Aber solange der Geist nicht vernichtet ist, kann ihre Störung andauern.»

[25] Richards Übersetzung (S. 25). Vgl. Suzukis Übersetzung (S. 105–106): «Wie der verirrte Mensch, der Ost für West hält, während doch die Himmelsrichtung sich nicht wegen seiner Verirrung ändert, so bilden sich alle Wesen in ihrer irreführenden Unwissenheit ein, daß der Geist beunruhigt wird, während das in Wirklichkeit nicht geschieht. Aber wenn sie verstünden, daß die Störung des Geistes [d.i. Geburt-und-Tod] [gleichzeitig] Unsterblichkeit [nämlich So-Sein] ist, dann würden sie in das Tor des So-Seins eintreten.»

[26] Richards Übersetzung (S. 21). Vgl. Suzukis Übersetzung (S. 95–96): «Es wurde nicht erschaffen in der Vergangenheit, noch wird es vernichtet in der Zukunft; es ist ewig, andauernd, absolut; und von Ewigkeit her birgt es in seinem Wesen zur Genüge alle nur möglichen Vorzüge *(punya)*. Das bedeutet: das So-Sein hat Merkmale wie die folgenden: das Strahlen großer Weisheit, die allgemeine Erleuchtung des *Dharmadhatu* [Universum]; die wahre und zureichende Kenntnis, der Geist rein und sauber in seiner Eigenart, das Ewige, das Gesegnete, die Selbstregulierung, die Reinheit, die Ruhe, die Unwandelbarkeit und die Freiheit. Und es gibt keine Verschiedenartigkeit, kein

«Wie die Natur hinter aller Erfahrung keinen Anfang hat, so hat sie auch kein Ende – dies ist das wahre Nirvâṇa...»[27]
«Hinter allem Sein ist natürlich das Oberste Nirvâṇa [oder die höchste Ruhe].»[28]
So bezeugt *Aśvaghoṣa* die Richtigkeit und Reinheit der erhabenen Philosophie der *Mahâyâna*-Schule, die dem *Bardo Thödol* zugrunde liegt, und bestätigt als ein unabhängiger Kommentator unsre eigenen Auslegungen.

Anders-Sein in all diesen *Buddhadharmas*, die, zahlreicher als die Sandkörner des Ganges, weder identisch *(ekârtha)*, noch nicht-identisch *(nânârtha)* [mit dem Wesen des So-Seins] sein können und die deshalb außerhalb des Bereiches unseres Verstehens liegen.»
Diese Beschreibung des Absoluten ist auch eine Beschreibung des *Dharmakâya*, denn die beiden Begriffe sind synonym. Ein moderner Gelehrter des Buddhismus, Mr. P. Lakshmi Narasu, beschreibt in *The Essence of Buddhism* (Madras 1912), Seite 352–353, das Summum Bonum so: Der Buddhismus verneint einen *Îśvara* [d. h. eine oberste Gottheit, denn selbst der Ursprüngliche Buddha ist keine solche, sondern nur des Lamas hypothetischer Erster Buddha]; und dieser kann deshalb nicht sein Ziel und Ruhepunkt sein. Des Buddhisten Ziel ist Buddhaschaft, und das Wesen der Buddhaschaft ist *Dharmakâya*, die Gesamtheit all jener Gesetze, die die Tatsachen des Lebens durchziehen und deren lebendiges Erkennen Erleuchtung bedeutet. *Dharmakâya* ist der umfassendste Name, mit dem der Buddhist sein Verständnis und auch sein Gefühl für das Universum zusammenfaßt. *Dharmakâya* zeigt an, daß dem Buddhisten das Universum nicht als bloßer Mechanismus erscheint, sondern als ein Pulsieren von Leben. Ferner bedeutet es, daß das auffallendste Faktum in betreff des Universums sein verstandesmäßiger Aspekt ist und seine ethische Ordnung, besonders in seinen höheren Bereichen. Ja, sogar mehr: es schließt ein, daß das Universum in seinem Wesen Einheit ist und nirgends chaotisch oder dualistisch ... *Dharmakâya* ist keine bedauerliche Abstraktion, sondern der Aspekt des Daseins, der die Welt verständlich macht, der sich in Ursache und Wirkung zeigt ... *Dharmakâya* ist die idealeTendenz in den Dingen, die sich am vollständigsten im vernünftigen Willen und moralischen Streben des Menschen offenbart ... Es ist der personifizierte inspirierende Typus jedes vervollkommneten vernünftigen Geistes. Ohne *Dharmakâya* würde es nichts geben, was die Persönlichkeit ausmacht, keine Vernunft, keine Wissenschaft, kein moralisches Streben, kein Ideal, kein Ziel und keinen Zweck im Leben der Menschen ... *Dharmakâya* ist die Norm allen Daseins, die Richtschnur der Wahrheit, der Maßstab der Rechtschaffenheit, das gute Gesetz; es ist das im Bestand der Dinge, was gewisse Arten des Verhaltens wohltuend und gewisse andere schädlich macht.»
[27] Richards Übersetzung (S. 27). Vgl. Suzukis Übersetzung (S. 112): «Klar sei verstanden, daß das Wesen der fünf *Skandhas* unerschaffen ist, es gibt keine Vernichtung für sie; ferner daß sie sich, da es für sie keine Vernichtung gibt, in ihrem [metaphysischen] Urgrund, in Nirvâṇa selbst, befinden.»
[28] Richards Übersetzung (S. 31). Vgl. Suzukis Übersetzung (S. 121): «... alle Dinge *(sarvadharmâ)* sind von Anfang an ihrer Natur nach Nirvâṇa selbst.»

6. Nördlicher und Südlicher Buddhismus und Christentum

Sehr viel Stoff könnte hier auch beigebracht werden, um die Unterschiede aufzuzeigen, die zwischen den beiden großen Schulen des Buddhismus bestehen: der Nördlichen und der Südlichen Schule, die zuweilen auch als *Mahâyâna* (d.h. der «Größere Weg») und als *Hînayâna* (d.h. der «Geringere Weg») bezeichnet werden (letzteres ein etwas herabsetzender Name, der von den Südlichen Buddhisten selbst nie gebraucht wird)[29].
Der Nördliche Buddhismus unterscheidet sich hauptsächlich durch seine hierarchische und höher organisierte Priesterschaft, seine Betonung der Rituale, seine ausgearbeitete Lehre der göttlichen Emanationen, seine den christlichen ähnlichen Gottesdienste und Messen, seinen Tantrismus, seine Dhyâni-Buddhas, Bodhisattvas und sein ausgedehntes Pantheon, seinen Glauben an einen Ur-Buddha, seine stärkere Betonung des *Yoga,* seine subtile Philosophie und seine transzendenten Lehren über den *Tri-kâya.*
Der Südliche Buddhismus hingegen hat eine sehr lose organisierte Priesterschaft ohne ein anerkanntes Oberhaupt wie den Dalai Lama, der der Gott-König ist, und den Taschi-Lama, der das höhere geistige Haupt des Lamaismus ist. Es gibt dort keine anerkannten Rituale, die sich mit den Ritualen der Nördlichen Schule vergleichen lassen, wenig oder nichts rein Tantrisches und keine Verehrung der Dhyâni-Buddhas oder eines Ur-Buddha, sondern einen beschränkten Glauben an *Devas* und Dämonen. Der einzige Bodhisattva, an den man sich wendet und den man in Tempeln darstellt, ist der kommende Buddha, *Maitreya.* Obgleich man der Theorie nach dem *Yoga* große Bedeutung zuschreibt, scheint man davon bei den Südlichen Buddhisten wenig Gebrauch gemacht zu haben seit den Zeiten von *Buddhaghoṣa* und seinen unmittelbaren Nachfolgern, als das buddhistische Ceylon – wie jetzt das buddhistische Tibet – wegen seiner großen Heiligen oder Yogis berühmt gewesen sein soll. Daß es einen transzendenten Buddhismus gibt, der sich hauptsächlich auf tantri-

[29] Hier hat Sj. Atal Behari Ghosh folgende Notiz beigetragen: *Mahâyâna* könnte bedeuten – und bedeutet vielleicht wirklich – den «Größeren» oder «Höheren Pfad» (oder «Reise») und *Hînayâna* den «Geringen» oder «Niedrigeren Pfad» (oder «Reise»). *Yâ* (von *Yâna*) bedeutet «gehen» und *Yâna* das, womit man reist. Westliche Orientalisten haben «Fahrzeug» als Deutung für *Yâna* genommen, da dies als die übliche Bedeutung in den Schulbüchern angegeben wird, aber «Pfad» ist vorzuziehen.

sche Lehren und angewandten Yoga stützt, wie ihn die Lamas durch mündliche Übertragung aus der Zeit des Buddha zu besitzen behaupten, verneint der Südliche Buddhismus, denn er meint, daß der Buddha keine höheren oder anderen Doktrinen gelehrt habe als die, welche im *Tri-Piṭaka* oder im Pâli-Kanon niedergelegt sind.
Auch die Lehre von der Esoterischen Dreifaltigkeit, oder *Tri-kâya*, stellt der Südliche Buddhismus nicht auf, obgleich es klare Hinweise auf den *Dharmakâya* im *Aggañña Suttânta* des *Dîgha-Nikâya* gibt, worin der Buddha zu einem Brahmanen-Priester namens Vâsettha (skt. Vasiṣṭha) vom *Dharmakâya* spricht; und das singhalesische Werk, das als das *Dharma-Pradîpikâ* bekannt ist, enthält sorgfältige Auslegungen von *Rûpakâya* und *Dharmakâya*[30].
Die Hypothese christlicher Apologeten, daß der Nördliche Buddhismus im Unterschied zum Südlichen Buddhismus von frühen christlichen Missionaren stark beeinflußt worden sei, scheint, insoweit wirklich grundlegende Lehren in Betracht kommen, widerlegt zu sein durch die wichtige Tatsache, daß der Nördliche Buddhismus im ersten Jahrhundert n. Chr. grundsätzlich derselbe war, der er noch heute ist und auch vor der christlichen Ära war (erst kürzlich wurde dies westlichen Gelehrten bekannt durch die Entdeckung einiger der Schriften des größten der nordbuddhistischen Weisen, nämlich des Patriarchen Aśvaghoṣa). Wären, wie behauptet wird, christliche Einflüsse etwa durch die Nestorianer, St. Thomas oder spätere Missionare eingedrungen, so dürften sie höchstens oberflächlicher Art gewesen sein[31]. Nach unserer eigenen Ansicht – die natürlich nur hypothetisch ist, wenn man sieht, wie wenig jetzt von den wechselseitigen Einflüssen des Hinduismus, Buddhismus und anderer orientalischer Religionen und des Christentums bekannt ist – ist es das Christentum, das wahrscheinlich ge-

[30] Vgl. P. Lakshmi Narasu, *The Essence of Buddhism* (Madras 1910), S. 352 Anm.

[31] Huc vermerkt in seinen *Travels in Tartary* (engl. Übers. von Hazlett, II, 84), daß *Tsongkapa*, der Gründer der *Gelugpa*, der «Eingesetzten Reformierten Kirche von Tibet», mit dem Christentum durch römische Priester bekannt war, die eine Missionsstation in der Nähe seines Geburtsortes in der Provinz Amdo in China gehabt zu haben scheinen. Da aber *Tsongkapa* in der zweiten Hälfte des 14. Jahrhunderts geboren wurde und die *Gelugpas* im frühen 15. gegründet hat, wäre solch ein wahrscheinlicher christlicher Einfluß ohne Bedeutung gewesen auf die ursprüngliche *Nyingmapa*-Kirche, die von *Padmasambhava* im 8. Jahrhundert gegründet wurde, aus dem unser Manuskript stammt. Auch die halbreformierte *Kargyütpa*-Sekte geht den *Gelugpas* voraus, da sie in der letzten Hälfte des 11. Jahrhunderts von *Marpa* (siehe S. 212[115]) gegründet wurde, dessen Haupt-*Guru* der indische Pandit *Atiśa* war. (Vgl. Waddell, *The Buddhism of Tibet*, S. 54–75.)

formt wurde, nicht nur in seinen vorchristlichen Symbolen und in seinen Ritualen, sondern in seinen Glaubenssätzen, und zwar durch die Religionen, die ihm vorangingen und aus denen es sich entwickelte. Zum Beispiel hat das christliche Klosterwesen mit seinen yogaähnlichen Übungen, das am besten in den ersten Jahrhunderten der christlichen Ära in Ägypten erforscht wurde, anscheinend direkte Verwandtschaft mit den älteren mönchischen Systemen, wie denen des Hinduismus, Buddhismus, Jainismus und Taoismus. Die beiden großen Lehren des Christentums, nämlich die der Dreifaltigkeit und der Inkarnation, sind nicht, wie man früher glaubte, einzig in ihrer Art: nicht nur entwickelten sich beide in vorchristlichen Zeiten in Indien, sondern sie waren mindestens vor sechstausend Jahren wesentliche Lehren im Osiris-Glauben Ägyptens. Ursprünglich war die christliche gnostische Kirche als Exponent eines esoterischen Christentums[32] auch betreffs Wiedergeburt und *Karma* allgemein in Übereinstimmung mit den alten orientalischen Lehren, welche die spätere exoterische christliche Kirche schließlich ablehnte, indem das Zweite Konzil von Konstantinopel im Jahre 553 beschloß: «Jeder, der die mythische Lehre von der Präexistenz der Seele und die daraus folgende wunderbare Ansicht von ihrer Wiederkehr unterstützt, sei mit dem Kirchenbann belegt.»

Selbst die Bergpredigt könnte, wie uns ein Studium des vorchristlichen Pâli-Kanon zeigt, sehr wohl – wie sie viele buddhistische Gelehrte tatsächlich ansehen – als eine christliche erneute Darstellung von Lehren gelten, welche auch der Buddha als ein Erbe prähistorischer Buddhas

[32] Origenes, der Schüler St. Clements von Alexandria und der bestinformierte und gelehrteste der Kirchenväter, der die Lehre von Wiedergeburt und *Karma* für christlich hielt und gegen den zweihundertneunzig Jahre nach seinem Tode wegen dieses Glaubens Exkommunikation von der exoterischen Kirche verhängt wurde, hat gesagt: «Aber daß der Menge gewisse Lehren nicht bekanntgegeben werden sollten, die erst entschleiert werden, nachdem die exoterischen gelehrt worden sind, ist nicht eine Besonderheit des Christentums allein, sondern auch die philosophischer Systeme, in welchen gewisse Wahrheiten exoterisch, andere aber esoterisch sind.» (Origenes *Contra Celsum,* Buch I, Kap. VII). Daß Origenes mit dieser Ansicht ein richtiger Christ war – trotz seiner Verurteilung als «Ketzer» durch das korrupte Zweite Konzil von Konstantinopel, das die exoterische Kirche veranstaltete –, wird erwiesen durch Aussagen, die dem Gründer des Christentums selbst zugeschrieben werden: «Euch [den auserwählten Schülern] ist es gegeben, das Geheimnis des Reiches Gottes zu kennen; denen aber draußen [d.h. der Menge] widerfährt es alles durch Gleichnisse, auf daß sie es mit sehenden Augen sehen und doch nicht erkennen, und mit hörenden Ohren hören und doch nicht verstehen» (Markus IV, 11–12); vgl. Paulus 1. Korinther II, 7 und III, 1–2, auch *Pistis Sophia* I, 9, 12, 15, und G. R. S. Mead's Übersetzung (London 1896).

formuliert hat[33]. Es sind hauptsächlich die Lehren der modernen christlichen Kirchen, die sich rühmen, keine esoterischen Lehren zu haben, und nicht jene des ursprünglichen gnostischen Christentums, welches einer weitreichenden Esoterik huldigte – die weit abweichen von den Lehren des Buddhismus und anderen östlichen Religionen. Unter diesen Lehren sind die wichtigsten: 1. die Lehre von dem einen Erdenleben, auf das entweder ein nie endendes Paradies oder eine ewige Hölle folgt; 2. die von der Vergebung der Sünden durch das Blutopfer eines Erlösers; und 3. die der Einmaligkeit der göttlichen Inkarnation, wie sie durch den Gründer des Christentums gegeben sei.

Für den Studierenden westlicher Prägung, dessen Gesichtskreis mehr von dieser Theologie des Kirchenkonzil-Christentums beeinflußt ist, als vom ursprünglichen, dem gnostischen Christentum, ist es wichtig, sich genau klarzumachen, inwiefern sich der Buddhismus grundsätzlich vom modernen Christentum unterscheidet.

Im Gegensatz zum modernen Kirchenkonzil-Christentum, das Abhängigkeit von einer äußeren Macht, einem Erlöser, lehrt, lehrt der Buddhismus eigene Bemühung als die einzige Bedingung, um Erlösung zu erlangen. In der Praxis, und in beschränktem Grade auch in der Theorie, wird diese grundsätzliche Lehre der Abhängigkeit von eigenem Tun im Lamaismus, wie sie im *Bardo Thödol* dargestellt ist, abgeändert, indem sich der Gläubige direkt an die Dhyâni-Buddhas und an Schutzgottheiten wendet, ganz ähnlich wie die Christen sich an Jesus, Heilige und Engel wenden. Gleichartig haben der Nördliche Buddhismus und das Kirchenkonzil-Christentum – im Gegensatz zum Südlichen Buddhismus – ihre Messen und ihre Abendmahlsfeiern.

Zweitens verurteilt, wie oben gezeigt, das Kirchenkonzil-Christentum die Lehren von Wiedergeburt und *Karma* (welche das gnostische Urchristentum aufrechterhielt), und der Buddhismus verteidigt sie.

Drittens unterscheiden sich die beiden Bekenntnisse in ihren Anschauungen über die Existenz oder Nicht-Existenz einer obersten Gottheit. «Die Vaterschaft Gottes» ist als persönliche und anthropomorphe Gottheit der Eckstein christlicher Theologie, aber im Buddhismus hat sie – obgleich der Buddha die Existenz einer obersten Gottheit weder leugnete noch bestätigte – keinen Platz, weil, wie der Buddha behauptete, weder das Glauben noch das Nichtglauben an eine oberste Gottheit, sondern

[33] Vgl. A. J. Edmunds, *Buddhist Texts in John* (Philadelphia 1911); auch *Buddhist and Christian Gospels* (Philadelphia 1908).

eigene Anstrengung im Recht-Tun wesentlich ist, um die wahre Natur des Lebens zu verstehen.
Der Buddha «verkündete nicht, daß *Îśvara* der Urheber der Welt sei, noch verteidigte er eine ketzerische Ursache, noch behauptete er, es gäbe keine Ursache für die Erschaffung der Welt». Er lehrte nur: «Wenn die Welt von *Îśvara-Deva* geschaffen wurde, dann gäbe es nichts dergleichen wie Sorge oder Unglück, weder Übeltun noch Rechttun; denn alle reinen wie unreinen Taten müßten von *Îśvara-Deva* kommen ... Wiederum müßten, wenn *Îśvara* der Schöpfer wäre, alle lebenden Wesen sich schweigend und geduldig unter des Schöpfers Macht beugen, und was nützte es dann, Tugend zu üben? Es wäre dann gleich, ob man gut oder schlecht handelte... Also, siehst du, wird der Gedanke an *Îśvara* in dieser Diskussion *(śâstra)* über den Haufen geworfen.»[34]
Obgleich der Große Lehrer den Glauben oder Nichtglauben an eine oberste Gottheit, besonders an eine antropomorphe oberste Gottheit, als unwesentlich für die geistige Erleuchtung der Menschheit beiseite gestellt hat, hat er doch zum Eckstein des Buddhismus (wie des Hinduismus) den Glauben an eine oberste Macht oder ein Universal-Gesetz gemacht, das von der Wissenschaft des Westens das Gesetz von Ursache und Wirkung und von der Wissenschaft des Ostens *Karma* genannt wird. «Was du säest, das sollst du ernten», sagt der Buddha; ebenso wie Paulus viel später schrieb: «Was der Mensch säet, das wird er ernten.»
Wiederum verneint der Buddhismus, wie an anderer Stelle angeführt, daß es eine fortdauernde, sich nicht ändernde persönliche Wesenheit gibt, wie sie die christliche Theologie als «Seele» bezeichnet. Er lehnt auch die Möglichkeit ab, einen Zustand ewigen Glückes innerhalb des *saṃsâra* (d.h. des Universums der Erscheinungen) zu erreichen; denn Wirklichkeit, oder Nirvâṇa, ist für alle Schulen des Buddhismus nicht-*saṃsârisch,* da es jenseits aller Himmel, Höllen und Welten ist, sondern in einem Zustand, der allein durch persönliche eigene höhere Erkenntnis verstanden werden kann.
Der Buddha hat demnach nichts gelehrt von einem Vater im Himmel, noch von einem «Eingeborenen Sohn» oder einer Methode zur Rettung der Menschheit außer jener, die durch eigene Anstrengung zu Rechtem Wissen führt. Er fand, wie alle Buddhisten glauben, den Weg als Ergeb-

[34] Vgl. das *Fo-scho-hing-tsan-king* (Vers 1455–68), eine anerkannte chinesische Version von *Aśvaghoṣas Buddhacarita,* die von einem indischen buddhistischen Priester namens Dharmarakṣa um das Jahr 420 n.Chr. verfaßt und von S. Beal in *The Sacred Books of the East,* XIX (Oxford 1883), S.206–208, übersetzt wurde.

nis unzähliger Lebenszeiten geistiger Entwicklung, und so wurde er der «Voll-Erwachte, der Erleuchtete», der den *saṃsâra* der Unbeständigkeit und Not vollständig aufhob. Durch seine eigenen Anstrengungen allein erreichte er das Ziel allen Daseins – Überweltlichkeit. Die Buddhisten verehren ihn nicht, wie die Christen einen Heiland, sondern als einen Führer, in dessen Fußstapfen jeder treten muß, wenn Wahrheit realisiert und Erlösung erlangt werden soll.

Obgleich es, wie im *Bardo Thödol,* Gebete gibt, die an höhere als die menschlichen Mächte gerichtet werden, und obgleich alle Buddhisten wirklich dem Buddha eine Art Anbetung erweisen, wird doch die Lehre des Rechten Wissens durch Selbstentwicklung nicht ganz außer acht gelassen; nie gibt es dort jene fast völlige Abhängigkeit von äußeren Kräften, wie sie das Christentum einschärft, noch gibt es da irgendeine Parallele zum christlichen Glauben an die Vergebung der Sünden durch Reue oder Glauben an einen Heiland, oder durch stellvertretende Sühne. Manche der Rituale des Nördlichen Buddhismus scheinen wohl eine der christlichen ähnliche Theorie von Vergebung oder Absolution von Sünden anzudeuten, was vielleicht eher als jede andere dem Nördlichen Buddhismus eigene Nebenlehre noch als vom Christentum geformt erwiesen werden kann, wenn das bei irgendeiner der *Mahâyâna*-Lehren überhaupt der Fall gewesen ist. Aber letzten Endes weisen diese Rituale in Wirklichkeit darauf hin – wenn man von einer möglichen Übertragung vom Christentum her absieht –, daß es, wie der gesamte Südliche Buddhismus noch deutlicher lehrt, nur Verdienst oder eine gleiche Menge guten *Karmas* ist, was die gleiche Menge schlechten *Karmas* neutralisieren kann, wie in der Physik zwei gleich starke entgegengesetzte Kräfte einander aufheben.

Aber wie in allen Religionen, so besteht auch im Buddhismus die Möglichkeit sehr weiter Abweichung zwischen den ursprünglichen Lehren und ihrer tatsächlichen Auslegung und Ausübung; und so bildet der *Bardo Thödol* als ein Ritualtraktat auch keine Ausnahme. Jedoch sind unter dem Symbolismus des *Bardo Thödol* von denen, die Augen haben, zu sehen, die echten Lehren des Nördlichen Buddhismus zu entdecken, der im Gegensatz zum Südlichen Buddhismus zuweilen als der Höhere Buddhismus bezeichnet wird.

7. Das mittelalterlich-christliche «Jüngste Gericht»

In Verbindung mit der schwierigen Frage nach dem Ursprung, auf die wir in dem das Gericht betreffenden Teil der Einführung (S. 111–115) hingewiesen haben, und der Frage, inwiefern vielleicht der Buddhismus und andere orientalische Religionen, der Osiris-Kult eingeschlossen, das Christentum beeinflußt haben, ist es interessant, die Darstellung des Gerichts im *Bardo Thödol* (S. 244–247) mit der ähnlichen Darstellung zu vergleichen, die in dem mittelalterlichen Traktat «Die Klage der sterbenden Kreatur» (Zeit ungewiß, aber wahrscheinlich 14. oder 15. Jahrhundert), das im Manuskript Harl. 1706 (Blatt 96), Comper's Edition (S. 137–168) im Britischen Museum enthalten ist:

Das sterbende Geschöpf, beladen mit unheilbarer Krankheit, beklagt sich sorgenvoll so: «Wehe, daß ich je in meinem Leben sündigte. Heut ist die furchtbarste Nachricht zu mir gekommen, die ich je hörte. Hier bei mir ist ein Gerichtsbüttel gewesen, des Name ist Grausamkeit, vom König aller Könige, Herrn aller Herren und Richter aller Richter; er legte seinen Amtsstab auf mich und sagte zu mir: ‹Ich verhafte dich und mahne dich, dich bereit zu machen ... Der Richter wird über dich zu Gericht sitzen, er wird nicht parteiisch sein, noch wird er mit Gütern zu bestechen sein, sondern er wird dir Gerechtigkeit und Billigkeit widerfahren lassen.›»

Die Klage der sterbenden Kreatur: «Wehe, wehe! Entschuldigen kann ich mich nicht, und wen ich mir wünschen könnte, für mich zu sprechen, weiß ich nicht. Der Tag und die Zeit ist so schrecklich; der Richter ist so gerecht; meine Feinde sind so böse; meine Sippe, meine Nachbarn, meine Freunde, meine Diener sind mir nicht gewogen; und ich weiß wohl, sie sollen dort nicht gehört werden.»

Die Beschwerde des sterbenden Geschöpfes an den Guten Engel: «O mein guter Engel, zu dem unser Herr mich brachte, daß er mich beschütze, wo bist du jetzt? Mich dünkt, du solltest hier sein und für mich antworten; denn Todesfurcht quält mich, so daß ich nicht selbst für mich antworten kann. Hier steht mein böser Engel bereit und ist einer meiner Hauptankläger und führt Legionen von Teufeln mit sich. Ich habe kein Geschöpf, für mich zu antworten. Ach, es ist ein schwerer Fall!»

Die Antwort des Guten Engels an das sterbende Geschöpf: «Mit deinen bösen Taten war ich nie einverstanden. Ich sah deine natürliche Veranlagung, mehr geneigt, dich von deinem bösen Engel leiten zu lassen als durch mich. Wie dem auch sei, du kannst dich nicht entschuldigen, aber wenn du die Absicht hattest, etwas zu tun, was gegen die Gebote Gottes war, so versäumte ich nicht, dich daran zu erinnern, daß es nicht gut sei, und ich riet dir, den Ort der Gefahr zu fliehen und auch die Gesellschaft, die dich dazu anstacheln oder bewegen wollte. Kannst du dazu nein sagen? Wie kannst du denken, ich würde für dich antworten?»

Obgleich «das sterbende Geschöpf» sich um Hilfe wendet an die Vernunft, an die Furcht, an das Gewissen und an die fünf Sinne – ganz nach der Art von «Jedermann», wohl dem bekanntesten der mittelalterlich-christlichen Mysterienspiele (die eine Folge der Verbreitung des Orientalismus in Europa zu sein scheinen) –, nichts kann ihm helfen. Von da aus, in seinem letzten Appell an die Muttergottes, durch Glauben, Hoffnung und Mildtätigkeit als Vermittler, und in der daraus folgenden Fürsprache der Muttergottes bei ihrem Sohn, ist die christliche Lehre von der Sündenvergebung, im Gegensatz zur Lehre vom *Karma,* wie sie im *Bardo Thödol* verkündet wird, eingeführt worden. Das läßt vermuten, daß diese eigenartige Darstellung des Gerichtes vielleicht eine vorchristliche und nicht-jüdische orientalische Quelle gehabt hat, worin die Lehre vom *Karma* (und die ihr entsprechende Lehre von der Wiedergeburt) durch das europäische Mittelalter nicht verändert wurde, das «Die Klage der sterbenden Kreatur» formte (siehe S. 77[2]). Die alte Lehre vom *Karma* (der die ersten – gnostischen – Christen anhingen, bevor das Kirchenkonzil-Christentum sich bildete), die der «sterbenden Kreatur» in den folgenden Antworten verkündet werden, gibt dieser rein hypothetischen Ansicht, gerade aus innerer Evidenz, einige Wahrscheinlichkeit:

Gewissen: «Du mußt die Urteile, die du verdient hast, kummervoll und demütig ertragen.»

Die fünf Sinne: «Deshalb müssen für dich notwendig deine Vergehen dir zur Last gelegt werden ... Weshalb von Rechts wegen die Verantwortung dein ist.»

Man vergleiche auch die ähnliche Erzählung über das Gericht im *Orologium Sapientiae* (14. Jahrhundert), Kap. V in *Douce MS. 322* (Bl. 20), Comper's Ed., dem der folgende Abschnitt (S. 118) entnommen ist:

«O du gerechter Gerichtsherr, wie gerecht und hart sind deine Urteile; mich anklagend und hart verurteilend, erbärmlich, in Dingen, derentwegen wenig Leute anklagen oder sich fürchten, da sie doch klein und gering scheinen. O der furchtbare Anblick des gerechten Gerichtes, das ich jetzt fürchte und das plötzlich in Wirklichkeit kommen wird.»

Es sei auch auf das Wandgemälde des Jüngsten Gerichts in der Kirche von Chaldon in Surrey (England) hingewiesen, das etwa aus dem Jahre 1200 n. Chr. stammt und 1870 wiederentdeckt wurde, und das eine auffallende Parallele zu unserem tibetischen Gemälde des Letzten Gerichtes bildet[35]. So findet in beiden Gemälden das Gericht über den Toten in einem Zwischenzustand oder *Bardo* statt, über dem die Himmelswelt und unter dem die Höllenwelt liegt. In der verchristlichten Darstellung von Chaldon hält St. Michael statt Schindsche die Waage; anstatt *karmischer* Taten werden Seelen gewogen; die «sechs *karmischen* Pfade», die zu den Sechs *Lokas* führen, sind eine einzige Leiter geworden, die zu einem einzigen Himmel führt; am oberen Ende der Leiter wartet, anstatt der Sechs Buddhas und der Sechs *Lokas,* Christus, um die Rechtschaffenen willkommen zu heißen; die Sonne wird zu seiner Rechten, der Mond zu seiner Linken gezeigt – als ob er ein Buddha wäre. In beiden Darstellungen ist in der Höllenwelt ein Kessel, in dem die Übeltäter unter der Aufsicht von Dämonen gekocht werden; und in der christlichen Darstellung wird der «Stachelberg» der buddhistischen Fassung durch eine «Stachelbrücke» vertreten, über die die verdammten Seelen zu gehen gezwungen werden.
All solche Parallelen dienen dazu, unsere Auffassung zu stützen, daß der größere Teil der Symbole, die heutzutage als spezifisch christlich oder jüdisch angesehen werden, als Anpassungen an ägyptische und östliche Religionen zu betrachten sind. Sie legen auch nahe, daß die Gedankenformen und Denkprozesse von Orient und Okzident einander im Grunde sehr ähnlich sind – und daß trotz der Unterschiede in Rasse und Glaubensbekenntnis und in der physischen und sozialen Umwelt die Nationen der Menschheit heute wie seit undenklichen Zeiten geistig eins sind.

[35] Vgl. G. Clinch, *Old English Churches* (London 1907), S. 162–164, wo eine Photographie des Wandgemäldes von Chaldon wiedergegeben wird; auch E. S. Bouchier, *Notes on the Stained Glass of the Oxford District* (Oxford 1918), S. 66–67, wo ein buntes Glasfenster der Baldwin-Kirche von Brightwell beschrieben wird, das das Wägen der Seelen in der Gerichtsszene darstellt: «Unten hält die Hand von St. Michael aus weißem Glas eine gelbe Waage, in deren linker Schale eine Seele (in halber Größe) mit gelbem Haar betet, während unter der rechten ein kleiner Teufel mit Hörnern, Schwanz, Klauen und gelben Flügeln sie niederzuziehen versucht.»

Abbildungen

I. Bilddarstellung des Verstorbenen

Seite 98

Eine (etwas verkleinerte) Wiedergabe eines in Darjeeling gedruckten *mTshan-spyang*-Blattes.

II. Blatt 35a und 67a des Bardo-Thödol-Manuskripts

Seite 128 gegenüber

Eine photographische Wiedergabe (ungefähr zwei Drittel der Originalgröße) zweier Seiten der Bardo-Thödol-Handschrift, die der englischen Übersetzung zugrunde liegt. Diese Handschrift ist neueren Datums, nach der Schätzung des Übersetzer-Lamas ungefähr 150 Jahre alt. Ein Teil der Originalblätter, die vom Tschönyi-Bardo handeln, sind farbig bemalt in traditionellem tibetischem Klosterstil.
Das Bild des oberen Blattes illustriert den Text des Sechsten Tages. Es stellt die Friedlichen Gottheiten versammelt dar, wie sie am sechsten Tag nach dem Tod erscheinen. Im mittelsten Kreis Buddha *Vairocana* mit seiner *Prajñâ*, der Mutter des Unendlichen Raumes; im nächsten Kreis die vier anderen *Dhyâni-Buddhas*, jeder ebenfalls von seiner *Prajñâ* umarmt; im äußersten Kreis verschiedene Bodhisattvas und andere Gottheiten, die die fünf *Dhyâni-Buddhas* begleiten. In den vier kleinen Eckkreisen die vier weiblichen Torhüterinnen.
Das Bild des unteren Blattes stellt das Konklave der Zornigen Gottheiten dar, so wie es dem Verstorbenen am vierzehnten Tag dämmert. In der Kreuzform der Mitte die dreigesichtigen *Herukas* der *Buddha-*, *Vajra-*, *Ratna-*, *Padma-* und *Karma*-Ordnung, jeder mit seiner *Prajñâ;* im großen Kreis die verschiedensten tierköpfigen Gottheiten; in den vier Eckkreisen die vier Yoginîs des Tores.

III. Das tibetische Gericht

Seite 129 gegenüber

Die photographische Wiedergabe (ungefähr ein Viertel der Originalgröße) eines in einem tibetischen Kloster gemalten Bildes zur Illustration des Gerichtes (s. S. 113ff.). In der Mitte, groß und furchtbar, *Dharmarâja*, der König der Wahrheit, Hüter der Gerechtigkeit, auch *Yamarâja* genannt, König und Richter der Toten. Begabt mit dem dritten Auge steht er da, von Weisheitsflammen umlodert, auf einem Sonnenthron, der von einem Lotusthron getragen wird, und tritt eine *Mâra*-Form mit Füßen. Sein Kopfschmuck sind Menschenschädel, eine Schlange sein Halsband, Menschenköpfe sein Gürtel. Sein Pavillon und die Wände seines Hofes sind mit Schädelsymbolen des Todes geschmückt. Sein Schwert ist das Schwert geistiger Macht. Der Spiegel in seiner linken Hand ist der Spiegel des *Karma*, worin sich jede gute wie böse Handlung jedes Toten, der vor ihn tritt, spiegelt.

Unmittelbar vor dem *Dharmarâja* steht der Affenköpfige und hält die Waage, auf deren einer Schale schwarze Kieselsteine, die bösen Taten, und auf deren anderer weiße Kieselsteine, die guten Taten, aufgehäuft sind. Ihm zur Rechten ein kleiner weißer Gott, der einen Sack mit weißen Kieselsteinen gerade ausleert, auf der anderen Seite ein kleiner schwarzer Gott, der einen Sack mit schwarzen Kieselsteinen leert.
Zwei andere Götter überwachen das Wiegen: der Stierköpfige mit einem anderen Spiegel des *Karma* in der Hand und der Schlangenköpfige mit einer Geißel und Schlinge.
Rechts vom *Dharmarâja* eine gelbe Gottheit mit Schreibblock und Feder, links eine braune Gottheit mit Schwert und Schlinge, die beiden Anwälte. Der Rechte ist der Verteidiger, der Linke der Ankläger. Die sechs tierköpfigen Gottheiten rechts und links davon sitzen mit zu Gericht. Im Vordergrund des Gerichtshofes zehn Tibeter, die den Richterspruch erwarten, darunter ein Lama und ein Regierungsbeamter, die anderen sind gewöhnliche Leute. Die drei Tore, durch die die Verurteilten in die Hölle gehen, sind von drei tierköpfigen Gottheiten bewacht. Aus dem Gerichtshof führen zu jeder Seite des Richters die sechs karmischen Pfade, die zu den sechs Buddhas der Sechs *Lokas* führen, in denen die Pfade enden. Zwölf Tote wandern die Pfade hinauf.
In der Mitte des Bildes oben residiert *Vajradhara* auf einem Lotus- und Mondthron, den Mond (weiß) zu seiner Rechten und die Sonne (gold) zu seiner Linken.
Im unteren Drittel des Bildes sind alle möglichen Höllenstrafen dargestellt. Zwei Sünder werden in Gletscher eingebettet, andere in einen Schmelzofen eingesperrt, andere zersägt, je nach den Sünden, derentwegen sie in die Hölle kamen.

IV. Das große Maṇḍala der Friedlichen Gottheiten

Seite 144 gegenüber

Dieses und das folgende Bild (ungefähr ein Viertel der Originalgröße) wurden in einem tibetischen Kloster eigens zur Illustration der englischen Übersetzung des Bardo Thödol gemalt. Sie halten sich in Stil, Farbe und Anordnung genau an die tibetische Überlieferung.
Im innersten Kreis: im Mittelpunkt *Vairocana* (weiß) mit seiner *Prajñâ*, auf einem Löwenthron; ihm zu Häupten *Samantabhadra* (blau) und seine *Prajñâ*; im linken Kreis *Avalokiteśvara* (tib. *Spyan-ras-gzigs*; sprich: «Tscheräsie») (oben), *Mañjuśrî* (links unten), *Vajrapâṇi* (rechts unten); im rechten Kreis *Tsongkapa*, ein berühmter tibetischer Guru (oben), mit zwei seiner Hauptschüler (rechts und links unten).
Im unteren Kreis (Osten): im Mittelpunkt *Vajrasattva* (blau) mit seiner *Prajñâ* auf einem Elefantenthron; *Puṣpâ* (darüber), *Lâsyâ* (darunter) und Bodhisattvas (zur Rechten und zur Linken).
Im linken Kreis (Süden): im Mittelpunkt *Ratnasambhava* (gelb) und *Prajñâ* auf einem Pferdethron; *Dhûpâ* (darüber), *Mâlâ* (darunter) und Bodhisattvas (zur Rechten und zur Linken).
Im oberen Kreis (Westen): im Mittelpunkt *Amitâbha* (rot) und *Prajñâ* auf einem Pfauenthron; *Âloka* (darüber), *Gîtâ* (darunter) und Bodhisattvas (zur Rechten und zur Linken).
Im rechten Kreis (Norden): im Mittelpunkt *Amoghasiddhi* (grün) mit *Prajñâ* auf einem Harpyenthron; *Naivedyâ* (darüber), *Gandhâ* (darunter) und Bodhisattvas (zur Rechten und zur Linken).

In den vier Ecken des großen Kreises die vier Torhüter des *Maṇḍala*, jedes Paar auf einem von Flammen umloderten Lotusthron: oben links *Yamântaka* (gelb) und *Prajñâ*, die Torhüter des Südens; oben rechts *Hayagrîva* (rot) und *Prajñâ*, die Torhüter des Westens; unten links *Amṛtadhara* (weiß) und *Prajñâ*, die Torhüter des Ostens; unten rechts *Vijaya* (grün) und *Prajñâ*, die Torhüter des Nordens.
Ganz unten in der Mitte *Padmasambhava*, der große Lehrer der Bardo-Thödol-Lehre, in königlichen Gewändern; er hält in der Linken eine Schädelschale, in der das Gefäß mit dem Nektar der Unsterblichkeit (*amṛta-kalaśa*) ruht, in der Rechten einen *Dorje*, Symbol geistiger Herrschaft. Rechts vom Guru der Buddha der Menschenwelt (gelb), *Śâkyamuni*, mit einem *Bhikṣu*-Stab und Almosenschale; links der Buddha der Tierwelt (blau) mit einem Buch, Symbol von Sprache und Ausdruck, die den Tieren fehlen.
In den vier Ecken sind die vier anderen Buddhas der Sechs *Lokas*; oben links der Buddha der *Deva*-Welt (weiß) mit einer Gitarre; oben rechts der Buddha der *Asura-loka* (grün) mit einem Schwert; unten links der Buddha der *Preta*-Welt (rot); unten rechts der Buddha der Hölle (rauchfarben).
Oben in der Mitte, Buddha *Amitâbha*, auf einem Lotus- und Mondthron, mit einer Almosenschale, zu seiner Rechten Lotuse und der Mond (weiß), zu seiner Linken Lotuse und die Sonne (gold).

V. Das große Maṇḍala der Wissenshaltenden und Zornigen Gottheiten

Seite 145 gegenüber

Im innersten Kreis: in der oberen Mitte *Samantabhadra* (blau) und *Prajñâ*; in der unteren Mitte *Buddha-Heruka* (dunkelbraun) und *Prajñâ*; unten links (Osten) *Vajra-Heruka* (dunkelblau) und *Prajñâ*; oben links (Süden) *Ratna-Heruka* (gelb) und *Prajñâ*; oben rechts (Westen) *Padma-Heruka* (rotbraun) und *Prajñâ*; unten rechts (Norden) *Karma-Heruka* (dunkelgrün) und *Prajñâ*. Jedes Paar dieser Gottheiten steht auf einem Lotus- und Sonnenthron, ist von Weisheitsflammen eingehüllt und tritt *Mâra*-Wesen mit Füßen. Ihm zu Füßen die Darbringung der fünf *saṃsârischen* Sinne: zwei Augen, zwei Ohren, eine Zunge, ein Herz und eine Nase, ferner drei blutgefüllte Schädelschalen.
Im zweiten Kreis: die acht *Kerimas*.
Im dritten Kreis: die acht *Htamenmas* und die vier weiblichen Torhüter.
Im äußersten Kreis: die achtundzwanzig verschieden-köpfigen mächtigen Göttinnen mit den vier *Yoginîs* des Tores.
Unten im Mittelpunkt die oberste Wissenshaltende Gottheit, der Lotus-Gott des Tanzes (rot) und *Prajñâ*. In den vier Ecken vier ihn begleitende Gottheiten: unten links (Osten) der Auf-Erden-Weilende-Wissenshalter (weiß) und *Prajñâ*; oben links (Süden) die Wissenshaltende Gottheit, die die Lebensdauer bestimmt (gelb) und *Prajñâ*; oben rechts (Westen) die Wissenshaltende Gottheit des Großen Symbols (rot) und *Prajñâ*; unten rechts (Norden) der Selbst-Entfaltete Wissenshalter (grün) und *Prajñâ*.
Oben in der Mitte *Samantabhadra* (dunkelblau), der *Âdibuddha* und *Prajñâ* auf einem Lotus- und Mondthron, von Regenbogenfarben umschienen, mit Lotusen und dem Mond (weiß) zu seiner Rechten und Lotusen und der Sonne (gold) zu seiner Linken.

Embleme

I. Das tibetische Rad des Gesetzes (Chos-ḥKhor)
Seite 24
Symbol (der Harmonie und Vollständigkeit) des *Dharma*, des universellen Gesetzes.

II. Das indische Rad des Gesetzes (dharmacakra)
Seite 26
Nach den Zeichnungen, die auf den Santschi Topes eingemeißelt sind, datiert zwischen 500 v. Chr. und 100 n. Chr.

III. Der Dorje, das lamaistische Zepter (skt. vajra)
Seite 85
Der *Dorje* wird bei den meisten lamaistischen Ritualen gebraucht, Symbol der geistigen Herrschaft.

IV. Der lamaistische gekreuzte Dorje
Seite 93
Symbol der Alles-vollendenden Macht (der Weisheit) *Amoghasiddhis*.

V. Das Mantra des Tscheräsie (Spyan-ras-gzigs; skt. Avalokiteśvara)
Seite 211
In der indischen Lantsa-Schrift des 11. Jhs. n. Chr.

Worterklärung

Abhâya-mudrâ (skt.): Geste der Furchtlosigkeit («Fürchte nicht!»). Rechte Hand in Schulterhöhe, Handfläche auswärts.

Âdibuddha (skt.): der erste oder der Urbuddha; das zeitlose Prinzip der Buddhaschaft, das in allen Buddhas verkörpert ist, nicht aber die Bedeutung eines «Gottschöpfers» hat, sondern die Personifizierung des *dharmakâya* darstellt.

Adikâya (skt.): Urkörper; Synonym von *dharmakâya*.

Âkâśa (skt., sprich: «Akascha»): Himmelsraum, Äther; im Text als «Äther» wiedergegeben.

Âkâśagarbha: Mutterschoß des Raumes oder des Äthers.

Âloka (skt.): Licht, dargestellt als eine Göttin, die eine Lampe trägt. Sie ist von roter Hautfarbe, weil dem Element Feuer zugehörig.

Amitâbha (skt.): (der in meditativer Schauung erlebte und daher als ein «*Dhyâni-Buddha*» bezeichnete) Buddha des Unendlichen Lichtes, die Verkörperung schauender Weisheit oder der «Weisheit unterscheidender Klarschau», von roter Hautfarbe, in der Geste der Meditation *(dhyâna-mudrâ)*, der westlichen Himmelsrichtung und der «Gesamtheit der Wahrnehmung» zugeordnet. Sein Symbol ist der Lotus. Als Element entspricht ihm das Feuer. Sein Throntier ist der Pfau.

Amoghasiddhi (skt.): die Verkörperung der «alle Werke vollendenden» oder «Alleswirkenden Weisheit», der *Dhyâni-Buddha* der nördlichen Himmelsrichtung, von grüner Hautfarbe, in der Geste der Furchtlosigkeit *(abhâya-mudrâ)*, dem die «Gesamtheit des Wollens» und das Element Luft zugeordnet ist. Sein Symbol ist der kreuzförmige Doppelvajra, sein Throntier ein geflügeltes Wesen, das halb Mensch und halb Vogel ist.

Asura (skt.): «Gegengötter» (tib. *lha-ma-yin*), die mit den Lichtgöttern (skt. *sura*) im Kampf liegen; «Titanen», deren Hauptleidenschaft der Krieg ist.

Avalokiteśvara (skt.): «der [in Mitleid] herabschauende Herr», in Tibet «Tscheräsie» *(spyan-ras-gzigs)* genannt, Verkörperung tätiger Barmherzigkeit. Darstellungen: zweiarmig (selten), vierarmig und tausendarmig, in letzterem Falle mit elf Köpfen und einem Auge in jeder Handfläche.

Avidyâ (skt.): *ma-rig* (tib.), das Nichtwissen, Nichterkennen der Wirklichkeit (auf Grund illusorischer Ichbefangenheit). Nichtwissen im buddhistischen Sinne, hat nichts zu tun mit «Dummheit» oder Mangel an intellektuellem Wissen (letzteres mag durch Verstärkung der Ichheits-Illusion zu einem Faktor des Nichtwissens werden und zu einem Hindernis des Erwachens zur Wirklichkeit).

Bardo (tib.): «bar» = zwischen, «do» = zwei; also «zwischen zwei» [Zuständen], wie z. B. zwischen Tod und Wiedergeburt, «Zwischenzustand». Von den sechs «Zwischenzuständen», nämlich dem Wachzustand, dem Traumzustand, dem Versenkungszustand (der Meditation), dem Sterbezustand, dem Zustand der Wirklichkeitserfahrung und dem Wiederverkörperungszustand, werden nur die drei letzten im Text des *Bardo Thödol* behandelt.

Bardo Thödol (tib. *bar-do thos-grol*): der Titel dieses Buches; wörtlich: «Zwischenzustand-Hörbefreiung». Über Ursprung, Manuskript, Lehren usw. siehe die Einführung von W. Y. Evans-Wentz (S. 76 ff.).

Bhûmisparśa-mudrâ (skt.): Geste der Erdberührung. Die Finger der rechten Hand, die auf dem rechten Knie liegt, berühren den Boden. Die innere Handfläche ist dem Knie zugewandt und unterscheidet sich dadurch von der Geste des Gebens (*dâna-mudrâ* oder *varada-mudrâ*), bei der die Handfläche nach außen gewandt ist. Die Geste der Erdberührung hat ihren Ursprung in *Buddha Śâkyamunis* Anrufung der Erde zum Zeugen seiner in früheren Geburten geübten Entsagungen und gilt darum als die den historischen Buddha charakterisierende Geste. Unter den *Dhyâni-Buddhas* bezeichnet diese Geste die Unerschütterlichkeit *Akṣobhyas*. Zur ikonographischen Unterscheidung wird *Śâkyamuni* gelb dargestellt, *Akṣobhya* dagegen dunkelblau.

Bhagavân (skt.): Der Gesegnete, der Erhabene; die übliche Bezeichnung für einen Erleuchteten, einen Buddha. In unserem Text bezeichnet dieser Titel auch die fünf *Dhyâni-Buddhas*.

Bodhi (skt.): erleuchtende Erkenntnis.

Bodhisattva (skt.): wörtlich «Erleuchtungswesen», d.h. ein Wesen, das der Erleuchtung zustrebt (wie z.B. der Buddha in seinen früheren Geburten oder in der Zeit vor seiner Erleuchtung) oder ein erleuchtetes Wesen, als Emanation oder aktiver Reflex eines *Dhyâni-Buddha*.

Buddha (skt.): ein Erleuchteter, ein völlig Erwachter.

Bodh-Gayâ (skt.): Ort in Indien, an dem der Buddha zur Erleuchtung kam und wo der Bodhibaum, der Baum der Erleuchtung (ein Ableger des ursprünglichen Baumes, unter dem der Buddha zur Erleuchtung kam), noch heute verehrt wird.

Dâna-mudrâ (skt.): Geste des Gebens. Rechte Hand mit der Handfläche nach außen liegt auf dem rechten Knie. Diese Geste charakterisiert den *Dhyâni-Buddha Ratnasambhava*.

Ḍâkini (skt.): ein weibliches Wesen, das mit übernatürlichen Kräften begabt ist, in feenhafter wie dämonischer Form erscheinen kann, an geweihten wie an verrufenen Stätten (Leichenverbrennungsplätzen) verweilend; Inspirationskraft («Muse») der Meditierenden, tib. «Khadoma» (*mKhaḥ-ḥgro-ma*), «Luft-» oder «Himmelswandlerin».

Deva (skt.): ein göttliches Wesen, das auf Grund seiner guten Taten oder moralischen Verdienste in früheren Existenzen eine höhere, freudvolle, jedoch vergängliche Lebensform genießt.

Dharma (skt.): (von der Wurzel «*dṛ*», erhalten, stützen) das, was den Kosmos im Großen wie im Kleinen zusammenhält: die universelle Gesetzmäßigkeit, die sich als moralisches Gesetz im Menschen darstellt und als Wahrheit oder Lehre in religiöser oder philosophischer Formulierung. Daher *Buddhadharma*, die Lehre des Buddha.

Dharmacakra-mudrâ (skt.): die Geste des Inbewegungsetzens des Gesetzesrades, d.h. der ersten Verkündung des Buddha von seiner Lehre: beide Hände in Brusthöhe in erklärender Geste (Variationen mit verschiedenen Fingerstellungen). Unter den *Dhyâni-Buddhas* repräsentiert diese Geste den zentralen Buddha *Vairocana*.

Dharmadhatu (skt.): die Sphäre oder der Bereich höchster Wirklichkeit, d.h. des universellen Gesetzes.

Dharmakâya (skt.): universeller Körper.

Dharmarâja (skt.): der «König des Gesetzes», der Totenrichter, der in der einen Hand das Schwert, in der anderen den Spiegel des Karma (in dem sich die Taten des Verstorbenen widerspiegeln; ein Symbol des Gewissens) hält und mit Schädelketten geschmückt ist.

Dhûpâ (skt.): eine der «Acht Mütter» im Gefolge der *Dhyâni-Buddhas:* die «Weihrauch-Tragende».

Dhyâna (skt.): (von *dhya*, «Denken») kontemplatives Denken, inneres Schauen, Meditation, Schauung.

Dhyâna-mudrâ (skt.): Geste der Meditation: die rechte Hand ruht flach auf der linken im Schoß (Handflächen nach oben). Diese Geste kennzeichnet den *Dhyâni-Buddha Amitâbha* (rot) wie auch den *Âdibuddha Samantabhadra* (dunkelblau).

Dhyâni-Buddhas (skt.): die fünf Buddhas meditativer Schauung, die eingehend und mit ihren Begleitern in den ersten fünf Tagen des Bardo beschrieben werden: *Vairocana, Vajrasattva-Akṣobhya, Ratnasambhava, Amitâbha* und *Amoghasiddhi.*

Dib-pa-nam-sel (tib. *sgrib-pa-rnam-sel*): ein Bodhisattva namens *Sarvanivaraṇâ-viṣkambhin* (skt.), «der Beseitiger aller Hindernisse» (der eine ergänzende Eigenschaft *Amoghasiddhis,* in dessen Gefolge er erscheint, darstellt).

Dîpâ (skt.): «die Lichttragende» (Personifizierung des Lichtes), eine der acht weiblichen Genien im Gefolge der *Dhyâni-Buddhas.* Im Text als *âloka* (skt.), im tibetischen Manuskript als *aloke* wiedergegeben. Das tibetische Äquivalent ist «Nangsalma» *(sNaṅ-gSal-ma).*

Dölma (tib. *sgrol-ma*): Synonym für *Târâ,* die Erlöserin (die ebenso populär in Tibet ist, wie die mütterliche *Kwanyin* in China). Sie wird in 21 Formen verehrt, von denen die Grüne und die Weiße Târâ am beliebtesten sind.

Dorje (tib. *rDo-rJe*): «*rDo*», wörtlich «Stein»; «*rJe*» «Meister», «Herr»; also: der Meisterstein, der Herr aller Steine, d.h. der Diamant. Gemeint ist hiermit das lamaistische (und allgemein tantrische) Ritualzepter, das somit nicht als «Donnerkeil» bezeichnet werden kann, wie dies oft in völliger Verkennung buddhistischer Terminologie und Symbolik geschieht, weil sein Sanskrit-Äquivalent, der *Vajra,* einmal das Wahrzeichen des Gewittergottes *Indra* war und den Blitzstrahl oder das Blitzbündel in der Hand des Gottes symbolisierte. Im Buddhismus ist der *Vajra* ein Symbol geistiger Macht und Unzerstörbarkeit, weshalb der esoterische Buddhismus der tantrischen Schulen als *Vajrayâna* bezeichnet wird, also als «Demantenes Fahrzeug» (nicht aber als «Donnerkeil-Fahrzeug»!) und eine der wichtigsten Schriften des Mahâyâna den Titel *Vajracchedikâ-Sûtra,* «die Diamantsäge» (der transzendenten Weisheit), erhielt.

Gandhâ (skt.): «die Wohlgerüche Darbringende», eine der acht weiblichen Genien im Gefolge der *Dhyâni-Buddhas;* tib. *Dri-chab-ma.*

Gîtâ (skt.): «die mit Gesang Begabte» (die Personifizierung des Gesanges oder der Musik), eine der acht weiblichen Genien im Gefolge der *Dhyâni-Buddhas;* tib. *gLu-ma,* im tibetischen Text fälschlich als *Ghir-dhi-ma* wiedergegeben.

Gökarmo (tib. *gos-dkar-mo*): *Pâṇḍaravâsinî* (skt.), «die Weißgekleidete», die weibliche Emanation oder die personifizierte Weisheit *Amitâbhas.*

Guru (skt.): geistiger Lehrer; im Text meist für den Lehrer des Verstorbenen gebraucht, einige Male auch für den Buddha, dem höchsten aller Lehrer.

Hayagrîva (skt.): eine Schutzgottheit (*dharmapâla:* «Schutzherr der Lehre»); in unserem Text: Torhüter des Westens.

Heruka (skt.): ekstatisch-heroische Erscheinungsformen der *Dhyâni-Buddhas.*

Htamenma (tib.): tierköpfige Göttinnen.

Jampal (tib. *ḥJam-dPal*): *Mañjuśrî* (skt.), der *Dhyâni-Bodhisattva* («von sanfter Glorie»), der die mystische Weisheit personifiziert.

Kalpa (skt.): ein Weltzeitalter von Hunderttausenden von Jahren.

Karma (skt.): das Gesetz der wirkenden Tat, wobei «Tat» auch jedes bewußte Wollen (Tatabsicht), nicht nur die vollendete, bewußte Handlung umfaßt. Jede Willenstendenz trägt zur Formung unseres Charakters bei und bestimmt dadurch auch für die Zukunft unser Handeln und unser Schicksal. Nur eine auf Erkenntnis beruhende Willensumkehr kann die Folgen früherer Taten abschwächen oder aufheben.

Kerima (tib.): eine Art Friedhofsgöttin, die auf den Leichenverbrennungsstätten haust und in menschlicher Gestalt erscheint (skt. *Keyûrî*).

Krodheśvarî (skt.): weibliche *Heruka*-Form (wörtlich: «zornige Herrin»).

Kṣitigarbha (skt.): «Schoß der Erde», Name eines *Dhyâni-Bodhisattvas.*

Lama (tib. *bLa-ma*): geistlicher Lehrer, Guru, Titel eines höheren Geistlichen.

Lâsyâ (skt.): eine der acht weiblichen Genien im Gefolge der *Dhyâni-Buddhas:* Personifikation der Schönheit; tib. *sGeg-mo-ma.*

Locanâ (skt.): «die Augenbegabte», eine Abkürzung für *Buddha-Locanâ,* «die mit dem Buddha-Auge» (tib. *Saṅs-rgyas-spyan-ma,* sprich: «Sangyä Tschan-ma»).

Loka (skt.): Welt, Daseinsebene. Im *Bardo Thödol,* wie in der allgemein buddhistischen Tradition, werden sechs Welten oder Daseinszustände unterschieden: 1. *Deva-loka,* die Welt der Götter, von der eine trübe weiße Strahlung ausgeht; 2. *Asura-loka,* die Welt der Gegengötter oder «Titanen», von der eine trübe rote Strahlung ausgeht; 3. *Nara-loka,* die Menschenwelt, von der eine trübe blaue Strahlung ausgeht; 4. *Trisan-loka,* die Tierwelt, von der eine trübe grüne Strahlung ausgeht; 5. *Preta-loka,* die Welt hungriger Geister, von der eine trübe gelbe Strahlung ausgeht; 6. *Naraka* oder *Niraya,* die höllische Welt (Purgatorium), von der eine rauchfarbene schwärzliche Strahlung ausgeht.

Mahâkâla (skt.): «der Große Schwarze» (Tib. *mGon-po-Nag-po*), Schutzherr der Lehre, gilt als einer der mächtigsten *Dharmapâla* Tibets.

Mahâ-Mudrâ (skt.): «die Große Haltung» (auch «das Große Symbol» genannt), ist der Name einer tantrischen Yoga-Schule *(anuttara-yoga-tantra),* deren Lehren und Praktiken zu den Hauptgrundlagen der Nyingmapas und der Kargyütpas *(bKaḥ-rgyud-pa),* d.h. der tibetischen Nachfolger Padmasambhavas und Marpas, dem Guru Milarepas *(Mi-la-ras-pa).*

Mahâyâna (skt.): das «Große Fahrzeug», Bezeichnung für die nördlichen und fernöstlichen Schulen des Buddhismus, die das Ideal der allen Wesen zur Befreiung verhelfenden Erleuchtung *(bodhi)* anstreben, im Gegensatz zum «Kleinen Fahrzeug» *(Hinayâna),* welches das Ideal der Erlösung des einzelnen, das Ideal des Heiligen *(arhat)* in den Mittelpunkt seiner Lehre stellt.

Mâlâ (skt.): die «Göttin des Rosenkranzes» (tib. *ḥPhreṅ-ba-ma,* sprich: «Teng-wama»), eine der acht weiblichen Genien im Gefolge der *Dhyâni-Buddhas.*

Maitreya (skt.): «der Liebende», der kommende Buddha.

Makara (skt.): Krokodil; als mythologisches Wesen mit einem elefantenartigen Kopf dargestellt.

Mâmakî (skt.): die in weiblicher Gestalt personifizierte Weisheit *(prajñâ) Ratnasambhavas.*

Maṇḍala (skt.): magischer Kreis; kreisförmiges, um einen Mittelpunkt angeordnetes Diagramm, mit nach den Himmelsrichtungen gruppierten Symbolen abstrakter oder figurativer Art, meist vielfarbig ausgeführt auf Grund einer feststehenden Farbensymbolik, zum Zweck meditativer Orientierung und der mit ihr verbundenen Schaubildentfaltung und Integrierung. Maṇḍalas stellen die Totalität des menschlichen Bewußtseins dar, einen Psychokosmos, in dem das Universum zum Bewußtsein seiner Ganzheit erwacht.

Mañjughoṣa (skt.): tib. *ḥJam-dByaṅs* (sprich: «Dschamyang»), «der Sanftstimmige» oder «der mit der melodiösen Stimme».

Mañjuśrî (skt.): «der Glorreich-Sanfte», tib. *ḥJam-dPal* (sprich: «Dschampal»). *Mañjughoṣa* und *Mañjuśrî* bezeichnen ein und dieselbe Gestalt: die Verkörperung höchster Erkenntnis.
Die beiden Namen dieses besonders wichtigen *Dhyâni-Bodhisattvas* werden im Tibetischen oft in eins verschmolzen als *ḥJam-dPal-dByaṅs*.

Mantra (skt.): schöpferisches Wort, heilige Formel; siehe S. 302 ff.

Mâtṛi (skt.): unter diesem Namen sind die acht «Muttergottheiten», die ursprünglich der hinduistischen Tradition angehören, bekannt. Im Buddhismus spielen sie die Rolle von Genien devotioneller Natur, welche die acht Darbringungen oder Opfergaben symbolisieren. Ihre Namen sind:
Dhûpâ, «die Weihrauch Darbringende» (tib. *bDug-spös-ma*);
Dipâ, «die Licht Darbringende» (tib. *sNaṅ-gSal-ma*);
Gandhâ, «die Wohlgerüche Darbringende» (tib. *Dri-chab-ma*);
Gîtâ, «die Gesang Darbringende» (tib. *gLu-ma*);
Lâsyâ, «die Armut Darbringende» (tib. *sGeg-mo-ma*);
Mâlâ, «die den Rosenkranz Darbringende» (tib. *ḥPhreṅ-ba-ma*);
Nṛtyâ, «die Tanz Darbringende» (tib. *Gar-ma*);
Puṣpâ, «die Blumen Darbringende» (tib. *Me-tog-ma*).
Diese acht Genien oder Gottheiten erscheinen im Gefolge der *Dhyâni-Buddhas* der vier Himmelsrichtungen: *Puṣpâ* und *Lâsyâ* im Gefolge von *Vajrasattva-Akṣobhya; Dhûpâ* und *Mâlâ* im Gefolge von *Ratnasambhava; Gîtâ* und *Dîpâ (Âloka)* im Gefolge von *Amitâbha; Gandhâ* und *Nṛtyâ* [im Text fälschlich als *Nidhema (Naivedyâ)* wiedergegeben] im Gefolge von *Amoghasiddhi*.

Meru (skt.): mythischer Berg, der die Achse des buddhistischen Weltsystems darstellt und im menschlichen Mikrokosmos der Wirbelsäule entspricht. Der Berg Kailaś in Tibet gilt als das irdische Gegenstück des Berges *Meru*.

Mudrâ (skt.): mystische Geste als Ausdruck innerer Haltung, die sich durch besondere Hand- und Fingerstellungen ausdrückt. Die hauptsächlichsten *Mudrâs* sind: *dharmacakra-mudrâ, bhûmisparśa-mudrâ, dâna-* oder *varada-mudrâ, dhyâna-mudrâ, abhâya-mudrâ* (siehe dort).

rNam-par-śes-pa (tib.): Bewußtsein, Äquivalent für *vijñâna* (skt.). Besondere Bewußtseinseigenschaften werden durch *rig-pa* (tib.), *śes-pa* (tib.), *śes-rig* (tib.), *śes-rab* (tib.) ausgedrückt (siehe dort).

Naivedyâ (skt.): «die Opfergaben Bringende», Personifizierung des Speiseopfers *(naivedyâ)*; im Text augenscheinlich an Stelle von *Nṛtyâ* (tib. *gar-ma*), der Gottheit des Tanzes, gesetzt, die eine der acht weiblichen Genien ist, die im Gefolge der *Dhyâni-Buddhas* auftreten.

Nirvâṇa (skt.): *Myaṅ-ḥDas* (tib.) ist, nach buddhistischer Definition, die Überwindung oder völlige Auslöschung von Gier, Haß und Wahn.

Nṛtyâ (skt.): «die Tänzerin» (die ihren Tanz als Opfergabe darbringt), Personifizierung des Tanzes, eine der acht Genien im Gefolge der *Dhyâni-Buddhas;* tib. *Gar-ma,* im Text fälschlich als *Nidhema* wiedergegeben, was eine Entstellung des Sanskritwortes *naivedyâ* (das Speiseopfer) zu sein scheint, das nicht in diese Gruppe gabendarbringender Göttinnen gehört.

OṂ Maṇi Padme HÛṂ (skt.): Mantra *Avalokiteśvaras.* OṂ und HÛṂ sind unübersetzbare Keimsilben, die mit den psychischen Zentren des Scheitels und des Herzens in Beziehung stehen: also dem universellen Bewußtsein und seiner Verwirklichung im Herzen. *Maṇi Padme,* wörtlich «Juwel im Lotus», drückt das gleiche in bildlicher Form aus: das Juwel ist *Avalokiteśvara,* in dem sich das Licht *Amitâbhas* zu erbarmender Liebe verkörpert, während *Padma* den geöffneten Lotus des menschlichen Herzens darstellt, in dem diese Verkörperung höchster Buddhaschaft zum Keim eigener künftiger Erleuchtung wird.

Padmasambhava (skt.): der «Lotusgeborene», der große Verkünder des tantrischen Buddhismus und eigentliche Gründer des Lamaismus, der im 8. Jahrhundert n. Chr. das erste Kloster Tibets baute und als Heiliger, Gelehrter und magiegewaltiger Yogi verehrt wird. Er ist der Autor des *Bardo Thödol* und vieler anderer Werke esoterischer Natur.

Petali (skt.): eine Göttin der Verbrennungsstätte.

ḥPho-bo (tib., sprich: «Pho-o»): die Fähigkeit psychischer Projektion, Übertragung psychischer oder geistiger Kräfte, Bewußtseinstransmission.

Prajñâ und *upâya* (skt.): «Weisheit» (tib. *śes-rab*) und «Mittel» (tib. *thabs*) zur Verwirklichung der Weisheit, d. h. tätiges Erbarmen. Dies sind die beiden untrennbaren Aspekte der Buddhaschaft, die durch die Vereinigung der männlich-aktiven *(upâya)* und der weiblich-ruhenden Erscheinungsformen *(prajñâ)* der *Dhyâni-Buddhas* symbolisiert werden. Nur wo Herz und Hirn, tätiges Mitgefühl und klare Erkenntnis vereint sind, kann befreiende Erleuchtung verwirklicht werden.

Pramoha (skt.): eine Göttin der Verbrennungsstätte.

Preta (skt.): hungriger Geist, ein Zustand unerfüllten Begehrens.

Pukkase (skt.): eine Göttin der Verbrennungsstätte. (Der Name dieser und der vorhergenannten Göttinnen dieser Art ist indischen Ursprungs, aber in der tibetischen Wiedergabe wahrscheinlich entstellt.)

Puṣpâ (skt.): Verkörperung des Blumenopfers, tib. *Me-tog-ma,* eine der acht weiblichen Genien im Gefolge der *Dhyâni-Buddhas.*

Râkṣasa (skt.): ein dämonisches Wesen von menschlichem Aussehen.

Ratnasambhava (skt.): der «aus dem Juwel Geborene» *Dhyâni-Buddha* der südlichen Himmelsrichtung, der die «Weisheit der Wesensgleichheit» verkörpert, in der Geste des Gebens *(dâna-mudrâ)* und in gelber Hautfarbe dargestellt. Sein Symbol ist das Juwel *(triratna),* sein Throntier das Pferd, sein Element die Erde. Als psychische Eigenschaft ist ihm die «Gesamtheit des Fühlens» (durch die die Verbundenheit mit allen Wesen erlebt wird) zugeordnet.

Rig-pa (tib.): Das erkennende Prinzip des Bewußtseins (skt. *vidyâ*).

Sâdhanâ (skt.): religiöse Praxis, regelmäßige Ausübung devotioneller und meditativer Praktiken.

Samâdhi (skt.): Zustand vollkommener Versenkung und Verinnerlichung, in der der Meditierende eins wird mit dem Gegenstand seiner Betrachtung.

Samantabhadra (skt.): «der Allgute»; *Âdibuddha* der *Nyingmapas*, der Anhänger der «alten Schule» *Padmasambhavas*.

Samantabhadrâ (skt.): «die Allgute»; die weibliche Emanation des *Âdibuddha*, «die allgute Mutter».

Sambhogakâya (skt.): wörtlich, der «Körper der Entzückung», in der das universelle, gestaltlose Prinzip des alles umfassenden *Dharmakâya* in geistiger Schauung zur schöpferischen Gestalt wird, aus der alle tiefere Inspiration hervorgeht. In diesem Sinne kann der *Sambhogakâya* auch als «inspirationeller Körper» bezeichnet werden. Er ist nicht nur das Produkt der Inspiration, sondern ebenso ihre fortwirkende Gestaltungskraft als Ausdruck transzendenter Wirklichkeit, die im *Nirmânakâya* in die individuelle Erscheinungsform des sichtbaren Körpers verwandelt wird. Ikonographisch stellen sich diese drei Kategorien der Wirklichkeit in folgender Weise dar: der reine *Dharmakâya* durch den völlig unbekleideten Körper, wie im Falle des *Âdibuddha Samantabhadra* und seiner *Prajñâ* (Weisheit), die ihn als weibliche Figur umschlingt; der *Sambhogakâya* durch reichen Schmuck (der die transzendenten Tugenden und Erkenntnisse symbolisiert); der *Nirmânakâya* durch Buddhas in einfachem Mönchsgewand, ohne Schmuck, wenn es sich um irdische Buddhas wie *Śâkyamuni* und seine Vorgänger handelt. Das gleiche schmucklose Mönchsgewand kann aber auch die *Dharmakâya*-Formen der *Dhyâni-Buddhas* in einem ihnen entsprechenden *Maṇḍala* symbolisieren, im Gegensatz zu ihren mit Schmuck versehenen *Sambhogakâya*-Formen. Hieraus entstand die sinnwidrige Wiedergabe des Ausdrucks «*Sambhogakâya*» mit «geschmückter Körper».

Samsâra (skt.): die Wandelwelt, die Welt des Umhergetriebenseins im Kreislauf der Wiedergeburten. Tib. «Khorva» *(ḥKhor-ba)*, wörtlich «Kreislauf»; «*ḥKhor-lo*» – «Rad». Das «Rad der Wiedergeburten» wird durch einen in sechs Segmente geteilten Kreis dargestellt, in dem jedes Segment einer Daseinsform *(loka)* entspricht.

Sangye-Tschanma (tib.): *Saṅs-rgyas-spyan-ma* – *Buddha-Locanâ* (skt.), wörtlich «das Buddha-Auge», «die mit dem Buddha-Auge Begabte», die personifizierte «Weisheit des Großen Spiegels», die mit *Vajrasattva-Akṣobhya* vereint ist.

Śiṣya – *Cela* (skt.): ein «Schischya» oder «Tschela» ist der Schüler eines geistigen Lehrers oder «Guru» (tib. «Lama»).

Śes-pa, Śes-rab, Śes-rig (tib.): Obwohl *śes-pa* (sprich: «Sche-pa») und *rig-pa* oft als Synonyme gebraucht werden im Sinne von Bewußtsein, besteht zwischen ihnen ein feiner Unterschied, der sich erst bei der Wiedergabe der entsprechenden Sanskrit-Termini enthüllt. *Śes-pa* ist das wahrnehmende, *rig-pa* das erkennende Prinzip des Bewußtseins. Letzteres ist auf diskursivem Denken begründet und führt bei vernunftgemäßer Anwendung der Denkgesetze zur Erkenntnis. *Ma-rig* (skt. *avidyâ*) bedeutet dementsprechend «Nichtwissen», «Unwissenheit», «Erkenntnislosigkeit» (keinesfalls aber «Dummheit», denn Tiere – zum Beispiel – sind alles andere als dumm, obwohl ihnen die Fähigkeit zur «Erkenntnis» abgeht). Wäre *rig-pa* einfach «Bewußtsein», so wäre *ma-rig* «Bewußtlosigkeit» und nicht mit *avidyâ* gleichzusetzen. Bewußtsein als solches wird daher als *rNam-śes* oder *rNam-par-śes-pa* (skt. *vijñâna*) bezeichnet, während «Weisheit», die nicht auf diskursivem Denken, sondern auf unmittelbarer Erfassung, direkter Wahrnehmung *(śes-pa)* oder Intuition beruht, mit *śes-rab* (skt. *prajñâ*) wiedergegeben wird. *Śes-rig* ist die Kombination von Wahrnehmung und geistiger Verarbeitung, das individuelle Geistesbewußtsein, kurz, was wir als den menschlichen *Geist* bezeichnen.

Siddhi (skt.): geistige oder okkulte Kräfte; wörtlich «Erreichung», «Verwirklichung» eines religiösen oder geistigen Zieles durch *sâdhanâ*, Yoga und dergleichen. Dies ist auch im Namen des Buddha ausgedrückt: *Siddhârtha*, der «Zielerreicher». «Siddhas», unter welcher Bezeichnung eine gewisse Art von *Yogis* gehen, sind also nicht «Zauberer» (wie oft behauptet wird), sondern «Vollendete», die das Ziel der Heiligkeit (d.h. der Heil- oder Ganzwerdung) erreicht haben.

Sipa-Bardo (tib. *Srid-pa bar-do*): der Zwischenzustand des Verlangens nach Wiedergeburt, der vom fünfzehnten bis zum neunundvierzigsten Tage nach dem körperlichen Tod dauert.

Smaśali (skt.): eine Göttin der Verbrennungsstätte.

Stûpa (skt.): ursprünglich ein Tumulus, ein solider Kuppelbau, der über den sterblichen Resten von Herrschern und Heiligen errichtet wurde und später zum Symbolbau (Dagoba, Pagode; in Tibet «Chorten» *mChod-rTen*) wurde, der die Grundelemente des Universums und der menschlichen Psyche widerspiegelt und auch heilige Schriften, Kultgegenstände, Buddhastatuen und oft auch Reliquien heiliger oder frommer Persönlichkeiten enthält.

bTags-grol (tib.), sprich: «Tah-dol»: ein kleines, nur aus Mantras bestehendes tibetisches Schriftwerk, das oft dem Toten mitgegeben und mit ihm verbrannt wird.

Tantras (skt.): religiöse Schriften der buddhistischen (oder hinduistischen) Überlieferung, die sich mit yogischen, rituellen und meditativen Praktiken beschäftigen und vielfach in einer nur dem Eingeweihten verständlichen Symbolsprache abgefaßt sind, derzufolge Übersetzungen oft mehr Verwirrung als Verständnis stiften.

Târâ (skt.): siehe «Dölma».

Tathâgata (skt.): der «So-Gegangene» (oder «So-Gekommene»), der den Weg der Erlösung gegangen ist, d.h. ein Buddha.

Tri-kâya (skt.): der «dreifache Körper» der Erleuchteten, nämlich:
Dharmakâya, der Körper des universellen Gesetzes, in dem alle physische, moralische, geistige und metaphysische Ordnung beschlossen liegt; der «universelle Körper» der Erleuchteten;
Sambhogakâya, der Körper geistiger Entzückung, aus dem alle tiefe Inspiration und Schauung geboren wird;
Nirmâṇakâya, der «Verwandlungskörper», in dem die inspirationelle Kraft des *Sambhogakâya* in sichtbare Erscheinung verwandelt und zur Tat wird, d.h. die menschliche Verkörperung oder Individualität eines Erleuchteten.

Triratna (skt.): die «drei Juwelen», die «drei Kostbarkeiten», nämlich: der *Buddha*, der Erleuchtete; der *Dharma*, die Lehre des Buddha; der *Saṅgha*, die Gemeinschaft derer, die die Lehre verwirklichen.

Tsandhali (tib.-skt.): die tibetische Form des Sanskritwortes *Caṇḍali*: eine Frau der niedrigsten Kaste; hier Name einer Göttin der Verbrennungsstätte, d.h. eines dämonischen Wesens.

Tscheräsie (tib. *spyan-ras-gzigs*): siehe *Avalokiteśvara*.

Tschikhai-Bardo (tib. *ḥChi-khaḥi bar-do*): der Zwischenzustand des Todesaugenblicks.

Tschönyi-Bardo (tib. *chos-ñid bar-do*): der Zustand des «Erlebens der Wirklichkeit» zwischen Tod und Wiedergeburt, in dem in den ersten sieben Tagen die Friedlichen, in den folgenden sieben Tagen die Furchtbaren Gottheiten erscheinen.

Tseurima (tib.-skt.): eine Göttin der Verbrennungsstätte, deren Name indischen Ursprungs ist, hier aber der tibetischen Sprache angepaßt ist.

Upâya (skt.): Verwirklichungsmittel (tib. *thabs*), nämlich das tätige Erbarmen und Mitgefühl, durch welche das Erkannte in die Tat und ins Leben umgesetzt wird.

Vairocana (skt.): «der Strahlende» ist der zentrale *Dhyâni-Buddha*, die «Sonne des erleuchteten Geistes», aus dem die übrigen vier *Dhyâni-Buddhas* des *Maṇḍala* hervorgehen, wie die Farben des Spektrums aus dem Sonnenlicht. Dementsprechend ist *Vairocana* von weißer Farbe, repräsentiert das universelle Gesetz, dessen Symbol das «Gesetzesrad» *(dharmacakra)* ist und in dessen Erkenntnis das reine, transzendente Buddha-Wissen besteht, das so weit ist wie der Himmelsraum, weshalb es in der weiblichen Form der «Mutter des Himmelsraumes» *(âkâśadhâteśvarî)* dargestellt wird, die unlöslich mit ihm vereint ist. Die Geste *Vairocanas* ist die *Dharmacakra-mudrâ*, sein Throntier ist der Löwe.

Vajra (skt., sprich: «Vadschra»): siehe «Dorje» (tib., sprich: «Dordsche», in tibetischer Schreibung: *rDo-rJe*), Symbol geistiger Macht, «Zepter».

Vajrapâni (skt.): «Schwinger des Diamantzepters», Herr der Mysterien, Hüter der esoterischen Lehren, ein *Dharmapâla*, der in meist furchterregender, drohender Gestalt erscheint. Tib. «Tscha-na dordsche» *(Phyag-na rDo-rJe)*.

Vajrasattva (skt.): «das Diamantene Wesen», d.h. das unzerstörbare, unvergängliche Wesen: das Unsterbliche, das allem Vergänglichen zugrunde liegt und das zu verwirklichen die hohe Aufgabe des «Demantenen Weges» ist.

Vajrasattva-Akṣobhya (skt.): *Vajrasattva* in der Erscheinungsform *Akṣobhyas*, d.h. als der *Dhyâni-Buddha* der östlichen Himmelsrichtung, dem die «Spiegelgleiche Weisheit» (die «Weisheit des Großen Spiegels») zugeordnet ist, dessen strahlendweißes Licht am zweiten Tage des «Erlebens der Wirklichkeit» erscheint.

Vajrayâna (skt.): das «Demantene Fahrzeug», oder der «Demantene Weg», ein aus dem *Mahâyâna* hervorgegangener Übungsweg, der sich yogisch-tantrischer Meditationsmethoden bedient.

Varada-mudrâ (skt.): Synonym für *dâna-mudrâ*, Geste des Gebens, Geste des *Dhyâni-Buddha Ratnasambhava*.

Vidyâ (skt.) = *rig-pa* (tib.): Wissen, Erkenntnis; Gegenteil: *avidyâ*, Nichtwissen, Verblendung, tib. *ma-rig*.

Vijñâna (skt.): Bewußtsein; tib. *rNam-par-śes-pa*.

Wang-tschugma (tib. *dBaṅ-phyug-ma*): mächtige Göttin (skt. *iśvarî*); im vorliegenden Text: eine Klasse bluttrinkender, tierköpfiger Göttinnen, von denen der tibetische Blockdruck sagt: «Da diese Achtundzwanzig Mächtigen Göttinnen auch Ausflüsse der Macht der selbstgeschaffenen Zornigen Gottheiten sind, erkenne sie.»

Yab-Yum (tib.): Der Aspekt der Vereinigung oder Einswerdung des als männliche Gottheit dargestellten Prinzips handelnder Verwirklichung *(upâya)* und des als weibliche Gottheit dargestellten Prinzips schauender Weisheit *(prajñâ)*.

Yi-dam (tib.): Schutzgottheit, die vom Gläubigen erwählte Gottheit (skt. *iṣṭadevatâ*).

Grundwerk C. G. Jung

Herausgegeben von H. Barz, U. Baumgardt, R. Blomeyer,
H. Dieckmann, H. Remmler, Th. Seifert

9 Bände, insgesamt 2838 Seiten, kartoniert.

Das Grundwerk C. G. Jung repräsentiert den Kern der Jungschen Psychologie. Als kompetente Auswahl mit ausführlichen Registern und Abbildungen ist es eine ideale Studienausgabe.

Band 1
Grundfragen zur Praxis
Band 2
Archetyp und Unbewußtes
Band 3
Persönlichkeit und Übertragung
Band 4
Menschenbild und Gottesbild
Band 5
Traumsymbole des Individuationsprozesses
Band 6
Erlösungsvorstellungen in der Alchemie
Band 7
Symbol und Libido
Band 8
Heros und Mutterarchetyp
Band 9
Mensch und Kultur